Der militärische Widerstand gegen Hitler
und das NS-Regime 1933 – 1945

W0094530

Vorträge zur Militärgeschichte

Herausgegeben vom Militärgeschichtlichen Forschungsamt

5

Der militärische Widerstand gegen Hitler
und das NS-Regime 1933 – 1945

Verlag E. S. Mittler & Sohn GmbH · Herford · Bonn

5
Der militärische Widerstand gegen Hitler und das NS-Regime 1933 – 1945

Mit Beiträgen von

Alexander Fischer, Othmar Hackl, Peter Hoffmann,
Johann Adolf Graf v. Kielmansegg,
Helmut Krausnick, Georg Meyer, Peter Sauerbruch,
Gerd R. Ueberschär, Norbert Wiggershaus

 Verlag E. S. Mittler & Sohn GmbH · Herford · Bonn

CIP-Kurztitelaufnahme der Deutschen Bibliothek

Der **militärische Widerstand gegen Hitler und das NS-Regime 1933–1945 /**
mit Beitr. von Alexander Fischer ... – Herford; Bonn: Mittler, 1984.
(Vorträge zur Militärgeschichte; 5)
ISBN 3-8132-0186-4

NE: Fischer, Alexander [Mitverf.]; GT

ISBN 3 8132 0186 4; Warengruppe Nr. 63
© by Verlag E. S. Mittler & Sohn GmbH, Herford
Umschlaggestaltung: Heinz Kameier
Gesamtherstellung: Druckerei des Bundesministeriums der Verteidigung, Bonn
Printed in Germany

Inhalt

5

Othmar Hackl

Einführung

Der vom Militärgeschichtlichen Forschungsamt im September 1983 in Münster veranstaltete 25. Fortbildungslehrgang für Lehrstabsoffiziere und Dozenten der Wehrgeschichte an den Ausbildungseinrichtungen der Bundeswehr widmete sich mit dem Thema „Der militärische Widerstand gegen Hitler und das NS-Regime" einem zentralen militärgeschichtlichen Problem des 20. Jahrhunderts. Die Tagung hatte im Hinblick auf den 40jährigen Gedenktag des 20. Juli 1944 eine doppelte Zielrichtung. Im Rahmen des vom ersten Generalinspekteur der Bundeswehr, General Adolf Heusinger, 1959 dem Militärgeschichtlichen Forschungsamt erteilten Auftrags sollten neueste Forschungsergebnisse der Lehre nutzbar gemacht werden. Zum anderen sollten die von anerkannten Sachkennern vorgetragenen militärgeschichtlichen Erkenntnisse der Vorbereitung einer Wanderausstellung des Amtes dienen, die in zahlreichen Standorten der Bundeswehr während des Gedenkjahres die geistige Auseinandersetzung mit den Ereignissen und der Problematik des militärischen Widerstands unterstützen soll. Die nunmehrige Veröffentlichung der Referate dient ebenfalls einer doppelten Aufgabe: zur historischen Forschung beizutragen und die Ergebnisse dieser Forschung der Bundeswehr und einer weiteren Öffentlichkeit zugänglich zu machen.

Über den Kreis der Lehrstabsoffiziere und Dozenten hinaus fand die Einladung zur Tagung ein starkes Echo: bei Wissenschaftlern, die an Universitäten und anderen Forschungseinrichtungen des In- und Auslandes wirken, bei Soldaten der Bundeswehr sowie verbündeter und neutraler Streitkräfte, bei ehemaligen Soldaten und Persönlichkeiten des öffentlichen Lebens. Der Bundesminister der Verteidigung, Dr. Manfred Wörner, bekundete zu Beginn des Lehrgangs seine hohe Bewertung der Militärgeschichte für die Bildung und Ausbildung der Bundeswehr und bekannte sich zum Vermächtnis des militärischen Widerstandes.

Die Teilnahme zahlreicher Zeitzeugen, die mit ihren Referaten und in der Diskussion aus eigenem Erleben zur Erforschung eines schwer erschließbaren historischen „Gegenstands" beigetragen haben, war ein besonderer Gewinn für die wissenschaftliche Diskussion und gab der Tagung zugleich immer wieder den Charakter einer menschlichen Begegnung mehrerer Generationen. Leider hatte Professor Dr. Eugen Gerstenmaier sein als grundsätzliche Einführung gedachtes Referat „Zur Problematik militärischer Opposition und militärischen Widerstandes aus rechtlicher und moralisch-ethischer Sicht" absagen müssen. Besonderer Dank gebührt daher General a.D. Johann Adolf Graf Kielmansegg, daß er kurzfristig mit seinem Vortrag „Gedanken eines Soldaten zum Widerstand" eingesprungen ist und die Lücke geschlossen hat. Der Gedankenaustausch zwischen den Zeitzeugen und den Angehörigen der Nachkriegsgenerationen war auch für die in unserer Zeit aufgebrochene Problematik eines „Widerstands" anderer Art besonders fruchtbar. Dem entspricht es, wenn im vorliegenden Band die Reihe der Referate abgeschlossen wird durch Worte, die Oberstleutnant i.G. a.D. Peter Sauerbruch am Ende der Tagung an die jüngeren Teilnehmer, insbesondere an die Soldaten der Bundeswehr, richtete.

Der Fortbildungslehrgang stand unter einem Thema, das unter sachlichen wie methodischen Gesichtspunkten besonders schwierig ist. Der militärische Widerstand war in den letzten Monaten des Zweiten Weltkrieges in Wehrmacht und Volk umstritten; er war auch nach dem Krieg — vor allem bei ehemaligen Soldaten — umstritten, auch wenn die Bundeswehr das Erbe des militärischen Widerstandes von Anfang an für sich als verpflichtend angesehen hat. In der historischen Forschung besteht bis heute keine volle Einigkeit über seine Bewertung. Damit stellte sich die Frage, ob der Fortbildungslehrgang zur Klärung würde beitragen können und ob wenigstens Irrtümer, Mißverständnisse würden beseitigt werden können.

Schon die Ermittlung der Fakten war und ist — wie sich das angesichts des Untersuchungsgegenstandes fast von selbst versteht — äußerst schwierig. Trotzdem hat die historische Forschung in mehr als drei Jahrzehnten ohne Zweifel Bedeutendes geleistet, so daß die Militärgeschichte in vielen wichtigen Bereichen auf einigermaßen gesichertem Boden steht. Selbst diese Ergebnisse sind jedoch in der Bundeswehr und in der Öffentlichkeit keineswegs so verbreitet, daß die Teilnehmer der Diskussionen über dieses Thema — und der 40. Jahrestag des 20. Juli 1944 wird in besonderer Weise zu intensiver Diskussion anregen — von einer gemeinsamen Wissensgrundlage ausgehen können. Daher war die Darlegung des Forschungsstandes vor den Lehrstabsoffizieren und Dozenten der Wehrgeschichte ein wichtiger Beitrag zur historischen Bildung.

Unter den methodischen Problemen ist zuerst die Quellenlage, d.h. das Vorhandensein und die Erschließung der Quellen, danach ihre Auswahl und insbesondere ihre Interpretation zu nennen. Während die zeitgeschichtliche Forschung im allgemeinen vor einem Überfluß an Material steht, fehlen über den tätigen Widerstand, über die Vorbereitung von Attentaten etwa — wie könnte es anders sein — Quellen fast überhaupt. Unter den tatsächlich vorhandenen überwiegen Unterlagen der Strafverfolgungsbehörden, deren besonderer Charakter der Einseitigkeit und Voreingenommenheit zuweilen zu wenig berücksichtigt wird. Das führt zu den Schwierigkeiten der Interpretation. Auf die für jeden Historiker unentbehrliche Arbeit, sich in eine vergangene Wirklichkeit hineinzuversetzen, glauben manche in bezug auf das Dritte Reich als einer naheliegenden, durch mündliche Überlieferung vertrauten Epoche verzichten zu können. In Wirklichkeit bedarf es dieser Arbeit, dieser Erkenntnishaltung, gerade für das Leben in einem totalitären System in besonderem Maße. Das Erkennen der Unterschiedlichkeit des „Klimas" in einzelnen Bereichen eines solchen Systems, etwa auch zwischen Fronttruppe und Kommandobehörden, bedarf zusätzlicher Anstrengungen.

Manche Entwicklung der letzten Jahrzehnte hat hier Hindernisse auf dem Weg der Erkenntnis geschaffen. So hat das herausragende Ereignis des 20. Juli und die ihm nach 1945 schrittweise zuteilgewordene offizielle Anerkennung bei vielen Menschen zu der Meinung geführt, militärischer Widerstand gegen das Staatsoberhaupt, gegen den Obersten Befehlshaber der Streitkräfte, sei etwas Normales, Selbstverständliches. Allein das Militär war in der Lage, einen Umsturz mit Aussicht auf Erfolg durchzuführen. Da ein Umsturz aber im Rückblick als notwendig erkannt wurde, fragte man oft nicht mehr viel nach seiner rechtlichen und ethischen Begründung. Eine derartige Vorstellung von der Selbstverständlichkeit militärischen Widerstands würde jedoch der geistigen Situation, in der der Widerstand gegen Hitler und das NS-Regime geleistet wurde, nicht gerecht. Widerstand war das Außergewöhnliche, war zunächst etwas Ungeheuerliches für den, der in soldatischer Tradition aufgewachsen und erzogen war. Das besondere Problem der Vereidigung der Soldaten auf die Person Hitlers kam hinzu. Für den in den Traditionen der europäischen Staatenwelt großgewordenen Soldaten war es normal, der Staatsführung zu vertrauen, unter Einsatz des Lebens dem Staate treu zu dienen. Millionen deutscher Soldaten haben in diesem Sinne ihre Pflicht erfüllt und ihr Leben eingesetzt. Es wäre völlig falsch, ihren Dienst, ihr Opfer, die in patriotischer Gesinnung geleistet und gebracht wurden, am Maßstab einer gewissermaßen selbstverständlichen Widerstandspflicht zu messen und zu verurteilen. Selbst die Männer des militärischen Widerstandes, die sich aufgrund ihrer Kenntnisse zum Handeln gegen die Staatsführung entschlossen, haben ihren Dienst an der Front und für die Front weiter getan. Diese Feststellungen entheben uns andererseits nicht der Aufgabe, bei Persönlichkeiten in verantwortlichen Positionen zu prüfen, welchen Einblick in fragwürdige Vorgänge und welchen Überblick über die Gesamtlage sie besaßen — also Erkenntnisse, die bei anderen den Anstoß zum Widerstand gegeben haben.

Der Zusammenhang militärgeschichtlicher Arbeit mit der Gegenwart zeigt sich auch in der Frage der Bedeutung des Wortes „Widerstand". Das Wort wird nicht selten mit dem Widerstand gegen Hitler und das NS-Regime gleichgesetzt. Wer sich auf den Widerstand gegen Hitler beruft, nimmt für sich in Anspruch, auch heute ein Unrechtssystem zu bekämpfen. Der grundlegende Unterschied zwischen der Legitimation staatlicher Führung im totalitären System und im demokratischen Rechtsstaat, die unterschiedlichen Handlungsmöglichkeiten für den in seinen Rechten verletzten Staatsbürger werden nicht gesehen oder bewußt übersehen. Hatte der Widerstand gegen Hitler die Wiederherstellung des Rechtsstaates zum Ziel, so darf Widerstand im demokratischen Rechtsstaat, wie dies in Artikel 20 Absatz 4 des Grundgesetzes formuliert ist, rechtmäßig nur geleistet werden, wenn Gefahr besteht, daß die verfassungsmäßige Ordnung der Bundesrepublik Deutschland beseitigt wird.

Bei der Beschäftigung mit dem „Widerstand" werden sich einige zentrale Fragen immer wieder stellen, so

— die Frage nach den Motiven des Widerstandes:

· war es nur die sogenannte „Reue auf dem Totenbett", verließen die Beteiligten nur ein in den Jahren des Erfolgs mitgetragenes System angesichts seines bevorstehenden Untergangs,

· war es fachliche Kritik an Führungsfehlern, ja am Dilettantismus im militärischen Bereich,

· war es politische Einsicht in die Gefährlichkeit, ja das Verbrecherische der Planung und Zielsetzung des NS-Regimes, oder

· war es grundsätzliche, ethisch-moralische oder rechtsstaatlich begründete Kritik am Regime und seinen Maßnahmen?

— Ferner stellen sich die Fragen nach den Zielen, den Zukunftsvorstellungen des militärischen Widerstands:

· waren es Angehörige einer überlebten Herrschaftselite, die sich wehrte, weil man ihr die privilegierte Stellung streitig machte,

· waren es deutsche Nationalisten, die tätig wurden, weil Hitler die deutsche Großmachtstellung aufs Spiel setzte,

· oder waren es Anhänger wenn nicht der Demokratie, so doch der rechtsstaatlichen Tradition Deutschlands, die sich — wie es in ihren Aufrufen hieß — die Wiederherstellung des Rechtes als eigentliches Ziel gesetzt hatten?

10

— Eine bedeutsame Frage ist auch, in welchem Verhältnis der militärische Widerstand zu den anderen oppositionellen Gruppen im Dritten Reich stand:

· war es eine kleine isolierte Gruppe reaktionärer Offiziere, wie es in den offiziellen Verlautbarungen nach dem 20. Juli 1944 zunächst hieß, oder war es eine Elite des deutschen Offizierkorps,

· war der militärische Widerstand vorwiegend das Ergebnis ressortbedingter Opposition, deren Beurteilung des NS-Regimes sich an den eigenen Interessen orientierte. Oder bestanden grundsätzliche Gemeinsamkeiten in der Bewertung des Regierungssystems zwischen militärischem und zivilem Widerstand,

· oder war der militärische Widerstand im Grunde genommen nur das ausführende, allein zur Ausführung befähigte Organ einer in weiten Kreisen des Volkes bestehenden, von einstigen konservativen, demokratischen und sozialistischen Politikern und Gewerkschaftsführern, von Geistlichen beider Konfessionen und Wissenschaftlern getragenen Bewegung?

Die Verbreitung oppositioneller Gedanken in der Wehrmacht, die Zahl von Widerstandsgruppen in ihr, die einen Umsturz in Erwägung zogen, die Verbindung der Gruppen untereinander, die Intensität ihrer Kontakte — dies alles gehört zu den schwer zu klärenden und noch wenig geklärten Fragen. Auf welche Weise entstanden solche Zentren der Opposition, wie stieß der einzelne zu ihnen oder wurde in ihre Tätigkeit verstrickt? Welche Rolle spielten kameradschaftliche Verbindungen aus früherer Zeit, Verwandtschaft, regionale und landsmannschaftliche Verbundenheit?

Im Kulminationspunkt, dem 20. Juli 1944, werden am ehesten die verschiedenen Kreise des militärischen Widerstands, der unterschiedliche Grad der Beteiligung, sichtbar: Zu der Gruppe der aktiv Handelnden und unmittelbar Beteiligten kamen die engeren und weiteren Kreise der Unterstützenden und Fördernden und die große, kaum meßbare Zahl der Wissenden und Schweigenden, welche die Umsturz- und Attentatspläne nicht meldeten, wie es ihre Pflicht gewesen wäre. Dieser Fragenkomplex zeigt im übrigen, wie verfehlt es wäre, entsprechend der Überspezialisierung der Forschung „den militärischen Widerstand" isoliert zu untersuchen und ihn nicht als einen Teil der Geschichte der Wehrmacht zu verstehen.

In abschließenden Überlegungen wird sich die Frage stellen, welche Bedeutung dem militärischen Widerstand in der deutschen Militärgeschichte und in der Geschichte des deutschen Volkes beizumessen ist. Im Vordergrund neuerer Arbeiten steht der Hinweis auf die unbezweifelbare Anpassung vieler Soldaten an das

NS-Regime, ja die Feststellung einer Verstrickung in Verbrechen der NS-Herrschaft. Ist es richtig, nach Beobachtungen dieser Art den militärischen Widerstand, in dem Soldaten der Wehrmacht ihr Leben freiwillig aufs Spiel setzten,
um Recht und Freiheit in Deutschland wieder zur Geltung zu bringen, als eine
„Episode" zu bezeichnen? Oder ist der militärische Widerstand nicht ein Teil
des „Anderen Deutschlands", das im Kampf gegen die NS-Herrschaft die
Grundlagen des Rechtsstaates und der europäischen Gesittung zu wahren versuchte und deshalb trotz aller Vergeblichkeit des Bemühens als ein bedeutsamer
Teil der Geschichte des deutschen Volkes anerkannt zu werden verdient?

Dieser Band behandelt einen Abschnitt der neueren deutschen Militärgeschichte,
in dem Geist gegen Ungeist, Gewissen gegen Dämonie und Freiheit gegen Unterdrückung aufstanden, in dem sich hohes militärisches Berufsethos, soldatisches
Verantwortungsbewußtsein und militärische Könnerschaft gegen politisches
Verbrechertum und militärischen Dilettantismus aufbäumten, in dem Offiziere
der Wehrmacht freiwillig ihr Leben für geordnete politische, rechtliche und moralische Verhältnisse und für die Herstellung des Friedens einzusetzen bereit waren.

Johann Adolf Graf v. Kielmansegg

Gedanken eines Soldaten zum Widerstand

Professor Gerstenmaier, an dessen Stelle ich habe kurzfristig einspringen müssen, wollte zu dem Thema sprechen: „Zur Problematik militärischer Opposition und militärischen Widerstands aus rechtlicher und ethisch-moralischer Sicht", und er wäre diesem Thema sicher in hervorragender Weise gerecht geworden. Aus verschiedenen Gründen habe ich die Frage, ob ich dieses Thema übernehmen sollte und könnte, verneint. Ich habe auch nicht eigentlich versucht, den historischen Referaten ein anderes als das ursprünglich vorgesehene grundsätzliche Thema voranzustellen. Ich bitte Sie, damit vorlieb zu nehmen, daß Sie keinen ordentlich aufgebauten Vortrag von mir hören, auch kein historisch-wissenschaftliches Referat, sondern einige, nicht einmal besonders systematisch, sondern in loser Kette aneinandergereihte Gedanken eines Soldaten zum Widerstand. Dabei wird aber die Thematik, die Professor Gerstenmaier sich vorgenommen hatte, anklingen. Freilich — das, was ich sagen möchte, reicht keineswegs aus, um einen wirklichen Schlußpunkt zu setzen, es langt bestenfalls zu einem Doppelpunkt, hinter dem es weitergeht. Aber ich will versuchen — um meine Satzzeichen-Metapher fortzuführen —, einige Ausrufezeichen vor Sie hinzustellen. Die möglicherweise sich ergebenden Fragezeichen können Sie dann machen.

Voranstellen möchte ich noch, daß ich zum Teil mich sozusagen selber zitieren werde aus dem, was ich vor 20 Jahren zur Bonner Gedenkfeier als Vertreter der Bundeswehr, aber auch an diese selbst gerichtet, gesagt habe. Dies letztere gilt auch für heute, denn diese Tagung dient ja in erster Linie der Fortbildung der hier anwesenden Offiziere, um sie besser in die Lage zu versetzen, über den militärischen Widerstand sprechen und unterrichten zu können, und an sie wende ich mich vor allem. Diese Tagung erhält ihren besonderen Akzent dadurch, daß der 20. Juli sich 1984 zum 40. Male jährt, was die Bundeswehr besonders in das Bewußtsein der Soldaten zu bringen beabsichtigt, wobei dieses Datum stellvertretend für das Ganze des Widerstandes gegen die Diktatur Hitlers steht.

Mit Professor Gerstenmaier, an dessen Stelle ich hier spreche, verbindet mich neben manchem anderen, daß auch ich ein Dabeigewesener bin, der das Dritte Reich von Anfang bis Ende miterlebt und überlebt hat, was für ihn wie für mich als Beteiligte am militärischen Widerstand — er im Zentrum, ich am Rande —

alles andere als zu erwarten war. Wenige nur sind davongekommen, und von diesen wenigen sind viele inzwischen gestorben. Das heißt also, daß ich das bin, was man Zeitzeuge nennt. Da es sich hier um eine historische Tagung handelt, möchte ich hinzufügen, daß ich aus vielfältiger Erfahrung weiß — ich bin auch für dies und jenes andere ein Zeitzeuge —, mit welcher im übrigen grundsätzlich berechtigten Vorsicht Historiker an Zeitzeugen und an das, was sie zu sagen haben, herangehen. Natürlich gilt es, Subjektivität, Gedächtnisfehler, Ungenauigkeiten und Selbstrechtfertigungen herauszufiltern, aber es gilt auch, sorgfältig darauf zu achten, was bei Zeitzeugen alles dieses nicht ist. Und, es sei mir erlaubt zu sagen, Zeitgeschichte *nur* auf der Grundlage von Buchstaben, von Dokumenten und Akten also, zu erforschen und zu schreiben, muß, so meine ich, ein unvollständiges und oft verzerrtes oder falsches Bild ergeben. Dies gilt ganz besonders für einen Gegenstand wie den militärischen Widerstand im Dritten Reich, dessen klandestiner Charakter in ständiger Verbindung mit der Gefährdung des eigenen Lebens und des Lebens anderer, angefangen mit der eigenen Familie, Buchstaben nicht nur vielfach verbot; es zwang auch oft dazu, falsche Buchstaben niederzuschreiben, die heute — ohne Kenntnis des oft sehr persönlichen Hintergrundes, von Lage und Umständen — falsch verstanden und interpretiert würden bzw. werden. Wenn ich, um nur ein persönliches Beispiel zu geben, an meine Aufzeichnungen denke, die ich in der Einzelzelle in der Prinz Albrechtstraße in Berlin gemacht habe, *damit* sie von der Gestapo gelesen wurden, was mir auch gelungen ist, dann bin ich ganz froh, daß sie nirgendwo gedruckt sind. Nach ihnen, ohne Erläuterung von Zweck und Umständen, wäre es heute ziemlich naheliegend, mich noch im Herbst 1944 als getreuen Gefolgsmann des Führers zu sehen.

Dieser persönlich gefärbten Bemerkung über Zeitzeugen möchte ich eine weitere hinzufügen, nämlich daß ich ein Soldat bin, der in drei sehr verschiedenen Armeen unter drei ebensosehr verschiedenen politischen Systemen, aber immer dem gleichen Vaterland gedient hat, eine Tatsache, die allein manchem zur Verurteilung genügt. Ich habe diese beiden Bemerkungen gemacht, um klarzulegen, als was ich vor Ihnen Gedanken zum militärischen Widerstand äußere, als beteiligter Zeitzeuge und als Soldat.

Die besondere Problematik militärischen Widerstandes gegen die Staatsführung mit dem letzten Ziel, sie zu stürzen, liegt in den Besonderheiten, die den Soldaten sowohl als Individuum wie als Teil einer staatlichen Institution gegenüber allen anderen Bürgern kennzeichnen und die eigentlich einen Widerstand ausschließen müßten. Zu ihnen gehört zunächst der militärische Auftrag, der im Frieden Ausbilden, Erziehen, ständig Bereitsein heißt und im Krieg Kämpfen. Das letztere heißt in dürren Worten: Auf Befehl sterben und andere dem Tode aussetzen müssen. Der Tod durch den Krieg greift heute auch weit hinter die Fronten, aber nur der Tod des Soldaten ist ein Tod unter dem Gesetz von Befehl und Gehorsam.

Da ist weiter das Treueverhältnis zum Dienstherrn, dem das Loyalitätsgebot immanent ist. Das gibt es zwar auch für andere Staatsdiener, aber es erhält für den Soldaten dadurch eine besondere Qualität, daß er Träger der bewaffneten Macht ist. Und da ist schließlich die Verpflichtung, das eigene Land mit der Waffe zu verteidigen — alles zusammen eingebunden in feierliches Gelöbnis und Eid.

Und dann Widerstand? Dazu noch der Widerstand, über den wir hier sprechen, den gegen NS-System und Hitler, der teilweise in den Krieg fiel? In jedem Fall dürfte klar sein, daß der Soldat nicht einfach sozusagen drauflos Widerstand leisten kann und darf und daß es einer nur ihm eigenen besonderen Verantwortung bedarf, die Grenzen des Gehorsams zu überschreiten — die genau festgelegten Fälle beiseite gelassen, wo er dies sogar tun muß, denn diese Fälle haben nichts mit Widerstand zu tun. Ich werde noch darauf zurückkommen, aber diese Überlegung bringt mich zunächst zu einem Punkt, auf den ich kurz eingehen möchte und der heute im übrigen in bedauerlicher und gefährlicher Weise aktuell geworden ist, die Frage des Widerstandsrechts. Natürlich wirft diese Frage zunächst den moralischen und dann den politischen Aspekt auf. Über beide ist viel gesagt und geschrieben worden. Hier möchte ich etwas zum rechtlichen Aspekt sagen, vor allem weil er, oder vielmehr die Unkenntnis, daß es ihn gab, damals eine wesentliche Rolle gespielt hat.

Wenn ich mich an das fast verzweifelte Bemühen erinnere, zu erkennen, was man als Soldat dem von außen und innen gefährdeten Volk und Staat nun wirklich schuldig sei — und dies in einem System, das, wie Dietrich Bonhoeffer zu Ende des Jahres 1942 es ausdrückte, „in der großen Maskerade des Bösen, das in so vielen ehrbaren und verführerischen Verkleidungen erschien" und es meisterlich verstand, einen immer wieder in Gewissenskonflikte zu treiben —, wenn ich mich daran erinnere, dann kann ich jedenfalls für mich und, wie ich weiß, für viele andere sagen, daß ich mir nicht darüber klar war, daß es so etwas wie ein *Recht* auf Widerstand gab und immer gibt — und noch weniger darüber, welcher Art dieses Recht ist, ein Naturrecht nämlich.

Dabei finden wir bereits von früher vorchristlicher Zeit an im abendländischen Rechtskreis, daß das Recht auf Widerstand gegen den das Recht brechenden Herrscher — und nur darum geht es und um nichts anderes — so gut wie überall und immer anerkannt war. Im angelsächsischen Rechtskreis, auch in Dänemark, hat es keine Unterbrechung gefunden. Schon im frühen Mittelalter gibt es feierliche Bekundungen und Festlegungen, so z.B. die Straßburger Eide von 842 anläßlich des Vertrages zwischen den Karolingern Ludwig dem Deutschen und Karl dem Kahlen oder im Sachsenspiegel. Ein westgotischer Satz sagte es in aller Kürze auf lateinisch: „Rex eris, si recte facies, et si non facias, non eris." Hier wie überall im Widerstandsrecht ist der Grundgedanke der der Herrschaftsverwirkung, wenn der Herrscher das Recht, unter dem auch er steht, bricht. Die der Treuepflicht innewohnende Gehorsamspflicht erlischt, wenn der Herrscher seine eigene Treuepflicht zur Wahrung der bestehenden Rechtsordnung nicht mehr erfüllt.

Diesen Kerngedanken drückt für heute der Staatsrechtler Prof. Martin Kriele in einem kürzlich erschienenen Artikel deutlich aus. Er sagt darin: „Wo immer in der Tradition des Naturrechts ein Widerstandsrecht bejaht wurde, orientierte es sich an der grundlegenden Unterscheidung zwischen Rechtsstand und Willkürherrschaft. In Diktaturen [...] ist danach Widerstand gerechtfertigt, vorausgesetzt, er ist darauf gerichtet, einen Rechtszustand herbeizuführen. Ist umgekehrt der Rechtszustand durch Errichtung eines demokratischen Verfassungsstaats einmal hergestellt, so gibt es nur ein Widerstandsrecht gegen Versuche zur Beseitigung dieses Rechtszustandes. Der Maßstab dieses Widerstandsrechts ist die Erforderlichkeit zur Verteidigung der Verfassung."

Solche Rechtsüberlegungen gibt es in Deutschland erst wieder seit dem Kriege. Das mittelalterliche Recht war im Gebiet des Heiligen Römischen Reiches Deutscher Nation immer unsichtbarer geworden und verschwand schließlich in der Praxis mit dem Aufkommen der absolutistischen Fürstenstaaten in Mitteleuropa. In der Theorie hielt es sich unbeachtet bis zur ersten Hälfte des 19. Jahrhunderts, um dann ebenfalls zu verschwinden, und zwar im wesentlichen aus zwei Gründen: In Deutschland setzte sich der Rechtspositivismus durch, für den nicht mehr das Naturrecht, sondern nur noch das staatlich gesetzte Recht Recht war. Zum anderen war es die allmähliche Zivilisierung, die Entwicklung zum Rechtsstaat mit seinen Institutionen, Kanalisierungen und Barrieren, mit Wahlrecht, Parlamenten und Machtkontrolle, die das Widerstandsrecht überflüssig zu machen schien.

Die Problemstellung im Dritten Reich wäre eine einfachere gewesen, die Entschlußfassung eine wesentlich leichtere, überhaupt und insbesondere für den Soldaten, wenn er das Bewußtsein eines für ihn existierenden Widerstandsrechts gehabt hätte — und, um dies deutlich zu machen, habe ich den kurzen Blick in

16

die Rechtsgeschichte getan. *Wir* hatten damals dies Bewußtsein nicht, wir hatten nie etwas davon gehört, auch unsere Väter nicht, die es hätten weitergeben können. Diese historisch so alte Kenntnis mußte in langen und schwierigen Auseinandersetzungen mit sich selbst und mit anderen als neue Erkenntnis erst wieder gefunden werden. Dies war doppelt schwer, weil uns auch etwas anderes, ganz Entscheidendes völlig fehlte, nämlich die historische Erfahrung, daß Menschen durch den Einbruch einer vorher nicht vorstellbaren Barbarei in Situationen gebracht werden können, in denen der Gehorsam aufgekündigt, der aktive Widerstand gegen den Tyrannen und sein Regime geführt werden muß. Wir alle mußten ohne diese historische Erfahrung leben und ohne sie zum Handeln kommen. Das ist vielen nicht gelungen, ja nicht einmal bewußt geworden, und konnte dies auch oft nicht. Ich sage dies nicht, um irgend jemand oder irgend etwas zu entschuldigen, sondern um zu verdeutlichen, welcher schwerwiegende Unterschied zu heute damals bestand.

Heute gibt es so manche, die diese nun vorhandene Erfahrung in *die* Zeit zurückprojizieren, in der es sie nicht gab, und die daraus leichthin Forderungen rückwirkend stellen und rasche Urteile fällen, die Verurteilungen sind. Das geht nicht. Ich erachte dies für eine unmögliche Methode und eine würdelose Herabsetzung der Männer und Frauen des Widerstands, die im Ziel alle einig waren, aber sonst vielfach verschiedener Ansicht, die sicher auch Fehler gemacht haben, die vieles nicht recht wußten, aber eines ganz genau, daß das, was sie dachten, sagten und taten, den Kopf kosten konnte und den allermeisten auch gekostet hat.

Aber nicht nur so etwas geschieht heute. Schlimmer noch ist der bei uns, nur bei uns, in jüngster Zeit in bestimmten politischen Strömungen aufgebrochene Mißbrauch des Begriffs Widerstand, den verlogen oder Wortschwindel zu nennen m.E. nicht zu hoch gegriffen ist. „Unanständig" hat dies das SPD-Mitglied Brigadegeneral Vogel in der FAZ genannt, und „tief erschreckend" Prof. Richard Löwenthal. Gewiß, von der Sprache her gibt es Schwierigkeiten, denn das Wort Widerstand kann in vielfachen Zusammenhängen verwendet werden. Es ist hier nicht der Platz, sich damit und mit diesen oder jenen politischen Auffassungen auseinanderzusetzen, die gegen Regierung und Staat angehen und dies ja auch können, solange sie es ohne Gewalt tun.

Was aber entschieden abgelehnt werden muß, ist die leichtfertige Gleichsetzung des Widerstandes gegen für manche zwar unerwünschte, aber keineswegs verfassungswidrige Entscheidungen mit dem Widerstand im Dritten Reich. Zurückzuweisen ist die Einstellung, die keinen Unterschied macht zwischen dem Wider-

standsrecht gegen eine Diktatur und dem Widerstand gegen Verteidigungsmaß-
nahmen, die gegen eine Diktatur gerichtet sind, oder auch dem Widerstand gegen Startbahn West, Kernkraftwerke, Personalausweis usw. Das ist nicht nur eine Verfälschung, sondern auch eine Verunglimpfung des Widerstandes im Dritten Reich. Viele tun das aber heute, am deutlichsten hat es wohl Günter Grass
formuliert.

Ich denke, daß der Bonner Staatsrechtler Josef Isensee diese Erscheinung, die er
noch umfassender sieht, richtig deutet, wenn er vor kurzem in der Zeitschrift
'Die neue Ordnung' schrieb: „Die Deutschen proben scharenweise den Widerstand [...]. Sie haben einen Typus des Widerstandskämpfers hervorgebracht,
den die Jahrtausende der Geschichte des Widerstandsrechts noch nicht gesehen
haben: den nachträglichen Widerstandskämpfer. Er kämpft gegen den Unrechtsstaat Hitlers aus sicherer historischer Distanz, vom bequemen Unterstand
einer rechtsstaatlichen Verfassung. Er zielt auf die nationalsozialistische Herrschaft, aber es trifft die parlamentarische Demokratie des Grundgesetzes. Freilich gibt es Rationalisierungsmethoden, um über die Objektvertauschung und
Zeitverschiebung hinwegzukommen. Der nachträgliche Widerstandskämpfer
muß daran glauben, daß der grundgesetzliche Verfassungsstaat das neue Gehäuse des Nationalsozialismus bilde." Soweit Isensee. Hinzufügen möchte ich, daß
es eine Denkspielart gibt, die glaubt, daß die Bundeswehr das neue Gehäuse der
hitlerschen Wehrmacht bilde. Einen Satz von Isensee möchte ich noch anfügen:
„Der Lohn, der dem nachträglichen Widerstandskämpfer winkt, ist das *gute* Gewissen." Und schließlich, was die Unterschiede zwischen dem Widerstand im
Dritten Reich und dem heute proklamierten Widerstand angeht, über die ich gesprochen habe, so gibt es noch einen weiteren: Damals kostete es den Kopf.
Heute kommt man dadurch ins Fernsehen.

Und noch eine Anmerkung, die mir im Zusammenhang mit dem Begriff Widerstand in den Sinn kommt. Stauffenberg sprach von Erhebung. Und schon gar
nicht sahen wir uns als „Mitglieder des Widerstands", wie es heute manchmal
heißt, als ob es sich um einen Verein gehandelt habe, in den man ein- und wieder
austreten konnte. In Wirklichkeit war es eine große Zahl von kleinen und klein-
sten Gruppen, die nur lose und stets gefährdete Kontakte miteinander hatten
oder oft auch überhaupt nichts voneinander wußten, oder es waren nur Verbindungen von Person zu Person.

Bevor ich von dieser Paraphrase über den Begriff Widerstand auf den militärischen Widerstand selbst zurückkomme, möchte ich noch eine Überlegung an-
stellen, die m.E. sowohl mit dem von mir erwähnten Zurückprojizieren der heu-

18

te vorhandenen historischen Erfahrung zu tun hat als auch mit dem Mißbrauch des Wortes Widerstand. Warum ist im Lauf der Jahre das Urteil über den Widerstand allgemein wie über den militärischen Widerstand im besonderen immer kritischer, ja teilweise negativ geworden? Warum das erkennbar zunehmende Bemühen um den Nachweis, daß selbst die überzeugtesten und aktivsten militärischen 'Widerständler' — ich gebrauche dies Wort in Anführungszeichen — im Grunde doch Nazis oder Pronazis oder wenigstens Restnazis waren?

Der Kern dieser Haltung ist meiner Auffassung nach der fortschreitende Verlust der Fähigkeit, sich die Umstände und Bedingungen des Lebens und Handelns in einer rücksichtslosen Diktatur, in einem totalitären Regime vorzustellen und ihre Wirkungen zu begreifen, und das dann noch im Kriege. Wenn der Krieg da ist, ist er nun einmal da. Ich lasse weiß Gott nicht außer acht, wie es zum Zweiten Weltkrieg gekommen ist und wofür er und wie er, von den reinen Frontoperationen einmal abgesehen, von Hitler geführt worden ist. Aber das ändert nichts daran, daß er ein Existenzkampf geworden war, in dem es um Deutschland und die Deutschen, um unser aller Schicksal ging, wo die Vernichtungsabsicht der Gegner deutlich geworden war — ich nenne nur die Zerstörung Deutschlands aus der Luft und unconditional surrender —, wobei es in dem Bezug, den ich herstellen möchte, gleichgültig ist, warum und wie es bei den Alliierten dazu gekommen war. Das, was ich meine, ist, daß ein Soldat nur Widerstand leisten konnte, wenn er zu der bitteren Erkenntnis gelangt war, daß es, ich zitiere, was Oberbürgermeister Rommel am 20. Juli 1983 in Berlin sagte, ,,besser wäre, diesen Krieg mit Hitler zu verlieren als ihn unter Hitler zu gewinnen" und, so füge ich hinzu, dazu auch selbst etwas zu tun, damit er verloren ginge. Versuchen Sie bitte zu erfassen und nachzuvollziehen, was das für einen Soldaten bedeutete, welche bis dahin für ihn schlicht undenkbare Loslösung von überliefertem Vaterlandsdenken und tief verwurzelten geistigen Traditionen dies verlangte. So gesehen ist es eher erstaunlich, daß doch so viele sich zu dieser Erkenntnis durchrangen, und es ist gar nicht sehr erstaunlich, daß dies der Masse der Soldaten nicht gelang.

Der zuvor angesprochene Verlust der Fähigkeit, sich so etwas und anderes vorzustellen, was das Leben damals bestimmte und ausmachte, läßt sich auch bei Historikern feststellen. Bei den älteren, die das Dritte Reich noch bewußt erlebt haben, findet man bei aller Kritik nicht das, worauf man bei einigen jüngeren stößt, die das Naziregime nicht mehr erlebt haben, die nicht betroffen waren. Ich meine die überlegene Richterattitüde nicht nur über den Widerstand, sondern auch gerade über all die, die nicht Widerstand geleistet haben. Pater Provinzial Karl Meyer hat dies in seiner Predigt an der Hinrichtungsstätte Plötzensee am 20. Juli 1983 aufgegriffen, als er sie unter den Text Matthäus 23, Vers 29 und 30 stellte: „Jesus sprach: Wehe Euch Ihr Schriftgelehrten und Pharisäer, ihr Heuchler! Ihr errichtet den Propheten Grabstätten und schmückt die Denkmäler der Gerechten und sagt dabei: Wenn wir in den Tagen unserer Väter gelebt hätten, wären wir nicht wie sie am Tode der Propheten schuldig geworden."

Mir scheint, die heutigen Pharisäer wollen sich durch gnadenloses Ins-Gericht-Gehen eine bestimmte demokratische Haltung bescheinigen: *Wir* hätten das richtig und besser gemacht! Irgendwie trifft sich dies mit dem, was ich im Zusammenhang mit dem Mißbrauch des Wortes Widerstand von Josef Isensee zitiert habe.

Ich möchte jetzt anknüpfen an das, was ich über das damalige Nichtwissen um ein Widerstandsrecht, über das Fehlen der historischen Erfahrung gesagt habe, und ein Wort zur Frage von Eid und Gelöbnis anfügen. Hier müssen wir klar erkennen, daß die bindende Kraft des Soldateneides im Rechtsstaat nicht angetastet werden darf. Die Grenze liegt dort, wo es sich wie gegenüber Hitler um einen Cäsareneid handelt. Theodor Heuss hat einmal gesagt: „Es war das Gespenstische, daß in den Treueid auf Hitler die religiöse Formel 'bei Gott' aufgenommen war. Damit hatte Hitler eine zerbrechende Kraft einmontiert." Hier spricht der erste Bundespräsident das an, was das christliche Denken der Maxime des Widerstandsrechts hinzugefügt hat: Der Mensch solle Gott mehr gehorchen als den Menschen. Hieraus wird in bezug auf Widerstand abgeleitet, daß der Herrscher, der Missetaten begeht, die ja immer auch gegen Gottes Gebot sind, sich selbst des Rechts auf Herrschaft beraubt. Ein Eid also, der bei Gott geschworen wird, schafft eine zusätzliche Dimension.

Für jeden und alle in der Bundesrepublik Deutschland gilt heute Artikel 20, Absatz 4 des Grundgesetzes. Er ist bezeichnenderweise in dem Augenblick in die Verfassung eingefügt worden, als mit der sogenannten Notstandsnovelle 1968 die Verantwortung für Aktion im Notstand endgültig von den früheren Besatzungsmächten auf die Bundesregierung überging. Es war das letzte Stück Souveränität, welches bis dahin der Bundesrepublik gefehlt hatte, immerhin 23 Jahre nach Kriegsende und 19 Jahre nach Entstehung der Bundesrepublik.

Artikel 20, 4 GG sagt unmißverständlich: „Gegen jeden, der es unternimmt, diese Ordnung zu beseitigen," (die im Absatz 3 genannte verfassungsmäßige Ordnung nämlich) „haben alle Deutschen das Recht zum Widerstand, wenn andere Abhilfe nicht möglich ist." Es gibt übrigens, das sei hier angemerkt, auch in den Länderverfassungen von Berlin, Bremen und Hessen Festlegungen eines Widerstandsrechts; es gab eine in der Verfassung von 1947 des schon lange nicht mehr existierenden Landes Mark Brandenburg, eine fast ironische Reminiszenz.

Das Grundgesetz stipuliert also eine bindende Voraussetzung des Rechts auf Widerstand und bindet seine Praktizierung an ein Kriterium. Die Voraussetzung ist die Ausnahmesituation, ist das, was die Staatsrechtler den „äußersten Fall" nennen. Das Kriterium ist: „wenn andere Abhilfe nicht möglich ist". Dieses Kriterium macht, wie Isensee feststellt, das Widerstandsrecht subsidiär. Es ist so lange nicht gegeben, als der Rechtsstaat ein solcher ist, als die Institutionen des Staates bis herauf zum Bundesverfassungsgericht, Regierung und Parlament vorhanden und intakt sind. Wenn man, wie Günter Grass und andere es tun, dieses Kriterium beiseiteschiebt und zum aktiven Widerstand gegen staatliche Entscheidungen aufruft, die politisch bestreitbar, aber verfassungsrechtlich gültig und demokratisch legitimiert sind, dann deckt dies das Grundgesetz nicht, dann wird das Widerstandsrecht pervertiert und als Instrument einer Minderheit mißbraucht, um sich über demokratische Mehrheitsentscheidungen nach Belieben hinwegzusetzen.

Schon aus Grund-Voraussetzung und -Kriterium des Grundgesetzes wird deutlich, daß niemand — auch und gerade der besonders gebundene Soldat nicht — ohne weiteres blindlings und nach seinem bloßen Belieben das Widerstandsrecht praktisch verwirklichen darf. Für den Soldaten kommen noch, wie schon erwähnt, der Eid und die Tatsache hinzu, daß er unter dem Gesetz von Befehl und Gehorsam — es ist ein vom Parlament erlassenes Gesetz und nicht nur ein moralisches — steht, stehen muß, denn ohne es kann eine Armee im Frieden nicht bestehen, im Kriege nicht kämpfen. Ich erwähne dieses Gesetz nun zum zweiten Mal. Um möglichen oder absichtsvollen Mißdeutungen zu begegnen, möchte in in Kürze etwas einfügen: Nichteinverständnis mit einem dienstlichen oder taktischen Befehl gibt eo ipso kein Recht auf Ungehorsam oder gar Widerstand. Das Nichtbefolgen eines als solchen erkannten rechtswidrigen oder gar verbrecherischen Befehls ist ein nicht erst vom heutigen Rechtsstaat gewährtes Recht. Es war bereits Bestandteil des alten Militärstrafgesetzbuches von 1872. Die Nichtdurchführung eines sinnlos oder unvollziehbar gewordenen Befehls, der als solcher klar erkannt wird, ist ebenso wie das Handeln ohne Befehl oder über den Befehl hinaus, wenn die Lage es erforderte, gute alte preußische und deutsche Tradition, wobei jeder für sich die Verantwortung für sein Tun und dessen Folgen zu tragen hatte. Ich habe gesagt 'gute, alte' Tradition, womit ich bestimmte Verkrustungen und Hypertrophien des wilhelminischen Zeitalters ausschließe. Beispiele gibt es genug. Denken Sie an den Ungehorsam eines Marwitz aus Ehrempfinden oder eines Seydlitz aus richtiger Beurteilung der Lage heraus bei Zorndorf. Erinnern Sie sich an Yorck in der Poscheruner Mühle und an das Wort des Prinzen Friedrich Carl von Preußen: „Seine Majestät hat Sie nicht deshalb zum Offizier gemacht, damit Sie einfach alle Befehle ausführen, sondern damit Sie auch wissen, wann Sie Befehle nicht ausführen müssen." Erinnern Sie sich auch der Verleihungsbedingungen des österreichischen Maria-Theresia-Ordens und des bayerischen Max-Joseph-Ordens. Und denken Sie schließlich an den Grafen Sponeck 1941 auf der Krim und an Hoepner in der Winterschlacht vor Moskau 1942, der schon als Leutnant geschrieben hatte: „Ich handele nach der Befragung meines Gewissens." Das sind nur zwei Namen aus der Wehrmacht, denen ich weitere anfügen könnte. Wir, um eine persönliche Bemerkung dazu zu machen, sind mit dieser Tradition aufgewachsen, wir haben sie nicht beiläufig irgendwo gelesen, sondern wir haben sie gelernt. Das ging sogar praktisch ziemlich weit. Ich erinnere mich gut, daß in den dreißiger Jahren bei den taktischen Aufgaben an der Kriegsakademie bei jeder zweiten Aufgabe die sogenannte Patentlösung die des — natürlich zu begründenden — Abweichens vom Befehl war.

Vom Feldmarschall Graf Moltke stammt das Wort: „Gehorsam ist ein Prinzip. Der Mann steht über dem Prinzip." Das sagt etwas sehr Wichtiges: Gehorsam und Nichtgehorsam schließen einander im tiefsten Kern nicht aus. Es sind vielmehr die Situationen, durch welche der eine oder der andere ausgeschlossen werden.

Nach dieser kleinen Variation unseres Grundthemas 'Militärischer Widerstand' nun wieder zurück zu der Voraussetzung des Widerstandsrechts.

Von einer Ausnahmesituation, wie sie im Dritten Reich allmählich entstanden war, kann heute überhaupt keine Rede sein und nicht einmal von einer sich abzeichnenden Annäherung an eine Ausnahmesituation. Durch das nationalsozialistische System war der Staat von Jahr zu Jahr zunehmend zu einem Unrechtsstaat geworden. Heute haben wir einen gut funktionierenden Rechtsstaat von einer Liberalität, wie sie sie kaum anderswo gibt.

Aber selbst in einer Ausnahmesituation muß, so meine ich und habe ich immer gemeint, die Verwirklichung des Widerstandsrechts, d.h. die Ausübung eines Widerstands in im übrigen je nach den Möglichkeiten sehr verschiedenen und abgestuften Formen, wenn nicht für jedermann, so doch für den Soldaten, der die Waffe trägt und als einziger damit Widerstand durch Aktion zum Erfolg führen kann, von einigen weiteren Voraussetzungen abhängen. Diese Auffassung finden Sie in vielen Arbeiten, auch moraltheologischen, z.B. von Angermair und Pribilla für die katholische, von Künneth, Iwand, Wolf für die evangelische Theologie. Sie finden sie sehr klar in einem grundlegenden Gutachten des ersten Präsidenten des Bundesgerichtshofes, Weinkauff. Ich möchte einige Sätze zitieren, die genau das besagen, was ich meine.

„Wie überall sonst im Recht gilt bei der Ausübung des Widerstandsrechts zunächst der Grundsatz der Güterabwägung. Weiter muß ich [...] ein klares und sicheres Urteil darüber haben und mir zutrauen dürfen, daß und warum die Staatsführung so sehr gegen Recht und Pflicht verstößt, daß der gewaltsame Widerstand dagegen erforderlich und unerläßlich ist, sowie auch ein Urteil darüber, in welchem Grade Widerstand notwendig ist. Besonders gesteigert wird die Verantwortung, wenn sich der Widerstandsakt im Kriege vollzieht.

Ich darf weiter im Allgemeinen Widerstand nur leisten, wenn ich einigermaßen die begründete Hoffnung haben darf, daß mein Widerstand die Sache zum Besseren wenden wird. 'Aliqua spes eventus' wurde von der Widerstandslehre immer gefordert."

Was besagen diese Sätze? Nichts anderes als das Erfordernis einer ständigen Prüfung seiner selbst, der Situation und der Kenntnis, die man von der Situation hat. Dies ist weder leicht noch in Kürze zu vollziehen.

Weinkauff fährt dann fort: „In äußerster Lage kann — auch bei geringer unsicherer Hoffnung auf äußeren Erfolg — das bloße Aufrichten eines Fanals, eines weithin leuchtenden Zeichens dafür, daß sich überhaupt noch Kräfte gegen die Herrschaft des Bösen zu erheben wagen, den Widerstand rechtfertigen. Das kann Erfolg genug sein. Auch ein solcher Erfolg kann geschichtlich ins Weite wirken." Hier zeigt Weinkauff, wie eine Niederlage — und der 20. Juli war eine Niederlage — zum Erfolg werden kann. Genau dies ist der Sinn von Tresckows Wort, das mit Recht bekanntgeworden ist: „Das Attentat auf Hitler muß erfolgen um jeden Preis. Sollte es nicht gelingen, so muß trotzdem der Staatsstreich versucht werden. Denn es kommt nicht mehr auf den praktischen Zweck an, sondern darauf, daß die deutsche Widerstandsbewegung vor der Welt und der Geschichte unter Einsatz des Lebens den entscheidenden Wurf gewagt hat. Alles andere ist daneben gleichgültig."

Soweit das Gutachten von Weinkauff. Das gleiche meint z.B. Künneth, wenn er als Voraussetzungen abgestufte Verantwortlichkeit, sachkundige Einsicht, Möglichkeit der Realisierung nennt. Und das gleiche meinte schon 1938 Beck, als er vom Handeln aus dem Wissen nach dem Gewissen im Bewußtsein der Verantwortung sprach. Und heute meint das Isensee, wenn er sagt, daß sich die Ausübung des Widerstandsrechts vom Rechtsbruch dadurch abhebe, daß sie „notwendig, geeignet und angemessen, den Verfassungsstaat zu schützen", zu sein habe. Die Abgrenzungen zu finden, die Voraussetzungen zu prüfen, zu einem Urteil zu gelangen kann immer und nur in der Gewissensentscheidung des einzelnen und im Einzelfall geschehen.

Wenn man die eben genannten Kriterien durchdenkt, dann erkennt man, daß sie auch Kriterien für das Urteil im nachhinein sind, nach denen man das Verhalten jedes einzelnen beurteilen sollte, jedes einzelnen der Tausenden, die Widerstand geleistet haben, und der Millionen, die es nicht getan haben und von denen manche es heute so leichthin verlangen. Leider gibt es auch in der jüngeren Geschichtsschreibung einige Beispiele, bei denen man nicht einmal den Versuch erkennen kann, herauszufinden, ob und wie diese Kriterien gegeben waren, wie überhaupt die Umstände auf den einzelnen Fall bezogen tatsächlich aussahen. In jedem Fall waren sie außerordentlich verschieden und vielschichtig. Ich besitze ein Buch aus der Hinterlassenschaft des Generalobersten v. Fritsch, der mein Onkel war. Es enthält Gedanken und Aussprüche von Goethe, und er hat es sich nach seinem Sturz 1938 gekauft. Er hat einige davon angestrichen, darunter den Satz aus dem Werther: „Habt Ihr die inneren Verhältnisse einer Handlung erforscht? Wißt Ihr mit Bestimmtheit die Ursachen zu entwickeln, warum sie geschah, warum sie geschehen mußte? Hättet Ihr das, Ihr würdet nicht so eilfertig mit Euren Urteilen sein." Mir scheint, daß dies eine beherzigenswerte Mahnung ist.

Um zusammenzufassen: Es gibt nicht nur ein Widerstandsrecht, sondern auch Kriterien für seine Ausübung. Die Abgrenzungen zu finden ebenso wie die Voraussetzungen zu prüfen, kann immer und nur in der Gewissensentscheidung des einzelnen und im Einzelfall geschehen, und dabei ist man allein und ohne Hilfe. Man kann also zwar das Widerstandsrecht und die aus ihm entspringenden Forderungen festschreiben, sogar in ein Gesetz, aber nicht eine Widerstandspflicht, es sei denn, man faßt sie als Pflicht zur Gewissensentscheidung auf, wenn man die notwendige Einsicht und das Wissen hat und Möglichkeiten zur Realisierung sieht. Was geht daraus für den Soldaten im Dritten Reich hervor? Für eine bestimmte, nicht sehr große Zahl von ihnen stellte sich die Frage nach Widerstand und Gewissensentscheidung, für die große Masse aber vom General bis zum Grenadier konnte sie sich gar nicht stellen. Das heißt also, daß diejenigen Soldaten, die in gutem Glauben und in gutem Gewissen ihre Pflicht taten, deshalb kein Vorwurf, keine Abwertung ihres sittlichen Verhaltens treffen darf. Daß ich hierin nicht diejenigen einschließe, die Verbrechen begangen oder sich schuldhaft an ihnen beteiligt haben, versteht sich von selbst. All das, was ich zum militärischen

Widerstand im Dritten Reich versucht habe darzulegen, gilt auch für den Soldaten von heute und morgen. Für diesen kommt aber noch eine Fragestellung hinzu, die in dem bisher Gesagten verborgen mitschwingt und auf die eine klare Antwort gegeben werden muß. Es ist die Frage, ob und inwieweit der 20. Juli eine Norm setzt oder setzen sollte.

Als Vorgang kann der militärische Widerstand gegen Hitler, kann der 20. Juli sicher keine Norm setzen, schon ganz einfach deswegen nicht, weil niemals ein Verhalten in einer Ausnahmesituation eine Norm setzen kann. Das außergewöhnliche Extrem kann und darf nicht die Regel des täglichen Handelns sein. Wohl aber können und sollen Geist und Haltung der Männer und Frauen des Widerstands Vorbild sein, und für Soldaten besonders die Soldaten, die ihr Leben für ihre sittliche Überzeugung, für Recht und Freiheit bewußt aufs Spiel setzten.

Darüber hinaus bedeutet der 20. Juli noch mehr als die verpflichtende und vorbildliche Tat, denn seine inneren Probleme und seine Zielsetzungen sind zeitlos. Sie bestehen auch für uns angesichts des Charakters der Epoche, in die wir hineingestellt sind, angesichts der totalitären Unterdrückung, in welcher der eine, und der totalitären Bedrohung, unter welcher der andere, unser Teil Deutschlands lebt. Hintergrund und Vordergrund in einem war damals und ist heute das totalitäre System an sich, welches uns alle bedroht, mit physischer Vergewaltigung wie mit der Vergewaltigung des Gewissens. So wenig der 20. Juli als Modellfall gelten kann, so sehr hat er eine wegweisende Bedeutung.

Die Literatur zum Widerstand ist kaum mehr übersehbar angewachsen. Von allem, was ich davon kenne, ist für mich das beste und trotz klassischer Kürze tiefschürfendste und umfassendste in bezug auf das wahre innere Wesen, Denken und Handeln der Männer und Frauen des Widerstandes gegen Hitler ein Vortrag des großen Historikers Hans Rothfels, eine Quintessenz des vielen, was er zu diesem Thema geschrieben hat. Er hielt ihn 1954 aus Anlaß der 10. Wiederkehr des 20. Juli. Er ist überschrieben: 'Das politische Vermächtnis des deutschen Widerstandes'. Sie finden ihn in Heft 4 des II. Jahrgangs der Vierteljahrshefte für Zeitgeschichte. Darin heißt es: „Es sind damals in der Grenzsituation Möglichkeiten und Umwertungen vorgelebt und vorgestorben worden, die potentiell zum Wesen der Zeit gehören, in der wir existieren. Es sind das die Möglichkeiten und Umwertungen im Sinne einer internationalen Frontbildung des Menschlichen gegen das Unmenschliche." Daneben möchte ich stellen, was Professor Bracher 39 Jahre danach am 20. Juli 1983 bei der Gedenkfeier in Bonn so formulierte: „So kann Widerstand heute niemals heißen Rückfall in Weimarer Verhältnisse und in neutralistisch-nationalistische Sonderwege. Vielmehr gibt es ein Widerstandsrecht der zweiten freiheitlichen deutschen Demokratie selbst: nämlich den Widerstand gegen die diktatorischen Mächte unserer Zeit — diesmal an der Seite jener Demokratien Europas und der atlantischen Gemeinschaft, die für Menschenrechte und für Frieden in Freiheit stehen."

Schließen möchte ich mit zwei Sätzen, die Eugen Gerstenmaier vor kurzem schrieb: „Wir, die dazu gehörten oder sonstwie gegen die Schändung Deutschlands Front gemacht hatten, stimmten [...] völlig darin überein, daß die Rettung Deutschlands und die Sicherung seiner Zukunft allein in der Wiederherstellung des freiheitlichen Rechtsstaates und seiner entschlossenen Verteidigung gegen seine inneren und äußeren Feinde liegen könne. Das ist das bleibende Vermächtnis des 20. Juli 1944."

So verstanden, haben die Worte, die Theodor Heuss am Ende seiner Ansprache an alle Deutschen am 20. Juli 1954 richtete, noch immer Gültigkeit: „Das Vermächtnis ist noch in Wirksamkeit, die Verpflichtung noch nicht eingelöst."

Helmut Krausnick

Zum militärischen Widerstand gegen Hitler 1933-1938
Möglichkeiten, Ansätze, Grenzen und Kontroversen

Der deutsche Widerstand gegen Hitler ist seit dem Ende des Zweiten Weltkrieges, insbesondere seit Mitte der sechziger Jahre, in Wissenschaft und Publizistik immer wieder Gegenstand lebhafter Diskussion gewesen. Als ein fraglos positiv zu bewertendes Ergebnis dieser Diskussion muß man verbuchen, daß sie dazu beigetragen hat, den Widerstand vor einer unangemessenen Glorifizierung zu bewahren. Beide Feststellungen gelten auch für Opposition und Widerstand, die sich von seiten Angehöriger der Wehrmacht gegen Hitler und den Nationalsozialismus gerichtet haben.

Im Rahmen der erwähnten Diskussion ist der älteren deutschen Geschichtsschreibung zu unserem Thema der allgemeine Vorwurf gemacht worden, sie habe den von Gruppen der politischen Linken geleisteten Widerstand gleichsam „links liegengelassen"; dagegen habe sie den hinter dem Umsturzversuch vom 20. Juli 1944 stehenden bürgerlich-konservativen Kreisen und den mit diesen verbundenen Offizieren, ihren Motiven und politischen Vorstellungen eine unverhältnismäßig ausgedehnte und allzu positive Darstellung gewidmet. In der Tat hat das publizistische und wissenschaftliche Interesse zunächst ganz überwiegend der Geschichte und Vorgeschichte der Aktion vom 20. Juli gegolten. Dies geschah einmal schon deshalb, weil sie spektakulär war und ihr Ziel, Hitler zu töten, nur knapp verfehlt hatte; ferner — und zwar in hohem Maße — deswegen, weil die Aktion sich nach 1945 am ehesten gegen eine restlose Gleichsetzung des deutschen Volkes, nicht zuletzt seiner ehemals führenden Schichten, mit dem Nationalsozialismus geltend machen ließ; und endlich auch, weil es sich leider als notwendig erwies, den Umsturzversuch bzw. seine Träger gegen den besonders — aber nicht allein — von rechtsextremen Kreisen erhobenen Vorwurf des Landesverrats zu verteidigen. Unleugbar ist dabei manches „geschönt", sind manche Argumente, Motive oder Ziele der Beteiligten unter dem ausschließlichen Aspekt des Widerstandes verkannt und „moralisch" akzentuiert worden, statt politisch interpretiert zu werden.

Inzwischen aber ist das Pendel zu stark nach der anderen Seite ausgeschlagen. Die soziologische Betrachtungsweise, an der die Geschichtswissenschaft es lange fehlen ließ, bringt in dem seither erfolgten Ausmaß ihrer Anwendung Gefahren der Generalisierung und Pauschalisierung mit sich und läßt individuelle Momente und Motive leicht zu kurz kommen. Wurde früher der Umfang der „Kollaboration" von Hitlergegnern mit dem Regime heruntergespielt, so wird heute auch eine begrenzte oder durch besondere Umstände bedingte Kollaboration mit ihm von manchen Betrachtern mit einer „echten" Ablehnung des Nationalsozialismus für mehr oder weniger unvereinbar gehalten. Wohl haben Nationalismus und Antikommunismus gerade bei vielen Offizieren eine positive Einstellung zum Nationalsozialismus bewirkt; in anderen Fällen aber haben sie sich mit aktivem Widerstand gegen Hitler als durchaus vereinbar erwiesen, und zwar bevor in den Augen der Betreffenden eine Bolschewisierung Deutschlands drohte. Gewiß: demokratische Zukunftsziele haben für die Angehörigen des bürgerlich-konservativen und besonders des militärischen Widerstandes — unbeschadet ihres Bekenntnisses zum Rechtsstaat — keine Rolle gespielt. Daß jedoch die an aktivem Widerstand beteiligten Angehörigen bürgerlich-konservativer Kreise — ursprünglich notorische Vertreter der Staatsloyalität — und die mit ihnen verbundenen Offiziere *ohne* die Überzeugung von der moralischen Verwerflichkeit des herrschenden Regimes bis zum Äußersten geschritten wären, wird man ausschließen müssen. Man darf dabei gewiß nicht verkennen, daß nur eine zahlenmäßig geringe Minderheit von Offizieren aktiven Widerstand geleistet hat. Der Kreis der Sympathisanten dürfte jedoch weit größer gewesen sein, als bisher angenommen wird. Berücksichtigt man schließlich, daß wir in Deutschland jahrhundertelang eine weitgehend militarisierte Gesellschaft hatten, so wird man den Anschlag deutscher Soldaten auf ihren sogenannten Obersten Kriegsherrn als ein singuläres Faktum betrachten dürfen, das Respekt verdient.

I.

In einer anläßlich der 50. Wiederkehr der Machtübernahme Hitlers ausgestrahlten Fernseh-Sendung wurde die Frage zu klären versucht, warum bestimmte Institutionen bzw. deren Träger die Berufung Hitlers „nicht verhindert" hätten. An den bei der Aufzeichnung dieser Sendung noch lebenden General a.D. Heusinger erging die Frage, warum dies damals nicht von seiten der Reichswehr geschehen sei. In seiner Antwort hierauf betonte Heusinger wiederholt, Hitler sei eben auf legalem Wege deutscher Kanzler geworden. — Mit der Legalität der Ernennung Hitlers hatte es nun freilich eine besondere Bewandtnis. „Diese Ernennung" — so hat ein nationalsozialistischer Verfassungsrechtler von geistigem Rang zwar gesagt — „war selbstverständlich 'legal' im Sinne der äußeren Buchstabentreue; aber" — so hat er ehrlicherweise hinzugefügt — „niemand wird behaupten, daß es dem inneren Sinn der Weimarer Verfassung entsprochen hätte, daß hier ihr geschworener Feind an die Spitze des Reiches gestellt wurde[1]." Überdies hatte Reichspräsident v. Hindenburg noch im August und im November 1932 erklärt, „er könne es vor Gott, seinem Gewissen und dem Vaterland nicht verantworten, einer Partei die gesamte Regierungsgewalt zu übertragen, noch dazu einer Partei", deren Regierung „sich zwangsläufig zu einer Parteidiktatur entwickeln" würde[2]. Und Hitler selbst hatte schon 1930 seinem damals auf die Legalität seiner politischen Betätigung geleisteten Eid die Auslegung gegeben, die Verfassung schreibe nur den Boden des Kampfes vor, nicht aber das Ziel, und bezeichnenderweise hinzugefügt: „Wir werden dann allerdings, wenn wir die verfassungsmäßigen Rechte besitzen, den Staat in die Form gießen, die wir als die richtige ansehen[3]." In Anbetracht der zynischen Offenheit, mit der Hitler sich hier zu der Absicht bekannt hat, nach der Übernahme der Regierung mit Hilfe der formal sich bietenden Handhaben den Geist der Weimarer Verfassung zu mißachten, muß die Legalität der Ernennung eines Hitler zum Reichskanzler *der Sache nach* m.E. als fragwürdig bezeichnet werden. Andererseits ging in der Weimarer Zeit, also bis 1933, die herrschende Auslegung der Verfassung dahin, daß es zu den Befugnissen des Reichspräsidenten gehörte, einen Kanzler zunächst einmal nach eigenem Ermessen zu berufen (ja, daß mit der verfassungsändernden Zweidrittelmehrheit auch die Verfassung selbst beseitigt werden durfte). So konnte man — kann man — die Berufung Hitlers unter den damals gegebenen rechtlichen Voraussetzungen als *der Form nach* legal betrachten. Es wäre schon deshalb kaum gerechtfertigt, selbst von solchen damaligen hohen Kommandeuren der Reichswehr, die sich zur Wahrung und Sicherung der — unabhängig von den Sondervollmachten des Reichspräsidenten gültigen — allgemeinen freiheitlichen Prinzipien der Weimarer Verfassung verpflichtet gefühlt hätten, aus unserer Rückschau heraus zu verlangen, von ihrer obersten Führung den bewaffneten Einsatz der Reichswehr zwecks Verhinderung der Berufung Hitlers zum Reichskanzler zu fordern.

In diesem Zusammenhang liegt die — sehr viel realistischere — Frage nahe, ob sich die Reichswehr gegenüber einem etwaigen Versuch der Nationalsozialisten in den Jahren 1930-1933, gewaltsam die Macht an sich zu reißen, als zuverlässig erwiesen hätte. Die Frage darf im ganzen wohl bejaht werden. Immerhin liegt hierzu von dem ehemaligen Befehlshaber im Wehrkreis V/Stuttgart, General a.D. Liebmann, ein bemerkenswertes Zeugnis aus der Rückschau von 1951 vor. Danach war Liebmann um die Jahreswende 1932/33 der Meinung, daß im Falle eines Gewaltaktes der SA „die nationalsozialistischen Sympathien in der Truppe stark in Rechnung gestellt werden" mußten, „wenn auch anzunehmen" gewesen sei, „daß bei entschlossener Führung die militärische Disziplin gesiegt haben würde". Jedenfalls seien ihm, Liebmann, „wiederholte Unterredungen" mit seinem Chef des Stabes, Oberst Höring, in Erinnerung geblieben, „bei denen wir uns entschlossen," — so heißt es weiter — „Vorbereitungen dafür zu treffen, daß Kommandeure und Offiziere, deren nationalsozialistische Einstellung bekannt war, gegebenenfalls sofort festgesetzt werden konnten"[4]. Nach dem Zeugnis des Generals a.D. Ott, seinerzeit Chef der Wehrmachtabteilung des Reichswehrministeriums, war es übrigens „in dem isolierten Ostpreußen [...] am wenigsten gelungen, [die Truppe] von den nationalsozialistischen Einflüssen fernzuhalten"[5].

Wie stand nun der am 2. Dezember 1932 zum Reichskanzler ernannte General v. Schleicher Ende Januar 1933 zu der Frage bzw. Möglichkeit einer Verhinderung der Berufung Hitlers zum Regierungschef? Schleicher ging von der — bis in den Januar 1933 hinein berechtigten — Überzeugung aus, daß der Reichspräsident v. Hindenburg an seiner im August 1932 eindeutig erklärten Ablehnung, Hitler zum Reichskanzler zu ernennen, festhalten würde. Falls es nicht gelang, die NSDAP bzw. prominente Angehörige von ihr trotzdem zu einer Beteiligung an der Regierung oder wenigstens zu politischer Mitarbeit zu bewegen, war Schleicher bereit, es auch auf einen Kampf mit den Nationalsozialisten ankommen zu lassen. Für diesen Kampf waren „alle Vorbereitungen sorgfältig getroffen", wie er in einer am 30. Januar 1934 der „Vossischen Zeitung" übersandten, von ihr aber — angesichts der im Dritten Reich beschränkten Pressefreiheit — natürlich nicht publizierten Leserzuschrift offen erklärte. Der Kampf, so fuhr Schleicher in seinem Leserbrief-Entwurf fort, hätte seiner „festen Überzeugung nach [auch] zum Erfolg geführt [...], wenn nicht plötzlich die feierlich zugesagte Unterstützung des R[eichs]-Pr[äsidenten] ausgeblieben wäre"[6]. Unter dieser „Unterstützung" verstand Schleicher die Bereitschaft des Reichspräsidenten, nicht nur den Reichstag aufzulösen, sondern auch dessen Neuwahl über die von der Verfassung zwingend vorgeschriebene Frist von 60 Tagen hinaus zu verschieben. Eine solche Zusage im Sinne eines eindeutigen Abweichens von Artikel 25 der Weimarer Verfassung hatte Hindenburg — was bisher kaum die gebührende Beachtung gefunden hat — bereits in einer Besprechung mit dem damaligen Reichskanzler v. Papen sowie Schleicher und dem Innenminister Frhr. v. Gayl am 30. August 1932 tatsächlich gegeben[7]. Und auch im November 1932 konnte Papen mit der Bereitschaft Hindenburgs zu einem solchen Verfassungsbruch rechnen, als dieser ihn damals trotz fehlender parlamentarischer Unterstützung wieder zum Kanzler machen wollte[8]. Doch versagte bekanntlich die große Mehrheit der Minister unter führender Beteiligung Schleichers dem jeder tragfähigen Regierungsbasis entbehrenden Papen die Gefolgschaft — was Hindenburg zu seinem Leidwesen zur Entlassung Papens nötigte und, wie gesagt, am 2. Dezember 1932 zur Betrauung Schleichers mit dem Kanzleramt[9]. Als Papen, durch das Verhalten Schleichers zu dessen Gegner und zum Befürworter einer Kanzlerschaft Hitlers geworden, nach zielstrebigen Verhandlungen hinter Schleichers Rücken Hindenburg an Stelle von immerhin riskanten Manipulationen mit der Reichsverfassung schließlich die Möglichkeit eines auf alle Gruppen der politischen Rechten gestützten Kabinetts vortrug, in dem eine beträchtliche Mehrheit bürgerlich-konservativer Minister den gefährlichen Führer der NSDAP „einrahmen" würde, ließ sich Hindenburg nach längerem Widerstreben dazu bewegen, Hitler am 30. Januar zum Reichskanzler zu ernennen.

Alle wohlerwogenen und — aus der Rückschau betrachtet — treffend formulierten Bedenken gegen diesen Schritt waren mit einem Male entfallen oder verdrängt! Dies geschah einerseits, weil Hindenburg und seine bürgerlich-konservative Umgebung die Dynamik der nationalsozialistischen Bewegung und den unbändigen Machtwillen ihres Führers doch noch unterschätzten, andererseits weil sie auf die verbliebenen personellen und institutionellen Sicherungen vertrauen zu können glaubten. Es kam hinzu, daß sie einen Verfassungsbruch mit seinen denkbaren bürgerkriegsähnlichen Folgen und deren etwaigen fatalen Auswirkungen auf die Reichswehr möglichst vermeiden wollten, aber sicherlich auch, daß die mit einer Regierungsbeteiligung der radikalen Rechten sich eröffnenden gegenrevolutionären Chancen sie verlockt haben.

Die bis zu diesem Augenblick im Amt befindliche Führung der Reichswehr unter Schleicher — der bis jetzt ja selber Reichskanzler und Reichswehrminister gewesen war — und General Frhr. v. Hammerstein, dem Chef der Heeresleitung, trägt also keine, jedenfalls keine direkte Mitverantwortung dafür, daß Hitler Reichskanzler wurde. Dessen Berufung war im Grunde ein seltsames Ende des politischen Weges der Reichswehr seit 1918. Die Gefahren, die mit dem damaligen Umsturz für ihre traditionelle gesellschaftliche Position und ihre Teilhabe an der politischen Macht verbunden waren, hatten ehemalige Führer der kaiserlichen Armee mit Glück, Geschick und dank der Schwäche ihrer Gegenspieler im Rahmen einer mehr und mehr restaurativen allgemeinen Entwicklung rasch überwinden können. Die Reichswehr bilde einen „Machtfaktor im Staat, über den keiner hinweggehen" könne, äußerte im Juli 1929 der Reichswehrminister

Groener[10]. Zusammen mit ihm war sein Mitarbeiter Schleicher im Bunde mit dem Feldmarschall-Reichspräsidenten v. Hindenburg erfolgreich bemüht, zunächst einmal die Struktur der Republik im Sinne ihrer autoritär-antiparlamentarischen Staatsvorstellungen umzuwandeln, nämlich durch die Berufung einer nicht mehr an die politischen Parteien des Reichstags gebundenen, sondern auf den Reichspräsidenten gestützten Regierung[11].

Eine ernste Gefahr für die Reichswehr — sowohl für deren innere Geschlossenheit wie für die gesellschaftliche Stellung des Offiziers — entstand erst wieder durch die ebenfalls seit 1929/30 rapide anwachsende nationalsozialistische Bewegung mit ihrer nationalistischen Agitation und den ihr mindestens zugeschriebenen sozial nivellierenden Tendenzen. Schleicher seinerseits erblickte in der NSDAP ein nützliches Gegengewicht gegen „Links", war aber niemals gesonnen, ihr die alleinige Macht zu überlassen und damit Staat und Armee auszuliefern. Vielmehr sollte die Partei durch Beteiligung an der Regierungsverantwortung gleichsam „gezähmt", ihre starke „wehrfreudige" Anhängerschaft seinem militärpolitischen Ziel der Schaffung einer großen Miliz dienstbar gemacht werden und dem von ihm angebahnten autoritären Regime, mit der Reichswehr als Kern, die nötige Massenbasis liefern. Statt demokratischer Grundwerte sollte ein national und sozial orientierter „Wehrgedanke" — unter Überwindung von Pazifismus, Staatsverleumdung und Klassenkampf — den neuen Staat tragen[12]. Mit der Übernahme des Reichswehrministeriums und schließlich des Kanzleramtes durch Schleicher im Spätherbst 1932 hatte die Reichswehr bzw. ihre Führung den äußeren Höhepunkt ihrer Machtstellung erreicht. Doch blieb, obwohl Schleichers Ansehen im Offizierkorps gegenüber 1930 gestiegen war[13], seine Position stets vom Vertrauen Hindenburgs abhängig (das er nicht mehr im nötigen Maße besaß). Es liegen Zeugnisse vor, denen zufolge Schleichers nächste Mitarbeiter in der letzten Januardekade 1933 Hindenburg vor der Berufung Hitlers zum Kanzler gewarnt bzw. im Falle einer erfolglos bleibenden Warnung sogar an militärische Maßnahmen gedacht haben[14] — obwohl sie in einer Ernennung Hitlers gegenüber der von Hindenburg beabsichtigten Wiederbetrauung Papens schließlich das kleinere Übel zu erblicken schienen[15]. Sicher ist aber, daß Schleicher solche Gedanken verworfen hat, weil er — mit Recht — der Meinung war, daß Befehle zu einem wie auch immer gearteten Einsatz der Reichswehr allein von Hindenburg ausgehen konnten. Über die Chancen Schleichers — bei einer Auseinandersetzung mit den Nationalsozialisten — im Falle einer Entscheidung Hindenburgs *für* seine (Schleichers) Belassung im Kanzleramt kann nicht das letzte Wort gesprochen werden, auch weil es zur Probe aufs Exempel nicht gekommen ist. Historisch steht allerdings eines fest: Mit der Berufung Hitlers am 30. Januar 1933 war die auf dem Wege über das System der vom Reichstag unabhängigen Präsidialregierungen angestrebte Verwirklichung einer autoritär-antiparlamentarischen, eventuell monarchistischen Staatskonzeption endgültig gescheitert; jedoch hat die von seiten Hindenburgs und der Reichswehrführung jahrelang hartnäckig angestrebte Realisierung dieser Konzeption — mit der Folge einer Untergrabung der Weimarer Republik und der Entstehung gleichsam eines Machtvakuums — zum schließlichen Siege Hitlers mittelbar erheblich beigetragen. Die meisten höheren Führer der Reichswehr aber — seit Jahren unter dem Alpdruck eines Zusammenstoßes mit den Nationalsozialisten — hatten den sozusagen gleitenden Übergang der Macht auf Hitler, in Gemeinschaft mit „allen nationalen Kräften", wie es ihnen schien, und unter dem Segen des Feldmarschall-Reichspräsidenten wohl mit innerer Erleichterung aufgenommen.

Die Reaktion des Offizierkorps überhaupt war natürlich nicht einheitlich[16]. Hitlers Machtübernahme haben, vielfach mit Begeisterung, fraglos die jüngeren Offiziere begrüßt. Der Großteil der älteren stand der NSDAP als solcher schon wegen der Herkunft und des „revolutionär" anmutenden Auftretens ihrer Funktionäre vorerst reserviert gegenüber. Aber auch diesen Offizieren widerstrebte der Umbruch bald um so weniger, als Hitler ihm den Anschein einer „nationalen Erhebung" zu geben verstand. Der Effekt des Staatsaktes vom 21. März in der Potsdamer Garnisonkirche mit Hindenburg im Mittelpunkt als Verkörperung geschichtlicher Kontinuität (im Sinne bürgerlich-konservativer Vorstellungen) ist kaum zu überschätzen.

Aus Hitlers Sicht war für die ihm günstige Entwicklung seines Verhältnisses zur Armee der Glücksfall ausschlaggebend, daß sich die neuen Männer der Reichswehr — Blomberg als Minister und Reichenau als Chef des Ministeramts — für den Nationalsozialismus von vornherein aufgeschlossen zeigten. Von Nationalismus erfüllt und von der Persönlichkeit Hitlers fasziniert, waren sie mehr oder weniger blind für die Machtverschiebungen, die sich aus der Beseitigung der Parteien und anderer eigenständiger Institutionen des Staates zuungunsten der bisherigen, stets mindestens potentiell politischen Position der Reichswehr ergeben mußten. Hitler, bereits jetzt auf eine imponierende Massenbasis gestützt, schien ihnen imstande, auch die Arbeiterschaft aus internationalen Bindungen zu lösen — also eine bisher undenkbare Geschlossenheit des deutschen Volkes zu erreichen; dies würde die Wehrhaftmachung der Gesamtheit gewährleisten, so daß sich aus der Reichswehr eine „wirkliche" Armee entwickeln konnte. *Die* politische Richtlinie der neuen Männer war daher, „der nationalen Bewegung mit aller Hingabe zu dienen"[17]. Hierdurch meinten sie der Wehrmacht unter dem neuen Regime auch am ehesten eine autonome, von den Gliederungen der Partei respektierte Position — gemäß den Zusagen Hitlers — sichern zu können. Vor allem aber werden, wie Klaus-Jürgen Müller mit Recht betont hat[18], in einer Institution wie der Armee, die auf dem Prinzip von Befehl und Gehorsam aufgebaut ist, Weg und Schicksal von den Vorstellungen und Handlungen der wenigen maßgeblichen Männer an der Führungsspitze bestimmt — und dies waren 1933 Blomberg und Reichenau. Ohne weiteres ließen sie die Truppe anweisen, gegenüber der von Regierung und Partei beabsichtigten — und bald darauf brutal durchgeführten — Verfolgung der „marxistischen" Funktionäre „in wohlwollender Neutralität [zu] verharren". Unmißverständlich erklärte Reichenau im Auftrage Blombergs am 1. März 1933 bei einer Befehlshaberbesprechung (dem Sinne nach):

„Erkenntnis notwendig, daß wir in einer Revolution stehen. Morsches im Staat muß fallen; das kann nur mit Terror geschehen. Die Partei wird gegen den Marxismus rücksichtslos vorgehen. Aufgabe der Wehrmacht: Gewehr bei Fuß. Keine Unterstützung, falls Verfolgte Zuflucht bei der Truppe suchen [...]".

„Die Befehlshaber", so heißt es in diesem wichtigen Zeugnis, das ebenfalls von General Ott stammt, bisherigem Mitarbeiter Schleichers und späterem deutschen Botschafter in Tokio, „waren stark betroffen, protestierten aber nicht[19]." Einige von ihnen, darunter Rundstedt, erklärten Ott, „sie wollten sehen, wie sie diese gefährliche Weisung abschwächen könnten" —, die sich ja mit dem normalerweise geltenden Prinzip der namentlich innenpolitischen Abstinenz einer Armee gerade nicht rechtfertigen ließ. Der gleichfalls anwesende General Liebmann kommentierte von sich aus die erhaltene Anordnung, als er sie pflichtgemäß an die Kommandeure weitergab, mit dem Hinweis auf die Gefahr, daß wir „die Vertrauensstellung im Volk, die wir uns durch unser überparteiliches Verhalten in zwölfjähriger mühseliger Arbeit erworben haben, [...] durch die Entwicklung der letzten Wochen verlieren könnten"; und er versagte sich nicht die Bemerkung, daß die Reichswehr „im Ernstfalle [...] auch die Volksteile" brauche, „die jetzt wegen ihrer politischen Gesinnung der Verfolgung durch die Rechtsverbände ausgesetzt" seien[20]. In derartigen kritischen *Marginalien* erschöpfte sich aber auch offenbar die Reaktion der nachgeordneten Generale auf die Begünstigung der brutalen „Gleichschaltungs-Maßnahmen" der Partei durch die neue Führung, die diesen Kurs nun einmal bestimmt hatte. Der Vorgang war jedenfalls charakteristisch dafür, daß die liberalen Grundwerte in der Wehrmacht — bis vor kurzem noch Instrument einer verfassungsmäßig demokratischen

Republik — damals ebenso geringe Geltung besaßen wie in breiten Schichten des deutschen Volkes. Beispielsweise hat Generalfeldmarschall v. Manstein rückschauend festgestellt, daß für die Wehrmacht — zumal solange SS und Gestapo sich an sie noch nicht herangetraut hätten — „die grundsätzlichen Fragen des Verlustes der politischen Freiheiten, wie der der Meinungsäußerung, [...] geringe Bedeutung" hatten[21]. Es bedurfte also für den damaligen Offizier der Wehrmacht offensichtlich anderer Tatsachen als die bereits vorliegenden Verletzungen von Recht, Freiheit und elementarer Menschlichkeit, um Gedanken an eine Stellungnahme gegen das Regime auszulösen.

II.

Indes schien die Entwicklung des nationalsozialistischen Regimes im Frühjahr 1934 einen Verlauf zu nehmen, der in den Augen des Offizierkorps eine Gefahr für die Reichswehr bedeutete. Wohl hatte Hitler alles getan, um den Eindruck zu vermeiden, als habe sich seit seiner Machtübernahme die Position der Armee zu ihren Ungunsten verändert — wie dies beispielsweise der französische Militärattaché in Berlin genau erkannte[22]. Am 30. Januar 1934 feierte Hitler die „herzliche Verbundenheit" zwischen den „Kräften der Revolution und den verantwortlichen Führern einer aufs äußerste disziplinierten Wehrmacht"[23] — als ob es sich um zwei gleichberechtigte politische Partner handelte. — Die Popularitätskurve Hitlers selbst war seit März 1933 fraglos noch gestiegen. Dies änderte aber nichts daran, daß nach der Jahreswende 1933/34 eine zunehmende Verschlechterung der allgemeinen Stimmung spürbar wurde. Der Rausch der „nationalen Erhebung" war im Bürgertum verflogen, die Aktionen zur Gleichschaltung der evangelischen Kirche hatten dem Regime viele Sympathien gekostet, außenpolitisch konnte es alles andere als Erfolge bieten. Tiefe Unzufriedenheit mit dem Einparteisystem, insbesondere seinen Funktionären, seiner stereotypen Propaganda, seiner Knebelung der Meinungsfreiheit, seinem Terror und seiner Korruption machte sich geltend: Der hohe Absatz deutschsprachiger Zeitungen des Auslandes im Reich war dafür ebenso bezeichnend wie der von Goebbels organisierte Versammlungsfeldzug gegen „Miesmacher und Kritikaster". Was schließlich die Reichswehr anging, so erzeugte schon das als arrogant und plebejisch empfundene Auftreten vieler Führer der längst als militärische und soziale Konkurrenz betrachteten SA — des großen Kampfverbandes der Partei — trotz aller Beschwichtigungsversuche wachsende Spannungen mit dem Offizierkorps. Der aber von Stabschef Röhm offenbar verfolgte Plan einer Umwandlung der nach

Millionen zählenden SA zum nationalsozialistischen Volksheer in Gestalt einer Miliz, welche die kleine Reichswehr umrahmen und aufsaugen sollte, lief auf eine Bedrohung ihrer Existenz hinaus.

Hier liegt aus der Rückschau von heute die Frage nahe, die auch — besonders von Publizisten — gelegentlich aufgeworfen worden ist, ob nicht angesichts der nachfolgenden eklatanten Rechtsverletzungen durch die nationalsozialistischen Machthaber Möglichkeiten für ein Eingreifen der Reichswehr gegen das Regime bestanden haben, und warum — falls solche gegeben waren — von ihnen kein Gebrauch gemacht wurde.

Was Blomberg anging, so war er seit dem Frühjahr 1933 — fraglos aus Überzeugung — bestrebt, die geistige Durchdringung des Offizierkorps mit dem sogenannten nationalsozialistischen „Gedankengut" zu fördern. In Anbetracht des zunehmenden Konflikts mit der SA intensivierte er seine Bemühungen noch, um durch solche und andere Maßnahmen — wie namentlich die Akzeptierung des „Arierparagraphen" — die Wehrmacht als „im Sinne der Regierung Hitler absolut zuverlässig" zu erweisen[24]. In der taktischen Behandlung des SA-Problems ließ Hitler durch ein monatelanges Abwarten „die Dinge ausreifen", wie er selber sagte[25]. Damit wuchs die Gefahr der — sich bewaffnenden — SA in den Augen der Reichswehr in einem Maße, das diese vollends in Hitlers Arme trieb. Das hochfahrende und zügellose Auftreten mancher SA-Führer, dem Hitler scheinbar langmütig zusah, mochte dem Offizierkorps auch die — auf jedes Rechtsverfahren verzichtende — blutige Ausschaltung dieses unbotmäßigen Elements „verständlicher" machen, das längst eine Gefahr für Hitler und sein Regime selbst darstellte.

In diese Phase innerpolitischer Hochspannung fällt noch ein Unternehmen besonderer und seltsamer Art. In der Umgebung bzw. in der Dienststelle des Vizekanzlers v. Papen befand sich seit längerem eine oppositionelle Gruppe monarchisch-konservativer Richtung, die verzweigte Beziehungen mit vielen Gleichgesinnten unterhielt[36]. Die Gruppe hatte die Absicht, die verbreitete Mißstimmung im Lande und die wachsenden Spannungen zwischen Hitler und der SA sowie zwischen der SA und der Reichswehr zu dem Versuch einer Wiederherstellung geordneter Rechts- und Staatsverhältnisse zu benutzen. Dies sollte dadurch geschehen, daß man Träger noch relativ eigenständiger Institutionen wie Reichspräsident und Heeresführung „mobilisierte", zumal wenn es zu dem von der Gruppe erwarteten Putschversuch der SA kam. Wie ein Signal sollte die berühmt gewordene, von Edgar Jung entworfene Marburger Rede wirken, zu der Papens Mitarbeiter am 17. Juni 1934 den Vizekanzler veranlaßten bzw. ihren über den Redeentwurf doch erschrockenen Chef praktisch zwangen: denn sie hatten den sensationellen Text bereits der in- und ausländischen Presse zugeleitet. Die von ihren Hörern mit stürmischem Beifall aufgenommene Rede enthielt eine mittelbare, aber faktisch denkbar scharfe Verurteilung der vom NS-Regime bewirkten Entwicklung zu einem „Staatstotalismus" und zur „Vorherrschaft einer einzigen Partei". Trotz des von Goebbels sofort erlassenen Verbreitungsverbots fand die Rede durch die vorherige Verschickung und nachträgliche Herstellung zahlreicher Abschriften eine relativ weite Verbreitung und damit starke Resonanz. Die von Goebbels getroffenen Maßnahmen veranlaßten Papen zwar, Hitler für den Fall ihrer Aufrechterhaltung seine Demission anzukündigen. Vergebens aber versuchten Papens Mitarbeiter ihn zu einer sofortigen Fahrt nach Neudeck zu bewegen, wo er gemäß ihrem „Aktionsplan" Hindenburg veranlassen sollte, nach einem „kurzen Bericht" über die Lage Fritsch, den Chef der Heeresleitung, und General der Infanterie v. Rundstedt nach Neudeck zu beordern und den Ausnahmezustand zu verhängen. Sodann sollten — immer nach dem gleichen Plan dieser optimistischen Verschwörer — Hitler und Göring nach Neudeck zitiert werden und dort von Hindenburg eröffnet bekommen, „daß die Entwaffnung der SA unter der Befehlsgewalt der Reichswehr durchgeführt werden würde, ferner, daß die Verfassung vorübergehend außer Kraft gesetzt sei und die Ausübung der Regierungsgewalt auf den Reichspräsidenten als Oberbefehlshaber der Reichswehr übergehe, der mit einem zu bildenden Direktorium [bestehend aus „Fritsch, Rundstedt, Papen, Brüning, Goerdeler, — Hitler und Göring"!] die notwendigen Verordnungen erlassen werde. [...] Nach einer verhältnismäßig kurzen Periode des Ausnahmezustandes", so liest man endlich, sollte „eine Nationalversammlung zusammengerufen und von ihr die notwendige Reichs- und Verfassungsreform beschlossen" werden[27].

Offensichtlich aber waren von den Verschwörern mit den Persönlichkeiten, die als Träger ihres „Aktionsplans" figurieren sollten, gar keine festen Absprachen über seine Durchführung getroffen worden. Nicht einmal ihr „Hauptinstrument", Papen, wagten sie, „in jedem Falle bis ins letzte zu informieren" (wie es aus der Rückschau, eher noch beschönigend, heißt)[28]. Und wie wenig Papen die ihm zugedachte konspirative Rolle zu übernehmen gedachte — oder wagte oder überhaupt erfaßt hat —, geht daraus hervor, daß ihm offenbar gar nicht bewußt wurde, wie sehr es darauf ankam, Hindenburg bald und — vor allem — allein zu sprechen; ließ er sich doch nach seiner Rücktrittsdrohung von Hitler beschwichtigen und auf eine gemeinsame entscheidende Aussprache mit Hindenburg in Neudeck vertrösten. Am 21. Juni aber konnte Hitler allein dorthin fahren und Hindenburg fraglos in seinem Sinne berichten. Als Papen nach der Verhaftung Dr. Jungs endlich doch um einen Empfang beim Reichspräsidenten bat, erhielt er von Staatssekretär Meißner zur Antwort, der Gesundheitszustand des Feldmarschalls erlaube einen Besuch nicht. Und als Papen sich um die Freilassung Dr. Jungs bei Hitler bemühen wollte, ließ sich dieser von seinem Vizekanzler nicht einmal sprechen, bemerkte vielmehr nach denunziatorischen Äußerungen des gerade anwesenden Rosenberg über den „Papen-Laden": „Ich werde das ganze Büro einmal ausheben lassen[29]."

Wie die Exponenten totalitärer Systeme in der Regel, neigte Hitler nicht dazu, innenpolitische Gegner zu unterschätzen. So hat er in seinem nach allen Seiten wachen Argwohn gewiß auch die Möglichkeit bedacht, daß — solange Hindenburg noch lebte — enttäuschte bürgerlich-konservative Kreise unter Verbindung mit gleichgesinnten Führern des Heeres, welche Maßnahmen gegen die SA verlangten, mittels Einschaltung des Reichspräsidenten auf ein politisches come back spekulierten. Dafür, daß es zu einem disziplinierten, „staatspolitisch" bestimmten Eingreifen des Heeres nach den Wünschen regimegegnerischer Kräfte in das Treiben der SA zu einer „zweiten Revolution" kam, bestand jedoch auch in den Wochen vor dem 30. Juni 1934 — da elementare personelle und andere Voraussetzungen fehlten — lediglich theoretisch eine Chance: so zutreffend auch die spätere Schätzung eines Offiziers im Reichswehrministerium gegenüber dem französischen Militärattaché gewesen sein mag, wonach 1933 „vielleicht 60 Prozent" der Reichswehr mit dem Nationalsozialismus sympathisiert hätten, nach den Ereignissen des 30. Juni 1934 95 Prozent, einige Wochen vorher aber „zweifellos nur 25 Prozent"[30]. Denn Blomberg und Reichenau hielten die Zügel der Reichswehr fest in ihren Händen und legten, ihrem politischen Kurs getreu, „die Entscheidung über mögliche Präventivmaßnahmen" gegen die Führer der SA, wie ein Eingeweihter bezeugt hat, „ganz in die Hand des Kanzlers *und Parteiführers*"[31]; und sie wußten, daß dieser, wie Blomberg später sagte[32], seit Wochen zum Handeln grundsätzlich entschlossen war. Nun auch durch Papens Marburger Rede und ihr Echo gewarnt, zu lange passiv zu bleiben, leitete Hitler denn auch in der letzten Junidekade 1934 die mit Himmlers und Heydrichs Sicherheitsdienst von langer Hand vorbereitete Mordaktion in die Wege, deren Opfer außer den Röhm ergebenen SA-Führern auch eine Reihe ehemaliger, jetziger und möglicher künftiger Gegner Hitlers oder der Partei — besonders bürgerlich-konservativer Richtung — wurde. Vom Papen-Kreis wurden Edgar Jung, der Verfasser der Marburger Rede, und der Pressereferent Herbert v. Bose erschossen, Fritz Günther v. Tschirschky und drei weitere Angehörige der Vizekanzlei verhaftet; von diesen vier wurden drei zunächst in den Keller der Gestapo in der Berliner Prinz-Albrecht-Straße verbracht, drei Tage später dann in ein Konzentrationslager, aus dem Tschirschky allerdings am 6. Juli entlassen wurde. Papen selbst, als Vizekanzler „der zweithöchste Beamte des Reiches" — wie er beschwerdeführend gegenüber Hitler hervorhob —, war am 30. Juni in seiner Wohnung in Polizeihaft genommen worden — vermutlich um ihn durch diesen Hausarrest handlungsunfähig zu machen; aus ihm befreite ihn erst am Abend des 2. Juli offenbar ein Eingreifen Hindenburgs[33]!

Durch sein blitzschnelles und vor allem *präventives*, mit Terror verbundenes Zugreifen hatte Hitler nicht nur Einmischungsgelüsten Dritter gründlich vorgebeugt, sondern zugleich schlagartig vollendete Tatsachen — auch gegenüber der Reichswehr — geschaffen; und nicht zuletzt hatte er das Erscheinungsbild des Ganzen schon weitgehend in seinem politischen Interesse bestimmen können. Die willkürliche Beseitigung der gewiß zum Teil moralisch fragwürdigen Führer der SA proklamierte er unter Verkündung hochtönender Postulate für deren Reform als Beginn eines „Gesundungsprozesses", bei entrüsteter Verdammung derer, „die im Nihilismus ihr letztes Glaubensbekenntnis gefunden" hätten[34]. Einem selbständigen Eingreifen des Heeres waren jetzt auch die psychologischen Voraussetzungen weitestgehend entzogen[35]. Das Gros der — einseitig unterrichteten — Offiziere sah vor allem die Niederschlagung ihrer „Feinde", der SA-Führer; selbst Blomberg sprach von einigen „tiefbedauerlichen" Übertreibungen, in denen die Freude darüber — „unsoldatisch und unritterlich" — Ausdruck gefunden habe[36]. Jedenfalls schien sich Hitler von einer Reihe der übelsten Elemente seiner Partei entschlossen getrennt und den revolutionären Schwelbrand ausgelöscht zu haben. Der gleichzeitig ermordete General v. Schleicher erschien vielen Offizieren eher als unverbesserlicher politischer Spieler denn als Soldat und Kamerad. Von den Morden an potentiellen oder ehemaligen Gegnern hörten die meisten erst nachträglich und nur zum Teil.

An Vorbereitung und Durchführung der Aktion der SS ist nicht nur die Reichswehrführung als solche, sondern sind auch der Chef der Heeresleitung und der Chef des Truppenamtes, also Fritsch und Beck, in erheblich höherem Maße beteiligt gewesen, als früher angenommen wurde, wie wir inzwischen durch eine Spezialuntersuchung von Klaus-Jürgen Müller wissen[37]. Die zur Unterstützung des Vorgehens gegen die SA erteilten Befehle bedeuteten allerdings noch kein Einverständnis mit seiner Durchführung in Form einer Mordaktion solchen Ausmaßes — welche die Männer der Heeresleitung vielmehr entsetzt hat —, ohne daß freilich entsprechende Reaktionen ihrerseits erkennbar wären[38]. Blomberg und Reichenau aber machten sich durch die verlogene Begründung für den Tod Schleichers (Widerstand mit der Waffe bei der Verhaftung) vollends zu Komplizen des Mordes an ihm. Überhaupt „rechtfertigte" Blomberg vor den Befehlshabern der Reichswehr die „Säuberungsaktion" — selbst in bezug auf die davon betroffenen Angehörigen bürgerlich-konservativer Kreise — fast ganz nach der Version Hitlers als „auch im Interesse der Wehrmacht [...] unumgänglich nötig". Hiervon überzeugt hat er viele seiner Zuhörer offenbar nicht. Eine kriegsgerichtliche Untersuchung der Vorgänge aber, die zum Tode der Generale v. Schleicher und v. Bredow führten — wie mehrere Befehlshaber (sowie Fritsch und Beck) sie forderten —, bezeichnete Blomberg als unmöglich; hatte doch das Reichskabinett bereits am 3. Juli die in den Tagen zuvor „vollzogenen Maßnahmen" als „Staatsnotwehr" für „rechtens" erklärt. Auf der Durchführung einer Untersuchung zu bestehen, hielten die nachgeordneten Generale im Rahmen der konventionellen militärischen Disziplin nicht für angängig. Im Grunde aber waren die Führer des Heeres zum ersten Male so unmittelbar — wie durch diese Vorgänge — vor die Entscheidung zwischen Gehorsam und Mitverantwortung, zwischen Befehl und Gewissen gestellt. Und nachweislich hat das Erlebnis des 30. Juni 1934 mit seinen fortwirkenden Eindrücken bei einer Reihe von Offizieren eine innerliche Entfremdung von einem solchen Regime und seinem Beherrscher angebahnt.

Vorerst einmal aber verlief die Entwicklung klar zu Hitlers Gunsten. Das, was dieser schon im eigenen Interesse getan hatte, bezahlte Blomberg mit der folgenschweren Zustimmung zur Aufstellung einer Division bewaffneter SS. Reibungslos vollzog sich nach Hindenburgs Tod am 2. August 1934 der Übergang der Befugnisse des Reichspräsidenten auf Hitler. Damit war er Staatsoberhaupt und Oberbefehlshaber der Reichswehr geworden. Ohne gesetzliche Grundlage, nur auf sein Verordnungsrecht als Minister gestützt, befahl Blomberg die sofortige Neuvereidigung der Reichswehr, und zwar jetzt nicht mehr — wie noch zufolge einer Zwischenregelung vom Dezember 1933 — auf „Volk und Vaterland", sondern allein auf Hitler persönlich. Es war gewiß kein Einzelfall, daß ein Offizier wie Stieff durch die Herauslassung der Begriffe „Volk und Vaterland" aus der Eidesformel befremdet war, sich freilich an den „Hoffnungsstrohhalm" klammerte, daß durch die enge Bindung an den Führer „ein sehr verpflichtendes Gegengewicht gegen den *Wahnsinn der Einpartei-Herrschaft* geschaffen" werde — wie er jetzt schrieb[39], obwohl er vier Jahre zuvor nichts sehnlicher gewünscht hatte als den Sieg der „nationalen Bewegung". Für den geleisteten Treueid der Wehrmacht bedankte sich Hitler regelrecht in einem Schreiben an Blomberg vom 20. August 1934[40]. Drei Tage zuvor (17.8.1935) hatte er in seiner Hamburger Rede zur bevorstehenden Volksabstimmung (19.8.1934) über seine Berufung zum Nachfolger Hindenburgs die vielzitierte sogenannte „Zwei-Säulen-Theorie" verkündet. Sie lautete:

„Die Staatsführung [...] wird von zwei Säulen getragen: politisch von der in der nationalsozialistischen Bewegung organisierten Volksgemeinschaft, militärisch von der Wehrmacht. Es wird für alle Zukunft mein Streben sein, dem Grundsatz Geltung zu verschaffen, daß der alleinige politische Willensträger in der Nation die Nationalsozialistische Partei, der einzige Waffenträger des Reiches die Wehrmacht ist[41]."

Man kann nun schwerlich sagen, daß der Wortlaut dieser Erklärung, wenn man ihren zweiten Satz aufmerksam las, irgendetwas verschleiern sollte. Denn mit dem klar formulierten Alleinanspruch, den sie der Partei auf die konkrete Gestaltung der Politik einräumte, brachte sie unmißverständlich zum Ausdruck, daß die Wehrmacht ein gehorsames Werkzeug der Politik des Parteiführers sein sollte, der auch ihr Oberster Befehlshaber war. Von einem politischen Mitspracherecht der Armee war mit keiner Silbe die Rede, vielmehr der Weg zu ihrer „Instrumentalisierung" vorgezeichnet. Im übrigen zog die berühmt gewordene Formel in gewissem Sinne auch eine Bilanz der Ereignisse vom 30. Juni 1934. Denn was an sich eine Selbstverständlichkeit hätte sein sollen, nämlich das Recht der Wehrmacht als des alleinigen Waffenträgers im Staat, gewann im Lichte seiner voraufgegangenen Bedrohung den sachlich ganz unbegründeten Charakter einer Auszeichnung, ja eines großen politischen Geschenks — mit dem sich die Wehrmacht allerdings auch begnügen sollte! Möglich, daß sich mancher über den klaren Wortlaut der Erklärung hinweggetäuscht hat. Daß aber ein kritischer Geist wie Ludwig Beck in der „Zwei-Säulen-Theorie" die „klassische Formel" für das ihm vorschwebende „ideale Grundmuster des neuen Staates", nämlich einer „Entente" zwischen den traditionellen Führungseliten und dem Führer der nationalsozialistischen Bewegung mit dem Ziele der „Erhaltung der führenden Position der militärischen Machtelite" erblickt habe — wie Klaus-Jürgen Müller meint[42] —, kann ich nicht glauben. Daß Beck von Hause aus ein militärisches und auch politisches Mitspracherecht der Heeresführung, insbesondere des Generalstabes, angestrebt hat — worin ihn seine Erfahrungen im Dritten Reich nur bestärken konnten —, steht auf einem anderen Blatt.

III.

Kaum drei Monate waren seit der blutigen Ausschaltung der SA-Gefahr für die Wehrmacht vergangen, da kam es auch zu Spannungen mit bzw. wegen der SS.

Denn die Heeresführung hatte Grund zu der Befürchtung, daß sich „nun die SS zu einer Armee neben dem Heer" entwickle. Zwar gab Himmler „feierlich" beruhigende Erklärungen ab und verstand sich auch zu praktischen Beschränkungen seiner Aspirationen, die jetzt wie später besonders von Beck kritisch überwacht und — trotz entgegenkommender Tendenzen Blombergs und Reichenaus — vorerst nicht ohne Erfolg gedämpft werden konnten[43].

Doch außer dieser Kontroverse gab es noch vielerlei weitere Anlässe für Spannungen: so Verstimmungen, Verdächtigungen und Zusammenstöße zwischen Angehörigen von Wehrmacht und Partei, irrige oder vergröbernde Meldungen der Auslandspresse und Gerüchte über Putschpläne des Heeres unter entsprechenden Beschuldigungen insbesondere des Oberbefehlshabers Fritsch, aber auch über Putschpläne der SS. Diese Spannungen hatten gegen Jahresende 1934 einen solchen Grad erreicht, daß Hitler sich am 3. Januar 1935 auf einer ganz kurzfristig in die Berliner Staatsoper einberufenen Führerversammlung zu einer demonstrativen Kundgebung seines „unerschütterlichen" Vertrauens zur Reichswehr veranlaßt sah — womit er die gewünschte Beschwichtigung auch erwirkte[44]. Selbst ein kritisch eingestellter Offizier wie General Liebmann erklärte vor der Kriegsakademie, daß „uns hier ein Vertrauen entgegengebracht" werde, „das von keinem Ehrenmann getäuscht werden" könne. Liebmann zufolge hat Hitler bei dieser Gelegenheit auch von Partei und Wehrmacht als „zwei *gleich wichtigen* Säulen" des neuen Staates gesprochen, hätte damit also seiner für die Position der Wehrmacht soviel ungünstigeren Erklärung von August 1934 — aus durchsichtigen Gründen — eine freundlichere Form gegeben[45].

Die erzielte Beruhigung hat aber offenbar nicht vorgehalten. Denn in den Befehlshaberbesprechungen rissen die politischen Mahnungen und Warnungen, die im Frühjahr 1934 verschärft eingesetzt hatten, auch jetzt nicht ab. Es dürfe nicht der Eindruck entstehen, daß die Sympathie der Reichswehr für den Nationalsozialismus „nur bis zum Hauptmann aufwärts" gehe, betonte Blomberg. „Offizierkorps strengste Zurückhaltung in seiner Kritik, [...] Telefongespräche überhört [...] Bespitzelung!", lauten Notizen über Äußerungen Fritschs. „Weltanschauung [sei] nicht zu befehlen. Wer sich aber mit dem nationalsozialistischen Staat und der Tatsache, daß [die] Wehrmacht Teil dieses Staates [sei], nicht abfinden könne", möge ein „hervorragender Mann sein; nach gewisser — jetzt noch bewilligter — Schonzeit sei aber für ihn kein Platz mehr in [der] Wehrmacht"; so wiederum Blomberg, der es einen „Verstoß gegen [die] Standesehre" nannte, „wenn Dinge, [die] den jetzigen Staat herabsetzen, herausgetragen [würden]. Feuer und Schwert dagegen!" Blomberg befahl ferner, keinesfalls zu dulden, „daß Zellenbildung gegen den Staat" erfolge oder daß „politische Diskussionsklubs" entständen, ja, er wandte sich gegen ein „Gerede" von „Ausnahmezustand und Diktatur"[46]. Andererseits sah Fritsch „vom Sommer 1935 ab [...] die Hetze der SS [...] wieder stärker" hervortreten, wofür er aus der Rückschau „das Benehmen der SS-Verfügungstruppen auf dem Truppenübungsplatz Altengrabow" bezeichnend nannte, „wo sie sich aus nichtigem Anlaß in den wüstesten Beschimpfungen des Heeres" und seiner Person ergangen seien[47]. Gewiß nicht zu überschätzen, jedoch als symptomatisch für die damalige Stimmung von Teilen des Offizierkorps wie für die Loyalität des Verfassers dürfte wohl ein von Klaus-Jürgen Müller[48] erschlossenes Rundschreiben Fritschs an alle Kommandierenden Generale vom 19. August 1935 zu werten sein, in dem es heißt:

„Aus wiederholt mir zugehenden Mitteilungen muß ich schließen, daß im Offizierkorps hier oder da über einen angeblichen Gegensatz zwischen dem Herrn Reichskriegsminister und mir gesprochen wird.
Ein solcher Gegensatz besteht nicht. Vielmehr besteht in allen grundlegenden Fragen zwischen dem Herrn Reichskriegsminister und mir eine völlige Übereinstimmung der Auffassungen. Ich ersuche daher, mit Nachdruck dafür zu sorgen, daß derartige Redereien unterbleiben. Sie werden, wie alles, was das Offizierkorps betrifft, beobachtet und weitergetragen. Sie erfahren meist die Auslegung: an der Treue des Herrn Reichskriegsministers zum heutigen Staat ist nicht zu zweifeln, — wenn also ein Gegensatz besteht, so kann er nur darin zu suchen sein, daß der Oberbefehlshaber des Heeres und sein Offizierkorps Feinde des heutigen Staates und des Führers sind ... Ferner höre ich wiederholt, daß Persönlichkeiten aus Kreisen, mit denen das Offizierkorps in Berührung kommt, ihrer gelegentlichen Unzufriedenheit mit Einzelheiten der gegenwärtigen Entwicklung etwa dahin Ausdruck geben: unsere Hoffnung ist der Oberbefehlshaber des Heeres, er wird die Sache schon in Ordnung bringen. In welcher Weise man sich das denkt, dürfte nach der persönlichen Auffassung der Einzelnen sehr verschieden sein. Zweifellos denkt aber auch der eine oder der andere an gewaltsame Maßnahmen. Ich kann hierzu nur folgendes sagen: Nach meiner festen Überzeugung ist Deutschlands Zukunft auf Gedeih und Verderb mit dem Nationalsozialismus fest verbunden. Wer schädigend gegen den nationalsozialistischen Staat handelt, ist ein Verbrecher. Würde eine derartige Handlung von mir ausgehen, so wäre sie darüber hinaus ein Akt niederträchtiger Treulosigkeit gegen die Person des Führers. Des Führers, der mir stets ein rückhaltloses Vertrauen entgegengebracht hat und entgegenbringt. — Ich kann es nur bedauern, wenn es Leute geben sollte, die mir eine solche Handlung zutrauen."

Überlegt man sich den Text dieses — vom seinem Verfasser doch für notwendig gehaltenen — Schreibens mit seinem Hinweis darauf, daß „der eine oder andere [...] aus Kreisen, mit denen das Offizierkorps in Berührung kommt, [...] auch [...] an gewaltsame Maßnahmen" zwecks Änderung des bestehenden Zustandes „denkt", so liegt fast die Frage nahe, ob unter einem anderen Oberbefehlshaber des Heeres als diesem grundloyalen Nur-Soldaten Fritsch die Haltung zumindest von Teilen des Offizierkorps damals nicht doch die Möglichkeit eines Einsatzes für die Wiederherstellung geordneter Rechts- und Staatsverhältnisse geboten hätte. Nicht wunder aber nimmt es nach alledem, daß Blomberg immer wieder auf die Schulung der Wehrmacht in der nationalsozialistischen Weltanschauung drang[49]. Er hat sich bekanntlich damit im Offizierkorps ebensowenig beliebt gemacht wie durch seine allgemeine Nachgiebigkeit gegenüber dem Regime — was aber nichts daran ändern konnte, daß (wie Hoßbach sagt) „sein Wirken maßgeblich Stellung und Einfluß der Wehrmacht im Dritten Reich bestimmte"[50]. Allerdings läßt die über Jahre hin stereotype Wiederholung von Befehlen zur geistigen Gleichschaltung der Wehrmacht vermuten, daß sie auf der unteren Ebene der Armee vorerst nicht ganz die Wirkung erzielten, die man sich „oben" von ihnen erhoffte. Freilich blieben der Kampf gegen den Kommunismus, der Ausbau der Wehrmacht und die Rückgewinnung der deutschen Großmachtstellung wichtige übereinstimmende Ziele von Offizierkorps und Hitler, die oppositionelle Regungen dämpfen konnten. Zu einer realistischen Beurteilung des damaligen Standes wie der weiteren Entwicklung der Beziehungen zwischen Wehrmacht und Nationalsozialismus gehört jedoch die Erkenntnis, daß diese Gemeinsamkeiten im „Großen" die „alltäglichen" Differenzen mit den Herrschaftsinstrumenten des Regimes ebensowenig zu entschärfen, geschweige aus der Welt zu schaffen vermochten wie den latenten fundamentalen Antagonismus zwischen einer Armee, die ihr traditionelles Eigenleben und ihre sittlichen Grundsätze bewahren wollte, und dem Nationalsozialismus mit seinem Totalitätsanspruch. Aus gutem Grund haben denn auch in diesen Jahren Teile des Offizierkorps — trotz dessen Inanspruchnahme durch die Aufgabe der Umwandlung des Freiwilligen-Heeres der 100 000 in das Volksheer der allgemeinen Wehrpflicht — die kirchen- und christentumsfeindlichen Tendenzen von Partei und Staat als schwere Belastung empfunden[51]. In einem innerpolitischen „Lagebericht" von Ende Dezember 1934, der von „unheimlichen Spannungen" in der Bevölkerung sprach, bemerkte Generalmajor Halder, damals Artillerieführer VII/München, sogar, die „Auffassung, daß die [nationalsozialistische] Bewegung die Grundlagen der christlichen Weltanschauung bedroht", müsse „notgedrungen zu einer ernsten Gegensätzlichkeit weiter Kreise gegen die Bewegung führen", zumal nach der Saarabstimmung (13.1.1935) „rücksichtslose Gewaltanwendung gegen die Geistlichkeit" befürchtet werde. „Wenn auch darüber keinerlei Zweifel" bestehe, fuhr Halder fort, „daß das Heer sich aus dem Kirchenkonflikt herauszuhalten hat", so könne „doch die Entwicklung der Dinge rasch an die Grenze führen, wo statt innerkirchlicher Fragen die Staatsautorität auf dem Spiele" stehe „und damit der Pflichtenkreis der militärischen Befehlshaber (z.B. Standortältesten) berührt" werde[52]. Dennoch glaubte die große Mehrzahl der Offiziere offenbar, sich ähnlich wie in der Weimarer Ära von den „Unerfreulichkeiten" der Politik in die „reine Sachlichkeit des Dienstes"[53] zurückziehen zu können — und zurückziehen zu dürfen, zumal sie nach wie vor zwischen der Partei und Hitler selbst einen erheblichen Unterschied machte und auch die Heeresleitung — immer noch in der Hoffnung auf eine positive Entwicklung der Dinge[54] — „die große Linie der Politik der Wehrmachtführung mit ihrer regimekonformen Tendenz im Prinzip akzeptierte"[55]. Männern wie dem Generalstabschef des Heeres, Ludwig Beck, und seinem späteren Nachfolger Franz Halder wurde jedoch die große Mitverantwortung der Wehrmacht, insbesondere des Heeres, für die weitere deutsche Entwicklung mehr und mehr bewußt[56].

IV.

Was Beck angeht, so hatte er den Siegeszug der nationalsozialistischen Bewegung ursprünglich lebhaft begrüßt, ja, den politischen Umschwung von 1933 als „ersten großen Lichtblick seit 1918" bezeichnet[57]. Zuversichtlich dürfte er auch mindestens das Jahr 1933 hindurch auf ein gutes Einvernehmen — eine „Entente" nennt es Klaus-Jürgen Müller — der Armee mit der nationalsozialistischen Bewegung und ihrem Führer — vertraut haben. Ebenso wie für das Offizierkorps und die bürgerlich-konservativen Schichten Deutschlands überhaupt war für Beck die Revision des Versailler Vertrages mit dem Ziel einer Rückgewinnung der deutschen Großmachtstellung eine Selbstverständlichkeit. Der Weg dazu führte in seinen Augen auch über die Schaffung einer starken Militärmacht, die so umfassend und rasch erfolgen sollte, wie es die allgemeinen Umstände ihm zu erlauben schienen. Die mit der Durchführung dieser Aufrüstung während einer mehrjährigen Übergangszeit verbundenen Belastungen der deutschen diplomatischen Beziehungen und die Möglichkeit einer bewaffneten Reaktion der Nachbarn nahm Beck — grundsätzlich — in Kauf. Einige seiner Stellungnahmen in dieser Zeit zu bestimmten Schritten und Mitteln der Aufrüstung sind von der älteren Forschung unter dem Gesichtspunkt seiner schließlichen Wendung gegen Hitler bereits als erste Zeichen eines politisch bedingten Widerstandes angesehen worden; doch handelte es sich nach neueren Erkenntnissen wesentlich um Divergenzen bzw. Bedenken fachlich-technischer Natur[58]. Die Gefahren, die sich aus der Tatsache, daß eine Staatsführung wie diejenige Hit-

lers über ein militärisches Instrument von der angestrebten Stärke verfügen würde, für Deutschland ergeben konnten, hat Beck sicherlich nicht von vornherein erkannt. Soweit solche Gefahren auf Grund der sich abzeichnenden außenpolitischen Ambitionen Hitlers deutlich wurden, glaubte Beck zunächst wohl auch, sie mit Hilfe einer auf die nüchterne Betrachtung der militärischen und politischen Gesamtlage gestützten Beratung des Diktators beschwören zu können. Jedoch sah er sich frühzeitig veranlaßt, bremsend einzuwirken. So erklärte er im Mai 1934, die (vom Allgemeinen Heeresamt) bis 1. April 1935 oder gar bis 1. Oktober 1934 vorgesehene Aufstellung eines 300000-Mann-Heeres sei nicht mehr der Aufbau eines „Friedensheeres, sondern eine Mobilmachung" — und könne (in internationaler Hinsicht) „tatsächlich der Tropfen sein, der das Faß zum Überlaufen bringt"[59]. Sorgen solcher Art verstärkten sich noch durch die Mordaktion vom 30. Juni 1934. „Einem Führer bzw. einer Regierung, die sich so über alle Rechtsbegriffe hinwegsetzt, traut man auch außenpolitisch alles zu", notierte Beck als das Urteil eines so wohlorientierten Gesprächspartners wie des Staatssekretärs des Auswärtigen Amtes v. Bülow über den internationalen Eindruck jener Vorgänge, denen inzwischen noch die Ermordung des österreichischen Bundeskanzlers Dollfuß anläßlich des Wiener nationalsozialistischen Putsches vom 25. Juli 1934 gefolgt war. Der „ganze Ernst" der „trostlosen" außenpolitischen Situation müsse „der maßgebenden Stelle klargemacht" werden, meinte Bülow, und zwar durch einen „gemeinsamen Vortrag [von] Blomberg, Neurath, Göring [...] bei Hitler"[60]. „Nicht, was wir tun, sondern, wie wir es tun, ist so schlimm: Politik der Gewalt und des Treubruchs", lauteten im April 1935 Notizen Becks über Kritik von seiten des Auswärtigen Amtes (Bülow)[61].
Im übrigen ist der Generalstabschef auf der Höhe seines Lebens zu der Idealvorstellung gelangt, daß — zumal im Hinblick auf den modernen, „alle Trennungen der bürgerlich-zivilen und der militärisch-professionellen Sphäre durchbrechenden totalen Krieg" von Industriestaaten — der politische Führer und der oberste militärische Führer „in beständigem Einvernehmen miteinander" die Leitung des Ganzen innehaben und ausüben müßten (womit der vielumstrittene „Dualismus Staatsmann/Feldherr" als ein von vornherein gegebenes Faktum hinzunehmen war)[62]. Dürfte die Entstehung einer solchen Konzeption durch Becks Erleben im Dritten Reich gefördert worden sein, so konnte die zunehmende Gefahr, daß die politische Leitung an das militärische Instrument Forderungen stellte, die dieses nicht würde erfüllen können — ihn nur darin bestärken, immer wieder eine entsprechend organisierte Spitzengliederung der Wehrmacht zu fordern. Sie sollte dem „Oberbefehlshaber des Heeres [und damit auch

dem Chef des Generalstabes] das Maß an Einfluß auf die Kriegführung" einschließlich ihrer „politischen Grundlagen" verschaffen, „auf das er als Führer der Landstreitkräfte Anspruch" habe — wozu in Becks Augen auch die Beteiligung des Oberbefehlshabers bei allen wichtigen Fragen der Landesverteidigung bzw. Kriegsvorbereitung, auch im Kabinett bzw. beim Führer gehörte[63]. Eine solche Regelung mußte Beck um so notwendiger erscheinen, als er in den Jahren 1935/36 schwerlich mehr eine Akzeptierung seines idealen „dualistischen Strukturprinzips" von Hitler erhofft haben dürfte. Wie hartnäckig er auch weiterhin seine Auffassung (letztlich erfolglos) vertrat, so war ihm doch, obschon dies in den Akten begreiflicherweise kaum Niederschlag findet, sein Gegensatz zur Staatsführung in grundsätzlichen und praktischen Fragen, zumal die Divergenz der Mentalitäten, nachgerade bewußt. Als der deutsche Militärattaché im März 1936 aus London berichtete, es habe in England beruhigend gewirkt, daß der deutschen Wiederbesetzung des Rheinlandes keine militärische Planung, sondern nur eine politische Entschließung zugrundegelegen habe, verhehlte ihm Beck nicht, daß solche Feststellungen „den Generalstab gegenüber der politischen Führung in eine noch schwierigere Lage" brächten, „als er dies ohnehin schon" sei[64]. Diese Bemerkung bezog sich fraglos auf Hitler selbst und nicht auf radikale Elemente seiner Gefolgschaft; ebenso wie die scharfe Kritik, mit der Beck auf die ihm von Hoßbach berichteten Ausführungen Hitlers (in dessen berühmter Besprechung mit den Oberbefehlshabern der Wehrmachtteile und dem Außenminister Frhr. v. Neurath) vom 5. November 1937 reagierte, Hitler persönlich galt und nicht „radikalen Kräften" der Partei, mochten diese auch nach seiner Meinung „den Führer bedrängen, die inneren Probleme des [NS]-Systems durch außenpolitische Initiativen zu kompensieren"[65]. Und auch schon dem wenig aussichtsreichen und doch intensiven Versuch Becks, Ludendorff politisch zu aktivieren, lag — angesichts des sinkenden Einflusses der militärischen Führung auf den Diktator — doch die Erwägung zugrunde, daß Ludendorff der einzige sei, vor dem Hitler „noch Respekt" habe[66]. Die von Beck angestrebte Stärkung der Position der Armee sollte gewiß nicht zuletzt der Sicherung einer den Realitäten der Lage angemessenen, besonnenen Außenpolitik dienen. Denn Beck hielt einen Krieg Deutschlands mit mehreren Großmächten für verhängnisvoll und wollte keinesfalls leichtfertig aufs Spiel gesetzt wissen, was nach „Versailles" von deutscher Machtposition verblieben oder inzwischen mühsam wiederaufgebaut war. So erklärt sich z.B. seine heftige Reaktion auf die von Blomberg verlangte Vorbereitung eines gegebenenfalls „ohne Rücksicht auf den zur Zeit unzureichenden Stand unserer Rüstung" durchzuführenden Überraschungsangriffs auf die Tschechoslowakei; dieser sollte nach Ausgabe des betreffenden Stichworts „schlagartig als Überfall" erfolgen können[67]. Beck bemängelte zunächst, daß die Verfügung Blombergs nichts „über das militärische Ziel" enthalte, das „aufgrund des vom Staatsmann" — d.h. von Hitler — „dem Chef der Wehrmacht [Blomberg] bezeichneten Kriegszieles" dieser dem Oberbefehlshaber des Heeres gesetzt habe[68]. „Auf alle Fälle" könne bei dem gedachten deutschen Vorgehen „nicht einen Tag damit gerechnet werden, daß es jemals ein isoliertes Unternehmen zwischen zwei Gegnern" (Deutschland und Tschechoslowakei) bleibe. Im übrigen äußerte Beck mittelbar den — für seine allgemeinen Befürchtungen bezeichnenden — Verdacht, daß mit dem Schreiben Blombergs nicht nur eine operative Studie verlangt, sondern „jetzt schon der Eintritt in praktische Kriegsvorbereitungen beabsichtigt" sei, und bat für einen solchen Fall um Enthebung von seinem Amt, obwohl er ein Unternehmen der fraglichen Art „für eine spätere Zeit" nicht grundsätzlich ausschloß[69].

Im Mai 1937 lehnte Beck es auch ab, ein militärisches Eingreifen in Österreich gegen eine etwa versuchte Wiedereinsetzung der Habsburger planerisch vorzubereiten. Deutschland, erklärte er, sei in bezug auf sein Heer noch nicht in der Lage, das Risiko eines mitteleuropäischen Krieges herauszufordern; materiell könne es „zur Zeit und bis auf weiteres überhaupt keinen Krieg führen". Im übrigen werde die österreichische Armee Widerstand leisten, betonte Beck und scheute sich nicht, hieran ein spezifisch politisches und persönlich gewagtes — weil ausgesprochen „ketzerisches" — Argument zu knüpfen; nämlich: „Die gewaltsame Besetzung ganz Österreichs dürfte [...] soviel harte Kriegsmaßnahmen im Gefolge haben, daß auch bei Gelingen zu befürchten steht, daß das zukünftige deutsch-österreichische Verhältnis nicht unter dem Zeichen des Anschlusses, sondern des Raubs Österreichs stehen wird[70]." Logisch ergäbe sich aus dieser Stellungnahme Becks, daß er lieber die Restauration der Habsburger hinnehmen, d.h. auf den Anschluß mindestens vorerst verzichten wollte, als Österreich mit Krieg zu überziehen. Doch soll man die Logik nicht zu weit treiben. Sicherlich war Beck kein Gegner eines Anschlusses, der diesen Namen verdiente. Konnte aber jemand, der so sprach, ein besonders leidenschaftlicher Befürworter der Angliederung Österreichs sein — die doch eine wesentliche Voraussetzung für die Verwirklichung hegemonialer Zielsetzungen Deutschlands in Mitteleuropa darstellte[71]?

Seit langem ging es für Beck nicht mehr primär um die „Machterhaltung überkommener Eliten", in Sonderheit um die Sicherung der „führenden Position der militärischen Machtelite" im Dritten Reich[72], sondern um ganz konkrete, politische, die Existenz von Land und Volk betreffende Fragen — wie dies selbst noch in der verzerrenden Kritik Hitlers an einer neuen Studie des OKH zur Spitzengliederung der Wehrmacht zum Ausdruck kommt: „Das seien Bedenken Beckscher Prägung, nur um seine [Hitlers] politischen Ziele zu sabotieren"[73]. Wie würde Hitler erst reagiert haben, hätte er erfahren, daß Beck in seiner Stellungnahme zu dessen Ausführungen vom 28. Mai 1938 außer seinen militärischen und außenpolitischen Einwänden auch mit der „Ablehnung" argumentiert hatte, der „ein nicht zwingend erscheinender Krieg im Volke begegnen" würde[74]!

V.

Inzwischen waren Ende Januar 1938 Ereignisse eingetreten, die in der Geschichte des Verhältnisses zwischen der Wehrmacht bzw. dem Heer einerseits und Hitler als Staatsoberhaupt wie als Person andererseits in doppelter Weise eine Zäsur bilden: der Sturz sowohl des Reichskriegsministers und Oberbefehlshabers der Wehrmacht, Blomberg, als auch der des Oberbefehlshabers des Heeres, Fritsch[75]. Mich mit den unterschiedlichen Auffassungen über die tieferen Gründe ihrer Entlassung durch Hitler näher auseinanderzusetzen, halte ich hier für unnötig[76]. Der Heiratsskandal Blombergs hat auf jeden Fall schon für sich allein genügt, ihn untragbar zu machen. Erst der Blomberg-Skandal aber war das auslösende Moment für den alsbaldigen Beschluß Hitlers, höchst zweifelhafte Beschuldigungen im Sinne des § 175 zu benutzen, um auch Fritsch zum Rücktritt zu zwingen[77], weil dieser ihm als Nachfolger Blombergs unerwünscht war. Daß Hitler weder das Ergebnis einer Untersuchung abwartete noch den Fritsch entlastenden Momenten, als sie sich ergaben, Beachtung schenkte, beweist, daß er Fritsch unbedingt ausschalten wollte. Sein nachträglich wiederholt geäußerter Vorwurf, Fritsch sei „das hemmende Element in der Aufrüstung" gewesen[78], war im Grunde unberechtigt[79] und auch subjektiv so wenig glaubhaft, daß man zumindest noch andere Motive hinter dem Verhalten Hitlers suchen muß, insbesondere Mißtrauen gegen die konservative Grundeinstellung und den „alt-preußischen" Typus[80] dieses — an sich durchaus loyalen — Generals. Hitler, das Oberhaupt des Deutschen Reiches, hat es fertiggebracht, dem Oberbefehlshaber des deutschen Heeres in den Räumen der Reichskanzlei einen mehrfach vorbestraften, gewerbsmäßigen Erpresser[81] als Belastungszeugen gegenüberzustellen, und der vertrauensselige Fritsch ließ sich hierauf ein. Das dann von diesem für seine Schuldlosigkeit angebotene Ehrenwort hat Hitler abgelehnt! Bevor es schließlich — nicht ohne Mitwirkung sehr glücklicher Umstände — zum gerichtlichen Freispruch „wegen erwiesener Unschuld" kam, hatte Hitler längst weitere vollendete Tatsachen geschaffen, nämlich durch Übernahme des (bisher von Blomberg innegehabten) *unmittelbaren* Oberbefehls über die Wehrmacht nunmehr auch deren faktische Leitung an sich gebracht und sich in dem neuerrichteten „Oberkommando der Wehrmacht" unter dem fügsamen Keitel einen technischen Befehlsapparat „ohne eigene Autorität"[82] zugelegt, kurz, die Wehrmacht mit alledem organisatorisch gleichgeschaltet.

Gab es keine Möglichkeit für die Generale, gemeinschaftlich gegen das, was man dem Oberbefehlshaber des Heeres angetan hatte, in angemessener Weise zu reagieren, wie es einige gefordert haben? Voraussetzung für jede Art von Aktion — sei es ein bewaffnetes Eingreifen, sei es ein kollektiver Rücktritt — wäre aber gewesen, daß Fritsch selbst spätestens nach seiner ungeheuerlichen Behandlung durch Hitler die Befehlshaber des Heeres von den Vorgängen unterrichtet hätte. Statt dessen blieb die Kenntnis der — entscheidenden — Einzelheiten vorerst auf einen sehr kleinen Kreis beschränkt, so daß Hitler den am 4. Februar in der Reichskanzlei versammelten Generalen und Admiralen den Fall in einer Form darzustellen vermochte, daß „über die tatsächliche Schuld [Fritschs] kaum noch ein Zweifel bestehen konnte"[83]. Fritsch sah noch gar nicht, mit wem er es zu tun hatte, suchte die SS oder allenfalls Göring, aber nicht Hitler hinter der Intrige und meinte seine Person hinter das „Ganze" zurückstellen zu sollen. Als er endlich am 23. Februar zu Protokoll gab, die ihm angetane schmachvolle Behandlung sei nicht nur entwürdigend für ihn, sondern entehrend für die ganze Armee, und dieses Protokoll im Heer weitergeleitet wurde[84], war der psychologische Moment für irgendeine Aktion — während eines schwebenden Verfahrens — im Grunde bereits verpaßt. Zivile Oppositionelle, die, wie Goerdeler „im Einvernehmen mit Schacht", bei einigen (über die Vorgänge noch gar nicht näher orientierten) Generalen auf ein Handeln gedrängt hatten, fanden keine Resonanz und stießen auf Bedenken hinsichtlich der Haltung von Truppe und Volk[85]. Beck tat zwar unter der Hand das Seinige, um die Sache Fritschs zu fördern, erklärte aber nach Halders Zeugnis auf dessen Drängen, die Worte Meuterei und Rebellion gebe es nicht im Lexikon des deutschen Offiziers[86] — wobei er mit so wohlgesetzten Worten wahrscheinlich weniger den eigenen Bedenken als den von ihm im Offizierkorps vermuteten Ausdruck geben wollte[87]. Der außenpolitische Triumph, den Hitler im März 1938 mit dem „Anschluß" Österreichs erzielte, überschattete den für Fritsch günstigen Ausgang seines Prozesses und beeinträchtigte vollends die psychologischen Voraussetzungen für jede Aktion zu seinen Gunsten. Im übrigen hatte Hitler wieder einmal schnell vollendete Tatsachen insofern schaffen können, als sich Brauchitsch ohne Rücksicht auf Fritsch zu dessen Nachfolger ernennen ließ, was im Heer anscheinend schon deshalb nicht auf Widerspruch stieß, weil dadurch eine Berufung Reichenaus vermieden war. Wohl kaum jemand wußte vorerst, daß Brauchitsch sich — ohne vorherige Fühlungnahme mit Beck[88] — eine Art „Wahlkapitulation" hatte auferlegen lassen; erklärte er sich doch auf die ihm von Keitel vorgelegten Fragen hin bereit, „das Heer enger an den Staat und sein Gedankengut heranzuführen", nötigenfalls einen entsprechenden Generalstabschef zu wählen, sowie einen „Wechsel in der Führung und Einstellung des Heerespersonalamts" vorzunehmen[89].

Der perfide Schlag gegen Fritsch, ihren verehrten Oberbefehlshaber, hat nun aber das Vertrauensverhältnis vieler Offiziere zu Hitler schließlich, d.h. nachdem ihnen die Einzelheiten des Schurkenstreichs bekannt wurden, tief und nachhaltig erschüttert. Nicht nur als seinen eigenen Eindruck, sondern als solchen kompetenter Gewährsmänner, nachdem Monate vergangen waren, notierte Beck Ende Juli 1938: „Der Fall v. Fritsch hat zwischen Führer und Offizierkorps der Wehrmacht eine Kluft gerissen, auch in bezug auf Vertrauen, die nie wieder zu überbrücken ist[90]." Selbst wenn dieses Urteil etwas überzogen sein sollte, so dürfte Klaus-Jürgen Müller[91] die Wirkung der Fritsch-Affäre doch allzu niedrig einschätzen, wenn er sie damit kennzeichnet, daß Hitler „in den Augen mancher Militärs" jetzt „eine nicht mehr so eindeutige Rolle" spielte wie etwa in der Röhm-Affäre, weil sein Verhalten „nun mindestens undurchsichtig" gewesen sei bzw. weil „die von ihm schließlich oktroyierten personellen und organisatorischen Lösungen [...] ihn nicht mehr zweifelsfrei als einen der Armee wohlwollenden Schiedsrichter" hätten erscheinen lassen. Die letztere Wertung scheint mir auch mit dem eigenen Urteil Müllers kaum vereinbar: die Fritsch-Affäre sei „*daher* für etliche Schlüsselfiguren des späteren Widerstandes zum Beginn einer entscheidenden Wende" geworden, wie die Beispiele Canaris, Oster und Tresckow zeigten.

Dabei ist es für „Intensität und Qualität der Reaktion der Militär-Elite", zumindest aber dieser Männer, gewiß nicht „*allein* maßgebend" gewesen, „ob und wie weit" die „Position [der Armee] innerhalb des Regimes [durch Hitlers Handeln] gefährdet wurde"[92]. Dieser „machtpolitische Aspekt", d.h. die Sorge um die künftige Stellung der Armee im NS-Regime, wird die Eindrücke mitbestimmt haben, die der Schlag gegen Fritsch beim Gros des Offizierkorps zunächst hervorgerufen hatte; doch ließ sich dieses über die „*machtpolitischen*" Auswirkungen der Affäre ja durch die Berufung Brauchitschs (statt Reichenaus) zum neuen

Oberbefehlshaber des Heeres vorerst einmal beruhigen. Was indes die genannten, in der Folge zu Exponenten der Opposition gewordenen Offiziere angeht, so hat für ihre Wendung gegen Hitler — wie für die Fortwirkung des „Falles Fritsch" im Offizierkorps überhaupt — auch und gerade „das Unmoralische, ethisch Anstößige" des Vorgehens gegen den Generaloberst[93] — "Begleiterscheinungen", die das Wesen des Regimes charakterisierten — eine erhebliche Rolle gespielt. Nicht umsonst schrieb Jodl — als Canaris mitgeteilt hatte, „in welch unwürdiger Weise die Vernehmung" von Fritsch durch die Gestapo „vor sich gegangen" sei — noch am 26. Februar (1938) in sein Tagebuch: „Wenn das in der Truppe bekannt wird, gibt es Revolution[94]."

Tatsächlich zeigen sich als Folge der Fritsch-Affäre Ansätze zur Bildung einer bürgerlich-konservativen Opposition gegen Hitler, in der sich Offiziere und Zivilisten zusammenfanden. Sie hat eine Art technisches Zentrum in der über die Vorgänge hinter den Kulissen des Dritten Reiches am besten informierten Abwehr-Abteilung unter dem Admiral Canaris und seinem Mitarbeiter Oberstleutnant Oster gefunden. Canaris, ursprünglich ein enragierter Nationalist und aktiver Gegenrevolutionär, hatte seine Illusionen über das Dritte Reich verloren[95], während Oster, dem der 30. Januar 1933 zunächst als das Ende einer sozusagen nationalen „Durststrecke" erschienen war[96], die Mordaktionen anläßlich der Röhm-Affäre die Augen geöffnet hatten[97]. Canaris und Oster traten in einen Kontakt mit Beck, der im Sommer 1938 zwischen den beiden letzteren immer enger wurde. Oster wurde der wichtigste Verbindungsmann zwischen den militärischen und zivilen Oppositionellen. Neben den gemeinsamen Bemühungen um Verteidigung und Rehabilitierung Fritschs wurden von einigen auch bereits Gewaltaktionen erwogen, so von Oster und Gisevius der Gedanke, an Hitler als dem „legalen" Staatsoberhaupt zunächst vorbeigehend die Zentrale der Gestapo durch Potsdamer Truppen zu besetzen, die Exponenten der SS zu verhaften und unter Veröffentlichung des gesammelten und dann noch vorgefundenen Belastungsmaterials Hitler vor vollendete Tatsachen zu stellen[98]. Alle Hoffnungen und Anläufe der Aktivisten endeten aber infolge der Haltung der neuen Heeresführung und der psychologisch raffinierten Behandlung der Generale durch Hitler[99] nach quälendem Ringen und Warten in Enttäuschung. Doch haben auch noch die Aussagen der an der Verschwörung des 20. Juli 1944 Beteiligten vor der Gestapo die Bildung einer Opposition gegen Hitler auf die Fritsch-Affäre zurückgeführt[100].

Schon hier aber sei auf eine Verhaltensweise hingewiesen, die bei Offizieren auffällt, welche Gegner Hitlers geworden waren, eine Verhaltensweise, die einen inneren Widerspruch enthält, der aus einer besonderen psychologischen Lage gerade des Soldaten zu erklären sein dürfte. Diese Offiziere sind nämlich auch im Falle einer Beteiligung an ausgesprochenen Widerstandsakten, einschließlich Verschwörungen gegen Hitler selbst, in aller Regel bemüht geblieben, die ihnen übertragenen dienstlichen Aufgaben nach besten Kräften zu erfüllen. Und zwar geschah dies weit weniger aus einem naheliegenden Interesse der Selbsterhaltung heraus als vielmehr aufgrund ihrer Auffassung über die spezifischen Pflichten, die sie — Hitler hin, Hitler her — als Soldaten gegenüber Deutschland erfüllen zu sollen glaubten — obschon dies, streng genommen, mittelbar wieder Hitler und seinen Vorhaben zugute kommen mußte. Da sie auch als Gegner Hitlers deutsche Nationalisten blieben, war für sie in der Wirklichkeit manches vereinbar, was uns — aus der Rückschau — schon mit ihrer eigenen Einstellung als im Prinzip unvereinbar erscheint. Ein schlagendes Beispiel dafür bietet ein Offizier wie Helmuth Groscurth: Entschiedener Gegner der Kriegspolitik Hitlers und seiner verbrecherischen Praktiken im Innern, schrieb er am 9. November 1938 in sein Tagebuch: „Ich schäme mich, noch ein Deutscher zu sein." Gleichwohl erfüllte er als Abwehr-Offizier 1938 seine dienstliche Aufgabe der „Sabotage und Zersetzung" im Sudetenland und *begrüßte* es 1939, daß Hitlers Reichstagsrede vom 28. April „die Arbeit gegen Polen frei" gebe: dies hat ihn aber nicht gehindert, im Herbst 1939 mit Eifer an der Verschwörung gegen Hitler teilzunehmen und mit den Berichten des Generalobersten Blaskowitz über die Untaten der Einsatzgruppen im besetzten Polen zu den Stäben der Westfront zu reisen — um sie „aufzuputschen", wie er wörtlich vermerkte[101]. Bis zu der Konsequenz eines Hans Oster zu gehen, im Interesse eines Hitler überdauernden Vaterlandes dem gegenwärtigen Deutschland (Hitlers) bewußt zu schaden — weil es das Verderben der Nation heraufbeschwor —, hat in aller Regel seine Offizierskameraden überfordert.

VI.

Im Sommer 1938 sollte es nun aber zu offenem politischen Widerstreit zwischen Beck und Hitler kommen. Am 28. Mai legte Hitler bekanntlich in der Reichskanzlei den Spitzen der Wehrmacht und des Auswärtigen Amtes u.a. dar, daß Deutschland „Raum" brauche, nämlich „a) in Europa, b) in Kolonien", und daß man „die Tschechei beseitigen" müsse; denn diese sei „stets unser gefährlichster Feind", namentlich in einem Krieg gegen die Westmächte mit dem Ziel einer „Erweiterung unserer Küstenbasis (Belgien, Holland)"[102]! In seiner für den Oberbefehlshaber des Heeres abgefaßten Stellungnahme zu diesem exzessiven Eroberungsplänen hielt Beck es für angezeigt, mit denjenigen Punkten zu beginnen, in denen er Hitler an sich zustimmte:

1) „Es ist richtig", schrieb er, „daß Deutschland einen größeren Lebensraum braucht, und zwar sowohl in Europa wie auf kolonialem Gebiet.
Der erstere Raum ist nur durch einen Krieg zu erwerben und wird nicht erworben durch ein Land [gemeint war von Beck fraglos die Tschechoslowakei], das in der Hauptsache selbst Zuschußgebiet ist.
Die Erwerbung kolonialen Gebietes braucht an sich nicht durch einen Krieg zu erfolgen.
2) Es ist richtig, daß die Tschechei in ihrer durch das Versailler Diktat erzwungenen Gestaltung für Deutschland unerträglich ist und ein Weg, sie als Gefahrenherd für Deutschland auszuschalten, notfalls auch durch eine kriegerische Lösung gefunden werden muß. Doch muß bei letzterer den Einsatz auch der Erfolg lohnen. [...]
3) Es ist richtig, daß verschiedene Gründe für eine baldige gewaltsame Lösung der tschechischen Frage sprechen [...][103]."

Wie sich zeigt, dachte Beck noch in den Kategorien traditioneller Machtpolitik, die damals das außenpolitische Denken wohl aller Staatsmänner und hohen Militärs in Europa beherrschten. Und da bereits eine Abtrennung des Sudetenlandes die Tschechoslowakei unweigerlich in den Machtbereich Deutschlands brachte, kann Beck auch nicht verkannt haben, daß sich hieraus eine hegemoniale Stellung Deutschlands in Mitteleuropa überhaupt ergeben mußte — wenngleich sich eine solche in seinen umfangreichen Denkschriften von 1937/38 nirgends als ein ihm vorschwebendes Ziel formuliert findet. Seiner Auffassung von der „Unerträglichkeit" der Tschechoslowakei für Deutschland dürften denn auch primär militärstrategische Erwägungen zugrunde gelegen haben[104]. Im übrigen hat Beck gegenüber den von Hitler in der berühmten Besprechung vom 5. November 1937 entwickelten „Lebensraum"-Zielen am 12. November mit den Worten kritisch Stellung bezogen:

„Nicht übersehen darf andererseits werden, daß die Bevölkerungslage als solche sich in Europa seit 1000 Jahren und länger so stabilisiert hat, daß weitergehendere Änderungen ohne schwerste und in ihrer Dauer nicht abzusehende Erschütterungen kaum noch erreichbar erscheinen und für Europa Parallelen mit Gebietsveränderungen wie für Italien in Afrika oder für Japan in Ostasien nicht gezogen werden können. Geringe Veränderungen erscheinen nach wie vor möglich. Sie dürfen aber nicht dazu führen, daß durch sie die Einheitlichkeit des deutschen Volkes, des deutschen Rassekerns, erneut [sic!] gefährdet wird[105]."

Mit Recht wertet Müller — obwohl er Becks außenpolitische Anschauungen „in einer Traditionslinie" sieht, „die ihren Ursprung im imperialistischen Denken der wilhelminischen Epoche hat"[106] — die zitierten Äußerungen zur europäischen „Bevölkerungslage" als „ein Grundaxiom" Becks[107]; er zieht hieraus die treffende Folgerung: „Vom 'Raumdenken' Hitlers trennte ihn ein Abgrund[108]." Den fundamentalen Unterschied seiner Anschauungen von den Aspirationen Hitlers dokumentieren auch Becks weitere Bemerkungen zu Hitlers Ausführungen vom 5. November 1937:

> „Die Größe der Gegnerschaft Frankreichs und Englands gegen einen Raum- und Machtzuwachs Deutschlands sei nicht verkannt. Die Gegnerschaft jedoch als unumstößlich bzw. unüberwindlich anzusehen, erscheint nach den bisherigen völlig unzureichenden Versuchen ihrer Beseitigung nicht am Platze. Die Politik ist die Kunst des Möglichen, alle drei Völker sind zugleich auf der Welt, noch dazu in Europa, da heißt es doch wohl zunächst, alle Möglichkeiten, sich zu arrangieren, erschöpfen, zumal angesichts des gegenseitigen Stärkeverhältnisses. Außerdem ist es auch für den Fall eines späteren Bruchs klüger[109]."

Diese Erwägungen implizierten gewiß einen Verfügungsanspruch der drei Großmächte über kleinere Staaten und Völker und schlossen auch einen begrenzten Krieg nicht grundsätzlich aus, waren aber ebensowenig von der Überzeugung bestimmt, daß ein solcher unvermeidlich sei. Den aus der vorgesehenen Entwicklung der deutschen Aufrüstung „im Verhältnis" zu derjenigen „der Umwelt" von Hitler in der Sitzung vom 5. November 1937 gezogenen Schluß, daß spätestens 1943/1945 die deutsche Raumfrage „[...] gelöst werden" müsse, hatte Beck in den erwähnten Bemerkungen dazu als „in seiner mangelnden Fundierung nicht überzeugend", in deren erster Fassung sogar als „in seiner mangelnden Fundierung niederschmetternd" bezeichnet[110].

Zu welchem Fazit kam Beck in seinen Stellungnahmen zu Hitlers Kriegsvorhaben? Alle Gründe, die sich „für eine baldige gewaltsame Lösung der tschechischen Frage" anführen ließen, würden, so schrieb er am 29. Mai, „zu Ungunsten Deutschlands überwiegen, solange die Tschechei mit der Waffenhilfe Frankreichs und Englands rechnen" könne, wie es „zur Zeit der Fall" sei[111]. Die von Hitler geplante Gewaltaktion gegen die Tschechoslowakei müsse daher, wie Beck schließlich am 16. Juli darlegte, mit einer „nicht nur militärischen [sic!], sondern allgemeinen Katastrophe für Deutschland endigen"[112]. Was Beck von Hitlers Abenteuerpolitik befürchtete, war also *weit mehr* als eine Gefährdung jener Chancen, die eine Fortsetzung der im Gange befindlichen begrenzten deutschen Revisionspolitik bot (deren man natürlich ebenfalls verlustig gegangen wäre). Was er von einer neuen deutschen Niederlage in einem großen Krieg befürchtete, war aber auch weit mehr als eine Gefährdung „der Grundlagen und Aussichten für eine künftige deutsche Hegemonialpolitik in Mitteleuropa" (wie

Müller meint)[113], war vielmehr die Vernichtung einer gerade wiedergewonnenen (begrenzten) deutschen Großmachtstellung, ja, jeglicher deutschen Machtstellung überhaupt: sprach Beck doch in seiner Vortragsnotiz für Brauchitsch vom 16. Juli 1938 unumwunden von einem drohenden „finis Germaniae"[114].

Dies erklärt auch den ungewöhnlichen Grad der Reaktion des Generalstabschefs auf Hitlers Vorhaben. Denn diese Reaktion gipfelte schließlich in der Forderung an die höchsten militärischen Führer, durch die kategorische Drohung mit ihrem geschlossenen Rücktritt Hitler zur Aufgabe seiner Kriegspläne zu zwingen. Er begründete seine Forderung an die Generale mit den berühmt gewordenen Worten: „Ihr soldatischer Gehorsam hat dort eine Grenze, wo ihr Wissen, ihr Gewissen und ihre Verantwortung die Ausführung eines Befehls verbietet[115]." Beck zielte also auf eine eindeutige, und zwar weitgehend politisch motivierte Gehorsamsverweigerung gegenüber Hitler ab, mit der die Führer eines diesem zu unbedingtem Gehorsam verpflichteten Heeres sich „geschlossen"[116] hinter dessen Oberbefehlshaber Brauchitsch stellen sollten. Und das alles wurde diesem von Beck nicht etwa hinter vorgehaltener Hand zugeflüstert, sondern schwarz auf weiß zu Papier gebracht unterbreitet: wer würde solche Ausführungen Becks überhaupt für authentisch halten, wären sie nicht schriftlich überliefert?

Wenn man aber schon so weit ging, in der Kriegsfrage den militärischen Gehorsam zu verweigern, dann lag es für Beck offensichtlich nahe, auch zu einer Bereinigung der innerpolitischen Verhältnisse zu schreiten, zumal er im Falle des besagten Einspruchs der Generale ohnehin „mit erheblichen innerpolitischen Spannungen" rechnete[117]. Beck drängte Brauchitsch daher, „in unmittelbarer oder nachfolgender Verbindung mit einem Einspruch nunmehr eine klärende Auseinandersetzung zwischen Wehrmacht und SS herbeizuführen"[118].

Drei Tage später wurde er noch deutlicher: Wenn man sich zu einem Einspruch „mit allen seinen Folgen" entschließe, so werde „zu prüfen sein, ob man diesen Schritt nicht dahin aktivieren sollte, daß man es zu einer für die Wiederherstellung geordneter Rechtszustände unausbleiblichen Auseinandersetzung mit der SS und der Bonzokratie kommen lassen *muß*"[119]. Beck schlug für die gedachte Aktion bereits auch werbewirksame Zielsetzungen in „kurzen, klaren Parolen" vor, von denen die erste zwar lautete: „Für den Führer!", die zweite aber bereits: „Gegen den Krieg!" Und weitere Parolen lauteten: „Friede mit der Kirche! Freie Meinungsäußerung! Schluß mit den Tschekamethoden! Wieder Recht im Reich[120]!" Mindestens diese vier Postulate waren mit Wesen und Politik des NS-Regimes unvereinbar und richteten sich keineswegs nur gegen dessen „Auswüchse". Was sie besagten, hat Beck fraglos seit längerem belastet. Wies er doch aus-

56

drücklich darauf hin, daß das Schicksal jetzt wohl die *letzte Gelegenheit* biete, die notwendige Aktion zur Bereinigung der innerpolitischen Mißstände zu unternehmen[121]. Mit ebensoviel Recht hätte er feststellen können, daß sich jetzt zum ersten Mal die Gelegenheit zu einer solchen Aktion biete, denn schwerlich hätte er auf einen Einsatz der Generalität für einen Wandel im Innern hoffen dürfen, solange nicht, wie es eben jetzt der Fall war, eine Gefährdung der Existenz von Reich und Wehrmacht durch Hitlers Risikopolitik die psychologischen Voraussetzungen auch dafür schuf.

Umstritten ist in der Forschung freilich die Frage, ob und inwieweit die von Beck für „unausbleiblich" erklärte „Auseinandersetzung zwischen Wehrmacht und SS" sich auch gegen Hitler selbst richten sollte. Denn Beck betonte bei seinen Vorstellungen mehrmals, es könne und dürfe „kein Zweifel darüber aufkommen, daß dieser Kampf [gegen „SS und Bonzokratie" und für die „Wiederherstellung geordneter Rechtszustände"] für den Führer geführt" werde[122]. Sollte er sich aber nicht gesagt haben, daß bereits mit einer Verweigerung des militärischen Gehorsams seitens der Heeresführung gegenüber dem Diktator sozusagen der Rubikon überschritten wurde? Ist es denkbar, daß Beck nicht mit einer entschiedenen Reaktion Hitlers auf eine so „hart und brutal"[123] wie möglich abgefaßte Gehorsamsverweigerung gerechnet und nicht darüber nachgedacht haben sollte, daß und wie die Heeresführung ihrerseits dieser Reaktion zu begegnen haben würde? Vertrat er doch den vorgeschlagenen kollektiven Einspruch der Generale „mit allen seinen Folgen"! Und die Erreichung der von Beck proklamierten *innerpolitischen* Ziele setzte eine Entmachtung Hitlers ja schlechterdings voraus. Gleichwohl bemerkte Beck in derselben Vortragsnotiz (vom 19.7.1938): „Auch nur die leiseste Vermutung etwa eines Komplottes darf nicht aufkommen"; er fügte aber hinzu: „Trotzdem muß die Geschlossenheit der höchsten militärischen Führung für alle Fälle [!] hinter diesem Schritt stehen[124]." Von den möglichen „Fällen" war aber der Versuch einer gewaltsamen Reaktion von seiten Hitlers der wahrscheinlichste.

Übrigens enthält die (sozusagen am weitesten gehende) Vortragsnotiz vom 29. Juli 1938 keine Verwahrung Becks mehr gegen den etwaigen Verdacht eines Komplotts. Hingegen zeigt sie ihn stark beeindruckt durch Mitteilungen von Hitlers Adjutant Wiedemann (der sich der Opposition genähert hatte), wonach „der Führer auf dem Standpunkt [verblieb], daß ein Krieg gegen die Tschechei geführt werden müsse, *auch wenn Frankreich und England eingreifen*[125], was er an sich nicht glaubt." Nochmals drängte Beck daher Brauchitsch, als Oberbefehlshaber des Heeres „mit seinen höchsten führenden Generalen [...] für den Fall, daß der Führer auf der Durchführung des Krieges besteht", den kollektiven Rücktritt zu erklären, d.h. den Gehorsam zu verweigern, und betonte: „Die Form dieser Erklärung kann nicht eindrucksvoll, hart und brutal genug abgefaßt werden." Und Beck schloß mit den Worten:

> „Wie in der Vortragsnotiz vom 16.7.38 angegeben, ist in jedem Falle mit inneren Spannungen zu rechnen; es wird hiernach notwendig sein, daß das Heer sich nicht nur auf einen möglichen Krieg" — auf den es sich seit längerem, Hitlers Befehl gemäß, konzentrierte —, „sondern auch auf eine innere Auseinandersetzung, die sich nur in Berlin abzuspielen braucht, vorbereitet. Entsprechenden Auftrag erteilen. Witzleben mit Helldorf zusammenbringen"[126], das heißt den — längst zu einem entschiedenen Gegner Hitlers gewordenen — Befehlshaber im Wehrkreis III/Berlin und den Berliner Polizeipräsidenten, der ebenfalls Gegner des NS-Regimes geworden war, in Kontakt zu bringen.

Nimmt man hinzu, daß Beck in einem Vermerk vom gleichen Tag, dem 29. Juli 1938, aufgrund erhaltener Informationen notierte: „Der Fall v. Fritsch hat zwischen Führer und Offizierkorps der Wehrmacht eine Kluft gerissen, auch in bezug auf Vertrauen, die nie wieder zu überbrücken ist. Allgemein befindet sich das Vertrauen zur Führung im Volk wie in der Wehrmacht im Schwinden"[127], so wird man sagen dürfen: Deutlicher als vollends hier konnte sich Beck — was mir manche seiner Kritiker zu übersehen scheinen — schriftlich gewiß nicht äußern; hätten ihm doch schon seine bisherigen Niederschriften unter Umständen das Leben kosten können. Wie wenig plausibel würde der Grad seines persönlichen Engagements sein, wäre es ihm wirklich nur um die „Rettung der Grundlagen einer künftigen Hegemonialpolitik in Mitteleuropa" gegangen und nicht um die Verhütung einer „allgemeinen Katastrophe für Deutschland"[128]!

Was nun die von Beck in seinen Aufzeichnungen vorgenommene Verwahrung gegen den Verdacht eines Komplotts angeht, so könnte sie auf taktischen Erwägungen beruhen, auf der empfundenen Notwendigkeit, Bedenken Dritter gegen eine Beteiligung an der „Auseinandersetzung mit SS und Bonzokratie" vorzubeugen. Möglich wäre auch, daß sich das geplante Vorgehen — ähnlich den von Oster und Gisevius anläßlich der Fritsch-Affäre geäußerten Gedanken — zunächst an Hitler vorbei mit einer (im Offizierkorps populären) Aktion gegen SS und Gestapo richten sollte und gleichsam erst im Nachzug gegen einen gewaltsam reagierenden Diktator[129]. Schon die Ausschaltung der SS, die Hitlers Herrschaftsinstrument darstellte, mußte dessen persönliche Position aufs schwerste erschüttern. — Nach alledem scheint mir auch die Auffassung, Beck habe nicht gegen Hitler, sondern um Hitler kämpfen wollen, unhaltbar[130].

Der zitierte, in meinen Augen unmißverständliche *Schlußsatz* von Becks Vortragsnotiz vom 29. Juli macht einigen Autoren sichtlich zu schaffen. Claus Donate[131] erwähnt ihn überhaupt nicht; er würde auch nicht zu seiner These passen. Der verdienstvolle englische Beck-Biograph Nicholas Reynolds aber vertritt die seltsame Auffassung, mit den in der Notiz erwähnten „inneren Spannungen", derentwegen das Heer sich auf eine „innere Auseinandersetzung" vorbereiten müsse, „die sich nur in Berlin abzuspielen" brauche, und „Witzleben mit Helldorf zusammen[zu]bringen" sei, habe Beck „die Möglichkeit von inneren Unruhen" gemeint[132]. „Innere Unruhen", also spontane Auflehnungen kleinerer oder größerer Volksteile im nationalsozialistischen Polizeistaat, im Jahre 1938, weil die Politik des Diktators als kriegstreiberisch erschien? Eine völlig unhaltbare Deutung! Zunächst einmal hatte Beck in seiner Vortragsnotiz vom 16. Juli klar gesagt, was für eine Art von „inneren Spannungen" er erwartete: nämlich „erhebliche innerpolitische Spannungen", und zwar im Zusammenhang mit dem von ihm geforderten „Einspruch berufener Männer" gegen Hitlers Kriegsvorhaben in der Sudetenfrage. Unmißverständlich war ferner mit der „inneren Auseinandersetzung" von Beck eine solche „mit der SS und der Bonzokratie" gemeint, die, wie er gleichzeitig schrieb, „für die Wiederherstellung geordneter Rechtszustände unausbleiblich", d.h. ohnehin unumgänglich sei. Daß an innere Unruhen wegen Hitlers Risikopolitik im damaligen Deutschland nicht zu denken war, findet auch in der Feststellung des Berliner britischen Geschäftsträgers vom 11. September 1938 Ausdruck: „Die Stimmung geht stark gegen Krieg, aber das Volk befindet sich hilflos im Griff des Nazi-Systems [...]. Die Leute sind wie Schafe, die zur Schlachtbank geführt werden. Wenn es zum Krieg kommt, werden sie marschieren und ihre Pflicht tun, mindestens für einige Zeit[133]." Was ging im übrigen den Generalstabschef und den Oberbefehlshaber des Heeres, zumal im NS-Deutschland, die Bekämpfung etwaiger innerer Unruhen an? Dafür war dessen Polizei zuständig — und in der Lage! Schließlich konnte Beck wohl im Hinblick auf eine Auseinandersetzung mit der SS sagen, daß sie sich „nur in Berlin abzuspielen" brauche, aber nicht in bezug auf irgendwelche „inneren Unruhen", da es gegebenenfalls gänzlich ungewiß war, wo sie ausbrechen würden.

Übrigens enthält ein Brief von Halder vom 14. Juli 1955 an das Institut für Zeitgeschichte[134] zu unserer Fragestellung folgende Angaben:

„Als ich persönlich mit Witzleben in Verbindung trat — nach meiner Erinnerung schon vor meiner Amtsübernahme —, waren zwischen Beck und ihm ohne Zweifel schon weitgehende Erwägungen über eine Aktion gegen Hitler getroffen worden. Jedenfalls war Witzleben, als ich mit ihm Verbindung aufnahm, über die Möglichkeiten, die sich boten, völlig im Bilde. Auch die Prüfung des voraussichtlichen Verhaltens von militärischen Persönlichkeiten, die bei den Vorbereitungen und bei der Aktion selbst schwer umgangen werden konnten, war weit gediehen und waren Aushilfsmöglichkeiten erwogen. Ich habe auch keinen Zweifel darüber, daß praktische Vorbereitungen eingeleitet waren, so z.B. Fühlungsnahme mit maßgebenden Persönlichkeiten, wie Helldorf, und Erkundigungen für die Durchführung einer militärischen Aktion. Witzleben hat mir in einer unserer ersten Aussprachen zu meiner Überraschung mitgeteilt, daß er Helldorfs und seiner Polizei sicher sei. Eben weil diese Erwägungen und Vorbereitungen schon weit gediehen zu sein schienen, habe ich mich von vornherein mit Witzleben dahin geeinigt, daß *er* die Durchführung der Aktion mit den unter seinem Befehl stehenden Truppen und mit Unterstützung Helldorfs durchführen sollte, während ich selbst den Startschuß zu geben hätte und die Weiterführung der Aktion nach 'Sicherstellung' Hitlers zu übernehmen hätte, und insbesondere dafür sorgen müßte, daß der Oberbefehlshaber des Heeres im richtigen Augenblick führend hervortrete.

Meine Verbindungsnahme mit Witzleben ist beschattet von dem Geheimnis, mit dem Beck seine Gedanken und Absichten mir gegenüber umgab. Vielleicht war es auch unbewußte Abwehr gegen mein unbequemes Drängen, das er seit der Fritsch-Krise oft genug zu spüren bekommen hatte. Vielleicht war es auch seine angeborene Schweigsamkeit oder die Technik, die er sich in der Beeinflussung des Widerstandskreises angewöhnt hatte, nämlich jedem nur das zu sagen, was für die Ausübung einer bestimmten Funktion unbedingt notwendig war. Jedenfalls habe ich es damals und später oft als einen Mangel an Vertrauen empfunden, daß Beck sich mir gegenüber so ausgesprochen zurückhielt. Das war kein Mißtrauen gegen meine politische Einstellung oder gegen meine persönliche Verläßlichkeit. Vielmehr glaube ich, daß Becks überspitztes Verantwortungsgefühl ihn veranlaßt hat, solche Figuren des Widerstandskreises auf Abstand von sich zu halten, deren Selbständigkeit und Energie die von ihm allein in Anspruch genommene Verantwortung gefährden konnten."

Daß Halder hier bei der Wiedergabe seiner Eindrücke von Stand und Charakter der damaligen Planung seines Amtsvorgängers sich über Beck selbst und dessen persönliches Verhalten in eher kritischer Weise äußert, mindert gewiß nicht die Glaubwürdigkeit seines Zeugnisses.

Beck — "Kassandra ohne Überzeugungskraft"?[135] Gewiß bestand die Möglichkeit, ja Wahrscheinlichkeit, daß die Tschechoslowakei schneller, als er ursprünglich angenommen hatte, entscheidend geschlagen sein würde, daß mithin Teile der dort eingesetzten Verbände schon nach wenigen Tagen an die Westgrenze verlegt werden konnten, um Frankreich eine Intervention mindestens zu erschweren[136]. Dennoch blieb „der Kardinalpunkt", wie Beck mit Recht betonte, vorerst „stets der [...], ob es sich für Deutschland um einen Krieg nur gegen die Tschechei" oder auch gegen die Westmächte handeln würde[137]. Denn in letzterem Falle war damit zu rechnen, daß selbst eine noch so schnelle Niederwerfung der Tschechoslowakei für den Ausgang des großen Kampfes genauso irrelevant sein würde wie im Ersten Weltkrieg die Niederwerfung Serbiens — worauf Beck hingewiesen hat[138]. Gewiß konnte Beck auch „nicht über alle Zweifel" hinaus beweisen, „daß die Westmächte wirklich eingreifen würden"[139]. Bedurfte es aber überhaupt solchen Beweises, um die Mehrzahl der höheren Generale gerade in dieser Hinsicht mit größter Sorge zu erfüllen? Hat die „Sicherheit, daß die deutschen Streitkräfte für einen Krieg gegen die Tschechoslowakei stark genug waren", wirklich ihre Befürchtung verdrängt, „daß ein Weltkrieg das Ende Deutschlands bedeutete"[140]? Die vorliegenden Zeugnisse sprechen mitnichten dafür. Vielmehr waren die meisten Generale für Bedenken, wie Beck sie vertrat, doch wohl recht empfänglich, wenn Jodl konstatierte, daß „den Gegensatz zwischen der Auffassung der Generale und der des Führers [...] die Spatzen von den Dächern" pfiffen, daß der Generalstab „letzten Endes an das Genie des Führers nicht glaube", ihn „wohl mit Karl XII. vergleiche", daß „nach der Auffassung des Heeres [...] sicherlich die Westmächte eingreifen" würden[141]. Hitler selbst sind die Besorgnisse der meisten höheren Generale auch keineswegs entgangen.

Er entschloß sich deshalb ja zu dem „ganz ungewöhnlichen"[142] Schritt, deren Gehilfen, nämlich die im Kriegsfall als ihre Generalstabschefs vorgesehenen (jüngeren) Offiziere, für den 10. August auf den Berghof zu beordern, um diese in mehrstündiger Rede von der Richtigkeit seiner Auffassung zu überzeugen.

„Daß ihm dies nicht voll gelang", hat neuerdings Hitlers ehemaliger Luftwaffenadjutant v. Below bestätigt[143] — der übrigens auch die Tatsache einer „Unterhaltung" Hitlers mit Brauchitsch in der ersten Augustdekade 1938 bezeugt, wie er sie in solcher „Lautstärke" von seiten Hitlers mit einem General „nur dieses eine Mal erlebt" habe[144]. Denn auch Brauchitsch war den militärfachlichen wie politischen Argumenten Becks ja durchaus nicht unzugänglich geblieben[145].

So hatte Keitel von Hitler gehört, „daß der Oberbefehlshaber des Heeres seine Kommandierenden Generale gebeten" habe, ihn zu unterstützen, „um dem Führer die Augen zu öffnen über das Abenteuer, in das [sich zu] stürzen er [...] entschlossen" sei[146]. Jedenfalls sagt es genug, daß Brauchitsch noch am 28. September (dem für die Mobilmachung vorgesehenen Termin) Keitel „unter Hinweis auf dessen Verantwortung" beschwor, „alles beim Führer aufzubieten, daß nicht über d[as] sudetendeutsche Gebiet hinausgegangen wird"[147]! Tatsächlich durfte — wenngleich Beck ein Eingreifen der Westmächte nicht zu „beweisen" vermochte — keine verantwortungsbewußte Lagebeurteilung verkennen, daß mit der von Hitler gewollten gewaltsamen Lösung das *Risiko* ihres Eingreifens mit allen seinen möglichen Konsequenzen für Deutschland verknüpft blieb — eine Beurteilung, die durch den späteren historischen Ablauf keineswegs als widerlegt gelten kann, da die Probe aufs Exempel — auch infolge des teilweisen Nachgebens von Hitler selbst[148] — ja nicht gemacht wurde.

Man hat es — an sich begreiflicherweise — als seltsam empfunden, wie die meisten höheren Generale „einerseits" überzeugt waren, „daß ein neuer [großer] Krieg das 'finis Germaniae' bedeuten würde, andererseits im Rahmen ihrer Dienststellungen mit vollem Einsatz eben diesen Krieg vorbereiteten"[149]. Die Erklärung hierfür lag aber weder in einer Schwäche der Beck „zur Verfügung stehenden Argumentationsfaktoren" noch in der „Überzeugungskraft der Hitlerschen Rhetorik gegenüber den Generalen"[150], sondern in deren Scheu, sich gegen den Machtspruch des Diktators offen aufzulehnen — und daher im Rückzug auf das Prinzip des soldatischen Gehorsams. Auch Brauchitsch — obschon in den Augen eines Keitel „eine solche Enttäuschung"[151] — brachte es nicht über sich, die mit dem militärischen Herkommen so schwer vereinbare Aufkündigung des Gehorsams ins Werk zu setzen[152] — worauf Beck als Generalstabschef zurücktrat.

VII.

Unter Becks Nachfolger Halder kam es jedoch im September 1938 bekanntlich zu Planungen, die sich fraglos von vornherein gegen Hitler selbst richteten. Gläubiger Christ, Abkömmling einer Offiziersfamilie und Generalstäbler alter Schule, äußerte sich Halder seit längerem, zumal seit der Fritsch-Affäre, höchst kritisch über das Geschehen im Dritten Reich, nach vorliegenden Zeugnissen schließlich auch über Hitler selbst[153]. Zudem teilte er die schweren Bedenken Becks gegen die Risikopolitik des Diktators. Zwar bildeten diese Bedenken die allgemeine geistige Grundlage für Überzeugung und Entschluß sämtlicher opponierender Militärs und Zivilisten in diesen Wochen. Gleichwohl kennzeichnet es den singulären Charakter der Situation, wenn ein Offizier von solch typischer Korrektheit wie Halder jetzt der Verschwörung gegen seinen Obersten Befehlshaber die Hand bot.

Die „Septemberverschwörung" von 1938 — "nach den Ereignissen des 20. Juli 1944" mit Recht als „das wichtigste Faktum in der Geschichte der deutschen Militäropposition" bezeichnet[154] — ist als solches kaum noch umstritten[155], obschon über wichtige Einzelheiten des Sachverhalts ebensowenig volle Klarheit erreichbar erscheint wie über ihre Chancen. Nach eigenem Zeugnis hat sich Halder in die Erwägungen Witzlebens über eine Aktion eingeschaltet, die Anfang September bereits relativ weit gediehen waren[156]. Zur Realisierung des Geplanten bedurfte es ja vor allem eines Trägers militärischer Befehlsgewalt, für den Witz-

leben als Berliner Wehrkreisbefehlshaber, populärer Truppenführer und Hitler-
feind sich anbot. Halder überließ ihm, wie er wiederholt gesagt hat, „die gesamte Vorbereitung des militärischen Einsatzes"[157], behielt sich aber nach Vereinbarung mit Witzleben den Startbefehl vor sowie die Weiterführung des Ganzen
nach „Sicherstellung" Hitlers. Witzleben standen für die Aktion der Kommandeur der 23. Division, Generalmajor Graf Brockdorff-Ahlefeldt, in Potsdam
und der Kommandeur des Infanterieregiments 50, Oberst v. Hase, in Landsberg
a.d. Warthe zur Verfügung. Auch auf den als Oberbefehlshaber im Westen vorgesehenen General Adam konnte Witzleben rechnen[158]. Enge Beziehungen Halders selbst entstanden zum Abwehrchef Canaris, der ihm „politische Orientierung" bringen sollte, ihn aber vor allem zum Handeln drängte[159], zumal er für
den Fall eines gewaltsamen Vorgehens gegen die Tschechoslowakei von einer Intervention der Westmächte überzeugt war[160]. Er bemühte sich um die Beschaf-
fung bestätigender Informationen, so durch die von ihm geförderte Londoner
Reise des Gutsbesitzers und konservativen Politikers Ewald v. Kleist-Schmenzin,
der mit seinen Chamberlain zur Kenntnis gebrachten rückhaltlosen Mitteilungen
bei diesem bekanntlich auf Skepsis stieß, aber von Churchill einen vor einer
deutschen Gewaltaktion warnenden (inoffiziellen) Brief erhielt[161]. Über Canaris
lief auch ein Teil eines vertraulichen Verkehrs zwischen Halder und dem Staatssekretär v. Weizsäcker, zu dem noch Beck unmittelbare Beziehungen seines
Nachfolgers vorbereitet hatte. Denn unter Weizsäcker bestand ja im Auswärtigen Amt eine Oppositionsgruppe mit den Brüdern Kordt, die sich um eine „feste
Haltung" der britischen Regierung bemühten, welche eine Aktion der deutschen
Militärs ermöglichen würde[162]. Halder selbst wiederum trat in Kontakt mit
Schacht, der seinerseits mit Witzleben Verbindung aufgenommen hatte und bereit war, sich für eine neue Regierung zur Verfügung zu stellen[163]. Ständiger Ver-
mittler zwischen allen Gruppen, besonders zwischen den Militärs und dem Auswärtigen Amt, blieb jedoch Oster, der mit Halder in einen ähnlichen engen Kontakt zu treten suchte, wie er ihn schließlich mit Beck hergestellt hatte, den er
nach Halders Zeugnis manchmal für Stunden in seinem Amtszimmer
blockierte[164]. Die sich aus dem Vorhaben ergebenden polizeilichen Maßnahmen
sollte Gisevius entwerfen. Der durch die Fritsch-Affäre dem Regime vollends
entfremdete Berliner Vizepolizeipräsident Fritz-Dietlof Graf v. der Schulenburg
hatte sich den Verschwörern angeschlossen, und auch mit der Förderung der geplanten Aktion durch den Polizeipräsidenten Graf Helldorff selbst, dessen Be-
fehlsbefugnissen ausschlaggebende Bedeutung zukam, konnte gerechnet werden.

Was die Auslösung des Putsches betraf, so ging es den Hauptbeteiligten vor allem darum, daß seine innere und äußere Rechtfertigung gegeben war. Diese war für sie gegeben, und auch die erforderliche positive Resonanz der Aktion in der kriegsabgeneigten Masse des Volkes schien ihnen gewährleistet, wenn Hitler allen entgegenstehenden Bedenken, allen Warnungen Einsichtiger zum Trotz zur Entfesselung eines Krieges von unabsehbarem Ausmaß schritt. In diesem Falle konnte er als frivoler Abenteurer, ja als Verderber des Reiches entlarvt werden. Halder war daher entschlossen, den Putsch dann — aber erst dann — auszulösen, wenn Hitler den endgültigen Befehl zum Angriff auf die Tschechoslowakei erteilt hatte[165]. Dies galt ebenso für Witzleben. Als einer der wesentlichsten Unsicherheitsfaktoren der Planung erscheint aus der Rückschau das Verhalten des Oberbefehlshabers Brauchitsch. Doch ist Halder in dieser Hinsicht offenbar zuversichtlich gewesen[166].

Zu den bedeutsamsten Einzelheiten des Aktionsplans gehörte neben der Besetzung der zentralen Nachrichtenanlagen Berlins sowie der wichtigsten Gebäude und Plätze der Stadt, insbesondere der Hauptstützpunkte von SS und Gestapo, daß ein Stoßtrupp von Freiwilligen unter der Leitung des ehemaligen „Stahlhelm"-Führers und Freikorpsangehörigen Oberstleutnant Friedrich Wilhelm Heinz einen Handstreich auf die Reichskanzlei unternehmen sollte, um sich Hitlers zu bemächtigen. Was mit diesem nach seiner Festnahme geschehen sollte, war offenbar noch nicht endgültig entschieden. Ein Attentat jedenfalls lehnten Halder und offenbar auch Witzleben grundsätzlich ab. Aus der Erwägung heraus, daß Hitler, solange er lebe, eine stärkere Macht darstelle als alle gegen ihn Verschworenen, soll Heinz jedoch seine Leute angewiesen haben, Hitler sofort niederzuschießen. Hinsichtlich der — kaum genau festgelegten — politischen Planungen nach einem gelungenen Umsturz waren sich die Hauptbeteiligten offenbar darüber einig, nach einer kurz befristeten Militärdiktatur möglichst bald verfassungsmäßige Zustände wiederherzustellen.

Auch die umfassendste Vorbereitung der Aktion aber konnte — deren Anlage nach — nichts daran ändern, daß ihre Realisierung von Faktoren abhing, die sich der Verfügung der Planer entzogen. Obwohl man in London über die „wachsende Unzufriedenheit in Deutschland mit dem Regime und mit Herrn Hitlers Führung der auswärtigen Politik", wie der Außenminister Lord Halifax schrieb[167], unterrichtet war, meinte man, Hitler mittels weitgehender Konzessionen der Tschechoslowakei befriedigen — und dadurch „die Gemäßigten in Deutschland stärken" zu können! Die Hoffnung, dies — nach Chamberlains überraschendem Besuch in Berchtesgaden — durch die Prag aufgezwungene Abtretung des Sudetenlandes erreicht zu haben, trog jedoch. Daß Hitler vielmehr bei seinem Godesberger Treffen mit dem britischen Premier die bisherige Verhandlungsgrundlage zerstörte und die Entscheidung über Krieg oder Frieden von der Erfüllung überspannter Bedingungen hinsichtlich der Formen und Fristen der (grundsätzlich gar nicht mehr strittigen) Übergabe des Sudetenlandes abhängig machte, um doch noch sein geheimes Maximalziel einer sofortigen Vernichtung der gesamten Tschechoslowakei zu erreichen, lieferte vollends den Beweis für seinen Willen zum Krieg — und dies nicht nur den Verschwörern. Vielmehr wurde aufgrund seiner Godesberger Forderungen ein gewisser Umschwung in der Haltung der Westmächte spürbar. Hitler geriet nunmehr in zunehmendem Maße unter psychologischen Druck. Zu seiner nachhaltigen Enttäuschung ließen sich die Ungarn nicht dazu bewegen, durch eine eigene Gewaltaktion gegen die Tschechoslowakei ihm den Scheingrund eines bereits „allgemeinen mitteleuropäischen Brandes" für sein bewaffnetes Eingreifen zu verschaffen[168]. Andererseits kamen ihm die Westmächte auch nach „Godesberg" hinsichtlich der Modalitäten der Übergabe des Sudetenlandes an Deutschland noch so weit entgegen, daß insoweit fast jeder Vorwand zum Krieg entfiel. Obendrein lieferte die Reaktion der Berliner auf den „Propagandamarsch motorisierter Truppen durch das Regierungsviertel"[169] am Abend des 27. September Hitler für die verbreitete Abneigung gegen den Krieg den deutlichsten Beweis. Doch trotz einer am frühen Nachmittag dieses 27. September erhaltenen, ihn (Hitler) offenbar erstmals beeindruckenden Warnung Chamberlains vor einer Gewaltlösung fand Weizsäcker „um Mitternacht Hitler mit Ribbentrop wieder ganz entschlossen, die Tschechoslowakei nunmehr zu vernichten"[170]. Indes kam am Vormittag des (für Hitlers endgültigen Entschluß entscheidenden) 28. September die Meldung von Mobilmachungsmaßnahmen der britischen Flotte, was nicht ohne Wirkung auf Hitler blieb. Und schließlich gab auch Mussolini den freundschaftlichen Rat zu friedlicher Lösung, dessen Ablehnung für Hitler nicht unbedenklich war. Offenbar hat erst diese Intervention ihn endgültig bewogen, sich mit einer „Etappenlösung"[171] der tschechoslowakischen Frage — höchst widerwillig — abzufinden.

Noch kurz zuvor schien für die Verschwörer die Stunde der Aktion ganz nahe gerückt. Es sollte für deren Schicksal verhängnisvoll werden, daß sie sich nicht schon aufgrund des gegenwärtigen Standes der Dinge zum Handeln entschlossen hatten. Man meinte die letzten Informationen zu verwerten, die letzten Absprachen zu treffen. Doch gegen Mittag kam die Nachricht von dem erfolgreichen Eingreifen des Duce und der bevorstehenden Konferenz der leitenden Staatsmänner in München. Damit war dem Aktionsplan gegen Hitler, so wie die Verschwörer ihn angelegt hatten, mit einem Schlage die Grundlage entzogen, das vermutlich aussichtsreichste Unternehmen zum Sturz des NS-Regimes und zur Wiederherstellung rechtsstaatlicher Ordnung in Deutschland schon im Ansatz gescheitert.

Der — objektiv gesehen — große Erfolg, den Hitler, trotz seines Grolls über die nicht erreichte Vernichtung der gesamten Tschechoslowakei, mit dem Gewinn des Sudetenlandes errungen hatte, rechtfertigte das Urteil des britischen Militärattachés in Paris:

„Die Lage stellt einen neuen Triumph für Hitlers Diplomatie dar. Man hat überdies allen Grund zu der Annahme, daß er diesen Triumph wieder einmal im Gegensatz zu den Auffassungen seiner militärischen Führer erzielt hat. Hitlers Erfolg muß daher sein Ansehen in der Wehrmacht enorm steigern, wie in ganz Deutschland, wenn das überhaupt noch möglich ist[172]."

Der Tag von München wurde zum dies ater der deutschen Opposition gegen Hitler, zumal der militärischen. Denn der im Heer verbreitet gewesene Pessimismus war scheinbar widerlegt, der Optimismus des Diktators scheinbar gerechtfertigt worden. Auch für die Position des Heeres im Dritten Reich war ihre nachteilige Wirkung kaum geringer als die der Fritsch-Affäre samt ihren Folgen. „Im höchsten Maße bedauerlich" nannte es der Hitler völlig ergebene Wehrmachtadjutant Schmundt, „daß es nicht zum scharfen Schuß gekommen" sei[173]: ein solcher — so ergänzte er diese Äußerung noch im Februar 1939 — „hätte [...] die Stellung der Wehrmacht, insbesondere des Heeres bei Führer und Volk gefestigt — was leider notwendig" sei! Denn „durch Haltlosigkeit [!], besonders der Generalität, sei viel Vertrauen verschüttet worden [...]". Namentlich Beck habe „der Armee und dem Generalstab nicht wiedergutzumachenden Schaden zugefügt [...][174]". Diese Kritik konnte nur noch von Hitler selbst überboten werden, und sie wurde von ihm noch überboten. Am 24. Oktober ließ er nämlich Brauchitsch kommen, um ihm zu erklären, es sei „hoffentlich [...] das letzte Mal", daß er, der Führer, „in dieser Art zu Soldaten sprechen müsse. Die Wehrmacht, besonders das Heer", befinde sich „in einer bedenklichen Krise [...]". Immer „wenn in den letzten sechs Jahren [...] die politische Führung Mut gezeigt und Erfolge errungen" habe, „stand die Führung der Wehrmacht nur als retardierendes und stark hemmendes Moment im Wege[175]. [...] Dieser Zustand, [...] jeder Soldateneigenart fremd und deshalb unwürdig [...]", müsse „abgeändert werden"[176]. Die „Reichswehrerziehung" habe alledem Vorschub geleistet[177]. — Von Brauchitschs Reaktion auf Hitlers Gardinenpredigt ist nichts bekannt, außer daß aufgrund der „Besprechung des Ob.d.H. beim Führer" wenige Tage später die Verabschiedung der Generale v. Rundstedt, Geyer, Adam und Liebmann in die Wege geleitet wurde[178]. Hitler aber ließ sich in den nächsten Monaten die Indoktrination der Wehrmacht persönlich angelegen sein[179]. Tatsächlich gerieten Heer und Volk als Konsequenz von „München" noch stärker als bisher in den Griff des Regimes, was sich im Jahre 1939 verhängnisvoll auswirken sollte.

Anmerkungen

1 Ernst Rudolf Huber, Verfassungsrecht des Großdeutschen Reiches, Hamburg ²1939, S. 45.
2 Vgl. Thilo Vogelsang, Reichswehr, Staat und NSDAP, Stuttgart 1962 (= Quellen und Darstellungen zur Zeitgeschichte, Bd 11), S. 264 und 479 (Dok. 34) sowie 322.
3 Vgl. Peter Bucher, Der Reichswehrprozeß. Der Hochverrat der Ulmer Reichswehroffiziere 1929/30, Boppard 1967 (= Wehrwissenschaftliche Forschungen, Abt. Militärgeschichtliche Studien, Bd 4), S. 270, wo — da im Prozeß kein Protokoll geführt wurde — mehrere Zeitungsberichte angeführt werden, die hinsichtlich der betreffenden Äußerung Hitlers nur geringfügig voneinander abweichen.
4 Aufzeichnungen des Generals d.Inf. a.D. Curt Liebmann 1922-1959: Institut für Zeitgeschichte (künftig zit. IfZ), ED 1/3, Bl. 481; ferner Anlage 1 zum „Fragebogen zum Thema 'Reichswehr und Nationalsozialismus vor 1933'".
5 Auszug aus einer Aufzeichnung von Gen. d. Art. a.D. Ott: „Wehrmacht und Nationalsozialismus vor der Machtergreifung", vom Nov. 1946, Bl. 2: IfZ, Zeugenschrifttum (künftig zit. ZS) Nr. 279.
6 Thilo Vogelsang, Zur Politik Schleichers gegenüber der NSDAP, in: Vierteljahrshefte für Zeitgeschichte (künftig zit. VfZG), 6 (1958), S. 89 f.
7 Vgl. bereits Vogelsang (s. Anm. 2), S. 271 f.; Abdruck der betreffenden Niederschrift Staatssekretär Meißners vom 30.8.1932 in Neudeck: Volker Hentschel, Weimars letzte Monate. Hitler und der Untergang der Republik, Düsseldorf 1978, S. 144-147.
8 Vgl. die Aktennotiz des Staatssekretärs Meißner vom 2.12.1932: Vogelsang (s. Anm. 6), S. 105 ff., sowie den Kommentar Papens vom 12.11.1957, ebd., S. 112.
9 Vgl. Vogelsang (s. Anm. 2), S. 332 ff.; jetzt auch Friedrich Karl von Plehwe, Reichskanzler Kurt von Schleicher, Esslingen 1983.
10 Francis L. Carsten, Reichswehr und Politik 1918-1933, Köln 1964, S. 325. Ähnliche Äußerungen des Chefs der Marineleitung, Admiral Raeder, vom 23.1.1928: ebd., S. 317, und wiederum Groeners von 1930: Rud. Fischer, Schleicher, Mythos und Wirklichkeit, Hamburg 1932, S. 38; Otto-Ernst Schüddekopf, Das Heer und die Republik. Quellen zur Politik der Reichswehrführung 1918 bis 1933, Hannover/Frankfurt/Main 1955, S. 238 f.
11 Vgl. meinen Beitrag: Die Wehrmacht im nationalsozialistischen Deutschland, in: Das Dritte Reich, Herrschaftsstruktur und Geschichte. Vorträge aus dem Institut für Zeitgeschichte, hrsg. von Martin Broszat und Horst Möller (= Beck'sche schwarze Reihe Nr. 280), München 1983. Aus der Rückschau bezeichnete Papen als das zunächst gemeinsam mit Schleicher verfolgte Ziel: „eine völlig neue, auf christlich-konservativer Grundlage gebildete Regierung auf die Beine [zu stellen], mit dem Ziele, der funkti-

onsunfähig gewordenen Weimarer Demokratie einen neuen Charakter durch Verfassungs- und Wahlreform zu geben. Wir hatten Hindenburgs Wort für dieses Programm verpfändet." Franz v. Papen, Der Wahrheit eine Gasse, München 1952, S. 277.

12 Vgl. Andreas Hillgruber, Militarismus am Ende der Weimarer Republik und im „Dritten Reich", in: ders., Großmachtpolitik und Militarismus im 20. Jahrhundert. 3 Beiträge zum Kontinuitätsproblem, Düsseldorf 1974, S. 43. Dazu Schüddekopf (s. Anm. 10), S. 308 ff., 325 ff.

13 Vgl. den bezeichnenden Brief des gegenüber Schleicher ursprünglich sehr kritisch eingestellten Oberleutnants Stieff vom 21.8.1932: H. Krausnick, Vorgeschichte und Beginn des militärischen Widerstandes gegen Hitler, in: Vollmacht des Gewissens, hrsg. von der Europäischen Publikation e.V., Bd I, München 1956, S. 197 f.

14 IfZ, ZS 279 (Ott): Gespräch Hammersteins mit Staatssekretär Planck, Oberst v. Bredow, Reichspressechef Marcks und General Ott.

15 Vgl. Vogelsang (s. Anm. 2), S. 388 f. Zum Folgenden: S. 403 f.

16 Vgl. Klaus-Jürgen Müller, Das Heer und Hitler. Armee und nationalsozialistisches Regime 1933-1940, Stuttgart 1969 (= Beiträge zur Militär- und Kriegsgeschichte, Bd 10), S. 35 ff.; Krausnick (s. Anm. 13), S. 201 ff.

17 Aufzeichnung General Liebmanns über die Befehlshaberbesprechung vom 1.6.1933; IfZ, ED 1/1, Bl. 61.

18 Müller (s. Anm. 16), S. 49 f.

19 Eugen Ott, Bemerkungen zu den Akten des IfZ, 1. Teil, Befehlshaberbesprechungen: IfZ, ZS 279, Bl. 19. — Aufzeichnung Liebmanns über Kommandeurbesprechungen vom 15.-17.3.1933 (IfZ, ED 1/1, Bl. 50 f.) und die von Liebmann am 3.3.1933 weitergegebenen Weisungen Blombergs (ebd., Bl. 46 f.). Hierzu und zum Folgenden auch Müller (s. Anm. 16), S. 63 f.: die Angabe des Zeitpunkts der betreffenden Befehlshaberbesprechung ist ebenso zu berichtigen wie meine ursprüngliche Angabe — s. die folgende Anm. 20 — und die von Wolfgang Sauer, Die Mobilmachung der Gewalt, in: Karl Dietrich Bracher/Wolfang Sauer/Gerhard Schulz, Die nationalsozialistische Machtergreifung. Studien zur Errichtung des totalitären Herrschaftssystems in Deutschland 1933/34, Köln-Opladen ²1962 (= Schriften des Instituts für politische Wissenschaft, Bd 14), S. 722.

20 Aus einigen nach Abschluß meines Manuskripts zu: Vorgeschichte und Beginn des militärischen Widerstandes (s. Anm. 13) von General a.D. Liebmann dem IfZ übersandten Notizzetteln über eine Befehlshaberbesprechung (IfZ, ED 1/1, Bl. 40-43 — mit Abschrift von der Hand Liebmanns, Bl. 44 f.), Notizzettel, die er in einem Begleitbrief vom 28.8.1955 (IfZ, ED 1/2, Bl. 361 f.) kommentiert hat, ergibt sich in Verbindung mit dem in Anm. 19 erwähnten Zeugnis von General a.D. Ott zweifelsfrei, daß die oben im Text zitierten, in den Aufzeichnungen Liebmanns über seine Mitteilungen bei den Kommandeurbesprechungen vom 15.3. in Berlin, vom 16.3 in Marburg und vom 17.3.1933 in Kassel (IfZ, ED 1/1, Bl. 50 f.) enthaltenen Bemerkungen *nicht* — wie es sonst in aller Regel der Fall ist und wie ich deshalb in meiner Arbeit (s. Anm. 13), S. 210 angenommen hatte — Erklärungen von Blomberg oder Reichenau wiedergeben, sondern Liebmanns eigene, abgeschwächte Version der ominösen Weisung der Reichswehrführung darstellen. S. auch Sauer (s. Anm. 19), S. 729.

Die nachträglichen Mitteilungen ergeben ferner so gut wie zweifelsfrei, daß die Berliner Befehlshaberbesprechung, in der diese Weisung erteilt wurde, nicht (wie von L. in den erwähnten Kommandeurbesprechungen ursprünglich angegeben) „Ende Fe-

bruar", sondern am 1. März 1933 — also nicht „noch vor dem Reichstagsbrand" — stattgefunden hat.
Im übrigen bemerkt L. in dem erwähnten Brief vom 28.8.1955, die aufgefundenen Notizzettel hätten ihm „lebhaft in Erinnerung" gerufen, „mit welcher Skepsis und inneren Ablehnung wir Befehlshaber damals dem Minister [sic!] folgten". (Liebmann hat nämlich bezweifelt, daß — wie von Ott bezeugt — die Besprechung vom 1. März 1933 „von *Reichenau* im Auftrage Blombergs abgehalten worden" sei.) Blomberg hielt es immerhin für nötig, in einem Erlaß vom 14.3.1933 der „in der Truppe" entstandenen „Besorgnis, [...] die einzigartige Stellung der Wehrmacht könne gefährdet werden, [...] mit großer Deutlichkeit" entgegenzutreten! Gedrucktes Exemplar des Erlasses bei den erwähnten Aufzeichnungen Liebmanns: IfZ, ED 1/1, Bl. 48. Vgl. auch bereits Müller (s. Anm. 16), S. 66, Anm. 159.

21 Erich v. Manstein, Aus einem Soldatenleben 1887-1939, Bonn 1958, S. 275

22 Vgl. George Castellan, Le réarmement clandestin du Reich 1930-1935. Vu par le 2e Bureau de l'Etat-Major Français, Paris 1954, S. 432: „Die Partei vereinnahmt (gagne) also die Reichswehr. Sie erobert ihren Gipfel und ihre Basis. Die Armee verliert ihre Neutralität."

23 Schulthess' Europäischer Geschichtskalender 1934, S. 44. — Zum Folgenden vgl. Krausnick (s. Anm. 13), S. 233 f.

24 Wie es in dem Erlaß Blombergs an die Befehlshaber vom 21.4.1934 wörtlich hieß: Manfred Messerschmidt, Die Wehrmacht im NS-Staat. Zeit der Indoktrination, Hamburg 1969 (= Truppe und Verwaltung, Bd 16), S. 34.

25 Zu Lutze, dem späteren Nachfolger Röhms, nach der Erinnerung des späteren Generalfeldmarschalls Frhr. v. Weichs: IfZ, ZS 182.

26 Zum Folgenden: Fritz Guenther v. Tschirschky, Erinnerungen eines Hochverräters, Stuttgart 1972, mit IfZ, ZS 568, sowie K.M. Graß' Heidelberger Dissertation von 1966: Edgar Jung, Papenkreis und Röhmkrise 1933/34; auch Theodor Duesterberg, Der Stahlhelm und Hitler, Wolfenbüttel 1949.

27 Tschirschky (s. Anm. 26), S. 176 f.

28 Ebd., S. 214, dazu S. 179.

29 Das politische Tagebuch Alfred Rosenbergs aus den Jahren 1934/35 und 1939/40, hrsg. von Hans-Günther Seraphim, Göttingen 1956, S. 31. — Zum Vorausgehenden: Tschirschky (s. Anm. 26), S. 176.

30 Castellan (s. Anm. 22), S. 442.

31 Hermann Foertsch, Schuld und Verhängnis. Die Fritsch-Krise im Frühjahr 1938 als Wendepunkt in der Geschichte der nationalsozialistischen Zeit, Stuttgart 1951, S. 54 (Hervorhebung von mir).

32 Befehlshaberbesprechung vom 5.7.1934; Aufzeichnung General Liebmanns: IfZ, ED 1/1, Bl. 108 bzw. 117 (Übertragung der Notizen durch L. in Maschinenschrift).

33 Tschirschky (s. Anm. 26), S. 188 ff., insbesondere S. 203 und 208.

34 In seiner Reichstagsrede vom 13.7.1934 (Schulthess 1934, S. 175) und in den 12 Punkten seines Befehls an den neuen Stabschef der SA, Lutze (ebd., S. 165 f.); dazu Blomberg vor den Befehlshabern am 5.7.1934 (Aufzeichnung Liebmanns: IfZ, ED 1/1, Bl. 113 bzw. 120).

35 Ohne einen Befehl Blombergs oder Hindenburgs habe er nicht handeln können, erklärte ohnehin Fritsch Papen, als dieser ihm vorhielt, wie man mit ihm, dem Vizekanzler, verfahren war. Papen (s. Anm. 11), S. 357. Ähnlich Papen in Nürnberg: IMT, Bd XVI, S. 328.

36 Befehlshaberbesprechung vom 5.7.1934 (s. Anm. 34), Bl. 106-123.

37 Reichswehr und „Röhm-Affäre", in: Militärgeschichtliche Mitteilungen, 3 (1968), S. 107-144.

38 Hierzu und zum Folgenden: Hermann Mau, Die „Zweite Revolution" — Der 30. Juni 1934, in: VfZG, 1 (1953), S. 135 ff.; Krausnick (s. Anm. 13), S. 232-235; Müller (s. Anm. 16), S. 114 ff., 128-133 und 140. — Der ehem. General der Panzertruppe Ludwig Crüwell hat scharfe Kritik daran geübt, „daß das sonst gegen Beleidigungen so mimosenhaft empfindliche Offizierkorps und insbesondere die Generalität ohne besonderen Widerspruch die Ermordung zweier Generäle hinnahm. Wenn schon keiner der damaligen höchsten Führer der Reichswehr auf die Barrikaden steigen, d.h. mit seiner Truppe sich gegen diesen Terror zur Wehr setzen wollte, warum reichte dann niemand von ihnen den Abschied ein? Ich glaube, wir jüngeren Offiziere wären hellhörig geworden, wenn z.B. Fritsch, Beck, Rundstedt und Bock den Abschied genommen hätten. — Immer wieder liest man über die Vorgänge Fritsch im Jahre 1938 und vergißt darüber, daß der 30.6.34 die erste und vielleicht schwerste Unterlassungssünde war." IfZ, ZS 24.

39 Dokumentation von Hans Rothfels (Hrsg.), Ausgewählte Briefe von Generalmajor Helmuth Stieff, in: VfZG, 2 (1954), S. 297 (Brief vom 12.8.1934). Für Bedenken mehrerer anderer Offiziere (darunter Beck) gegen die Vereidigung auf die Person Hitlers vgl. Krausnick (s. Anm. 13), S. 237 f. und Müller (s. Anm. 16), S. 136 f.

40 Wobei er beteuerte, er werde es „jederzeit" als seine „höchste Pflicht ansehen, für den Bestand und die Unantastbarkeit der Wehrmacht einzutreten" und sie „als einzigen Waffenträger in der Nation zu verankern". Schulthess 1934, S. 219.

41 Eine Überprüfung mehrerer zeitgenössischer Presseorgane — so des „Völkischen Beobachters" (Münchner Ausgabe), der „Augsburger Postzeitung" und des „Miesbacher Anzeigers" — ergibt bizarrerweise, daß diese in ihren Ausgaben vom 18.8.1934 die unter dem Stichwort „Zwei-Säulen-Theorie" berühmt gewordene Passage der Hamburger Rede Hitlers vom 17.8.1934 übereinstimmend *nicht* in der vielzitierten Fassung wiedergeben: „Diese Staatsführung [...] wird von zwei *Säulen* getragen" usw., sondern in der Fassung: „Diese Staatsführung wird von zwei *Teilen* getragen". Dies gilt auch für Schulthess' Europäischen Geschichtskalender 1934 (S. 215)! — Natürlich müßte im *Sinne* des von Hitler gewählten Bildes von „Säulen" und nicht von „tragenden Teilen" die Rede sein.
Jedenfalls aber hat Hitler entgegen den Angaben von Müller (s. Anm. 16), S. 67, und von Michael Salewski, Die bewaffnete Macht im Dritten Reich 1933-1939, in: Handbuch zur deutschen Militärgeschichte 1648-1939, München 1978, Bd 4, Abschnitt VII: Wehrmacht und Nationalsozialismus 1933-1939, S. 40, die „Zwei-Säulen-Theorie" nicht schon am 30. Januar 1934 geäußert, sondern — bezeichnenderweise erst nach der Röhm-Affäre, nämlich in einer „Kurzform" in seiner großen Reichstagsrede vom 13.7.1934 zur „Rechtfertigung" der Mordaktion vom 30. Juni („Es gibt im Staate nur einen Waffenträger: die Wehrmacht. Und nur einen Träger des politischen Willens: dies ist die nationalsozialistische Partei." Schulthess 1934, S. 180) und in ihrer erweiterten endgültigen Fassung, wie oben gesagt, am 17. August 1934.

42 Vgl. K.-J. Müller, Armee, Politik und Gesellschaft in Deutschland 1933-1945. Studien zum Verhältnis von Armee und NS-System, Paderborn 1979, S. 68; Zitate: ders., General Ludwig Beck. Studien und Dokumente zur politisch-militärischen Vorstellungswelt und Tätigkeit des Generalstabschefs des deutschen Heeres 1933-1938, Boppard 1980, S. 54 mit 65 („Interpretationsmuster für sein [Becks] Wirken und Verhalten in diesen Anfangsjahren des Dritten Reiches"), S. 66 („Position", die der Armee „nach der Zwei-Säulen-Theorie — dieser in die neue Zeit übertragenen Formulierung

des traditionellen Dualismus des preußisch-deutschen Militärstaates — zustehen müßte"), S. 78 und S. 87; ferner: Müller, Armee (s. oben!), S. 32, S. 65 („Das war genau das, was Becks politischen Idealvorstellungen entsprach") und S. 69 („Zunächst [...] Beck überzeugt von der [...] grundsätzlichen Übereinstimmung des Regimes mit seinen Idealvorstellungen").

Gleichwohl täuscht sich Müller (s. Anm. 16), S. 67, an sich nicht darüber, daß „die Zwei-Säulen-Theorie [...] schon deswegen problematisch [war], weil die Partei als alleiniger politischer Willensträger, wie Hitler es ausgedrückt hatte, letztlich doch den absoluten Vorrang gewinnen mußte. Sie hatte vielmehr ausschließlich taktisch-propagandistischen Charakter." Vollends betont Salewski (s. Anm. 41), S. 41, daß „tatsächlich [...] vom ersten Tag der Hitlerschen Herrschaft an [...] nicht von einer Art Gleichberechtigung der Wehrmacht neben der Partei gesprochen werden konnte" und daß „Blomberg und Reichenau die Metapher von den zwei Säulen nur vorsichtig verwendet" hätten.

43 Vgl. Müller (s. Anm. 16), S. 147-154; Nicholas Reynolds, Beck: Gehorsam und Widerstand. Das Leben des deutschen Generalstabschefs 1935-1938, Wiesbaden/München 1977, S. 47-57; Müller, Beck (s. Anm. 42), S. 67-73 und 372-386.

44 Vgl. Krausnick (s. Anm. 13), S. 247-252; Müller (s. Anm. 16), S. 154-166; Reynolds (s. Anm. 43), S. 51 ff.; Müller, Beck (s. Anm. 42), S. 73 f., 76 ff.

45 Aufzeichnung betr. eine von Liebmann am 7.1.1935 an die Offiziere der Kriegsakademie gehaltene Ansprache: IfZ, ED 1/4, Bl. 548-551; dazu die Aufzeichnung Fritschs vom 1.2.1938 bei: Friedrich Hoßbach, Zwischen Wehrmacht und Hitler 1934-1938, Wolfenbüttel/Hannover 1949, S. 71.

46 Aufzeichnung General Liebmanns über Befehlshaberbesprechungen vom 1.3.1933 (IfZ, ED 1/1, Bl. 42 bzw. 45 — vgl. Anm. 20) und vom 12.1.1935 sowie über eine Kommandeurbesprechung vom 15.1.1935 (ebd., Bl. 132-138). Dazu Notizen des Generalobersten Heinrici bei Foertsch (s. Anm. 31), S. 58 f.

47 Aufzeichnung F.'s vom 1.2.1938 bei Hoßbach (s. Anm. 45), S. 71.

48 Müller, Beck (s. Anm. 42), S. 91, Anm. 133.

49 Vgl. außer dem die Wichtigkeit auch der „volkserzieherischen Aufgabe" der Wehrmacht betonenden Erlaß vom 18.12.1934 den Geheimerlaß vom 16.4.1935 über „Erziehung in der Wehrmacht" (die „unter dem Gesichtspunkt der Rasse ihre letzte Vollendung im Heeresdienst zu erhalten" habe) und den Erlaß vom 30.1.1936, betr. den „nationalpolitischen Unterricht" (auch in „Rassenlehre") an den Kriegsschulen der Wehrmachtteile (das Offizierkorps müsse „die das Volks- und Staatsleben lenkende nationalsozialistische Weltanschauung in geistiger Geschlossenheit als persönliches Eigentum und innere Überzeugung" besitzen): Messerschmidt (s. Anm. 24), S. 58 f., 64 ff. — Auch Müller (s. Anm. 16), S. 186 ff.

50 S. Hoßbach (Anm. 45), S. 76 f.; Messerschmidt (s. Anm. 24), S. 63.

51 Vgl. Krausnick (s. Anm. 13), S. 274-278; Müller (s. Anm. 16), S. 156 f., 169, 195-204; ders., Beck (s. Anm. 42), S. 73 f.

52 Siehe den vollen Wortlaut des Lageberichts vom 22.12.1934 („Geheime Kommandosache!") bei Müller (s. Anm. 16), S. 609 ff.; dazu S. 156 f.

53 So General a.D. Dietrich v. Choltitz, Soldat unter Soldaten, Konstanz/Zürich/Wien 1951, S. 17 f.

54 Bezeichnend Hoßbach (s. Anm. 45), S. 176-180. Dazu Müller (s. Anm. 16), S. 184.

55 Müller (s. Anm. 16), S. 204.

56 Die Niederschrift eines unbekannten Verfassers, die Beck am 6.1.1937 „signierte" und am 11.1.1938 Fritsch zur Kenntnis brachte, betonte, daß die Wehrmacht — die

„in unserem militärfrommen Volk ein fast unbegrenztes Vertrauen" genieße — heute in ganz anderem Maße als zu Zeiten der Monarchie die Verantwortung „für alle etwaigen kriegerischen Verwicklungen" trüge, und schloß mit den Worten: „Auf der Armee liegt ganz ausschließlich die Verantwortung für die kommenden Dinge. Vor dieser Feststellung gibt es kein Ausweichen." Wolfgang Foerster, Ein General kämpft gegen den Krieg. Aus nachgelassenen Papieren des Generalstabschefs Ludwig Beck, München 1949, S. 44-47. Dazu: ders., Generaloberst Ludwig Beck. Sein Kampf gegen den Krieg. Aus nachgelassenen Papieren des Generalstabschefs, München 1953, S. 167 f., Anm. 40.

57 Vgl. seinen Brief vom 17.3.1933 bei Müller, Beck (s. Anm. 42), Dok. 8, S. 339; Reynolds (s. Anm. 43), S. 27 ff., 35 ff.

58 Vgl. Foerster, Beck (s. Anm. 56), S. 34 ff., 50 f. (Urteil Mansteins); Müller, Beck (s. Anm. 42), S. 21 f., 207-212 und 469-477; ders., Armee (s. Anm. 42), S. 88 f.; Reynolds (s. Anm. 43), S. 91 ff.

59 Müller, Beck (s. Anm. 42), Dok. 11, S. 350-354.

60 Ebd., Dok. 12, S. 354-359.

61 Ebd., S. 437.

62 Vgl. Ludwig Beck, Studien, hrsg. und eingeleitet von H. Speidel, Stuttgart 1955, insbes. S. 23-36, 54, 60 f., 121 f., 125. Dazu Müller, Armee (s. Anm. 42), S. 60-64; ders., Beck (s. Anm. 42), S. 29-61.

63 Denkschrift Becks (o.D.), vermutlich von Ende Dezember 1935: Müller, Beck (s. Anm. 42), Dok. 36, S. 466-469, „Der Oberbefehlshaber und sein erster Berater".

64 Leo Frhr. Geyr v. Schweppenburg, Erinnerungen eines Militärattachés — London 1933-1937, Stuttgart 1949, S. 89.

65 Müller, Beck (s. Anm. 42), Dok. 43, S. 498-501; ders., Armee (s. Anm. 42), S. 72.

66 So Beck am 16.11.1938 zu Major a.D. Holtzmann (der sein „Verbindungsmann" zu Ludendorff gewesen war), laut dessen Aufzeichnung: Müller, Beck (s. Anm. 42), S. 579. Hier (Anm. 4) auch die von Holtzmann berichtete Bemerkung, die Beck nach Ludendorffs Tod (20.12.1937) über Hitler getan haben soll: „Nun hat der Kerl überhaupt keine Hemmungen mehr. Nun ist es aus." — Die zur Weitergabe an Ludendorff bestimmte Äußerung Becks von Ende Juli 1935 über Hitler, „daß dieser über allen Gehässigkeiten [seitens der Partei gegen Ludendorff] stehe, er denke viel zu vornehm" (Müller, Beck, S. 91), sollte doch wohl dem von Beck verfolgten Zweck dienen, Ludendorff — im Interesse der Wehrmacht — zur Kontaktaufnahme mit Hitler zu bewegen. — Zur ganzen Angelegenheit: Müller, Beck, S. 74-99.

67 Müller, Beck (s. Anm. 42), Dok. 29, S. 440-444.

68 Wenn Müller, Beck (s. Anm. 42), S. 226, betont, daß Beck „mit keinem Wort die politische Führung, die Staatsführung kritisierte", die ja auch weder „als weisungsgebende Instanz noch, soweit erkennbar, als Initiator in Erscheinung getreten" sei, so wäre zu vermerken, daß Beck dessen ungeachtet und sozusagen ohne Not von einem „vom Staatsmann", also von Hitler, „dem Chef der Wehrmacht bezeichneten Kriegsziel" spricht und ausgeht.

69 Ebd., Dok. 28, S. 438 f. — Wenngleich Müller, Beck (s. Anm. 42), S. 227 ff., für Becks scharf ablehnende Reaktion auf die Weisung Blombergs vom 2.5.1935 m.E. völlig ausreichende Gründe anführt, nämlich Bedenken gegen die in der Weisung für ohne weiteres möglich gehaltene „Isolierung" der gedachten Operation sowie gegen deren präventiven Charakter, meint Müller dennoch, daß „Becks massive Reaktion [...] zunächst einmal nichts anderes" gewesen sei „als eine aggressive Zurückweisung des Anspruchs des Ministers und seiner Berater, die oberste militärpolitisch- und stra-

tegisch-operative Planungsinstanz zu sein — ein Anspruch, den Beck mit Nachdruck und Hartnäckigkeit immer für den Generalstab erhoben hatte." Unbeschadet dieser Tatsache bieten die Darlegungen Becks im vorliegenden Fall m.E. keine Grundlage für eine solche Annahme — wie mir überhaupt die Bedeutung des besagten Anspruchs *als solchen* für die von Beck in den großen akuten Streitfragen dieser Jahre jeweils eingenommene Haltung von Müller allzu hoch eingeschätzt zu sein scheint.

70 Müller, Beck (s. Anm. 42), Dok. 41, S. 493-497. Hierzu ders. (s. Anm. 16), S. 235 ff.: „klarer Fall von Ressort-Obstruktion".

71 Daß Beck — wie Müller, Beck (s. Anm. 42), S. 150, meint — „das Ziel" (nämlich den Anschluß Österreichs) „völlig bejahte", ist mir nach der Art seiner (Becks) Argumentation („Raub") im vorliegenden Fall zweifelhaft. Zu weit scheint mir in Anbetracht dieser Argumentation jedenfalls die Feststellung Müllers zu gehen, daß der General „sich nur gegen eine Politik des unkalkulierbaren Kriegsrisikos wandte". Übrigens vermerkt Müller selbst (ebd., S. 148), daß Beck „gegen eine Art des Vorgehens" gewesen sei, „die ein Einvernehmen [mit den Österreichern] in Frage stellte".
Bekanntlich liegen Zeugnisse dafür vor, daß auch das (verglichen mit seinen im Mai 1937 geäußerten Befürchtungen) geringere Maß von Gewaltanwendung gegen Österreich im März 1938 Beck widerstrebt hat. (Er sprach dem Berliner österreichischen Militärattaché damals sein Mitgefühl über den Gang der Entwicklung aus: Müller selbst, ebd., S. 148, Anm. 32 und S. 494, Anm. 5, sowie Reynolds — s. Anm. 43 —, S. 127 u. 129.)
Wenn Beck sich im März 1938 Hitlers Wünschen in der Österreich-Frage fügte, so wohl wesentlich deshalb, weil er angesichts der nunmehr — durch die veränderte Haltung Italiens und vor allem Englands — wesentlich günstiger gewordenen außenpolitischen Lage ein schlechterdings „unkalkulierbares Kriegsrisiko" kaum mehr geltend machen konnte (Müller, Beck — s. Anm. 42 —, S. 150). Sicher aber geschah dies *nicht* auch deswegen, weil Hitler durch seine Rücksprache mit Beck (über die Vorbereitung des Einmarschs) am 10. März „für eine kurze geschichtliche Minute" den „Anspruch" Becks, „in derartigen Fragen den Staatsführer selbst zu beraten", erfüllt hatte (Müller, s. Anm. 16, S. 237/238, sowie ders., Ludwig Beck. Ein General zwischen Wilhelminismus und Nationalsozialismus, in: Deutschland in der Weltpolitik des 19. und 20. Jahrhunderts. Fritz Fischer zum 65. Geburtstag, hrsg. von Imanuel Geiss, Bernd Jürgen Wendt, Düsseldorf 1973, S. 522, Anm. 39); denn von einer „Beratung", die diesen Namen verdient hätte, konnte zwischen Hitler und Beck damals doch nicht die Rede sein. Beck hielt aber in Anbetracht der veränderten Situation die jetzt noch verbleibenden Streitfragen — auch im Hinblick auf mögliche Kontroversen der Zukunft — wohl nicht für „ausreichend", um persönliche Konsequenzen zu ziehen. — Im übrigen *muß* Becks vielzitierte Äußerung zu Guderian: „*Wenn* man den Anschluß *überhaupt* vollziehen *will*, ist jetzt wahrscheinlich der günstigste Moment gekommen" (Heinz Guderian, Erinnerung eines Soldaten, Heidelberg 1951, S. 42), durchaus nicht im Sinne einer uneingeschränkten Zustimmung zum Vollzug des Anschlusses verstanden werden.

72 So Müller, Beck (s. Anm. 42), S. 54. Andererseits verwahrt er sich (S. 126/127) — mit Recht — dagegen, daß „sozialreaktionäre Interessenwahrung" die Haltung Becks „bestimmt" habe.

73 Heeresadjutant bei Hitler 1938-1943, Aufzeichnungen des Majors Engel (hrsg. von Hildegard v. Kotze), Stuttgart 1974 (= Schriftenreihe der Vierteljahrshefte für Zeitgeschichte, Bd 29), S. 29; vgl. auch S. 33.

74 Müller, Beck (s. Anm. 42), Dok. 46, S. 523.

75 Vgl. Harold C. Deutsch, Das Komplott oder die Entmachtung der Generale. Blomberg- und Fritsch-Krise. Hitlers Weg zum Krieg, Zürich 1974. Ferner Krausnick (s. Anm. 13), S. 279-294; Müller (s. Anm. 16), S. 255-299.

76 Vgl. hierfür Krausnick, Vorgeschichte (s. Anm. 13), S. 279-283, sowie denselben, Die Wehrmacht (s. Anm. 11), S. 194 ff.

77 „Niemals wäre im übrigen die Sache Fritsch ins Rollen gekommen, wenn ihm [Hitler] der Kriegsminister nicht solch einen Streich gespielt hätte", berichtet der damalige Heeresadjutant Engel als Äußerung Hitlers zu ihm am 20.4.1938 (s. Anm. 73), S. 20 f.

78 So laut Engel ebd.

79 Konkretisiert hat Hitler, soweit ich sehe, diesen Vorwurf nur einmal insofern, als er (laut Angabe Keitels) am 5. Nov. 1939, nach der heftigen Auseinandersetzung (Hitlers) mit Brauchitsch wegen der Westoffensive, Keitel erklärte, Fritsch — den man „glorifiziere" — habe sich seinen (Hitlers) „Absichten [...] entgegengestellt, [...] die mittleren Jahrgänge, den sog. weißen Block, rechtzeitig auszubilden". (Nach Ansicht Keitels trug die Verantwortung dafür jedoch „in erster Linie" Blomberg.) Kriegstagebuch des OKW/Wehrmachtführungsstab 1940-1945, Bd I: 1. August 1940 — 31. Dezember 1941. Zusammengestellt und erläutert von Hans-Adolf Jacobsen, Frankfurt/M. 1965, S. 252.

80 Beck (Brief v. 22.9.1939): „[...] ein Offizier altpreußischen Stils, wie sie die heutige Zeit kaum noch kennt"; Müller, Beck (s. Anm. 42), S. 589 f.

81 Der Erpresser Schmidt war Himmler zufolge bereits am 28.12.*1936* „zu 7 Jahren Gefängnis und 10 Jahren Ehrverlust verurteilt" worden: vgl. das Schreiben an Göring vom 29.7.1942, in dem Himmler Görings „Einverständnis" erbittet, „daß ich Schmidt dem Führer zur Genehmigung der Exekution vorschlage", wozu Göring an den Rand schrieb: „Der sollte doch schon längst erschossen sein!" Müller (s. Anm. 16), S. 637.

82 Vgl. Hoßbach (s. Anm. 45), S. 85 ff., 144 f.; Foertsch (s. Anm. 31), S. 160 ff. Peter Bor, Gespräche mit Halder, Wiesbaden 1950, S. 74-80.

83 „Persönl. Erlebnis des Gen.d.Inf. a.D. Curt Liebmann i.d.J. 1938/39 (niedergeschrieben im Nov. 1939)"; IfZ, ED 1/3.

84 Unveröffentlichte Niederschrift des Rechtsanwalts Dr. R. Graf v.d. Goltz von 1945/46: „Der Fritsch-Prozeß"; IfZ, ZS 49.

85 Aufzeichnung des Gen.d.Inf. a.D. Röhricht vom 22.2.1951; IfZ, ZS 125.

86 Vgl. den von Halder am 20.6.1953 durch Unterschrift bestätigten „Zusatz zu den Aufzeichnungen zum Gespräch zwischen Generaloberst a.D. Halder und Dr. Uhlig am 2.6.53 in Königstein"; IfZ, ZS 240. Ferner: Heidemarie Gräfin Schall-Riaucour, Aufstand und Gehorsam. Offizierstum und Generalstab im Umbruch. Leben und Wirken von Generaloberst Franz Halder, Generalstabschef 1938-1942, Wiesbaden 1972, S. 220.

87 Vgl. auch Müller, Beck (s. Anm. 42), S. 24.

88 Hoßbach (s. Anm. 45), S. 155.

89 Tagebuch Jodls, in: IMT, Bd XXVIII, S. 360. — „Wahlkapitulation": Salewski (s. Anm. 41), S. 206 f.

90 Aufzeichnung vom 29.7.1938: Müller, Beck (s. Anm. 42), S. 561.

91 Zum Folgenden: Müller, Die national-konservative Opposition vor dem Zweiten Weltkrieg: Zum Problem ihrer begrifflichen Erfassung, in: Militärgeschichte. Probleme — Thesen — Wege, Stuttgart 1982 (= Beiträge zur Militär- und Kriegsgeschichte, Bd 25), S. 220.

92 Müller, Armee (s. Anm. 42), S. 114; „Allein" von M. hervorgehoben.

93 Ebd.

94 Tagebuch Jodls, in: IMT, Bd XXVIII, S. 368.

95 Vgl. Heinz Höhne, Canaris. Patriot im Zwielicht, München 1976, S. 61 ff., 243; Krausnick (s. Anm. 13), S. 271; Müller (s. Anm. 16), S. 44, 161.

96 „Spiegelbild einer Verschwörung". Die Kaltenbrunner-Berichte an Bormann und Hitler über das Attentat vom 20. Juli 1944. Geheime Dokumente aus dem ehemaligen Reichssicherheitshauptamt, hrsg. vom Archiv Peter für historische und zeitgeschichtliche Dokumentation, Stuttgart 1961, S. 302 (Anlage 1 zum Bericht vom 25.8.1944).

97 Ebd., S. 451.

98 Vgl. Krausnick (s. Anm. 13), S. 291 mit Anm. 216.

99 Vgl. den Bericht Halders für Beck vom 14.6.1938 über Hitlers „gefühlsbetonte" Begründung seines Verhaltens im Falle Fritsch im Anschluß an eine Verlesung des Fritsch freisprechenden Urteils vor den militärischen Führern am 13.6.1938 auf dem Flugplatz Barth bei Stralsund; gedruckt bei Foerster (s. Anm. 56), S. 94 ff. Dazu die Berichte von Liebmann und Sodenstern bei Foertsch (s. Anm. 31), S. 129 ff. — Krausnick (s. Anm. 13), S. 298 ff.

100 Vgl. Spiegelbild einer Verschwörung (s. Anm. 96), S. 87, 273 f., 430, 526 ff.

101 Helmuth Groscurth, Tagebücher eines Abwehroffiziers 1938-1940. Mit weiteren Dokumenten zur Militäropposition gegen Hitler, hrsg. von Helmut Krausnick und Harold C. Deutsch unter Mitarbeit von Hildegard v. Kotze, Stuttgart 1970 (= Quellen und Darstellungen zur Zeitgeschichte, Bd 19), S. 173 und 238.

102 Aufzeichnung Becks vom 28.5.1938; Müller, Beck (s. Anm. 42), Dok. 45, S. 512-520.

103 „Bemerkungen ..." vom 25.5.1938, in: ebd., Dok. 46, S. 521 f.

104 Laut Reynolds (s. Anm. 43), S. 266, Anm. 90, hat der ehemalige ungarische Militärattaché in Berlin, Kálmán Hardy, in einem Brief an Reynolds die Äußerung Becks vom September 1937 gegenüber dem ungarischen Kriegsminister Racz (vgl. Reynolds, S. 89) bezeugt (S. 106): „Solange ein Blinddarm — die Tschechei — in Mitteleuropa existiert, kann Deutschland kaum Krieg führen."

105 Bemerkungen Becks vom 12.11.1937, in: Müller, Beck (s. Anm. 42), Dok. 43, S. 499.

106 Müller, Armee (s. Anm. 42), S. 81.

107 Ders. (s. Anm. 16), S. 250.

108 Ders., Armee (s. Anm. 42), S. 82. Müller zufolge schwebte Beck auch keine „Neuauflage wilhelminischer imperialistischer Politik" vor (ebd., S. 81), wohl aber „eine grundlegende Umgestaltung der mitteleuropäischen Szenerie im Sinne einer deutschen Vormachtstellung" (ebd., S. 83).

109 Bemerkungen Becks vom 12.11.1937: Müller, Beck (Anm. 42), Dok. 43, S. 500. — Danach dürfte auch eine Einverleibung von über 7 Millionen Tschechen in das Reich Beck unerwünscht gewesen sein.

110 Ebd., S. 501.

111 „Bemerkungen ..." vom 29.5.1938: ebd., Dok. 46, S. 522.

112 Denkschrift vom 16.7.1938: ebd., Dok. 49, S. 544.

113 Müller, Armee (s. Anm. 42), S. 81. Ähnlich, allerdings „grob vereinfachend", wie er selbst es nennt, urteilt Claus Donate, Deutscher Widerstand gegen den Nationalsozialismus aus der Sicht der Bundeswehr. Freiburger phil. Dissertation, Bamberg 1976, S. 185. — Anders als in der oben im Text zitierten Formulierung bemerkt Müller neuerdings in seiner Abhandlung „Die national-konservative Opposition vor dem Zweiten Weltkrieg" (Anm. 91), S. 227, „daß Beck in einem Krieg zum unpassenden Zeit-

punkt und unter ungünstigen Bedingungen *eine Katastrophe für das Reich* sah".
114 Müller, Beck (Anm. 42), Vortragsnotiz Becks vom 16.7.1938, Dok. 50, S. 552.
115 Ebd.
116 Vortragsnotiz Becks vom 29.7.1938: ebd., Dok. 52, S. 558.
117 Vortragsnotiz vom 16.7.1938: ebd., Dok. 50, S. 553.
118 Ebd. — Beck begründete dies auch damit, Hitler solle „in kleinem Kreise erklärt haben, den Krieg gegen die Tschechei muß ich noch mit den alten Generalen führen, den Krieg gegen England und Frankreich führe ich mit einer neuen Führerschicht". Ich teile aber nicht die Ansicht Müllers (ebd., S. 308 f.), daß Beck damit vor allem auch „die unmittelbare Gefahr eines Scheiterns" seines „Konzeptes der Machtteilhabe [des Generalstabes bzw. der Militär-Elite] ausdrücken" wollte. Beck ging bei seinem erwähnten Drängen gegenüber Brauchitsch von der Feststellung aus, daß es anläßlich des von ihm (Beck) geforderten Einspruchs der Generale gegen Hitlers Kriegspolitik ohnehin zu „erheblichen innerpolitischen Spannungen" kommen würde. Noch deutlicher wird dies, wenn er in der Vortragsnotiz vom 29.7.1938 schreibt (Dok. 52, S. 559 f.), es sei „in jedem Falle mit inneren Spannungen zu rechnen; es wird *hiernach* notwendig sein, daß das Heer sich [...] auch auf eine innere Auseinandersetzung [...] vorbereitet". (Hervorhebung von mir.) Vgl. auch meine Anm. 119!
Natürlich aber benutzte Beck die angebliche, von Hitler „in kleinem Kreise" getane Äußerung als ein gegenüber den Generalen besonders wirksam erscheinendes Argument.
119 Vortragsnotiz vom 19.7.1938: ebd., Dok. 51, S. 554 f. — „muß" — von Beck auch noch unterstrichen: wohl eine bewußte stilistische Inkorrektheit, um seiner Forderung mehr Nachdruck zu geben.
Müller spricht S. 310 von den Überlegungen Becks „hinsichtlich einer innerpolitischen Auseinandersetzung [...] zur 'Wiederherstellung *geordneter Verhältnisse*', womit nicht zuletzt auch die Sicherung der Position der Armee gemeint" gewesen sei. In Wirklichkeit sprach Beck jedoch von der Notwendigkeit einer „Wiederherstellung geordneter *Rechtszustände*" (Müller, Beck, Dok. 51, S. 554/555).
120 Ebd., Dok. 51, S. 556.
121 Ebd., Dok. 51, S. 555. — Daß Becks „Überlegungen hinsichtlich einer innerpolitischen Auseinandersetzung" im Grunde „nichts anderes gewesen" seien „als ein letzter, verzweifelter Versuch, seinen 'Kampf gegen den Krieg' in eine andere umfassendere Dimension zu transponieren, da der Kampf auf der ursprünglichen und normalerweise angemessenen Ebene — jener der militärfachlichen und militärpolitischen Ebene — bereits gescheitert war" — wie Müller, ebd., S. 310, meint —, scheint mir schon deshalb wenig plausibel, weil für eine Realisierung der „innerpolitischen Auseinandersetzung" das Zustandekommen des militärpolitisch begründeten Einspruchs der Heeresführung gegen Hitlers Kriegsvorhaben ja nach wie vor für Beck die Voraussetzung bildete.
122 Ebd., S. 555.
123 Vortragsnotiz vom 29.7.1938: ebd., Dok. 52, S. 558.
124 Vortragsnotiz vom 19.7.1938: ebd., Dok. 51, S. 556.
125 Von Beck unterstrichen.
126 Vortragsnotiz vom 29.7.1938: Müller, Beck, Dok. 52, S. 557-560.
127 Aufzeichnung Becks vom 29.7.1938: ebd., Dok. 53, S. 561.
128 S. meine Anmerkungen 113 und 112. — Übrigens betonte auch der Chef des Stabes der Seekriegsleitung, Vizeadmiral Guse, in einer Aufzeichnung vom 17.7.1938 die „Pflicht" der militärischen Führer, eine Entwicklung rechtzeitig zu bremsen, „*die*

den Bestand des Reiches bedroht". Akten des OKM, 1. Abt., SKL, Ia betr. „Fall Grün", H. 2 (BA-MA, K 10-2/6). Vgl. Krausnick (s. Anm. 13), S. 311-314. Auf die Bemerkungen von Michael Salewski, Die deutsche Seekriegsleitung 1935-1945, Bd I, 1935-1941, Frankfurt/M. 1970, S. 45, sowie von Müller, Die national-konservative Opposition (s. Anm. 91), S. 230, Anm. 44, sei erwidert, daß ich (s. Anm. 13) die Denkschriften Guses und Heyes nicht als „Widerstandshandlung" bezeichnet oder dargestellt, vielmehr ausgeführt habe, daß G. und H. damals „angesichts der 'Weisung Grün' — mindestens der Sache nach — ganz ähnliche Auffassungen vertraten wie Beck". — Wie Salewski, Die bewaffnete Macht (s. Anm. 41), S. 234, feststellt, mußte Guse wegen seiner mutigen Darlegungen „seine Position räumen". Heye hätte fraglos Schlimmeres zu erwarten gehabt, wären seine höchst ketzerischen Ausführungen („dem denkenden Ausländer" erscheine „Deutschland als ein Sowjetrußland sinnverwandter Staat", der aber (anders als dieses) über seine Grenzen hinausdränge; „der Zusammenschluß der Völker unter einer Parole wie seinerzeit gegen Napoleon dürfte deshalb die besten Voraussetzungen finden") der höchsten Stelle bekanntgeworden. — In Anbetracht der sehr deutlichen Kritik Heyes an der nationalsozialistischen Innenpolitik scheint es mir trotz der bald darauf erfolgten Abfassung der berühmten Denkschrift über die „Seekriegführung gegen England [...]" durch Heye nicht gerechtfertigt, seine Stellungnahme als einen „schnell vergessenen Ausflug in den politischen Bereich" (Salewski) zu betrachten.

129 Hans Bernd Gisevius, Bis zum bitteren Ende. Vom Reichstagsbrand bis zum 20. Juli 1944, Sonderausgabe, Hamburg 1960, S. 337-340; Gerhard Ritter, Carl Goerdeler und die deutsche Widerstandsbewegung, Stuttgart 31956, S. 484; „Spiegelbild einer Verschwörung" (s. Anm. 96), S. 430; Niederschrift Graf v.d. Goltz (Anm. 84); — vgl. Krausnick (s. Anm. 13), S. 291, Anm. 216; dazu S. 305 f. und 318; Rainer Hildebrandt, Wir sind die Letzten. Aus dem Leben des Widerstandskämpfers Albrecht Haushofer und seiner Freunde, Neuwied/Berlin 1949, S. 93: „Erst im Falle, daß Hitler sich weigert und er — wie zu erwarten war — geheime Gegenmaßnahmen ergreift, wollte Beck zur Verhaftung schreiten und den Apparat des Staatsstreiches in Gang setzen."

130 Zu allem Vorstehenden (hins. Becks) vgl. auch Peter Hoffmann, Widerstand, Staatsstreich, Attentat. Der Kampf der Opposition gegen Hitler, München ³1979, S. 94-109; ders., Generaloberst Ludwig Becks militärpolitisches Denken, in: Historische Zeitschrift (zit. HZ) Bd 234 (1982), H. 1, S. 101-121. — Die Erwiderung Müllers, Militärpolitik, nicht Militäropposition!, in: HZ 235 (1983), S. 355-371.

131 S. Anm. 113.

132 Reynolds (s. Anm. 43), S. 269, Anm. 26.

133 Documents on British Foreign Policy 1919-1939. Edited by E.L. Woodward and Rohan Butler, 3rd Series, Vol. II: 1938, London 1949, S. 289.

134 IfZ, ZS 240.

135 Müller, Beck (s. Anm. 42), S. 304.

136 Ebd., S. 298-303; ferner S. 533, Anm. 24.

137 „Bemerkungen zu den Ausführungen des Führers am 28.5.1938": ebd., Dok. 46, S. 525.

138 In seinen „Betrachtungen zur gegenwärtigen militärpolitischen Lage Deutschlands" vom 5.5.1938, ebd., Dok. 44, S. 509, und in seinem Entwurf für eine Ansprache des Oberbefehlshabers des Heeres an die Generale, vermutlich von Ende Juli/Anfang August 1938, ebd., Dok. 54, S. 575.

139 Müller, ebd., S. 311 und ders., Die national-konservative Opposition (s. Anm. 91), S. 231/232.

140 Auch Müller zufolge war „die höchste Generalität [...] sich [...] einig, daß ein Weltkrieg das Ende Deutschlands bedeutete"; er sieht dennoch ihr Verhalten (gegenüber Hitlers Risikopolitik) wesentlich von dem verbleibenden Zweifel daran bestimmt, „daß ein solcher großer Krieg über den Tschechenkonflikt unweigerlich entstehen müßte" (ebd., S. 311). Vgl. dazu den folgenden Text.

141 Tagebuch Jodls, IMT, Bd XXVIII, S. 373 f.

142 Eidestattl. Erklärung von Gen.Oberst a.D. Adam für den Nürnberger Internationalen Gerichtshof, Nr. 4; IfZ, ZS 6; vgl. Foertsch (s. Anm. 31), S. 175; Aussage Mansteins: IMT, Bd XX, S. 659.

143 Nicolaus v. Below, Als Hitlers Adjutant 1937-1945, Mainz 1980, S. 113.

144 Ebd., S. 112. Dazu Brauchitschs Aussage in Nürnberg über eine „erregte Auseinandersetzung" mit Hitler Anfang August 1938 bald nach der Aussprache mit den Generalen: IMT, Bd XX, S. 621.

145 Below (s. Anm. 143), S. 103.

146 Tagebuch Jodls, IMT, Bd XXVIII, S. 378. — Dazu die bei Foerster, Beck (s. Anm. 56), S. 139, wiedergegebenen Aussagen von Gen.Oberst a.D. Adam über die Äußerung Brauchitschs zu ihm bei der Besprechung mit den Generalen am 4. August. Auf diese Besprechung bezieht sich möglicherweise — trotz des (späten) Datums 13.9.1938 der Notiz Jodls — die zitierte Information Keitels bzw. Hitlers.

147 Tagebuch Jodls, S. 388. In Anbetracht des bestehenden Angriffsplanes kann der Wunsch Brauchitschs wohl nur „politisch" gemeint gewesen sein.

148 Vgl. hierzu das sehr beachtliche Urteil Ulrich v. Hassells als wohlinformierten Zeitgenossen über „München" in seinen Tagebuchnotizen vom 29.9.1938: „Vom anderen Deutschland", Wien 1948, S. 19.

149 Salewski (s. Anm. 41), S. 239.

150 Müller, Beck (s. Anm. 42), S. 304 mit Anm. 93.

151 Tagebuch Jodls, IMT, Bd XXVIII, S. 378.

152 Hassell (s. Anm. 148), S. 19 (29.9.1938): „Brauchitsch schlägt den Kragen hoch und sagt: 'Ich bin Soldat und habe zu gehorchen.'" Ferner Brauchitsch selbst über seine bekannte heftige Auseinandersetzung mit Hitler vom 5. Nov. 1939 über die Westoffensive bei einer Besprechung mit Gen.Oberst Ritter v. Leeb „unter vier Augen: B. wollte nach Vortrag beim Führer Abschied einreichen, fand aber zu Hause den Angriffsbefehl vor. Als Soldat konnte er nun nicht mehr zurücktreten, nachdem er jetzt den Befehl erhalten hatte, denn wir sind im Kriege. Auch ein Abschied weiterer Generale kommt nicht in Frage. Das würde Meuterei sein. Der Befehl des Führers muß nun ausgeführt werden." Generalfeldmarschall Wilhelm Ritter von Leeb. Tagebuchaufzeichnungen und Lagebeurteilungen aus zwei Weltkriegen. Aus dem Nachlaß hrsg. und mit einem Lebensabriß versehen von Georg Meyer, Stuttgart 1976 (= Beiträge zur Militär- und Kriegsgeschichte, Bd 16), S. 201.

153 Vgl. Gisevius (s. Anm. 129), S. 348 f.; für weitere Belege: Krausnick (s. Anm. 13), S. 337 f. mit Anm. 378 und 379.

154 Salewski (s. Anm. 41), S. 242.

155 Zum Folgenden: Hoffmann (s. Anm. 130), S. 110-129; Müller (s. Anm. 16), S. 345-377; Krausnick (s. Anm. 13), S. 336-365; Höhne (s. Anm. 95), S. 283-299; Schall-Riaucour (s. Anm. 86), S. 232-252; Gerd R. Ueberschär, Generaloberst Halder im militärischen Widerstand 1938-1940, in: Wehrforschung 1/1973, S. 20-31; hier besonders S. 20-24; Salewski (s. Anm. 41), S. 242-257.

156 Vgl. oben, S. 59 f.

157 Aussage Halders vor der Spruchkammer vom 15.9.1948, IfZ, ZS 240. S. das Zitat bei Müller (s. Anm. 16), S. 357, Anm. 74.

158 Erklärung von Generaloberst a.D. Adam zum Spruchkammerverfahren Halders vom 24.8.1948, IfZ, ZS 240; dazu Krausnick (s. Anm. 13), S. 342. Die Version, wonach General Hoepners in Thüringen befindliche Division ggf. gegen die Leibstandarte einzusetzen von Witzleben geplant war, hat Halder später in Zweifel gezogen: vgl. Schall-Riaucour (s. Anm. 86), S. 250.

159 Brief Halders vom 14.7.1955 an das IfZ; ZS 240.

160 Hauptm. Wolf Eberhard, Adjutant Keitels, notierte über eine „Unterhaltung [Keitels?] mit Canaris" unter dem 28.9.1938: „glaubt fest an bew[affnete] Intervention der Franzosen und Engl[änder]. Stimmung im deutschen Volk sei denkbar schlecht (belegt das durch Ausk[unft] Gestapo). Wir seien nicht in der Lage, Zweifrontenkrieg zu führen. Ob.d.H. sei der gleichen Ansicht. [...]". IfZ, Sammlung Irving; maschinenschriftl. Übertragung.

161 Vgl. hierzu vor allem Hoffmann (s. Anm. 130), S. 82-86, und Krausnick (s. Anm. 13), S. 327-330; ferner Bodo Scheurig, Ewald von Kleist-Schmenzin. Ein Konservativer gegen Hitler, Oldenburg-Hamburg 1968.

162 Erich Kordt, Nicht aus den Akten ... Die Wilhelmstraße in Frieden und Krieg, Stuttgart 1950, S. 337.

163 Vgl. Krausnick (s. Anm. 13), S. 340 mit den Belegen.

164 Briefe von Gen.Ob. a.D. Halder an das IfZ, 26.4. und 14.7.1955. Dazu Krausnick (s. Anm. 13), S. 339 und 336 f.

165 Vgl. Gisevius (s. Anm. 129), S. 360 f.

166 Vgl. Halders Spruchkammeraussage vom 15.9.1948, IfZ, ZS 240; dazu Krausnick (s. Anm. 13), S. 342, 364 und 346.

167 Documents on British Foreign Policy (s. Anm. 133), Bd II, S. 324.

168 Akten zur deutschen auswärtigen Politik 1918-1945, Serie D: 1937-1945. Bd V: Polen, Südosteuropa, Lateinamerika, Klein- und Mittelstaaten. Juni 1937 — März 1939, Baden-Baden 1953, S. 303, Dazu Bd II: Deutschland und die Tschechoslowakei (1937-1938), 1950, S. 689.

169 So Jodl in seinem Tagebuch am 27.9.1938: IMT, Bd XXVIII, S. 388: „Der Führer hat für den Abend einen Propagandamarsch [...] angeordnet."

170 Ernst v. Weizsäcker, Erinnerungen, München, Leipzig, Freiburg/Br. 1950, S. 186. Hierzu und zum Vorstehenden überhaupt: Die Weizsäcker-Papiere 1933-1950, hrsg. von Leonidas E. Hill, Frankfurt/M., Berlin, Wien 1974, S. 145. Zum Zeitpunkt bestätigend: Akten zur dt. ausw. Politik (s. Anm. 168), Bd II, S. 789.

171 Als Henlein die Verhandlung mit der Prager Regierung abbrach, proklamierte er den Anschluß des Sudetenlandes an das Reich „als kurze Etappenlösung", wie er Hitler schrieb: Akten zur dt. ausw. Politik (s. Anm. 168), Bd II, S. 639.

172 Documents on British Foreign Policy (s. Anm. 133), Bd II, S. 454.

173 Groscurth (s. Anm. 101), S. 150.

174 „indem er das Vertrauen des Führers schwer erschüttert hätte." Hermann Teske, Die silbernen Spiegel. Generalstabsdienst unter der Lupe, Heidelberg 1952, S. 59 f. — Übereinstimmend: ein Aktenvermerk von Gen. a.D. Hermann Foertsch von 1952 aufgrund einer Aufzeichnung, die Oberst a.D. Teske unmittelbar nach dem Gespräch mit Oberstlt. Schmundt am 23.2.1939 abgefaßt habe; IfZ, ED 47.

175 „Diese Widerstände waren immer nur in historisch entscheidenden Momenten (Austritt aus Völkerbund — Rheinlandbesetzung — Österreich und Tschechei) unter Auf-

bietung größter Nervenstärke zu beseitigen." — Notizen von Hptm. Eberhard (s. Anm. 160); „24.10.1938: 11.00 [Uhr] Obersalzberg — 12.00 [Uhr] Ob.d.H. Besp[rechung]". — "27.10.1938: Chef: Niederschrift der Unterhaltung mit dem Führer am 24. Oktober (Obersalzberg) ist fertig. — Vorschlag: Aussprache Brauchitsch-Göring über Personalien, bevor Göring beim Führer ist."

176 Die in Anm. 175 zitierten Notizen Eberhards beginnen: „Zu Aussprache des Führers mit Ob.d.H. im Beisein Chef OKW: findet ihren Niederschlag im Protokoll Keitel. Tendenz: rückhaltlose Offenheit des Führers in bezug auf seine Mißbilligung der mil[itärischen] Führer. Reorganisation schnellstens notwendig. Gänzliches Fehlen des Vertrauens für polit[ische] Führung. Angst vor eigener Schwäche. Überschätzung der Stärke der Gegner. Letzter Appell an Ob.d.H., sich seiner Aufgabe bewußt zu sein und unverzüglich zu handeln. Geschichtl[iche] Mission!"

177 „Das kalte, rechnende, nüchterne — und damit gegenwartsfremde — Denkenwollen ist an die Stelle des charaktervollen, warmherzig durchbluteten, mutigen Wesens gebieten" (sic). — Der ehem. Heeresadjutant Engel bezeugt unter dem 16.10.1938 (S. 41 — vgl. meine Anm. 73) als Äußerung Hitlers: „Heer sei sein unsicherstes Element im Staat, noch schlimmer als das A.A. und die Justiz."

178 Hptm. Eberhard notierte unter dem 26.10.1938 (vgl. Anm. 160 und 175): „10.50 [Uhr] Chef PA [= Personalamt] bei Chef OKW". Dazu Fußnote: „Die Besprechung des Ob.d.H. am 24. Oktober beim Führer führte am 1. November zu Beurlaubung von Rundstedt, Geyer, Adam, Foerster [offenbar ein Irrtum], Liebmann u.a."

179 Vgl. u.a. Jochen Thies, Architekt der Weltherrschaft. Die „Endziele" Hitlers, Düsseldorf 1976, S. 117, 119.

Gerd R. Ueberschär

Ansätze und Hindernisse der Militäropposition gegen Hitler in den ersten beiden Kriegsjahren (1939-1941)

I.

Löst man sich von einer auf das Attentat gegen Hitler am 20. Juli 1944 gerichteten teleologischen Sichtweise[1], dann ist die Zeitspanne von 1939 bis 1941 zusammen mit den kurz davor liegenden Ereignissen der Sudetenkrise im Herbst 1938 zweifellos als eine der wichtigsten Phasen des Widerstandes gegen Hitler anzusehen[2]. Betrachtet man in diesem Sinne die Aktion des 20. Juli „keineswegs [als] die einzige oder die aussichtsreichste Situation für die erfolgreiche Verwirklichung ausgereifter Projekte" der Militäropposition, wie Harold C. Deutsch betonte[3], so ist doch darauf hinzuweisen, daß für die militärischen Widerstandspläne von 1939 bis 1941 im Vergleich zum 20. Juli keine Überbetonung im Sinne eines exakt in allen Einzelheiten dokumentarisch zu belegenden oder fast gelungenen Staatsstreiches vorgenommen werden soll. Es geht auch nicht um eine Abschätzung der Chancen und Erfolgsaussichten oder um eine Wertung, welcher Umsturzplan und -versuch dramatischer ablief als der andere[4]. Der Zeitabschnitt 1939-1941 muß jedoch als besondere Etappe einer längeren Entwicklung des Widerstandes gegen Hitler gesehen werden; Ereignisse und Ergebnisse wirkten zugleich als Erfahrung weiter bis zum 20. Juli 1944.

Der Beitrag dient insofern der „Erhellung" einer einzelnen, zeitlich abgegrenzten Phase des Widerstandes gegen Hitler[5]; es soll dabei versucht werden, die Ansatzpunkte und Hindernisse der Militäropposition anhand ihrer konkreten Bemühungen und Planungen von 1939 bis 1941 aufzuzeigen. Um einen Überblick über diese Ansätze und Hemmnisse zu erhalten, ist es angebracht, kurz die Ausgangsposition zu Beginn des Jahres 1939 zu skizzieren und in großen Zügen die Versuche sowie Ziele und Beweggründe des militärischen Widerstandes gegen Hitler bis zum Sommer 1941 nachzuzeichnen.

In diesem Rahmen kann nicht auf jene Wurzeln des Verhältnisses zwischen Wehrmacht und nationalsozialistischem Regime eingegangen werden, die diese in der Forschung als „Bündnis" oder „Entente" skizzierte Beziehung seit 1933 bestimmten[6] und damit mitverantwortlich sind für die wohl eigentümliche Erscheinung jener „seltsamen, oft tragisch anmutenden Zwiespältigkeit der Haltung der deutschen Generalität und weiter Kreise des Offizierkorps"[7] zu Hitler und dem von ihm entfesselten Krieg. Gerade aus dieser Zwiespältigkeit resultierten unterschiedliche Einstellungen und Verhaltensmuster, die es schwer machen, zu allgemeinen Erklärungen über die Widerstandshaltung zu gelangen oder auch nur mit allzu weit gefaßten Begriffen zu operieren. Von grundsätzlichem Interesse ist hier jedoch die in den ersten beiden Kriegsjahren zu beobachtende, mit einer im militärischen Bereich stattfindenden Gruppenbildung verbundene Planung gewaltsamer Aktionen, die den Sturz Hitlers und des NS-Regimes zum Ziel hatten; für sie wird im folgenden generalisierend der Begriff „Militäropposition" bzw. „militärischer Widerstand" verwendet, obwohl damit in Zielsetzung, Motiven und Methoden divergierende Gruppierungen sowie verschiedene Stufen und Arten von Widerstand aufgrund der ihnen zugrundeliegenden, häufig als einheitlich bezeichneten Vorstellungen zusammengefaßt werden, was zweifellos nicht immer korrekt ist[8]. Versuche einer „bloßen Einflußnahme" auf Entscheidungen Hitlers, die eigentlich in den Bereich konstruktiver Kritik gehören, werden dann mitberücksichtigt, wenn sie Teil eines konspirativen Gesamtplanes waren bzw. von Personen unternommen wurden, die sich der Opposition gegen Hitler verschrieben hatten.

II.

Nachdem Hitler am 5. November 1937 in der Reichskanzlei vor einem ausgewählten Kreis seine auf Krieg ausgerichtete Politik dargelegt und bald darauf die dabei vorsichtig Kritik äußernden Zuhörer Blomberg, Fritsch und Neurath als Reichskriegsminister, Oberbefehlshaber des Heeres und Reichsaußenminister im Zuge der sogenannten „Blomberg-Fritsch-Krise" abgelöst hatte[9], erkannten einzelne Generale und Offiziere, daß ohne ein aufeinander abgestimmtes und gemeinsames Vorgehen das für die Wehrmacht als machtpolitischer Faktor nach dem 4. Februar 1938 verlorengegangene Terrain nicht wieder zu gewinnen war. Nach späteren Aussagen bildeten insbesondere die im Einvernehmen mit Hitler von Göring, Himmler und Heydrich inszenierten Ereignisse um die Ablösung von Generaloberst Freiherr v. Fritsch für viele den entscheidenden „Wendepunkt in ihrer Einstellung zum Regime"[10]. Sie wirkten gleichsam als Katalysator für den Übergang von allgemeiner Kritik am Regierungsstil zu Widerstandsaktivität gegenüber dem NS-Staat. Der Jahresanfang 1938 — mit der Ernennung von Joachim v. Ribbentrop zum Reichsaußenminister und von Generaloberst Walther v. Brauchitsch zum Oberbefehlshaber des Heeres sowie der Übernahme des Amtes des Reichskriegsministers durch Hitler — brachte das Ende einer von Hitler zugelassenen eigenständigen Machtposition der Wehrmacht im national-sozialistischen Staat. Als die innenpolitischen Ereignisse des Frühjahres 1938 gleichsam zum Integrationsfaktor für eine sich formierende nationalkonservati-ve Militäropposition wurden, hatte die Wehrmacht auf machtpolitischem Gebiet bereits entscheidendes Terrain verloren; zudem zeigte sich, daß nach der Vergrö-ßerung der Reichswehr zur Wehrmacht seit 1935 keine einheitliche politische Einstellung des Offizierkorps gegenüber den „Auswüchsen" des Nationalsozia-lismus mehr vorhanden war, daß vielmehr mit der Durchführung der allgemei-nen Wehrpflicht auch „nationalsozialistischer Geist" in die Wehrmacht und in das Offizierkorps „eingeströmt" war[11].

Nach den Forschungsergebnissen der von Klaus-Jürgen Müller vorgelegten bio-graphischen Arbeit über den Generalstabschef des Heeres, General der Artillerie Ludwig Beck[12], kam es in dieser Zeit aber noch zu keiner geschlossenen Opposi-tionsgruppe „der" Militärs, vielmehr zu unterschiedlich motivierten Aktivitäten auf verschiedenen Gebieten, die von einer sich ausbreitenden Unzufriedenheit über die „Lösung der Krise" getragen waren und deren Ziel die Aufdeckung der Machenschaften und Intrigen von SS, SD und Gestapo sowie die Zurückerlan-gung der alten Machtposition für die Armee war. Insofern ging es um einen sy-steminternen „innenpolitischen Machtkampf, keineswegs aber [um] irgendeine, auch nur im Ansatz auf Systemumsturz abzielende Verschwörung"[13].

Erst die sich nach dem „Anschluß" Österreichs verschärfende Sudetenkrise von April bis September 1938[14] sowie die damit verbundenen Aktionen und Denk-schriften Becks, der Hitler von seinem riskanten Kriegskurs abbringen wollte[15], führten zu einer weiteren Entwicklung der Widerstandhaltung in militärischen Kreisen. In Verbindung mit der politischen Haltung des Generalstabschefs, der letztlich die Mitverantwortung für Hitlers Politik ausdrücklich ablehnte und ver-geblich die Einstellung der von Hitler befohlenen Angriffsvorbereitungen gegen die Tschechoslowakei verlangte[16], kam es im Sommer 1938 zu direkten Kontak-ten Becks mit dem früheren Leipziger Oberbürgermeister und Reichspreiskom-missar Goerdeler, dem Reichsminister Schacht, dem Regierungsrat im Reichsin-nenministerium Gisevius, mit Vizeadmiral Canaris und Oberstleutnant Oster aus der Abwehrabteilung im Oberkommando der Wehrmacht (OKW). Oster war be-reits seit Hitlers Mordaktionen bei der sogenannten „Röhm-Affäre" am 30. Juni 1934 ein entschiedener Gegner des „Führers" und des NS-Systems[17]. Zusammen mit Becks Nachfolger als Generalstabschef des Heeres, General der Artillerie Franz Halder[18], mit dem seit April 1938 amtierenden Staatssekretär im Auswärtigen Amt, Ernst Freiherr v. Weizsäcker[19], mit dem Befehlshaber des Berliner Wehrkreises (III), General der Infanterie v. Witzleben, und dem Oberquartiermeister I, Generalleutnant Carl Heinrich v. Stülpnagel, waren Canaris[20] und Oster[21] dann auch die Hauptakteure des im September 1938 geplanten Staatsstreiches, der die Auslösung eines Krieges wegen der Sudetengebiete verhindern sollte.

Der Plan kam jedoch nicht zur Ausführung, da die von den Verschwörern selbst gesetzte Prämisse für die Aktion, nämlich Hitler der deutschen Bevölkerung gegenüber als Kriegstreiber entlarven zu können, aufgrund der Münchener Vereinbarung vom 29. September 1938 und des ausbleibenden Angriffsbefehles gegen die Tschechoslowakei letztlich nicht gegeben war. Die von Widerstandskreisen aufgenommenen Kontakte mit der britischen Regierung[22] hatten Premierminister Chamberlain und Außenminister Lord Halifax nicht von der Ernsthaftigkeit der Widerstandsbemühungen überzeugen und auch nicht davon abhalten können, mit dem deutschen Diktator mittels direkter Verhandlungen eine politische Regelung zu treffen und durch Überlassung der Sudetengebiete an das Dritte Reich die von Hitler provozierte Kriegsgefahr vorerst zu beseitigen.

Einerseits wird in der Literatur oft die Feststellung getroffen, der Putschversuch vom September 1938 sei ein „verheißungsvoller" und erfolgversprechender Plan gewesen und hätte „ohne allzu schwere innere Kämpfe zum Erfolg, d.h. zum Niederbruch des Hitler-Regimentes" geführt[23], so daß nach dem Urteil von Carl Goerdeler durch die außenpolitische Entwicklung „eine ausgezeichnete Gelegenheit [...] verpaßt worden" sei[24], andererseits werden aber auch „mancherlei Unsicherheitsfaktoren" in der Umsturzplanung konstatiert, da der für die Auslösung der Aktion vorgesehene Oberbefehlshaber des Heeres bis zuletzt keineswegs eindeutig seine Bereitschaft erklärt hatte, sich an die Spitze des Staatsstreiches zu stellen[25]. Darüber hinaus wurden wiederholt skeptische Überlegungen angestellt, ob es gelingen werde, Hitler den Soldaten und dem jüngeren Offizierkorps gegenüber als Verbrecher und Zerstörer des Reiches darzustellen[26].

Zweifellos erschwerte die außenpolitische Situation ein Handeln der Militäropposition. Es würde jedoch nicht den Tatsachen entsprechen, wollte man die erkennbar unterschiedlichen Ziele der verschiedenen Widerstandskreise als Beweis für die Fragwürdigkeit einer Opposition gelten lassen, um so für die Zeit vor Kriegsbeginn das Vorhandensein einer aktiven Oppositionsgruppe gegen Hitler völlig abzustreiten. Auch wenn es der militärischen Opposition noch an Geschlossenheit und Entschlossenheit mangelte, so hatten sich doch Offiziere zusammengefunden, die das Bild des militärischen Widerstandes in den nächsten Jahren maßgeblich bestimmten.

Nach dem Münchener Abkommen ist angesichts des unbestreitbaren Erfolges von Hitler eine gewisse Enttäuschung und Resignation in militärischen und zivilen Widerstandskreisen zu registrieren[27]; man hielt es für schwierig, nochmals eine enge Fühlungnahme der verschiedenen Oppositionellen zu erreichen. Selbst wenn man auch weiterhin die Auslösung eines Krieges durch Hitler zu verhindern wünschte, so war es fraglich, ob es gelingen würde, bei einem Umsturzversuch große Teile der Bevölkerung gegen Hitler zu mobilisieren, nachdem er derartige Erfolge vorzuweisen hatte. Von Halder werden in diesem Zusammenhang die Worte überliefert: „Was sollen wir nun noch tun? Es gelingt ihm [Hitler] ja alles[28]!" Gisevius überliefert, daß er und Oster die Pläne und Ausarbeitungen erst einmal vernichteten[29]. Um zudem eine Entdeckung der vergangenen Staatsstreichpläne zu verhindern, kam es zu einer absichtlichen Lockerung der Verbindungen zwischen den einzelnen Oppositionsgruppen. Personelle Veränderungen im militärischen Bereich — z.B. wurde General der Infanterie v. Witzleben als Oberbefehlshaber zum Heeresgruppenkommando 2 nach Frankfurt versetzt — führten zu regelrechten „Auflösungserscheinungen" in der Widerstandsgruppierung. Entscheidend war, daß sich sowohl Brauchitsch als auch Halder von weiteren Staatsstreichüberlegungen der radikalen Verschwörer merklich zurückzogen, da sie vorerst keine Erfolgsaussichten mehr für das Gelingen eines Umsturzversuches sahen[30]. So boten dann auch weder der Juden-Pogrom vom 9./10. November 1938 — bekannt als „Reichskristallnacht" - noch die militärische Besetzung der „Rest-Tschechei" am 15. März 1939 den konkreten Anlaß, um als psychologisch günstige Voraussetzung für einen Staatsstreichversuch zu dienen.

III.

Vor dem Hintergrund dieser knapp skizzierten Erfahrungen und der Ausgangssituation sind im Sommer 1939 die vergeblichen Bemühungen des früheren deutschen Botschafters in Rom, v. Hassell, von Reichsminister Schacht, Generalmajor Thomas, General v. Witzleben, Oster und Generaloberst a.D. Beck zu betrachten, dem Oberbefehlshaber des Heeres und seinem Generalstabschef die von Hitler heraufbeschworenen Gefahren eines neuen Krieges für Deutschland darzulegen und beide zur Aktion gegen den Diktator zu bewegen[31]. Halder hielt jedoch den günstigen Zeitpunkt zum Staatsstreich für noch nicht gekommen[32]. Man wollte erst einen entsprechenden Prestigeverlust Hitlers abwarten, so daß man mittlerweile den Kriegsbeginn nicht mehr als unmittelbaren Anlaß für den Umsturz sah. Beck kritisierte diese Einstellung und war nun der Auffassung, seinem Nachfolger fehle es „am Willen zur Tat"[33]. Ohne besonderen Nachdruck und ohne direkte Absprache mit Staatssekretär Frhr. v. Weizsäcker hat Halder dann auch in Form „einer Art Gegen-Diplomatie" die britische und französische Regierung über ihre Berliner Botschafter Henderson und Coulondre darauf hingewiesen, daß Hitler vermutlich nur noch durch eine energische und klare Haltung beider Mächte von seinen kriegerischen Absichten gegenüber Polen abzuhalten sei[34].

Als Hitler am 25. August 1939 die Angriffsvorbereitungen gegen Polen anhalten ließ, glaubte man in der Heeresführung und in Widerstandskreisen bereits daran, daß damit die Kriegsgefahr gebannt sei, Hitler somit nur geblufft habe[35]. Zu einer entscheidenden Initiative oder konkreten Umsturzplanung ist es dann am 31. August, als Hitler den endgültigen Befehl zum Angriff auf Polen gab, nicht mehr gekommen. In diesen verhängnisvollen Augusttagen von 1939 zeigte sich die Ohnmacht der nach München auseinandergefallenen Opposition. In beträchtlichem Umfange hat man sich in bezug auf Hitlers absoluten Willen zum Angriffskrieg und die rasche Zuspitzung der politischen Lage geirrt. Die „Kraftprobe auf Biegen oder Brechen" gegen Hitler und Ribbentrop — wie es Weizsäcker rückblickend formulierte — ist im Sommer 1939 vor Kriegsbeginn nicht gewagt worden[36]; Gisevius bestätigt: „An der Haltung der deutschen Opposition gibt es für diese dramatischen Tage vor Kriegsausbruch nichts zu heroisieren [...] wir müssen uns mit der schlichten Tatsache begnügen, irgend etwas Entscheidendes, irgend etwas Mitreißendes wurde nicht getan[37]."

Es dürfte für dieses Verhalten nicht unerheblich gewesen sein, daß Hitler mit dem Abschluß des deutsch-sowjetischen Nichtangriffsvertrages vom 23. August 1939 ein beeindruckender außenpolitischer Erfolg gelungen war, der ein Handeln der Militäropposition ganz entscheidend psychologisch behinderte, zumal dieses Übereinkommen innerhalb der Militärelite unterschiedlich bewertet wurde. Zudem ist zu berücksichtigen, daß es bei dem Angriff gegen Polen um eine Aktion ging, die man wohl prinzipiell billigte. Es bestand keine grundsätzliche Divergenz über die Notwendigkeit einer militärischen Lösung der Danzig-, Korridor- und Polenfrage. Die Lösung dieser Fragen hielt man in militärischen Führungskreisen zweifellos im Sinne der eigenen politischen Konzeption von der Großmachtstellung des Reiches für richtig.

Wie Halder waren auch andere Generale der Ansicht, die Grenzziehung im Osten müsse sowieso korrigiert werden[38]. Bezeichnenderweise „zuckte Brauchitsch nur noch mit den Achseln", als ihn Weizsäcker am 31. August darauf hinwies, daß der Krieg nicht auf Polen begrenzt werden könne und es doch an ihm liege, diesen Krieg zu verhindern[39]. Brauchitsch meinte nur, er müsse sich an die politischen Richtlinien Hitlers halten. Die Mitglieder der konservativen Militäropposition befanden sich insofern in einem Dilemma, als sie als nationale Sachwalter fest davon überzeugt waren, es gebe ein zu lösendes „Danzig"- und „Nord-Ost-Problem" (d.h. Polen), wie es auch Weizsäcker als politisches Ziel bezeichnet hat[40]. Gleichwohl gab es Einzelpersonen, die — wie Admiral Canaris — empört waren und „jede sittliche Grundlage" für Hitlers Kriegsabsicht vermißten[41]. Eine weitverbreitete grundsätzliche Gegenposition kam jedoch nicht zustande.

Erst die Ablehnung des von Hitler unmittelbar nach dem Erfolg in Polen beabsichtigten Angriffs im Westen[42] durch das Oberkommando des Heeres (OKH) entwickelte sich zu einem konkreten Ansatzpunkt für erneute Staatsstreichpläne der Militäropposition. Das OKH vertrat zu dieser Zeit die Auffassung, „im Westen noch auf Jahre hinaus den Krieg nur verteidigungsweise führen zu können"[43]. Auch der Chef des Wehrwirtschaftsstabes im OKW, Generalmajor Thomas, stimmte mit Halder und Brauchitsch überein, daß die schlechte rüstungs- und kriegswirtschaftliche Situation einen längeren Krieg gegen die Westmächte nicht gestatte. Hitler nahm am 9. Oktober in einer umfassenden Denkschrift[44] zur Ablehnung seines Offensivplanes durch das OKH Stellung. Seine Überlegungen trug er ferner am folgenden Tage Brauchitsch, Halder, Raeder, Göring und Keitel vor. Er bekräftigte dabei seine Absicht, bei dem unter allen Umständen noch im Herbst durchzuführenden Angriff auf Frankreich durch die Niederlande, Belgien und Luxemburg vorzugehen.

Unter Beteiligung des Leiters der Verbindungsgruppe zwischen Abwehr und OKH, Major (ab 1.10.1939 Oberstleutnant) i.G. Groscurth, und des seit Anfang Oktober eingesetzten Verbindungsmannes zwischen Halder und Weizsäcker, Vortragender Legationsrat Hasso v. Etzdorf, kam es daraufhin ab Mitte Oktober zur Bildung eines engeren Arbeitskreises um Halder im OKH, „der den Ablauf eines militärischen Vorgehens gegen Hitler im einzelnen ausarbeiten sollte"[45]. Ob Halder danach bereits zum Staatsstreich entschlossen war, ist strittig[46], da er nach anderen Angaben erst durch mehrere Denkschriften von den Staatsstreichüberlegungen der Offiziersgruppe im OKH sowie von Canaris und Oster in der Abwehr überzeugt werden mußte[47].

Die Planungen zielten darauf ab, den Staatsstreich auszulösen, sobald Hitler den Angriffsbefehl zur Westoffensive gab. Dabei sollte die Mitarbeit der höheren

Truppenbefehlshaber gewonnen werden. Zu diesem Zweck konnte vor allem an die fachlichen Einwände der Befehlshaber im Westen gegen eine Offensive angeknüpft werden, die Canaris bei einer Frontreise zur Heeresgruppe C in Erfahrung bringen konnte[48]. Sowohl der Oberbefehlshaber der Heeresgruppe C, Generaloberst Ritter v. Leeb, als auch der Oberbefehlshaber der Heeresgruppe B, Generaloberst v. Bock, legten dann auch in Denkschriften ihren Widerspruch gegen die von Hitler in Aussicht genommene Westoffensive dar[49]. Sogar der dem NS-System nahestehende Generaloberst v. Reichenau versuchte bei einem Besuch in Berlin Mitte Oktober im Auftrage Brauchitschs, Hitler die Offensive auszureden. Dies mußte jedoch als „hoffnungslos" angesehen werden[50], da Hitler sich jeder sachlichen Einwendung verschloß.

Neben den Kampf gegen die geplante Offensive trat zu jener Zeit mit zunehmender Schärfe als ein die Widerstandsplanungen vorantreibender Faktor der Abscheu vor den grausamen Verbrechen der SS-, SD- und Einsatzgruppen-Verbände in Polen, da diese Mord- und Vernichtungsaktionen unter dem Deckmantel der Militärverwaltung des Heeres durchgeführt wurden, ohne daß sie durch das OKH in eigener Verantwortung abgestellt werden konnten. Eindringlich wurde Halder darüber vom Chef des Stabes beim Generalquartiermeister, Oberst i.G. Eduard Wagner, und von Groscurth unterrichtet[51].

Um die Staatsstreichplanung voranzutreiben und schließlich auch den Oberbefehlshaber des Heeres dafür zu gewinnen, wurde am 19. Oktober 1939 eine von Erich Kordt, Legationsrat im Ministerbüro Ribbentrops, Hasso v. Etzdorf und Helmuth Groscurth angefertigte Denkschrift über „Das drohende Unheil"[52] an Beck und durch General v. Stülpnagel auch an Halder übergeben. Die Denkschrift rief dazu auf, die Regierung Hitlers „rechtzeitig" zu stürzen, da die üblichen „Argumente, Proteste oder Rücktrittserklärungen der militärischen Führung allein [...] erfahrungsgemäß weder ein Einlenken noch Nachgeben [Hitlers] bewirken" würden. Ganz offensichtlich beurteilten die Verfasser der Denkschrift das bisherige vorsichtige Vorgehen Halders und der übrigen höheren Befehlshaber in Form von Protesten gegenüber Hitler äußerst kritisch und skeptisch. Canaris und Oster versuchten Ende Oktober erneut, Stülpnagel und Halder zum raschen Handeln zu drängen.

Als Hitler nach wiederholten Verschiebungen dann den 12. November als Angriffstermin für die Offensive im Westen festlegte, gab Halder Groscurth zu verstehen, er wolle mit Brauchitsch am 5. November einen letzten Versuch bei Hitler unternehmen, um dann den Staatsstreich rechtzeitig vor der nötigen Anlaufzeit für die Operationen einzuleiten. Zuvor überzeugten sich Stülpnagel und

Halder auf getrennten Frontseiten bei einzelnen Befehlshabern der Westfront von der nach wie vor bestehenden ablehnenden Haltung gegenüber Hitlers Angriffsbefehl. Für einen direkten Putsch stellten sich bei den Sondierungen jedoch nur Leeb und Witzleben zur Verfügung; Bock und Rundstedt waren dafür nicht zu gewinnen, so daß die Reisen doch nicht die erhoffte Klarheit brachten[53]. Auch der Befehlshaber des Ersatzheeres, General der Artillerie Fromm, versagte seine Teilnahme an einem Putsch[54]. Um so wichtiger war es deshalb, den nach wie vor zögernden Oberbefehlshaber des Heeres im entscheidenden Moment mitreißen und ihn als Spitze der Widerstandsaktion vorweisen zu können. Skeptisch notierte sich jedoch Hassell nach einem Gespräch mit Goerdeler, dieser glaube nicht, „daß Brauchitsch zum Handeln zu bewegen sein würde [...]. Genügend entschlossene Generäle stünden bereit, schnell und energisch vorzugehen, wenn der Befehl von oben komme. Hierin liegt das ganze Problem[55]." Nach Rückkehr von der Frontreise beauftragte Halder Oberst Oster, die Staatsstreichpläne von 1938 „zu rekonstruieren und notfalls zu ergänzen"; auch Groscurth war angewiesen, die „Vorbereitungen anlaufen zu lassen"[56]. Ferner wurden General Thomas, Osters Mitarbeiter Gisevius und Dohnanyi, früher persönlicher Referent des Reichsjustizministers Gürtner, sowie Beck, Wagner und Schacht unterrichtet[57]. Eine Fühlungnahme mit Goerdeler war nicht möglich, da dieser sich in Schweden aufhielt. Innerhalb weniger Tage war es damit zu einer engen Koordination der verschiedenen militärischen und zivilen Widerstandsgruppen gekommen.

Die entscheidende Unterredung Brauchitschs mit Hitler am 5. November 1939 nahm jedoch für den Oberbefehlshaber einen unerwarteten Verlauf. Zwar lehnte Hitler den geforderten Verzicht auf seine Angriffsabsicht ab — und insofern wäre die gewünschte Ausgangsbasis für den Staatsstreich der militärischen Opposition vorhanden gewesen —, doch dann brach Hitler den Vortrag Brauchitschs abrupt ab und überschüttete den Oberbefehlshaber des Heeres mit schweren Vorwürfen und Anklagen gegen den im OKH-Hauptquartier vorherrschenden destruktiven „Geist von Zossen", dessen Vernichtung er androhte[58].

Halder befürchtete sofort, daß die Staatsstreichpläne verraten worden seien, und befahl bei seiner Rückkehr ins Zossener Hauptquartier, alle Unterlagen zu vernichten[59]. Groscurth gegenüber erklärte der Generalstabschef, der Angriffstermin stehe nunmehr fest, und es sei keine Möglichkeit mehr vorhanden, sich dem Befehl entgegenzustellen[60]. Brauchitsch, der zweifellos bis dahin immer noch mit einem Nachgeben Hitlers gerechnet hatte, lehnte eine Teilnahme an der Verschwörung ab, als er den Angriffsbefehl auf seinem Schreibtisch liegen hatte.

Eine „Meuterei" wollte er nicht anführen, wie er Leeb erklärte[61]. Halder meinte, somit müsse man die Umsturzpläne aufgeben.

Von dieser Überzeugung ließ sich der Generalstabschef nicht mehr abbringen. Groscurths Vorschlag, Beck, Goerdeler und Schacht einzuschalten, lehnte er ab. Statt dessen erklärte er, wenn man denn durchaus ein Attentat durchführen wolle, solle eben Canaris die Aktion leiten[62]. Die Oppositionsgruppe um Oster und Canaris in der Abwehr sah jedoch keine Möglichkeit, ohne das OKH als befehlsgebende Stelle die Verantwortung für den Staatsstreich zu übernehmen. Letztlich entzogen Halder und Brauchitsch mit ihrer Bereitwilligkeit, Hitlers Angriffsbefehl nunmehr zu akzeptieren, der weiteren Planung für einen Umsturz „praktisch den Boden"[63]. Der 5. November 1939 muß demnach als Wendepunkt für die Staatsstreichplanungen im Herbst und Winter 1939/40 angesehen werden. Von diesem Tage an war Halders Haltung nicht nur „durch wachsende Zweifel an der Tat- und Schlagkraft der militärischen Widerstandsgruppe und durch Niedergeschlagenheit, vielleicht sogar durch (unbewußte) Resignation bestimmt"[64], sondern letztlich mangelte es an der ernsthaften Entschlossenheit zu einer Aktion. Die dann im weiteren Verlauf parallel zu den mehrmaligen Verschiebungen des Angriffstermines für die Westoffensive bis zum Frühjahr 1940 stattfindenden Versuche, den Generalstabschef doch noch für eine Staatsstreichaktion zu gewinnen, waren im Sinne konkreter Widerstandsabsichten nur noch ein vergebliches „Nachspiel"[65].

Aufgrund dieser Stagnation kam es bei den verschiedenen Widerstandskreisen zu gegenseitigen Vorwürfen, zu Resignation und Uneinigkeit über die Beurteilung weiterer Erfolgsaussichten eines direkten Widerstandes gegen Hitler. Groscurth, wie Oster einer der entschiedensten Hitlergegner, erklärte in diesen Wochen verbittert, „diese unentschlossenen Führer ekeln einen an[66]." Auch Witzleben gelang es in nächster Zeit nicht, Halder von der Richtigkeit einer Aktion gegen Hitler zu überzeugen. Eine erneute Reise Stülpnagels zu den Heeresgruppenoberbefehlshabern der Westfront führte ebenfalls zu keinen neuen Ansatzmöglichkeiten für eine Staatsstreichaktion; danach äußerten Halder und Stülpnagel gegenüber Groscurth und Oster, Beck und Oster sollten sich nicht so sehr exponieren[67]. Ohne positives Ergebnis blieb auch Mitte November ein Besuch Halders bei Weizsäcker[68].

Sogar die ersten Informationen über die gelungene Kontaktaufnahme des Münchener Rechtsanwalts Dr. Josef Müller aus dem Amt Ausland/Abwehr mit dem englischen Gesandten beim Vatikan[69] brachten keinen Umschwung im OKH. Eindringlich erklärte Beck in seiner Denkschrift vom 20. November 1939, es komme darauf an, den „von vornherein aussichtslosen Weltkrieg je eher je besser zu liquidieren"[70] — dies war eine Erkenntnis, die Halder und Brauchitsch in dieser Rigorosität am Ende des Jahres 1939 zweifellos nicht gewonnen hatten, zumal Hitler gerade in einer fast zweistündigen Rede vor ca. 180-200 Generalen und Stabsoffizieren am 23. November 1939 ein Ruhmeslied auf die Kampfkraft der deutschen Wehrmacht angestimmt und dabei insbesondere dem OKH vorgehalten hatte: „Alles liegt in der Hand des militärischen Führers. Mit dem deutschen Soldaten kann ich alles machen, wenn er gut geführt wird [...]. Ich zertrete jeden rücksichtslos, der sich diesem Siegeswillen nicht beugt[71]." Brauchitsch, der in dem anschließenden Gespräch mit Hitler aufgrund dieser offenkundigen Vertrauenskrise seinen Rücktritt anbot, den Hitler jedoch ablehnte, konzentrierte danach seine Arbeit auf den rein dienstlichen Bereich und war nicht bereit, weitere politische oder verschwörerische Möglichkeiten gegen Hitlers Kriegspolitik zu erörtern. Halder erklärte Generalmajor Thomas, der ihn kurz darauf im Auftrage des preußischen Finanzministers Popitz, von Goerdeler, Beck und Oster nochmals dazu aufforderte, die Ausweitung des Krieges — notfalls durch Verhaftung Hitlers — zu verhindern, Brauchitsch sei dazu „nicht zu bewegen"[72]. Man habe außerdem keine Persönlichkeit, die man an Hitlers Stelle dem Volk präsentieren könne. Zudem richte sich Englands Kampf nicht nur gegen die Nazis, sondern gegen das ganze deutsche Volk. Mit ähnlichen Worten erläuterte Halder dann auch Groscurth seine Ablehnung. Er meinte[73], es sei wirklich „nicht zu ertragen, daß Deutschland auf die Dauer ein Helotenvolk Englands" sei. Wie Hassell überliefert, kam Admiral Canaris zu dem Ergebnis, „es habe keinen Zweck mehr, etwas in der Richtung zu versuchen"[74].

Enttäuschend und zugleich für den Zustand der Militäropposition zum Jahresbeginn 1940 symptomatisch verlief auch ein Gespräch zwischen Beck und Halder am 16. Januar 1940. Halder machte deutlich, daß er sich nicht zur Durchführung eines „Kapp-Putsches" drängen lassen wolle. Nach seiner Einschätzung war keine breite Basis für ein Losschlagen vorhanden, da die Truppe nach wie vor an den „Führer" glaube[75]. Goerdeler, der über die Entschlußlosigkeit der Generale „verzweifelt" war, entwickelte im März/April nochmals eine rege Aktivität und hatte mit dem Generalstabschef mehrere Unterredungen. Die Gespräche verstärkten jedoch nur Halders Abneigung gegen jeden Druck von ziviler Seite aus. In einem abschließenden Brief an Goerdeler lehnte Halder dann eindeutig eine Aktion während des Krieges ab und erklärte, daß der Krieg erst „durchgeschlagen werden müsse, ein Kompromißfriede sei sinnlos"[76].

Über die allgemeinen politischen Beweggründe der Widerstandsbemühungen im Winter 1939/40 informiert das im Januar/Februar 1940 von Hassell, Beck und Goerdeler zusammengestellte politische Programm für eine Regime-Änderung nach gelungenem Staatsstreich[77]. Unter der Regentschaft eines Reichsverwesers sollte ein Verfassungsrat die neue Verfassungsordnung ausarbeiten. Ferner sollte die Freiheit von Presse, Wissenschaft und Lehre wieder hergestellt werden. Die Auflösung der NSDAP und des Einheitsstaates durch Wiedererrichtung der alten Reichsländer sowie die Einsetzung eines Gesetzesrates, der alle Gesetze seit Regierungsantritt Hitlers zu überprüfen hatte, dokumentiert ohne Zweifel die fundamentale Gegnerschaft dieser Gruppe zum NS-Staat. Darüber hinaus verdeutlichen die beabsichtigte sofortige Aufhebung der Judengesetze und die geplante Übertragung der vollziehenden Gewalt an die Wehrkreisbefehlshaber, daß die von Oster und Groscurth sorgfältig registrierten und von mehreren Befehlshabern wie den Generalen Petzel, Ulex und Blaskowitz — seit November 1939 empört angeprangerten Raub- und Mordaktionen der SS im besetzten Polen[78] ein nicht gering einzuschätzendes Motiv für die Widerstandshaltung gegen Hitler und sein System im Winter 1939/40 waren.

Andererseits offenbart ein Befehl Brauchitschs über „Heer und SS" vom 7. Februar 1940[79], daß er Verständnis zeigte für die im Rahmen der „Sicherung des deutschen Lebensraumes" in Polen „notwendige und vom Führer angeordnete Lösung volkspolitischer Aufgaben", die ganz „zwangsläufig zu sonst ungewöhnlichen, harten Maßnahmen gegenüber der polnischen Bevölkerung des besetzten Gebietes führen" müßten. Er billigte sogar eine zu erwartende „weitere Verschärfung dieser Maßnahmen" und entzog damit weiteren Protesten einzelner Offiziere gegen die Mordaktionen in Polen den Boden. Dennoch wird man im Gegensatz zu Christof Dipper[80] der prinzipiellen Betroffenheit und moralischen Empörung über die „Judenpolitik" bzw. die gesamte „NS-Judenverfolgungs- und Vernichtungspolitik" — gerade nach Kriegsbeginn, als die Wehrmacht damit unmittelbar viel stärker in Berührung kam — nicht nur eine „Funktion eines Auskunftsmittels über den Stand der Koalition" mit dem Nationalsozialismus, sondern viel stärker die Funktion des auslösenden Moments einer konsequenten prinzipiellen Widerstandshaltung gegenüber dem NS-Regime zubilligen müssen. Es bleibt die Frage, warum man diese Offiziere nicht stärker zum Widerstand heranzog. Zumindest erscheint es unverständlich, daß die in Offizierkreisen entstandene Verunsicherung und Empörung nicht mehr für die Zwecke der Militäropposition genutzt wurden, um deren Planungen damit voranzutreiben.

Inzwischen hatten sich bis Frühjahr 1940 — neben zum Teil vergeblichen Bemühungen von Theo Kordt, deutscher Geschäftsträger in London, und Ulrich v. Hassell in der Schweiz sowie von Adam v. Trott zu Solz, Legationsrat im Auswärtigen Amt, in den USA[81] — erfolgversprechende außenpolitische Sondierungen und Gespräche ergeben, die Josef Müller in Becks und Osters Auftrag seit Ende September im Vatikan aufgenommen hatte[82]. Über Papst Pius XII. kam es dabei mit dem britischen Gesandten beim Hl. Stuhl, Sir Francis d'Arcy Osborne, zum Austausch von politischen Fragen und Antworten, die eine spätere Verhandlungsgrundlage darstellen konnten. Ziel der Sondierungen war es, die Zusage der Westmächte zu erhalten, daß sie eine Staatsstreichsituation in Deutschland nicht zu militärischen Offensivmaßnahmen ausnutzen würden, sowie Zusicherungen über Friedensbedingungen zu erlangen, die einer Regierung nach Hitlers Sturz gewährt würden. Die Erklärungen der Westmächte sollten dann quasi die Entscheidung zum Staatsstreich herbeiführen.

Schon die ersten Ergebnisse im Oktober 1939 ließen die Bereitschaft des Papstes zur Vermittlung und eine gewisse Aufgeschlossenheit der britischen Regierung für die Annäherungsversuche der deutschen Opposition erkennen[83]. Die Gespräche wurden jedoch aufgrund des „Venlo"-Zwischenfalles vom 9. November 1939, bei dem zwei britische Geheimdienstoffiziere von Heydrichs Sicherheitspolizei an der deutsch-holländischen Grenze in eine Falle gelockt und nach Deutschland verschleppt wurden, kurzfristig unterbrochen, kamen dann aber im Februar 1940 zum Abschluß. Müller konnte Ende Februar/Anfang März das Ergebnis mit Dohnanyi in Berlin in einem umfangreichen Bericht zusammenfassen[84]. Dieser „X-Bericht" sollte Halder und Brauchitsch vorgelegt werden, um beide doch noch zu einer Aktion zu veranlassen.

Es war jedoch bereits ein schlechtes Omen, daß Halder den für die Übergabe arrangierten Besuch von Hassell absagte, so daß schließlich General Thomas dem Generalstabschef am 4. April 1940 den Bericht vorlegte[85]. Nach dem Zeugnis von Thomas und Müller nannte der nach dem 20. Juli 1944 verlorengegangene Bericht folgende Bedingungen für eine Vermittlung des Papstes mit England im Falle einer Widerstandsaktion[86]: Beseitigung Hitlers und Ribbentrops, klare Trennung von den bisherigen Machthabern des NS-Regimes durch Bildung einer neuen Regierung, kein deutscher Angriff im Westen, Fortbestand der Grenzen von 1937, Abstimmung in Österreich über Verbleib bei Deutschland.

Halder, der die Papiere dem Oberbefehlshaber des Heeres zwar vorlegte, nutzte die Gelegenheit jedoch nicht, Brauchitsch im persönlichen Gespräch von der damit auf außenpolitischem Gebiet verbundenen Chance zu überzeugen. Als Thomas den Bericht wieder abholte, schilderte ihm Halder die ablehnende Reaktion Brauchitschs, der gesagt habe: „Sie hätten mir das nicht vorlegen sollen. Das ist glatter Landesverrat, das mitzumachen kommt für mich unter keinen Umständen in Frage. Im Kriege ist für den Soldaten keinerlei Verbindung mit einer ausländischen Macht zulässig[87]." Die vom Oberbefehlshaber des Heeres darüber hinaus verlangte Verhaftung der an der Aktion beteiligten Verschwörer lehnte Halder jedoch entschieden ab. Die Vorstellungen erzielten letztlich „gar keinen Erfolg"[88]. Halder und Brauchitsch waren nicht bereit, aufgrund der Ergebnisse dieser außenpolitischen Sondierungen wieder konspirative Pläne aufzunehmen. Wenige Tage darauf kam es nach dem militärischen Triumph bei dem am 9. April 1940 begonnenen Feldzug gegen Dänemark und Norwegen zu einem weiteren Anstieg von Hitlers Prestige, so daß die bevorstehende Westoffensive bei vielen oppositionell eingestellten Armeeführern immer weniger als entscheidender Ansatzpunkt einer Staatsstreichaktion angesehen wurde.

Im Auftrag Becks hat dann Müller Anfang Mai 1940 im Vatikan seinen Kontaktleuten mitgeteilt, daß eine Aktion der Generale nun doch nicht zu erwarten sei und daß der Angriff im Westen, verbunden mit einer Neutralitätsverletzung Belgiens, Luxemburgs und der Niederlande, unmittelbar bevorstehe[89]. Durch diesen Akt des formellen Landesverrates distanzierte sich der um Beck versammelte militärisch-zivile Widerstandskreis einerseits mit aller Deutlichkeit von Hitlers Kriegspolitik und bevorstehender Angriffsabsicht, andererseits konnte dadurch dokumentiert werden, daß die „römischen Gespräche" kein Täuschungsmanöver der deutschen Seite waren.

Außer der Mitteilung Müllers, die über den Vatikan an die Regierungen in Belgien, Holland, England und Frankreich gelangte, erhielten die Westmächte und die neutralen Staaten noch eine genauere Warnung über die alsbald beginnende Westoffensive, die bei Erörterung und Bekanntwerden im Kreis der Militäropposition zweifellos von Halder und dem Oberbefehlshaber des Heeres noch weniger gebilligt und noch schärfer als Landesverrat bezeichnet worden wäre als Müllers Kontakte; sie hätte dann wohl auch zu einem tiefgehenden Bruch in der ohnehin sehr heterogen zusammengesetzten militärischen Widerstandsgruppe geführt. Aufgrund persönlicher Gewissensentscheidung und der Einschätzung, daß es nicht möglich sei, über Halder und Brauchitsch auf Hitler einzuwirken, um die Ausweitung des Krieges zu verhindern, hatte der Chef der Zentralabteilung im Amt Ausland/Abwehr, Oberst Hans Oster, ab Anfang Oktober 1939 wiederholt dem ihm befreundeten niederländischen Militärattaché, Major J.G. Sas, von Hitlers Entschluß, den Angriff im Westen gegen Frankreich mit einem

Überfall auf Belgien, Luxemburg und die Niederlande zu verbinden, Mitteilung gemacht[90]. Auch am Abend des 9. Mai 1940 versetzte Oster den Attaché in die Lage, den für den nächsten Tag beabsichtigten Angriff sowohl seiner Regierung in Den Haag als auch dem belgischen Militärattaché anzukündigen. Da sich aber Osters frühere Warnungen seit Oktober 1939 aufgrund der wiederholten Terminverschiebungen durch Hitler bisher nicht als richtig erwiesen hatten, schenkte die niederländische Regierung auch dieser erneuten Warnung nicht die gebührende Achtung. Die Regierung in London wurde erst gar nicht über die geheime Mitteilung informiert, so daß die von Oster verfolgte Absicht, durch ein Scheitern des deutschen Angriffs aufgrund einer gut vorbereiteten und nicht zu überraschenden Abwehrstellung der Westmächte indirekt auf Hitlers Position und Handeln einzuwirken, nicht zum gewünschten Erfolg führte. Statt dessen brachte der am 10. Mai 1940 begonnene Westfeldzug einen imposanten Sieg der deutschen Wehrmacht, der zugleich Hitlers Stellung als Oberster Befehlshaber der Wehrmacht im Dritten Reich in ganz entscheidendem Maße aufwertete und den Diktator nach der Waffenstillstandsvereinbarung mit Frankreich im Wald von Compiègne am 22. Juni 1940 auf den Höhepunkt seiner politischen Macht brachte.

Neuere Untersuchungen von Harold C. Deutsch[91] und Rainer A. Blasius[92] haben mittlerweile das Ergebnis gebracht, daß nicht nur Oster und Müller den Akt des formellen Landesverrates begingen. Auch Generaloberst v. Reichenau, Staatssekretär Frhr. v. Weizsäcker und Oberst Warlimont haben — zum Teil über mehrere Vermittlungspersonen — zu verschiedenen Zeiten von 1938 bis 1940 Hitlers Kriegs- und Angriffstermine an das Ausland weitergegeben. Es kann deshalb nicht mehr angebracht sein, die Frage nach der Zulässigkeit des Landesverrates im Rahmen von Widerstandshandlungen singulär als „Fall Oster"[93] darzustellen. Ferner dürfte es für die weitere Erörterung dieser Frage wenig hilfreich sein, die aufgrund einer Ausnahmesituation nach persönlicher Gewissensentscheidung und in alleiniger Verantwortung im Einzelfall durchgeführte Konspiration mit dem potentiellen Gegner, um den Krieg oder dessen Ausweitung zum Weltkrieg zu verhindern, mit einem im Auftrage und zum Teil in finanzieller Abhängigkeit von einer ausländischen Macht kontinuierlich betriebenen landesverräterischen Handeln zu vergleichen. Man kann der Militäropposition nicht einerseits den Vorwurf machen, es habe ihr an Konsistenz im Kampf gegen Hitler und an der grundsätzlichen Bereitschaft, das Letzte zu wagen, gemangelt und andererseits versuchen, die außergewöhnlichen Handlungsweisen Osters, Müllers und Weizsäckers aus dem Bereich des Widerstandes in den Grenzbereich zum verwerflichen, aus Gewinnsucht, Eigennutz oder niederen Beweggründen betriebenen Landesverrat abzudrängen. Oster selbst hat übrigens den Vorwurf des Landesverrates für sein Handeln zurückgewiesen und es als seine Pflicht betrachtet, „Deutschland und damit die Welt von dieser [nationalsozialistischen] Pest zu befreien"[94].

IV.

Nach dem militärischen Erfolg über Frankreich konnten die Sicherheitsdienststellen im Juni/Juli 1940 mit großer Zufriedenheit in ihren geheimen Lageberichten[95] über die „im gesamten deutschen Volk" vorhandene „innere Geschlossenheit und enge Verbundenheit von Front zu Heimat" Meldung machen. Der Tätigkeit einer Opposition und sonstiger Gegnergruppen sei „überall der aufnahmefähige Boden entzogen", hieß es in den Berichten, alles schaue „dankbar und mit Vertrauen auf den Führer und seine von Sieg zu Sieg eilende Wehrmacht". Das „veränderte psychologisch-politische Klima" — wie es Helmut Krausnick einmal bezeichnet hat[96] — kam auch in der Haltung führender Generale zum Ausdruck. Der spätere Generalquartiermeister Wagner notierte sich in seinen Aufzeichnungen, die „hohen Herrn Oberbefehlshaber" seien „unleidlich vor Beschäftigungslosigkeit"[97]; Weizsäcker berichtet, „auch diejenigen Generale, die vor dem 10.5.1940 einer Offensive gegen Westen abgeneigt waren, sind jetzt von ihrer Zweckmäßigkeit überzeugt, sprechen abfällig vom Gegner und wollen nicht mehr gern an ihre früheren Urteile erinnert werden", neue Aufgaben erklärten sie sehr bald für „reizvoll"[98].

Vor dem Hintergrund dieser Siegeseuphorie und „tiefen Freude" muß auch die Haltung zu dem von Hitler Ende Juli 1940 gefaßten Entschluß, den bisherigen Vertragspartner Sowjetunion zu überfallen und damit sein „Ostprogramm" zu verwirklichen[99], gesehen werden. Obwohl beispielsweise Halder und Brauchitsch — ähnlich wie Weizsäcker — noch im Januar 1941 der „Sinn" dieses neuen von Hitler mit der Weisung Nr. 21 vom 18. Dezember 1940 befohlenen Krieges gegen die UdSSR „nicht klar" war[100], haben sich beide an die routinemäßige Bearbeitung und Umsetzung der Hitlerschen Entscheidungen in einer umfangreichen operativen Planung gemacht und damit weitgehend auf ihre rein dienstliche Tätigkeit zurückgezogen.

Gleichsam als Hemmnis für das Aufkommen einer schärferen Widerstandshaltung gegen Hitlers neue Kriegsabsicht ist einerseits auf die übereinstimmende Auffassung über die Geringschätzung der militärischen Stärke der UdSSR und andererseits auf den weitgehenden Gleichklang mit der NS-Propaganda bis 1939 in bezug auf die Einschätzung des Kommunismus als mitverantwortlich für die deutsche Niederlage von 1918 und den Niedergang der deutschen Großmacht-stellung nach dem Ersten Weltkrieg zu verweisen. Für diese Affinität zu den aus der NS-Ideologie geborenen politischen Zielsetzungen ist z.b. die Einstellung des zum Widerstandskreis um Oberst Oster zählenden Korvettenkapitäns Franz Lie-dig symptomatisch, der in einer Denkschrift zur militärischen Lage vom Dezem-ber 1939 dazu aufforderte, „die bolschewistische Weltgefahr einzudämmen" und sich militärisch gegen das „noch immer asiatisch-ungeschlachte, unbere-chenbare und skrupellose Staatsgebilde, wie es das heutige Rußland ist", zu wenden[101]. So begünstigten traditionelle Hegemonievorstellungen gegenüber der Sowjetunion und Osteuropa sowie eine militant antikommunistische Grundhal-tung die Aufnahme des neuen Hitlerschen Kriegszieles in den militärischen Füh-rungskreisen. Es kam folglich zu keinen nachhaltigen Einwänden gegen den Ent-schluß, die Sowjetunion zu überfallen. Gleichwohl wurde verhaltene Kritik geäußert[102] — so von Weizsäcker, Jodl und Warlimont. Auch Hitlers Paladine Ribbentrop, Göring und Keitel sollen anfangs Bedenken geäußert haben. Am eindringlichsten hat wohl Großadmiral Raeder aus ressort-spezifischen Gründen versucht, Hitler vom Ostkrieg abzubringen und ihn für die schwerpunktmäßige Fortsetzung des Krieges gegen Großbritannien zu gewinnen.

Diese Einwände resultierten weniger aus grundsätzlicher Gegenposition als viel-mehr aus dem Wunsch, eine zeitliche Verschiebung des „Unternehmens Barba-rossa" bis nach Abschluß des Krieges gegen England zu erreichen, um die Ge-fahr des Zweifrontenkrieges abzuwenden. In der Regel akzeptierte man grund-sätzlich die Richtigkeit des Kampfes gegen den Bolschewismus, war man über-wiegend von den Erfolgsaussichten innerhalb weniger Wochen überzeugt[103]. So blieben denn auch sorgfältige Analysen — wie die im Oktober 1940 vorgelegten, für Generaloberst Halder bestimmten Warnungen des Gesandtschaftsrates v. Walther aus der Deutschen Botschaft in Moskau, der vor den ökonomischen und gesamtstrategischen Folgen des neuen Krieges warnte[104] — erfolglos. Es läßt sich feststellen, daß im Gegensatz zu den Widersprüchen vor Beginn des West-feldzuges von 1939/40 bei der Entscheidung Hitlers zur militärischen Ostlösung keine Ansatzmöglichkeiten für die Formierung einer mit Staatsstreichüberlegun-gen verbundenen Militäropposition gesehen wurden.

Als Hitler im Verlauf der weiteren Befehle für den Angriff auf die Sowjetunion nach Jahresbeginn 1941 in ganz entscheidendem Maße den Kriegsvorbereitungen auf völkerrechtlich-politischem Gebiet den Stempel eines rassen-ideologischen

Vernichtungskrieges aufdrückte und keinen Zweifel an der besonderen Qualität dieses Krieges ließ, hat man im Kreis um Hassell, Beck, Oster, Popitz und Goerdeler die Hoffnung gehabt[105], daß es durch Verweigerung bei Annahme und Ausführung der „verbrecherischen Befehle" — wie des „Barbarossa-Erlasses" vom 13. Mai 1941 oder des „Kommissarbefehls" vom 6. Juni 1941[106] — zu einem neuen Anstoß für eine Umsturzaktion kommen könnte. Man kam aber nach Hassell „zu dem Ergebnis, daß auch diesmal nichts zu erwarten sei". Vergeblich hat auch Oberstleutnant Henning v. Tresckow im Stab der Heeresgruppe Mitte seinen Oberbefehlshaber und Onkel, Generalfeldmarschall v. Bock, bedrängt, gemeinsam mit den anderen Oberbefehlshabern im Osten diese Befehle nicht zu akzeptieren[107]. Bock gab sich jedoch mit einem mündlichen Protest beim OKH zufrieden.

Bezeichnend für die Hitlers Vorstellungen zum Teil entgegenkommende Einstellung innerhalb der Militäropposition ist ein von Generaloberst Erich Hoepner Anfang Mai 1941 über die Grundlagen der Kriegführung gegen die UdSSR an die ihm unterstellte Panzergruppe 4 herausgegebener Befehl[108]. Hoepner, der seit 1938 zum militärischen Widerstandskreis zu rechnen ist und nach anderen Zeugenaussagen den Angriff auf die UdSSR als Deutschlands „Harakiri" bezeichnet hat, griff darin — wohl ohne zwingenden Anlaß — Hitlers berüchtigte Ausführungen über die beabsichtigte rücksichtslose Kampfführung gegen die Rote Armee vom 30. März 1941 auf und bezeichnete den Krieg gegen die Sowjetunion als „Verteidigung europäischer Kultur gegen moskowitisch-asiatische Überschwemmung, [als] Abwehr des jüdischen Bolschewismus"; der Krieg müsse „mit unerhörter Härte geführt werden" und zur „erbarmungslosen, völligen Vernichtung des Feindes" führen. Hoepner erklärte seinen Soldaten ferner, es dürfe insbesondere „keine Schonung für die Träger des heutigen russisch-bolschewistischen Systems" geben. Betroffen über solche Befehle notierte sich Hassell in seinem Tagebuch: Man habe sich damit „auf das Hitlerische Manöver eingelassen, das Odium der Mordbrennerei der bisher allein belasteten SS auf das Heer zu übertragen"[109].

Der ausbleibende entschiedene und nachhaltige Protest auf der einen Seite sowie die geschäftsmäßige Beteiligung andererseits — so auch von Generaloberst Halder — bei der Ausarbeitung und Umsetzung der Hitlerschen Ausrottungs- und Vernichtungsvorstellungen in konkrete Befehle und Anweisungen für die eigene Truppe offenbaren dann auch das hohe Maß an Mitverantwortlichkeit der Wehrmacht- und Heeresführung am radikalen Vernichtungskrieg gegen die UdSSR.

Erst die nach dem Überfall am 22. Juni 1941 einzelnen Offizieren angesichts der Mordaktionen und Kriegsverbrechen immer deutlicher werdende eigene Verstrickung hat im Bereich der Heeresgruppe Mitte zur Bildung der engeren Widerstandsgruppe um Oberstleutnant v. Tresckow geführt[110], die sich dann ab Herbst 1941 wieder intensiv darum bemühte, die Militäropposition neu zu formieren, um neuen Staatsstreichplänen eine breitere Basis und ihnen durch Verbesserung der äußeren und inneren Voraussetzungen eine größere Aussicht auf Erfolg zu verschaffen[111], als dies bei einzelnen Attentatsüberlegungen in der Zeit vom Sommer 1940 bis Sommer 1941 in Berlin und im Stabe Witzlebens in Paris der Fall war[112]. Ab Winter 1941/42 gab schließlich auch die Niederlage vor Moskau den Anlaß, die Bereitschaft mancher Offiziere zum Widerstand gegen Hitler nach diesem militärischen Rückschlag erheblich zu fördern.

V.

Will man zusammenfassend die Ansätze und Hindernisse der Militäropposition für die Zeit von 1939 bis 1941 erfassen, um zugleich die Gründe für das Nicht-Zustandekommen eines militärischen Staatsstreiches gegen Hitler zu verstehen, so muß man auf die inneren und äußeren Schwierigkeiten verweisen, die einer Militäropposition gegen Hitler und dem Gelingen eines Umsturzversuches entgegenstanden[113]. Als Ergebnis läßt sich dabei festhalten, daß „*die* Militäropposition" von 1939 bis 1941 kein einheitliches, in sich geschlossenes und auf allgemein übereinstimmende Zielvorstellungen ausgerichtetes Phänomen war. Anstoß für ein oppositionelles und verschwörerisches Verhalten gegen Hitler und den NS-Staat bildeten unterschiedliche Auffassungen als Teilgruppe innerhalb der Herrschaftselite des Dritten Reiches (z.B. bei Reichenau und Schacht) über den weiteren außen- und machtpolitischen Weg, die teilweise auch verkürzt als ressort-spezifische Gründe zu kennzeichnen sind. Hinzu kamen moralisch-ethische Beweggründe, die — gleichsam innenpolitisch motiviert — aus den verbrecherischen Handlungsweisen der NS-Machthaber resultierten (z.B. bei Oster und Groscurth). Dadurch sind einerseits Übereinstimmungen mit den nationalsozialistischen Hegemonieplänen in der außenpolitischen Zielvorstellung einer deutschen Großmachtstellung zu konstatieren[114], wobei man jedoch die Hitlersche Fortsetzung und Ausweitung des Krieges zum „europäischen Großkrieg" oder Weltkrieg gegen Frankreich, Großbritannien und die USA ablehnte und verhindern wollte, und andererseits prinzipielle politische Gegenpositionen zu registrieren, die Grundlage einer unerbittlichen Gegnerschaft zum NS-System waren.

Dementsprechend *konnten* ganz unterschiedliche Ereignisse und Beobachtungen wie Hitlers Absicht zum Angriff im Westen oder die Praktiken der NS-Juden- und Vernichtungspolitik in Polen sowie der Entschluß zum Krieg gegen die Sowjetunion oder die Ankündigung der Hitlerschen Vernichtungspolitik gegen die Bevölkerung der UdSSR Anlaß und Ansatzpunkt für eine stärkere Formierung der Militäropposition mit sich daraus ergebenden konkreten Staatsstreichüberlegungen sein. Als besonderes Dilemma für die militärische Widerstandsgruppe erwies sich ferner die Erkenntnis, erst dann gegen Hitler erfolgreich handeln zu können, wenn dessen Ansehen bei der deutschen Bevölkerung und im jüngeren Offizierkorps durch einen größeren militärischen Rückschlag schwerwiegend erschüttert sei.

In der Gruppe um Beck, Oster, Gisevius und Groscurth wurden ab 1939 sehr viel weitreichendere Absichten mit dem Ziel eines gewaltsamen Regime-Sturzes verfolgt als im Vergleich zur „Anti-Kriegsausweitungsgruppe" um Halder und Brauchitsch. Zum Hemmnis struktureller Art für diese, energisch auf die Beseitigung Hitlers zielende Gruppe wurde die Überzeugung, daß man beim Umsturzversuch an der Spitze nicht auf die befehlsgebende Autorität Brauchitschs und Halders verzichten wollte, man also die Unterstützung der in erster Linie viel stärker um die Verhinderung der Kriegsfortführung und Kriegsausweitung bemühten Funktionsträger zu gewinnen suchte; nur mit ihnen meinte der Kreis um Oster-Groscurth-Gisevius, ein gewisses Maß an Aussicht auf Erfolg beim Staatsstreich zu erzielen. Die beiden Haupt-Repräsentanten dieser Gruppe — Brauchitsch und Halder — waren jedoch von der Notwendigkeit eines gewalttätigen Umsturzes mit einem Attentat gegen Hitler nie so recht überzeugt, zumal sie keine direkte Bestätigung von seiten der Westmächte gerade auf dem für sie so wichtigen außenpolitischen Gebiet erhielten, nämlich die Umsturzsituation im Reich militärisch dann nicht auszunutzen. Die Furcht vor Hitlers falscher Kriegspolitik reichte nicht aus, um ein tragfähiges Fundament für eine kontinuierliche und entschlossene Opposition zu bilden. Einen Alleingang — eventuell gegen Brauchitsch — lehnten sowohl Halder als auch die Gruppe um Canaris und Oster ab. Der Generalstabschef hielt es nicht für möglich, ohne den Oberbefehlshaber des Heeres die Mehrzahl der führenden Heeresgeneralität uneingeschränkt für eine Staatsstreichaktion gewinnen zu können. Dies war ein Ergebnis, das auch auf die Erfahrungen Becks vom Sommer 1938 zurückging. Halder lehnte es ferner ab, eine ausufernde Militärrevolte anzuführen, die schon bei Beginn die militärische Ordnung und institutionellen Strukturen auflöste, indem man den Oberbefehlshaber des Heeres überging.

Nach der Absage Brauchitschs und Halders zerfiel die Militäropposition ab November 1939 wieder in einzelne oppositionell eingestellte Hitlergegner, deren Widerstandshaltung gleichwohl prinzipieller Art sein konnte. Die fundamentalen Hitlergegner waren zwar gleichsam auf sich allein zurückgeworfen, sie bildeten jedoch die Kristallisationsmöglichkeit für eine neue Oppositionsgruppe um jüngere Offiziere, deren Widerstandshaltung insbesondere vom Erlebnis des Ostkrieges und angesichts der bevorstehenden Katastrophe von dem Verantwortungsgefühl um die Zukunft Deutschlands geprägt war; die dann auch bereit waren, ohne die Leitfigur des Oberbefehlshabers des Heeres oder des Generalstabschefs zu handeln.

Auf die Frage, inwieweit auch die Haltung der Gegner der Hitlerschen Kriegsausweitungspolitik aus grundsätzlicher Motivation resultierte oder ob sie „nur" stärker der gewünschten Durchsetzung einer alternativen Strategie und Kriegspolitik innerhalb der Herrschaftselite zuzuordnen ist, können wohl erst detailliertere Untersuchungen zur Grundhaltung der Militäropposition nach Kriegsbeginn eine Antwort geben. Sie müßten im Rahmen einer graduell und zeitlich differenzierteren Beschreibung — ähnlich wie es Klaus-Jürgen Müller am Beispiel Becks für die Vorkriegszeit getan hat[115] — dann stärker auf die vergleichbaren Verhaltensweisen und das Wirken als jeweilige Funktionsträger des Dritten Reiches eingehen. Dies ergänzend, müßte ferner ein umfangreiches Forschungsobjekt über den Widerstand im Bereich des einzelnen Soldaten oder Offiziers aus der Truppe ähnlich den neueren Studien über den NS-Alltag und den Widerstand der Bevölkerung in Bayern[116] Auskunft geben.

Prinzipiell ist aber auch anzumerken, daß die Gegner der Kriegsausweitungspolitik sich gegenüber Hitler sehr wohl im Widerstand befanden, indem sie ihm nämlich auf dem Weg in den großen und totalen Krieg die von ihm verlangte volle Gefolgschaft verweigerten. Insofern sind die Überlegungen und Planungen zum Staatsstreich 1939/40 ein Beleg für die Tatsache, daß der militärische Widerstand nicht erst 1944 aufkam, als man erkennen mußte, daß der Krieg verloren war, sondern bereits für die ersten Kriegsjahre nachzuweisen ist, als Hitler noch von Sieg zu Sieg schritt.

Anmerkungen

1 Vgl. die Darstellung bei Karl Dietrich Bracher, Auf dem Wege zum 20. Juli 1944, in: Widerstand und Verweigerung in Deutschland 1933 bis 1945, hrsg. von Richard Löwenthal u.a., Berlin/Bonn 1982, S. 143-172; Eberhard Zeller, Geist der Freiheit. Der Zwanzigste Juli, München [4]1963; sowie umfassend Peter Hoffmann, Widerstand,

Staatsstreich, Attentat. Der Kampf der Opposition gegen Hitler, München [3]1979, dort auch weitere Angaben zur Literatur; ebenso in der Bibliographie von Regine Büchel, Der Deutsche Widerstand im Spiegel von Fachliteratur und Publizistik seit 1945, München 1975.

Der Verf. dankt Prof. Dr. H. Krausnick, Stuttgart, Prof. Dr. M. Messerschmidt, Freiburg, Dr. R.-D. Müller, Freiburg und H.U. Stenger, Frankfurt, für mehrere Hinweise und Anregungen.

2 Zur Periodisierung nach vier „Runden" vgl. Harald C. Deutsch, Verschwörung gegen den Krieg. Der Widerstand in den Jahren 1939-1940, München 1969, S. 4.

3 Ebd., S. 2.

4 Vgl. dazu die Hinweise bei Kurt Sendtner, Die deutsche Militäropposition im ersten Kriegsjahr, in: Vollmacht des Gewissens, Bd 1, Frankfurt/Berlin 1960, S. 385-532, insbes. S. 531.

5 Ähnlich Erich Kosthorst, Die deutsche Opposition gegen Hitler zwischen Polen- und Frankreichfeldzug, Bonn [3]1957 (= Schriftenreihe der Bundeszentrale für Heimatdienst, H. 8), S. 9.

6 Vgl. Fritz Fischer, Bündnis der Eliten. Zur Kontinuität der Machtstrukturen in Deutschland 1871-1945, Düsseldorf 1979; Andreas Hillgruber, Großmachtpolitik und Militarismus im 20. Jahrhundert. 3 Beiträge zum Kontinuitätsproblem, Düsseldorf 1974; Klaus-Jürgen Müller, Armee, Politik und Gesellschaft in Deutschland 1933-1945. Studien zum Verhältnis von Armee und NS-System, Paderborn [3]1979; sowie ders., Das Heer und Hitler. Armee und nationalsozialistisches Regime 1933-1940, Stuttgart 1969 (= Beiträge zur Militär- und Kriegsgeschichte, Bd 10).

7 Walter Görlitz, Die deutsche Militäropposition 1939 bis 1945, in: Frankfurter Hefte, 4 (1949), S. 230-237, hier S. 230.

8 So auch die Hinweise bei Klaus-Jürgen Müller, Die nationalkonservative Opposition vor dem Zweiten Weltkrieg: Zum Problem ihrer begrifflichen Erfassung, in: Militärgeschichte. Probleme — Thesen — Wege, hrsg. vom MGFA, Stuttgart 1982 (= Beiträge zur Militär- und Kriegsgeschichte, Bd 25), S. 215-242; zu den Entwicklungsstufen und Arten des Widerstandes siehe Dieter Ehlers, Technik und Moral einer Verschwörung. Der Aufstand am 20. Juli 1944, Bonn [2]1965; Eberhard Bethge, Adam von Trott und der deutsche Widerstand, in: Vierteljahrshefte für Zeitgeschichte (= VfZG), 11 (1963), S. 213-223, insbes. S. 217 ff.; Peter Hüttenberger, Vorüberlegungen zum „Widerstandsbegriff", in: Theorien in der Praxis des Historikers. Forschungsbeispiele und ihre Diskussion, hrsg. von Jürgen Kocka, Göttingen 1977 (= Geschichte und Gesellschaft, Sonderheft 3), S. 117-134.

9 Auf die Vorgänge soll hier nicht näher eingegangen werden; vgl. dazu die Arbeit von Harold C. Deutsch, Das Komplott oder die Entmachtung der Generale. Blomberg- und Fritsch-Krise. Hitlers Weg zum Krieg, o.O. (München) 1974, mit Angabe der älteren Literatur.

10 Vgl. Osters Aussage in: Spiegelbild einer Verschwörung. Die Kaltenbrunner-Berichte an Bormann und Hitler über das Attentat vom 20. Juli 1944. Geheime Dokumente aus dem ehemaligen Reichssicherheitshauptamt, hrsg. vom Archiv Peter für historische und zeitgeschichtliche Dokumentation, Stuttgart 1961, S. 30, 430, 451; Romedio Galeazzo Graf von Thun-Hohenstein, Der Verschwörer. General Oster und die Militäropposition, Berlin 1982, S. 77; Müller, Das Heer und Hitler, S. 580; ders., Armee, Politik und Gesellschaft, S. 114.

11 Müller, Armee, Politik und Gesellschaft, S. 119, bezeichnet die Auswüchse als „partikulare Negativ-Erscheinungen des Regimes"; zum Zitat nach einem Ausspruch Hit-

lers in seinen Tischgesprächen siehe Henry Picker, Hitlers Tischgespräche im Führer-hauptquartier. Vollständig überarbeitete und erweiterte Neuausgabe, Stuttgart 1977, S. 325 (21.5.1942). Zum Kontext vgl. Manfred Messerschmidt, The Wehrmacht and the Volksgemeinschaft, in: Journal of Contemporary History, 18 (1983), S. 728.

12 Klaus-Jürgen Müller, General Ludwig Beck. Studien und Dokumente zur politisch-militärischen Vorstellungwelt und Tätigkeit des Generalstabschefs des deutschen Heeres 1933-1938, Boppard 1980, dort auch Hinweise auf weitere biographische Skizzen über Beck. Vgl. zum folgenden Müller, Die national-konservative Opposition, S. 223 f.

13 Ebd., S. 225.

14 Siehe dazu Helmut Krausnick, Zum militärischen Widerstand gegen Hitler 1933-1939. Möglichkeiten, Ansätze, Grenzen und Kontroversen, in diesem Band, S. 27 ff.

15 Über die unterschiedliche Bewertung der Bereitschaft Becks, aus machtstaatlichen Überlegungen dennoch einen Angriffskrieg zu führen, vgl. die Kontroverse zwischen Peter Hoffmann, Generaloberst Ludwig Becks militärpolitisches Denken, in: Historische Zeitschrift (= HZ), 234 (1982), H. 1, S. 101-121, und Klaus-Jürgen Müller, Militärpolitik, nicht Militäropposition! Eine Erwiderung, in: HZ, 235 (1982), H. 2, S. 355-371.

16 Müller, Das Heer und Hitler, S. 317 ff.; ders., General Ludwig Beck, S. 304 ff., 528 ff.; Wolfgang Foerster, Generaloberst Ludwig Beck. Sein Kampf gegen den Krieg. Aus nachgelassenen Papieren des Generalstabschefs, München 1953, S. 118 ff.

17 Nach Thun-Hohenstein, Der Verschwörer, S. 52, geriet Oster seit dem 30.6.1934 „immer mehr auf Oppositionskurs"; vgl. auch Osters Angabe nach den Kaltenbrunner-Berichten: Spiegelbild einer Verschwörung, S. 451.

18 Zur unterschiedlichen Beurteilung Halders vgl. Heidemarie Gräfin Schall-Riaucour, Aufstand und Gehorsam. Offizierstum und Generalstab im Umbruch. Leben und Wirken von Generaloberst Franz Halder, Generalstabschef 1938-1942, Wiesbaden 1972, und kritischer Gerd R. Ueberschär, Generaloberst Halder im militärischen Widerstand 1938-1940, in: Wehrforschung, 1/1973, S. 20-31.

19 Vgl. Rainer A. Blasius, Für Großdeutschland — gegen den großen Krieg. Staatssekretär Ernst Frhr. von Weizsäcker in den Krisen um die Tschechoslowakei und Polen 1938/39, Köln/Wien 1981.

20 Siehe Heinz Höhne, Canaris. Patriot im Zwielicht, München 1976, mit Hinweisen zu weiterer Literatur und älteren Biographien.

21 Vgl. nun die umfassende Biographie von Thun-Hohenstein, Der Verschwörer.

22 Vgl. u.a. Hans Boehm-Tettelbach, Ein Mann hat gesprochen, in: Rheinische Post vom 10.7.1948, S. 2; Erich Kordt, Nicht aus den Akten ..., Stuttgart 1950, S. 252, 279.

23 Gerhard Ritter, Carl Goerdeler und die deutsche Widerstandsbewegung, Stuttgart 1956, S. 202; vgl. Paul Kluke, Rede zum Gedenken des 20. Juli 1944, Frankfurter Universitätsreden, H. 39 (1966), S. 16; Hans Rothfels, Die deutsche Opposition gegen Hitler. Eine Würdigung. Neuausgabe Frankfurt 1969, S. 67.

24 Ritter, Goerdeler, S. 204 f.; Hans Bernd Gisevius, Bis zum bitteren Ende. Vom Reichstagsbrand bis zum 20. Juli 1944, Hamburg 1961, S. 378. Zur Einschätzung Goerdelers siehe auch A.P. Young, The ‚X‘ Documents. Edited by Sidney Aster, London 1974, S. 113 ff.

25 Siehe Müller, Das Heer und Hitler, S. 365; Ueberschär, Generaloberst Halder, S. 20 ff.; Gisevius, Bis zum bitteren Ende, S. 377.

26 Vgl. die Aussage von H.B. Gisevius in: Der Prozeß gegen die Hauptkriegsverbrecher vor dem Internationalen Militärgerichtshof (= IMT), Nürnberg 1947, Bd 12, S. 234.

27 Vgl. Ulrich von Hassell, Vom Andern Deutschland. Aus den nachgelassenen Tagebüchern 1938-1944, Frankfurt 1964, S. 59; Helmut Krausnick, Vorgeschichte und Beginn des militärischen Widerstandes gegen Hitler, in: Vollmacht des Gewissens, Bd 1, Frankfurt/Berlin 1960, S. 371; Müller, Das Heer und Hitler, S. 393; Müller, Die national-konservative Opposition, S. 237 f.

28 Walter Görlitz, Der deutsche Generalstab. Geschichte und Gestalt 1657-1945, Frankfurt 1950, S. 481; vgl. auch die Angabe bei Gert Buchheit, Soldatentum und Rebellion. Die Tragödie der deutschen Wehrmacht, Rastatt/Baden 1961, S. 192.

29 Gisevius, Bis zum bitteren Ende, S. 378.

30 Peter Bor, Gespräche mit Halder, Wiesbaden 1950, S. 124; Hjalmar Schacht, Abrechnung mit Hitler, Berlin/Frankfurt 1949, S. 90 f.

31 Schacht, Abrechnung mit Hitler, S. 90 f.; Georg Thomas, Gedanken und Ereignisse, in: Schweizerische Monatshefte für Politik, Wirtschaft und Kultur, 25 (1945), H. 9, S. 537-559, hier S. 542.

32 Gisevius, Bis zum bitteren Ende, S. 395, 404.

33 Müller, Das Heer und Hitler, S. 396.

34 Krausnick, Vorgeschichte und Beginn des militärischen Widerstandes, S. 377; Müller, Die national-konservative Opposition, S. 241; Müller, Das Heer und Hitler, S. 394 f.

35 So insbesondere die Einschätzung Weizsäckers, siehe Blasius, Für Großdeutschland, S. 132, 139. Weitere Hinweise bei Müller, Das Heer und Hitler, S. 416.

36 Blasius, Für Großdeutschland, S. 140.

37 Gisevius, Bis zum bitteren Ende, S. 403 f.

38 Ebd., S. 395; vgl. die scharfe Kritik an Brauchitsch und Halder bei Friedrich Hoßbach, Zwischen Wehrmacht und Hitler 1934-1938, Göttingen [2]1965, S. 176. Siehe ferner Gotthard Breit, Das Staats- und Gesellschaftsbild deutscher Generale beider Weltkriege im Spiegel ihrer Memoiren, Boppard 1973 (= Wehrwissenschaftliche Forschungen, Abt. Militärgeschichtliche Studien, Bd 17), S. 185 ff.; Müller, Das Heer und Hitler, S. 392 mit Anm. 73.

39 Die Weizsäcker-Papiere 1933-1950, hrsg. von Leonidas E. Hill, Berlin 1974, S. 164 (7.9.1939, Nachtrag zum 31.8.1939).

40 Ebd., S. 173.

41 Helmuth Groscurth, Tagebücher eines Abwehroffiziers 1938-1940. Mit weiteren Dokumenten zur Militäropposition gegen Hitler, hrsg. von Helmut Krausnick und Harold C. Deutsch unter Mitarbeit von Hildegard von Kotze, Stuttgart 1970 (= Quellen und Darstellungen zur Zeitgeschichte, Bd 19), S. 179 (24.8.1939).

42 Generaloberst Franz Halder: Kriegstagebuch. Tägliche Aufzeichnungen des Chefs des Generalstabes des Heeres 1939-1942, Bd I: Vom Polenfeldzug bis zum Ende der Westoffensive (14.8.1939 — 30.6.1940). Bearbeitet von Hans-Adolf Jacobsen, Stuttgart 1962, S. 84 (25.9.1939).

43 Walter Warlimont, Im Hauptquartier der deutschen Wehrmacht 1939-1945, Frankfurt 1964, S. 51; vgl. Hans-Adolf Jacobsen, Fall Gelb. Der Kampf um den deutschen Operationsplan zur Westoffensive 1940, Wiesbaden 1957, S. 10; Das Deutsche Reich und der Zweite Weltkrieg, hrsg. vom MGFA, Bd 2: Die Errichtung der Hegemonie auf dem europäischen Kontinent, Stuttgart 1979, S. 238 ff., 241 ff. (Umbreit) und Kriegstagebuch des Oberkommandos der Wehrmacht (Wehrmachtführungsstab) 1940-1945. Geführt von Helmuth Greiner und Percy E. Schramm, Bd I: 1. August

1940 — 31. Dezember 1941, zusammengestellt und erläutert von H.-A. Jacobsen, Frankfurt 1965, S. 950.
44 Vgl. Dokument 052-L in: IMT, Bd 37, S. 466-486.
45 Kordt, Nicht aus den Akten, S. 356 f.; vgl. auch Müller, Das Heer und Hitler, S. 498; Kosthorst, Die deutsche Opposition, S. 56; Sendtner, Die deutsche Militäropposition, S. 395, 405, 426; Hoffmann, Widerstand, S. 167. Groscurth, Tagebücher, S. 51 ff., 217 ff.
46 Müller, Das Heer und Hitler, S. 481, S. 499 ff., 507; Ueberschär, Generaloberst Halder, S. 25 f.
47 Verschiedene parallel laufende Bemühungen und Vorbereitungen konstatierte auch Ritter, Goerdeler, S. 502 mit Anm. 13.
48 Deutsch, Verschwörung gegen den Krieg, S. 204 mit Anm. 49, und Höhne, Canaris, S. 367 f.
49 Kosthorst, Die deutsche Opposition, S. 159-166; Halder, Kriegstagebuch, Bd I, S. 104; Generalfeldmarschall Wilhelm Ritter von Leeb. Tagebuchaufzeichnungen und Lagebeurteilungen aus zwei Weltkriegen. Aus dem Nachlaß herausgegeben und mit einem Lebensabriß versehen von Georg Meyer, Stuttgart 1976 (= Beiträge zur Militär- und Kriegsgeschichte, Bd 16), S. 49 ff., 188, 468 ff.
50 Halder, Kriegstagebuch, Bd I, S. 107.
51 Groscurth, Tagebücher, S. 231 ff.
52 Ebd., S. 219, 498-503, auch zum folgenden Zitat; vgl. Hassell, Vom Andern Deutschland, S. 85 f. Kordt, Nicht aus den Akten, S. 359-366.
53 Halder, Kriegstagebuch, Bd I, S. 116; Sendtner, Die deutsche Militäropposition, S. 406; Hoffmann, Widerstand, S. 173; Kosthorst, Die deutsche Opposition, S. 61 f.; Leeb, Tagebuchaufzeichnungen, S. 194 f.
54 Halder, Kriegstagebuch, Bd I, S. 116; Hoffmann, Widerstand, S. 173; Sendtner, Die deutsche Militäropposition, S. 423 f.; Kosthorst, Die deutsche Opposition, S. 62.
55 Hassell, Vom Andern Deutschland, S. 85.
56 Gisevius, Bis zum bitteren Ende, S. 416; Thun-Hohenstein, Der Verschwörer, S. 163 f.; Groscurth, Tagebücher, S. 223.
57 Außerdem war an die Teilnahme der Generale v. Witzleben, Olbricht, Hoepner, Geyr v. Schweppenburg, v. Reichenau und v. Falkenhausen gedacht; vgl. Groscurth, Tagebücher, S. 222 f. mit Anm. 579.
58 Halder, Kriegstagebuch, Bd I, S. 120; Groscurth, Tagebücher, S. 224; Müller, Das Heer und Hitler, S. 521 f.
59 Deutsch, Verschwörung gegen den Krieg, S. 248 f.; Gisevius, Bis zum bitteren Ende, S. 418.
60 Groscurth, Tagebücher, S. 225, 305.
61 Leeb, Tagebuchaufzeichnungen, S. 201.
62 Groscurth, Tagebücher, S. 61, 225; Gisevius, Bis zum bitteren Ende, S. 419; Ritter, Goerdeler, S. 504 f., Anm. 29.
63 Deutsch, Verschwörung gegen den Krieg, S. 269 f.
64 Sendtner, Die deutsche Militäropposition, S. 426; vgl. Deutsch, Verschwörung gegen den Krieg, S. 272, und Müller, Das Heer und Hitler, S. 525.
65 Groscurth, Tagebücher, S. 63.
66 Ebd., S. 225.
67 Ebd., S. 228 ff.; vgl. Vincenz Müller, Ich fand das wahre Vaterland, hrsg. von Klaus Mammach, Berlin (Ost) 1963, S. 373 f.
68 Groscurth, Tagebücher, S. 232; Halder, Kriegstagebuch, Bd I, S. 128.

69 Vgl. dazu umfassend Josef Müller, Bis zur letzten Konsequenz. Ein Leben für Frieden und Freiheit, München 1975, S. 80 ff.

70 Groscurth, Tagebücher, S. 486-490.

71 Ebd., S. 234 f., 414-418; IMT, Bd 26, Dok. 789-PS, S. 327-336; vgl. Jacobsen, Fall Gelb, S. 58 ff.

72 Thomas, Gedanken und Ereignisse, S. 546, auch zum Folgenden.

73 Siehe die Angaben bei Groscurth, Tagebücher, S. 236; Hassell, Vom Andern Deutschland, S. 93 f.

74 Hassell, Vom Andern Deutschland, S. 95; vgl. Groscurth, Tagebücher, S. 246 f.

75 Thomas, Gedanken und Ereignisse, S. 546; Halder, Kriegstagebuch, Bd I, S. 159; Gert Buchheit, Ludwig Beck, ein preußischer General, München 1964, S. 228 f.; Hoffmann, Widerstand, S. 192 f.; Müller, Das Heer und Hitler, S. 556 f.

76 Hassell, Vom Andern Deutschland, S. 128; Ritter, Goerdeler, S. 226.

77 Hassell, Vom Andern Deutschland, S. 332-336, auch zum Folgenden.

78 Blaskowitz war Oberbefehlshaber Ost, Petzel war Wehrkreisbefehlshaber im Warthegau und Ulex Militärbefehlshaber in Krakau. Zu Einzelheiten siehe Hans Rothfels (Hrsg.), Ausgewählte Briefe von Generalmajor Helmuth Stieff (Dokumentation), in: VfZG, 2 (1954), S. 291-305 (vgl. bes. im Brief vom 21.11.1939: „Ich schäme mich, ein Deutscher zu sein"); Helmut Krausnick, Hitler und die Morde in Polen. Ein Beitrag zum Konflikt zwischen Heer und SS um die Verwaltung der besetzten Gebiete (Dokumentation), in: VfZG, 11 (1963), S. 196-209; Müller, Das Heer und Hitler, S. 426-456; Helmut Krausnick/Hans-Heinrich Wilhelm, Die Truppe des Weltanschauungskrieges. Die Einsatzgruppen der Sicherheitspolizei und des SD 1938-1942, Stuttgart 1981 (= Quellen und Darstellungen zur Zeitgeschichte, Bd 22), S. 102 ff.

79 Oberbefehlshaber des Heeres Nr. 231/40 geh. vom 7.2.1940 betr.: Heer und SS, in: Bundesarchiv-Militärarchiv Freiburg, Alliierte Prozesse 9/NOKW-1799. Zu einem ähnlichen Befehl von Generaloberst v. Küchler vom 22.7.1940 vgl. Manfred Messerschmidt, Völkerrecht und „Kriegsnotwendigkeit" in der deutschen militärischen Tradition seit den Einigungskriegen, in: German Studies Review, 6 (1983), S. 237-269, hier S. 250 ff., und Krausnick/Wilhelm, Die Truppe des Weltanschauungskrieges, S. 112.

80 Christof Dipper, Der deutsche Widerstand und die Juden, in: Geschichte und Gesellschaft, 9 (1983), S. 349-380, zum Folgenden S. 380.

81 Kordt, Nicht aus den Akten, S. 441; Gorscurth, Tagebücher, S. 311; Hans Rothfels, Adam von Trott und das State Department (Dokumentation), in: VfZG, 7 (1959), S. 318-332; ders., Trott und die Außenpolitik des Widerstandes (Dokumentation), in: VfZG, 12 (1964), S. 300-323; Christopher Sykes, Adam von Trott. Eine deutsche Tragödie, Düsseldorf 1969; Hassell, Vom Andern Deutschland, S. 112-118, 126; Deutsch, Verschwörung gegen den Krieg, S. 159 ff.

82 Vgl. Müller, Bis zur letzten Konsequenz, S. 80 ff.; Deutsch, Verschwörung gegen den Krieg, S. 107-157; Peter Ludlow, Papst Pius XII., die britische Regierung und die deutsche Opposition im Winter 1939/40, in: VfZG, 22 (1974), S. 229-341.

83 Zur Bewertung der britischen Haltung siehe J. Lonsdale Bryans, Zur britischen amtlichen Haltung gegenüber der deutschen Widerstandsbewegung, in: VfZG, 1 (1953), S. 345-351; Lothar Kettenacker, Die britische Haltung zum deutschen Widerstand während des Zweiten Weltkrieges, in: Das „Andere Deutschland" im Zweiten Weltkrieg. Emigration und Widerstand in internationaler Perspektive, hrsg. von Lothar Kettenacker, Stuttgart 1977, S. 49-76 mit Dokumentation S. 141-218.

84 Vgl. Müller, Bis zur letzten Konsequenz, S. 125.

85 Halder, Kriegstagebuch, Bd I, S. 245; Thomas, Gedanken und Ereignisse, S. 546.
86 Zur Rekonstruktion des Inhaltes vgl. Ritter, Goerdeler, S. 258; Sendtner, Die deutsche Militäropposition, S. 464 ff.; Deutsch, Verschwörung gegen den Krieg, S. 318-324; Müller, Bis zur letzten Konsequenz, S. 126, 130 ff.
87 Ritter, Goerdeler, S. 265, und Müller, Bis zur letzten Konsequenz, S. 137.
88 Hassell, Vom Andern Deutschland, S. 134.
89 Müller, Bis zur letzten Konsequenz, S. 139.
90 Vgl. dazu neuerdings Thun-Hohenstein, Der Verschwörer, S. 153 f., 190 ff.; ferner Ritter, Goerdeler, S. 263-266; Deutsch, Verschwörung gegen den Krieg, S. 96-106, 349-356; Sendtner, Die deutsche Militäropposition, S. 507-517; Jacobus G. de Beus: Morgen bei Tagesanbruch. Dramatische Stunden im Leben eines Diplomaten, Berlin 1982, S. 48 ff.
91 Deutsch, Verschwörung gegen den Krieg, S. 77-82.
92 Blasius, Für Großdeutschland, passim.
93 So noch die Zuspitzung in den älteren Arbeiten bei Hermann Graml, Der Fall Oster, in: VfZG, 14 (1966), S. 26-39; Gert Buchheit, Der deutsche Geheimdienst, München 1966, S. 286-306 (Der „Fall Oster" und die römischen Friedensgespräche); Fritz Bauer, Oster und das Widerstandsrecht, in: Politische Studien, 15 (1964), S. 188-194; vgl. auch die Würdigung bei Müller, Das Heer und Hitler, S. 570 ff., und Karl-Heinz Janßen, Ein Verrat für Europa: Oberst Oster warnt die Alliierten vor dem deutschen Überfall, in: Die Zeit, Nr. 20, vom 9.5.1980, S. 14.
94 Fabian von Schlabrendorff, Begegnungen in fünf Jahrzehnten, Tübingen 1979, S. 185; vgl. Graml, Der Fall Oster, S. 37, S. 39.
95 Siehe zum Folgenden: Meldungen aus dem Reich. Auswahl aus den geheimen Lageberichten des Sicherheitsdienstes der SS 1939-1944, hrsg. von Heinz Boberach, Neuwied/Berlin 1965, S. 77 (Lagebericht Nr. 99 vom 24.6.1940), S. 79 (Nr. 100 vom 27.6.1940).
96 Krausnick/Wilhelm, Die Truppe des Weltanschauungskrieges, S. 112.
97 Der Generalquartiermeister. Briefe und Tagebuchaufzeichnungen des Generalquartiermeisters des Heeres, General der Artillerie Eduard Wagner, hrsg. von Elisabeth Wagner, München 1963, S. 194 (7.7.1940).
98 Die Weizsäcker-Papiere, S. 204 (23.5.1940), S. 235 (2.2.1941, Nachtrag). Vgl. auch die Hinweise bei Breit, Staats- und Gesellschaftsbild deutscher Generale, S. 200 f.
99 Siehe dazu zusammenfassend Das Deutsche Reich und der Zweite Weltkrieg, hrsg. vom MGFA, Bd 4: Der Angriff auf die Sowjetunion, Stuttgart 1983, S. 3 ff. (Förster) und demnächst: Gerd R. Ueberschär, Hitlers Entschluß zum „Lebensraum"-Krieg im Osten. Programmatisches Ziel oder militär-strategisches Kalkül? In: „Unternehmen Barbarossa". Der deutsche Überfall auf die Sowjetunion 1941, hrsg. von Gerd R. Ueberschär und Wolfram Wette, Paderborn 1984.
100 Halder, Kriegstagebuch, Bd II, S. 261, vgl. ähnlich die Notiz in: Die Weizsäcker-Papiere, S. 229 (22.12.1940): „Ich selbst vermag noch immer nicht zu erkennen, was der Sinn eines Frühjahrsfeldzuges gegen Rußland sein soll."
101 Abgedruckt in: Groscurth, Tagebücher, S. 509-514.
102 Zum Folgenden vgl. die Hinweise in: Das Deutsche Reich und der Zweite Weltkrieg, Bd 4, S. 282 ff. (Boog); Andreas Hillgruber, Hitlers Strategie. Politik und Kriegführung 1940-1941, München ²1982, S. 211, 227, 396; IMT, Bd 9, S. 383 ff.; Die Weizsäcker-Papiere 1933-1950, S. 252; Generalfeldmarschall Keitel. Verbrecher oder Offizier? Erinnerungen, Briefe, Dokumente des Chefs OKW, hrsg. von Walter Görlitz,

Göttingen 1961, S. 392; Lagevorträge des Oberbefehlshabers der Kriegsmarine vor Hitler 1939-1945, hrsg. von Gerhard Wagner, München 1972, S. 142 ff., 151 ff., 173 f.

103 Vgl. Breit, Staats- und Gesellschaftsbild deutscher Generale, S. 203.

104 Robert Gibbons, Opposition gegen „Barbarossa" im Herbst 1940. Eine Denkschrift aus der deutschen Botschaft in Moskau (Dokumentation), in: VfZG, 23 (1975), S. 332-340.

105 Hassell, Vom Andern Deutschland, S. 186 f., auch zum folgenden Zitat; vgl. ferner Hermann Graml, Die deutsche Militäropposition vom Sommer 1940 bis zum Frühjahr 1943, in: Vollmacht des Gewissens, Bd 2, Frankfurt 1965, S. 429 ff.

106 Zu den einzelnen Erlassen und Befehlen vgl. nun: Das Deutsche Reich und der Zweite Weltkrieg, Bd 4, S. 421 ff. (Förster), dort auch Angabe weiterer Literatur; ebenso bei Manfred Messerschmidt, Die Wehrmacht im NS-Staat. Zeit der Indoktrination, Hamburg 1969, S. 369 ff.

107 Hoffmann, Widerstand, S. 333; Graml, Die deutsche Militäroppositon, S. 432 ff.; Rudolf-Christoph Frhr. v. Gersdorff, Soldat im Untergang, Frankfurt [2]1977, S. 86 ff.

108 Zu dem von Hoepner unterschriebenen Befehl des Kommandos der Panzergruppe 4, Ia Nr. 20/41 g.Kdos. Chefs., „Aufmarsch- und Kampfanweisung 'Barbarossa' (Studie)", vom 2.5.1941 siehe Bundesarchiv-Militärarchiv Freiburg, LVI. A.K., 17956/7a. Es handelt sich dabei jedoch nicht um eine unverbindliche „Studie", sondern um eine Anweisung zur Vorbereitung für den Fall „Barbarossa", der gemäß Befehl des Heeresgruppenkommandos C, Ia Nr. 8/41 g.Kdos. Chefs. vom 5.2.1941 betr. Aufmarschanweisung „Barbarossa" Ziff. 2.) h.) innerhalb der Heeresgruppe Leebs im Rahmen aller Vorarbeiten für „Barbarossa" als weiteres *Deckwort* „das Wort '(Studie)' beizufügen" war, siehe dazu ebd., RH 21-4/4. Die vorliegende Anweisung vom 2.5.1941 erhielt zudem am 20.6.1941 die offizielle Bezeichnung „Panzergruppen-Befehl Nr. 1", vgl. Kdo d. Pz.Gr. 4, Ia Nr. 290/41 g.K.Chefs., ebd., RH 21-4/10. In der Biographie von Heinrich Bücheler, Hoepner. Ein deutsches Soldatenschicksal des zwanzigsten Jahrhunderts, Herford 1980, hier vor allem S. 130 f., wird dazu keine Stellung genommen; siehe dazu Das Deutsche Reich und der Zweite Weltkrieg, Bd 4, S. 446 mit Anm. 134 (Förster).
In der vom Verf. erbetenen und 3.11.1983 verfaßten Stellungnahme und Beurteilung dieses Befehls Hoepners hält es dagegen General a.D. J.A. Graf v. Kielmansegg, der damals als 1. Generalstabsoffizier der 6. Panzerdivision unter Hoepner eingesetzt war, für nicht ausgeschlossen, daß die Diktion dieser Anweisung anhand von Befehlen vorgesetzter Stellen erfolgte und daß sie „keineswegs der Einstellung und Auffassung [Hoepners] entsprach", der dies zwar unterschrieben, möglicherweise jedoch in der endgültigen Formulierung dann nicht mehr überprüft habe. Der Befehl ist auszugsweise abgedruckt in Ueberschär/Wette (Hrsg.), „Unternehmen Barbarossa".

109 Hassell, Vom Andern Deutschland, S. 187.

110 Dazu umfassend Bodo Scheurig, Henning von Tresckow. Eine Biographie, Oldenburg [3]1973; Fabian von Schlabrendorff, Offiziere gegen Hitler, Frankfurt 1962 (= Fischer Bücherei, Bd 198), S. 57 ff.

111 Hoffmann, Widerstand, S. 335 f.

112 Zu den einzelnen Plänen vgl. ebd., S. 324 ff.

113 Zu den, insbesondere aus dem persönlichen Verhältnis zwischen Generaloberst v. Brauchitsch und General Halder resultierenden „inneren Schwierigkeiten" siehe Ueberschär, Generaloberst Halder, S. 30 f.

114 Siehe dazu vor allem Hans Mommsen, Gesellschaftsbild und Verfasungspläne des deutschen Widerstandes, in: Der deutsche Widerstand gegen Hitler, hrsg. von Walter Schmitthenner und Hans Buchheim, Köln/Berlin 1966, S. 73-167; Hermann Graml, Die außenpolitischen Vorstellungen des deutschen Widerstandes, ebd., S. 15-72; Klaus Hildebrand, Die ostpolitischen Vorstellungen im deutschen Widerstand, in: Geschichte in Wissenschaft und Unterricht, 29 (1978), S. 213-241.
115 Siehe Müller, General Ludwig Beck.
116 Zur Darstellung der „kleinen Widerstände im täglichen Leben" der Bevölkerung siehe das nun abgeschlossene Projekt „Bayern in der NS-Zeit", hrsg. von Martin Broszat u.a., Bd I-VI, München 1977-1983.

Peter Hoffmann

Der militärische Widerstand in der zweiten Kriegshälfte 1942-1944/45

Definitionen

Militärischen Widerstand nach Art des Jahres 1938 gab es 1942 nicht mehr[1]. Trotz Parallelen sind die auf 1938, 1938-1940 und 1942-1944 datierbaren Phasen scharf unterschieden.

Widerstand gegen den Nationalsozialismus reicht von der Ablehnung von dessen Programm und seinen Auswirkungen bis zur offenen oder heimlichen Gegentätigkeit. Widerstand gegen das nationalsozialistische Regime ist zu definieren als die offene oder versteckte Weigerung, sich der Politik des Regimes zu beugen, äußersten Falles der offene oder geheime Kampf gegen diese Politik und ihre Träger. Zu verbreiteter und langanhaltender Widerstandstätigkeit in Gestalt der passiven Verweigerung oder der Sabotage, zu einem Volkswiderstand mit der Aussicht, das Regime zu lähmen, ist es in Deutschland nicht gekommen. Die Gründe dafür sind hier nicht zu untersuchen, allenfalls anzudeuten: Solange das Regime im nationalen Sinn wenigstens oberflächlich erfolgreich war, also bis etwa 1942, ruhte es auf breiter Zustimmung, die während der dreißiger Jahre zunahm, durch Kriegsgefahr 1938 und 1939 beeinträchtigt und durch diplomatische und militärische Erfolge jeweils wieder hergestellt und erweitert wurde. Wenn auch genaue Daten fehlen, ist das Phänomen der breiten Zustimmung doch unverkennbar. Die Diktatur verhinderte zugleich jede offene Agitation gegen die Regierung, jede freie Entscheidung über ihre Politik und über Beibehaltung oder Wechsel der Regierung. Weiter beschränkten folgende Faktoren den potentiellen Volkswiderstand trotz allem individuellen Heroismus: die Mittel des Polizeistaates — das Monopol über Waffengebrauch, Nachrichtenmittel, Verkehrsmittel, Erziehung, politische Meinungsbildung, politische und gesellschaftliche Zusammenschlüsse und die mit allen technischen Mitteln arbeitende Polizei, die jede Gegenregung aufzuspüren suchte, systematisch alle Regimefeinde beseitigte und intensiv terroristisch zur Verbreitung von Furcht und Schrecken vorging.

Die natürlichen Gegner des Nationalsozialismus, Sozialdemokraten und Kommunisten, waren zu wenig entschlossen und organisiert, durch konspirative Untergrundorganisation leicht infiltrierbar und rasch zerschlagen. Helmuth Graf

Moltke beschrieb die Lage des Widerstandes nach drei Jahren Krieg, im März 1943, in einem Brief an einen englischen Freund, in dem er um Zusammenarbeit mit dem deutschen Untergrund warb[2]: Es mangle an Einigkeit, an Mitstreitern, an Nachrichtenmitteln. Es gebe keine breite geschlossene Front gegen Hitler wie in den besetzten Gebieten. Die jungen Männer, die für Revolutionen unentbehrlich seien, stünden fast alle an der Front oder seien gefallen. Das Schlimmste sei, daß man weder telephonieren noch die Post benützen könne oder Boten schicken, die Gefahren der Entdeckung durch Überprüfungen oder Zufälle bei feindlichen Bombenangriffen seien zu groß, mit vielen Menschen, mit denen man völlig einer Meinung sei, könne man nicht sprechen, weil man sie nicht den Gefahren der Gestapo-Verhörmethoden aussetzen könne. Was den Ruin Deutschlands herbeiführe, sei der Bevölkerung unbekannt oder nur nebelhaft erahnbar, nicht bewußtseinsbildend: Weder Soldaten noch Zivilisten erkennten die Kriegslage richtig; „neun Zehntel der Bevölkerung weiß nicht, daß wir Hunderttausende von Juden umgebracht haben" — der Briefschreiber beweist es selbst durch die viel zu niedere Zahl —, und niemand kenne die Zahl der Konzentrationslager und ihrer Insassen.

Die von vielen Regimegegnern nicht oder spät erkannte Unbeeinflußbarkeit der Regierung ließ keine Alternative zu einem Umsturz, der wegen der angedeuteten Bedingungen von der Verfügung über genügende physische Machtmittel, also von der passiven oder aktiven Unterstützung durch einen entscheidenden Teil der Streitkräfte abhing. In jedem Fall war der angestrebte Wechsel bzw. Umsturz nur mit im formalen Sinn ungesetzlichen Mitteln zu erreichen.

Damit war die hier nicht näher zu behandelnde Frage des Widerstandsrechts aufgeworfen. Das Widerstandsrecht ist theologisch und ethisch, in der Neuzeit vor allem naturrechtlich begründet worden. Pluralität und natürliche politische Rivalität im parlamentarischen Regierungssystem beruhen auf dem Naturrecht, das die Grundlage der amerikanischen und der französischen Revolution gewesen ist. Im Mittelalter gab es genaue Vorstellungen vom Widerstandsrecht, man findet sie in den Fürstenspiegeln, in der Lehre vom rex iustus; Luther, Beza, Althusius wären für die neuere Zeit zu nennen[3]. Zu Trägern des Widerstandes berufen waren also in erster Linie Obrigkeiten — Fürsten, Stadtregierungen gegenüber dem Kaiser —, vorgesetzte und natürliche Führer; nach deren Versagen konnte der einzelne das Recht oder die Pflicht zum Widerstand beanspruchen.

Vor Ausbruch des Zweiten Weltkrieges gab es im nationalsozialistischen Deutschland offen organisierten Widerstand nur von seiten der Kirchen und der Reichswehr; danach stellten sich einzelne, meist an einflußreicher Stelle, aber nicht unter Berufung auf ihre Amtspflicht, sondern in persönlicher Gewissensentscheidung gegen das Regime. Bei Ausbruch des Krieges kamen zu den Berufssoldaten und Wehrdienstpflichtigen Regimegegner aus zivilen Berufen in die Wehrmacht, z.B. in das OKW/Amt Ausland/Abwehr der Jurist und Reichsgerichtsrat Dr. Hans v. Dohnanyi als Sonderführer (Major), ferner Pfarrer Dietrich Bonhoeffer, die Juristen Dr. Hans Bernd Gisevius und Dr. Josef Müller, in Admiral Bürkners Amtsgruppe Ausland im OKW leistete der Jurist Helmuth Graf v. Moltke Kriegsdienst und der Fachmann für internationales Recht Dr. Berthold Schenk Graf v. Stauffenberg, Bruder des Generalstabsoffiziers Claus, wurde in der Völkerrechtsabteilung des OKM/1. Seekriegsleitung Intendanturrat und schließlich Marineoberstabsrichter; Hans Bernd v. Haeften, Peter Graf Yorck, Ulrich Graf Schwerin, Hans Herwarth v. Bittenfeld dienten im Heer. Die Grenzen wurden fließend zwischen oppositionellen Berufssoldaten wie Generaloberst Beck, Generalfeldmarschall v. Witzleben, Generalmajor Stieff und Oberst i.G. Graf Stauffenberg und den der Herkunft nach dem zivilen Widerstand angehörenden Kriegsdienstleistenden; „militärischer Widerstand" ist also nicht auf Berufssoldaten zu beschränken.

Der Begriff „militärischer Widerstand" ist auch insofern zu präzisieren, als er einerseits den Widerstand einer Organisation bezeichnet gegen Gleichschaltung und Wegnahme der eigenständigen Verantwortlichkeit, ferner den Widerstand einer Institution wie des Generalstabes des Heeres gegen eine Politik, die den wohlverstandenen Aufgaben der Institution widersprach und Nation und Staat mit Existenzvernichtung bedrohte; zum anderen meint der Begriff Widerstandshandlungen von Angehörigen der Wehrmacht. Die Grenzen bleiben fließend auch in der Phase 1942-1944. Major i.G. Claus Graf Stauffenberg handelte 1942 als verantwortlicher Leiter der Gruppe II der Organisationsabteilung des Generalstabes des Heeres und setzte die verfügbaren institutionellen Mittel ein für seine der Regierungspolitik entgegengesetzten Maßnahmen in Rußland; in gleicher Weise handelten der Kriegsverwaltungsrat Graf Moltke und der Intendanturrat Dr. Berthold Graf Stauffenberg, dienstlich, bei der Neuformulierung des Kriegsrechts in Admiral Gladischs „Vorausschuß K.R." oder in Kriegsgefangenen-, Geisel- und Prisenfragen[4].

General Becks offizielle Opposition, im Namen des Generalstabes des Heeres, gegen Tempo, Ausmaß und Methoden der Rüstungen und Heeresvermehrungen, die über das durch militärische Bündnisse der Umgebung, den Rüstungsstand potentieller Gegner sowie Deutschlands Bevölkerung und Wirtschaftskraft zu rechtfertigende Maß hinausgingen, berief sich auf die Dienstanweisung für den Chef des Generalstabes des Heeres und auf die Lehre des Generals v. Clausewitz. General Beck handelte als verantwortlicher Chef der ihm anvertrauten Institution.

In der Dienstanweisung des Oberbefehlshabers des Heeres vom 31. Mai 1935 heißt es[5], das Arbeitsgebiet des Chefs des Generalstabes des Heeres umfasse „die mit der Vorbereitung und Führung eines Krieges zusammenhängenden Gebiete", „Studium und Lösung der Probleme der Kriegsführung sowie die Richtung weisende Führung auf dem Gebiet der Heerestechnik"; er mußte also über die außenpolitische und militärpolitische Lage jederzeit unterrichtet sein und „vor Entscheidungen in allen wichtigen, sein Arbeitsgebiet betreffenden Fragen seine Ansicht zum Ausdruck bringen". Das konnte Beck gegenüber Hitler nicht, auch dann nicht, als der Diktator sich zum unmittelbaren Obersten Befehlshaber der Wehrmacht gemacht hatte — abgesehen von fünf Minuten am 10. März 1938, als Hitler Beck die sofortige Ausarbeitung der Befehle für die Besetzung Österreichs befahl; Beck konnte es gegenüber dem Oberbefehlshaber des Heeres, aber das nützte nicht, auch wenn dieser die Ansichten seines Chefs des Generalstabes teilte und entsprechend an den Obersten Kriegsherrn weitergab[6].

Clausewitz hatte am 22. Dezember 1827 dem Major i.G. v. Roeder geschrieben[7]: man müsse beachten, „daß der Krieg ein politischer Akt ist, der sein Gesetz nicht ganz in sich selbst trägt, ein wahres politisches Instrument, was nicht selbst wirkt, sondern von einer Hand geführt wird. Diese Hand ist die Politik." Je mehr es in einem Kriege um Sein oder Nichtsein gehe, desto einfacher und unpolitischer erscheine er, doch fehle auch in einem solchen Kriege nie das politische Prinzip, nur falle es „mit dem Begriff der Gewalt und Vernichtung ganz zusammen" und verschwinde dem Auge. Man brauche demnach nicht zu beweisen, „daß es Kriege geben kann, wo das Ziel ein noch geringfügigeres ist, eine bloße Drohung, eine bewaffnete Unterhandlung oder, in Fällen von Bündnissen, eine bloße Scheinhandlung. Es wäre ganz unphilosophisch zu behaupten, diese Kriege gingen die Kriegskunst nichts mehr an. Sobald die Kriegskunst sich einmal genötigt sieht, einzuräumen, daß es vernünftigerweise Kriege geben kann, die nicht das Äußerste, das Niederwerfen und Vernichten des Feindes, zum Ziele haben, so muß sie auch zu allen möglichen Abstufungen hinuntersteigen, die das Interesse der Politik fordern kann. Die Aufgabe und das Recht der Kriegskunst der Politik gegenüber ist hauptsächlich zu verhüten, daß die Politik Dinge fordere, *die gegen die Natur des Krieges sind*, daß sie aus Unkenntnis über die Wirkungen des Instruments Fehler begeht in dem Gebrauch desselben. Ich fordere also, daß überall, wo ein strategischer Entwurf möglich werden soll, das kriegerische Ziel beider Parteien festgestellt sei. Dieses Ziel geht hauptsächlich aus den großen politischen Verhältnissen beider Teile zueinander und zu denjenigen der übrigen Staaten hervor, welche an der Handlung Anteil nehmen können." Beck ließ diesen Brief Clausewitz' in einem Sonderheft der „Militärwissenschaftlichen Rundschau" Anfang März 1937 veröffentlichen, mit dem vielsagenden Untertitel „Gedanken zur Abwehr". Es war in der Zeit des Umschlagens der Politik Hitlers von Rüstungsmaßnahmen, die noch als der Verteidigung dienend vertreten werden konnten, zu expansiver Offensivstrategie, als Beck sich entsetzt äußerte über Gedanken einer größeren Intervention im spanischen Bürgerkrieg (Dezember 1936), drei Monate vor Becks Besuch in Paris, wo er vor einem neuen Krieg warnte und äußerte, es sei zunehmend schwieriger für die militärische Führung, die deutsche politische Führung an außenpolitischen Abenteuern zu hindern[7a].

Becks Opposition gegen Hitlers Kriegspolitik wurzelte noch tiefer. Mit dem älteren Moltke sah er „jeden Krieg, auch den siegreichen, als ein 'nationales Unglück'" an[8]. Seine Ansicht, eine Lösung der tschechischen Frage sei erforderlich, ist immer begleitet von dem Beweis, daß dies auf kriegerische Weise nur in einem „günstigen" Augenblick geschehen könnte, d.h. als „Aushilfe" in einem möglichen Krieg gegen Frankreich (wegen des französisch-tschechischen Bündnisses), und daß ein solcher günstiger Augenblick nie eintreten könne, weil früher oder später England und dann Amerika in einen solchen Krieg eintreten würden. Man muß ferner beachten, daß Beck laut Dienstanweisung nur mit „militärpolitischen" Erwägungen argumentieren könnte, daß er die „Perfidie" der Politik Hitlers nur intern anprangern konnte[9].
Beck hat nicht nur die Katastrophe einer unverantwortlichen, abenteuerlichen Außenpolitik vorausgesagt, sondern auch 1938 daraus die Konsequenz gezogen, als er aus Protest gegen Hitlers Politik in der tschechischen Krise und nach vergeblichen Versuchen, durch einen Kollektivschritt der Kommandierenden Generale den Staatsstreich und Umsturz herbeizuführen, im August 1938 zurücktrat.

Der Generalstab trat nach dem 4. August 1938 nie mehr mit der Geschlossenheit auf wie unter Becks Führung. Das lag nicht nur an den ganz anderen Persönlichkeiten der Nachfolger, Halder und Zeitzler, sondern auch an der weitergehenden Willfährigkeit des Oberbefehlshabers des Heeres, Brauchitsch, und an seiner persönlichen Abhängigkeit von Hitler. Gegen den Westfeldzug im Herbst 1939 sträubte sich die Heeresführung mit guten Gründen und mit Erfolg, führte ihn aber nach besserer Vorbereitung im Mai 1940 nicht ungern. Zu einem Widerstand gegen den Rußlandfeldzug ist es nicht gekommen. Der Strategiestreit von 1941, der schließlich in der Entlassung Brauchitschs und in der Übernahme des Oberbefehls über das Heer durch Hitler endete, kann nicht als Manifestation des Widerstandes gegen den Nationalsozialismus und seine Politik angesehen werden. Auch ist die tiefe Verstrickung der höheren Führer in Hitlers germanische Großreich-Ziele nicht zu übersehen. Hitler war doch nicht allein in seiner Verbitterung über den „gestohlenen" Sieg im Ersten Weltkrieg, über den Verlust des im Frieden von Brest-Litowsk kodifizierten Sieges über Rußland und der Ausdehnung der deutschen Herrschaft nach Osten[10]. Generalfeldmarschall v. Manstein gab den Krieg auch nach Stalingrad nicht verloren, wenigstens sagte er das[11], und er war damit nicht allein. Hitler wußte zwar im Dezember 1941, daß der Krieg verloren sei[12], aber für ihn war die Fortsetzung des Kampfes nicht sinnlos, weil er neben der Errichtung des germanischen Großreiches eine ihm mindestens ebenso wichtige Völkermordpolitik betrieb. Die Verstrickung der Heerführer im Osten und im Oberkommando auch in diese Politik — Stichworte sind Kommissarrichtlinien und Einsatzgruppen — ist um so tragischer, wenn sie mehr auf Schwäche denn auf Zustimmung zurückzuführen ist.

Im folgenden sind drei Aspekte des militärischen Widerstandes in der zweiten Hälfte des Krieges zu untersuchen:

1. die Organisation des militärischen Widerstandes in den drei Zentren — a) Berlin und Hauptquartier des OKH, b) Heeresgruppe Mitte, c) Militärbefehlshaber Frankreich, Oberbefehlshaber West und Heeresgruppe B — und deren Aktionen;
2. die Koordination der Zentren in der Umsturzplanung;
3. der Ablauf des Aufstandversuches und die sich daraus ergebenden Motive der Handelnden.

1. Drei Zentren des militärischen Widerstandes

a) Berlin

Das 1938 konstituierte Zentrum unter der Führung von Generaloberst Beck funktionierte auch während der Jahre 1942-1944. Aber erst Ende 1942 wurden Vorbereitungen wieder aufgenommen, die den Einzelplanungen von 1938 annähernd ebenbürtig sein konnten. Auch entschlossene Gegner Hitlers glaubten nicht, ein im Felde erfolgreiches Heer während des Siegeszuges umdrehen und gegen seinen Obersten Befehlshaber führen zu können. Hinderlich war ferner die Dezentralisation der Kommandozentren, der Heimatdienststellen des Heeres und der Wehrmacht in Berlin mit den verschiedenen Aufenthaltsorten des höchsten Feldhauptquartiers, des Führerhauptquartiers, in der „Wolfschanze" in Ostpreußen, in „Wehrwolf" bei Winniza in der Ukraine und auf dem „Berghof" bei Berchtesgaden. So hatte sich seit 1938 manches verändert, und Dr. Gisevius, der nun Anfang 1943 wieder in einem Zimmer in der Bendlerstraße saß, um die 1938er Pläne aufzufrischen, war überrascht, wie wenig sie von Generalmajor Oster auf dem neuesten Stand gehalten worden waren.

Die führenden Persönlichkeiten der Berliner Zentrale waren Beck und Oster. In der Verschwörung wirkten weiter Schlüsselfiguren wie General Olbricht im Allgemeinen Heeresamt; sein Vorgesetzter, der Chef der Heeresrüstung und Befehlshaber des Ersatzheeres, Generaloberst Fromm, wußte spätestens 1944 von der Verschwörung, duldete sie auch, ohne sie zu unterstützen. Der Wehrmachtstandortkommandant in Berlin, Generalleutnant v. Hase, war im Komplott. Im Stellvertretenden Generalkommando III. Armee-Korps und Wehrkreiskommando III (Berlin) gehörten dazu seit März 1943 der Chef des Generalstabes Generalmajor v. Rost sowie seit Juni 1944 sein Nachfolger Generalmajor Herfurth; auf den Stellvertretenden Kommandierenden General, General der Infanterie v. Kortzfleisch, konnte man jedoch nicht zählen. Ferner war eine Anzahl hoher Stabsoffiziere eingeweiht und zu aktiver Teilnahme bereit, z.B. der Erste Generalstabsoffizier, Oberstleutnant Mitzkus.

Trotz den häufigen Ortswechseln des Feldhauptquartiers des Oberkommandos und des Generalstabes des Heeres, die im Frieden in der Berliner Bendlerstraße beheimatet waren, sind die im Feldhauptquartier tätigen Verschwörer zur Berliner Zentrale zu zählen, so der Generalquartiermeister, Generalleutnant Eduard Wagner, und der Chef der Heeresnachrichtenverbindungen und Chef des Wehrmachtnachrichtenwesens, General Fellgiebel, und seine beiden Chefs des Stabes, Oberst Hahn und Generalleutnant Thiele. Generaloberst Halder, der Chef des Generalstabes des Heeres, konnte seit 1939/1940 nicht mehr zur aktiven Opposition gezählt werden, obwohl er mit ihr in Verbindung blieb. Auch sein Nachfolger seit September 1942, General Zeitzler, wußte von der Verschwörung, nahm aber nicht aktiv teil.

Das Telephonverzeichnis des OKH/Generalstab des Heeres von März 1944 führt Angehörige der Verschwörung auf beim Chef des Generalstabes des Heeres (den Adjutanten, Oberstleutnant i.G. Smend), in der Organisationsabteilung (den Abteilungschef, Generalmajor Stieff, den Gruppenleiter II, Oberstleutnant i.G. Klamroth, als Nachfolger Stauffenbergs, ferner Oberleutnant d.R. v. Hagen), in der Abteilung Fremde Heere West (den Abteilungschef, Oberst i.G. Freiherr v. Roenne), den Vertreter des Auswärtigen Amts beim OKH/Generalstab des Heeres (Vortragenden Legationsrat Major d.R. v. Etzdorf), in der Heerwesenabteilung beim General z.b.V. beim OKH (den Abteilungschef, Oberstleutnant i.G. Freiherr Freytag v. Loringhoven, und Major Schrader als Leiter der Gruppe Abwehr), beim Chef des Heeresnachrichtenwesens (den Chef des Stabes, Oberst Hahn, sowie mehrere eingeweihte Gruppenleiter), beim General der Freiwilligen-Verbände beim Chef des Generalstabes des Heeres (den Adjutanten und Verbindungsoffizier zum Reichsministerium für die besetzten Ostgebiete, Rittmeister d.R. Herwarth v. Bittenfeld), in der Leitstelle der Nachrichten-Aufklärung (den Leiter, Oberstleutnant Baron v. der Osten genannt Sacken), und den Chef des Heeresjustizwesens Dr. Sack[13]. Im OKW konnten die Verschwörer bis Anfang 1944 auf den Chef des OKW/Amt Ausland/Abwehr, Admiral Canaris zählen, bis April 1943 auf den Leiter der Zentralabteilung, Generalmajor Oster, auf eine Anzahl Mitarbeiter (Bonhoeffer, Dohnanyi, Müller, Gisevius, Guttenberg), ferner auf Moltke und seine Mitarbeiter.

Auch in anderen hohen Dienststellen gab es Verbündete, z.B. im Berliner Polizeipräsidium den Präsidenten Graf Helldorff; sein früherer Vizepräsident Fritz-Dietlof Graf v. der Schulenburg war 1940 als Leutnant der Reserve in das Heer „emigriert", diente im Infanterieregiment Nr. 9 und sammelte fieberhaft Anhänger, seit Januar 1943 im Sonderstab des Generals v. Unruh, der Dienststellen und Stäbe nach abkömmlichen Wehrdienstfähigen durchkämmte, was Schulenburg eine ausgedehnte Reisetätigkeit ermöglichte; ferner saß im Reichskriminalpolizeiamt, das zum Reichssicherheitshauptamt gehörte, der allerdings nicht eindeutig einzuordnende Direktor, Arthur Nebe.

Mag auch die Geduld auf die Probe gestellt werden, ist die Aufzählung doch nötig, um einen Begriff der Verzweigung der Verschwörung zu geben. Zugleich ist der Widerspruch zu bedenken, daß die vielen leitenden Offiziere nur in seltenen Fällen auch ihre Abteilungen in die Verschwörung einbringen konnten, wenn auch manche mit Hilfe ihrer Autorität und Verfügungsgewalt, wie etwa Stauffenberg, eine Gegenpolitik betrieben; sehr häufig blieben sie einzelne, wenn auch mit besonderen Einblicken und Möglichkeiten zu Querverbindungen.

Zu den der Berliner Zentrale verfügbaren militärischen und paramilitärischen Kräften gehörten die der Wehrmachtstandortkommandantur und dem Stellvertretenden Generalkommando unterstehenden Truppen in und um Berlin, so das Berliner Wachbataillon und einige Ersatztruppenteile, zumal das Ersatzbataillon des Infanterieregiments Nr. 9 in Potsdam durch seinen eingeweihten Kommandeur Major Meyer und dessen Adjutanten Oberleutnant v. Gottberg, die Ersatztruppen des Kommandeurs der Panzertruppen II und XXI in Frankfurt/Oder, Oberst Fritz Jäger, ferner die Heeresschulen, die dem Allgemeinen Heeresamt beim Chef der Heeresrüstung und Befehlshaber des Ersatzheeres (Chef H Rüst u. BdE) unterstanden, ferner zeitenweise das Bau-Lehr-Bataillon z.b.V. 800 in Brandenburg/Havel, inzwischen zum Regiment, Ende Oktober 1942 zur Division erweitert, wobei das I. Bataillon in Brandenburg blieb und dem OKW/Amt Ausland/Abwehr direkt unterstand; Anfang 1943 wurde die Division interimistisch von dem mitverschworenen Oberst Lahousen geführt, dann ab 1. April 1943 von Generalmajor v. Pfuhlstein; das nun für die Zwecke der Verschwörung in Frage kommende Regiment 4 wurde von Oberstleutnant Heinz, einem Veteranen der Umsturzpläne von 1938, geführt und war im März 1943 für den Umsturz verfügbar, aber im April geriet Canaris' Amt so in Mißkredit, daß der Einsatz fraglich wurde.

Grundsätzlich konnte man mit den genannten Einheiten nicht nach Belieben verfahren, man brauchte immer einen plausiblen Grund für den gedachten Einsatz: Dieser Gedanke lag den systematischen „Walküre"-Planungen Tresckows und Stauffenbergs zugrunde, von denen die Rede sein wird. Auch verliefen die Umsturzplanungen nicht so erfolgreich, wie es nach der vorstehenden Aufzählung scheinen mag, es gab immer wieder schwere Rückschläge.

Der seit 1938 in der Verschwörung beteiligte Oberbefehlshaber West in Saint Germain bei Paris, Generalfeldmarschall v. Witzleben, wurde 1942 krank und erhielt zum 15. März den Abschied. Oberstleutnant i.G. Groscurth wurde in Stalingrad vermißt. Schulenburg wurde am 2. April 1943 verhört, weil sich herumgesprochen hatte, er suche „zuverlässige" Offiziere für das Ersatz-Bataillon 9 in Potsdam, und er sollte das erklären. Beck wurde Anfang März 1943 schwer krank und mußte sich einer Operation unterziehen, er stand überdies ständig unter Gestapo-Beobachtung. Etwa zur gleichen Zeit wurde Oberst Fritz Jäger verhaftet sowie sein Sohn, der als Oberleutnant in Frankfurt/Oder lag und unvorsichtig geäußert hatte, es werde bald losgehen, sein Vater werde das Wachbataillon übernehmen; die Sache ging glimpflich ab. Jedoch gelang Himmler ein wirklich schwerer Schlag gegen die Verschwörergruppe in der Abwehr, durch eine Devisenaffäre eines V-Mannes der Münchner Abwehrdienststelle, wodurch ein weiterer „Skandal" entdeckt wurde: Der Sonderführer Dr. v. Dohnanyi in der Zentralabteilung der Abwehr, der selbst jüdische Vorfahren hatte, hatte jahrelang Juden als „Agenten" ins Ausland gebracht und so der Ermordung entzogen. Am 5. April 1943 erschien ein Kriegsgerichtsrat, Dr. Roeder, mit einem

Kommissar der Geheimen Staatspolizei bei Canaris, unterrichtete ihn von der Einleitung einer Untersuchung, ging dann zu Oster und ersuchte ihn, bei der Verhaftung Dohnanyis zugegen zu sein; durch eine Ungeschicklichkeit Osters kam dieser selbst in den Kreis der Verdächtigten, wurde unter Hausarrest beurlaubt, im Juni in die Führerreserve versetzt und am 4. März 1944 aus dem aktiven Wehrdienst entlassen, und er blieb unter Gestapo-Überwachung, wodurch alle seine Kontakte mit der Verschwörung diese aufs höchste gefährdeten. Ebenfalls am 5. April 1943 wurden Dr. Josef Müller, Dietrich Bonhoeffer und seine Schwester, Frau v. Dohnanyi, verhaftet. Das Zentrum in der Abwehr war damit ausgeschaltet. Durch den Versuch des preußischen Finanzministers Dr. Popitz und des Rechtsanwalts Langbehn, Himmler im August 1943 für den Umsturz zu gewinnen, und durch Langbehns Verhaftung arbeitete sich die Gestapo weiter in das Berliner Verschwörerzentrum vor. Im Juni 1944 wurde Oberst Staehle verhaftet, der Verbindung zur holländischen Widerstandsbewegung hielt und zum Kreis um Goerdeler und Frau Solf gehörte (in Berlin-Frohnau war er Kommandeur des Invalidenheims); am 18. Juli 1944 erging ein Haftbefehl gegen den profiliertesten der zivilen Führer der Verschwörung, Dr. Goerdeler. Goerdeler konnte nach dem 20. Juli 1944 zunächst flüchten und wurde erst am 12. August verhaftet, aber Staehle wurde schon im Juni zu gefährlichen Aussagen gebracht.

Aktionen

Im Januar 1942, im Zeichen der Winterkatastrophe in Rußland, fuhr der frühere Botschafter in Rom, Ulrich v. Hassell, im Einvernehmen mit Beck, Goerdeler, Oster, Dohnanyi und anderen zu General Alexander v. Falkenhausen nach Brüssel, wo dieser als Militärbefehlshaber in Belgien und Nordfrankreich residierte, und zu Generalfeldmarschall v. Witzleben, dem Oberbefehlshaber West in St. Germain. Der Vorschlag Becks und Goerdelers, den Staatsstreich durch einen Putsch Falkenhausens und Witzlebens vom Westen her einzuleiten, wurde von den Befehlshabern mangels geeigneter Truppen für utopisch gehalten (später, nach Errichtung der Invasionsfront, schien es solche Möglichkeiten zu geben). Gegen Ende März 1942 beschloß die Gruppe Beck — Hassell — Oster — Olbricht mit Zuziehung Goerdelers und Professor Dr. Jens Peter Jessens (beim Generalquartiermeister tätig), daß alle Fäden der Verschwörung bei Beck zusammenlaufen sollten, und seit Juli 1942 hatte die Berliner Zentrale durch den Leutnant d.R. und Rechtsanwalt Fabian v. Schlabrendorff, Ordonnanzoffizier bei

Tresckow im Stab der Heeresgruppe Mitte, ständige Verbindung zu dieser Heeresgruppe. Später im Jahr besuchte Goerdeler den Oberbefehlshaber der Heeresgruppe Nord, Generalfeldmarschall v. Küchler, in Königsberg, und den Oberbefehlshaber der Heeresgruppe Mitte, Generalfeldmarschall v. Kluge, in Smolensk, um sie für den Staatsstreich zu gewinnen, was bei Kluge gelungen zu sein schien, sich aber mehrfach als Täuschung erwies. Bei einem Treffen zwischen Goerdeler, Olbricht und Tresckow in Berlin Ende 1942 oder Anfang 1943 verpflichtete sich Olbricht, mit Hilfe von Einheiten des Ersatzheeres in Berlin und in anderen wichtigen Städten die Umwälzung durchzuführen, wenn die „Initialzündung", die Ermordung Hitlers, den „eidfreien" Zustand geschaffen hätte. Es ergab sich, daß vorderhand nur Tresckow und seine engsten Mitverschworenen, also eine Gruppe im kämpfenden Feldheer, entschlossen und fähig waren, Hitler umzubringen. Die Frage, ob vorwiegend Truppen des Ersatzheeres oder des Frontheeres die Schlüsselpositionen im Reichsgebiet besetzen und die Führer des Regimes festsetzen bzw. beseitigen sollten, war nicht klar entschieden, man entschloß sich zu einer Zwischenlösung, nämlich der Aufstellung von Spezialverbänden als mobiler Einsatztruppe.

Tresckow war an einer weiteren Berliner Aktion beteiligt, dem Versuch, eine „Änderung der Spitzengliederung" der Wehrmacht, besonders des Heeres herbeizuführen. Es gab ja damals Oberbefehlshaber verschiedener Heeresgruppen, aber keine Oberbefehlshaber für die jeweiligen Kriegsschauplätze. Der Oberbefehlshaber des Heeres, seit Dezember 1941 Hitler, war der Oberste Feldherr des Kriegsschauplatzes im Osten und führte dort durch die Heeresgruppenkommandos, intervenierte aber auch bis auf die Divisionsebene herab, zugleich assistierte ihm bei der Führung der Wehrmachtführungsstab, und als Oberbefehlshaber der Wehrmacht führte er außerdem alle anderen Teile der Wehrmacht sowie einzelne Kriegsschauplätze, wie Nordafrika, vor allem durch den Wehrmachtführungsstab, und schließlich war er noch Regierungschef, Staatsoberhaupt und Parteiführer. Im Ersten Weltkrieg hatte es einen Oberbefehlshaber der Ostfront (Oberost) gegeben, in den dreißiger Jahren gab es über die Führungsgliederung in Wehrmacht und Heer Diskussionen und Auseinandersetzungen, denen Hitler mit seinen Streichen von Januar 1938 und Dezember 1941 jeweils den Boden entzog[14]. Jedoch waren das Nebeneinander und Durcheinander der Führungsgewalten noch unerträglicher geworden und gefährdeten die Kriegführung, nicht nur wegen ihrer Unklarheit, sondern vor allem wegen des Mangels an Verläßlichkeit und Kontinuität: Selbst wenn Hitler die fachlichen Voraussetzungen gehabt hätte, die ihm ja fehlten, hätte er als einzelner unmöglich sämtliche Kriegsschauplätze mit der nötigen Aufmerksamkeit und Sorgfalt, auch nur mit dem nötigen ungeteilten Zeitaufwand führen können. Dazu kamen Rivalitäten nicht nur zwischen OKW und OKH, und zwischen diesen und verschiedenen nicht-militärischen Behörden wie Rosenbergs Reichsministerium für die besetzten Ostgebiete, den Reichskommissaren, den Himmler unterstellten Einsatzgruppen und sonstigen polizeilichen Kräften, den Rüstungs- und Arbeitseinsatz-Organisationen. Dieser Zustand hatte 1942 auch Stauffenberg in der Organisationsabteilung des Generalstabes des Heeres zur Verzweiflung getrieben[15].

Im Dezember 1941 hatte der Gruppenleiter II der Organisationsabteilung, Major i.G. Graf Stauffenberg, gemeint, die Vereinheitlichung des Oberbefehls in Hitlers Händen sei zu begrüßen; denn er hatte damals eine hohe Meinung von Hitlers strategischen Fähigkeiten. Im Laufe des Jahres 1942 erkannte er die Fehleinschätzung, als immer wieder vernünftige Maßnahmen zur Stärkung der Front aus sachfremden, propagandistischen oder rasseideologischen Gründen verhindert wurden, und er sprach mit vielen Kameraden, z.B. Major i.G. Sauerbruch, von seiner Erbitterung und Empörung. Im Februar 1942 hatte die Organisationsabteilung angeregt, aus angeschlagenen Verbänden durch Zusammenlegen wieder einsatzfähige und auf volle Kampfkraft gebrachte Divisionen zu bilden, der Vorschlag wurde im März 1942 abgelehnt, aus propagandistischen Gründen; wenig später, im Juni, kam Hitlers Verbot, Freiwilligenverbände aus Angehörigen der Völker der Sowjetunion aufzustellen; schließlich entsprachen die Rüstungskapazitäten und die völlig erschöpften Ersatzreserven in keiner Weise der wachsenden Stärke der Roten Armee[16].

Stauffenberg versuchte, durch konspirative Umgehung von Führerbefehlen, wie bei der Aufstellung der Freiwilligen-Verbände, zum Erfolg der deutschen Waffen gegen Hitlers Absichten und Handeln beizutragen[17]. Das nützte unmittelbar praktisch zu wenig, und im großen gar nichts, solange damit aus Rücksicht auf die militärische Lage ein Verbrecherregime gestützt und seine Lebensdauer verlängert wurde, ohne daß dem Reich irgendein wirklicher Nutzen erwuchs. Eine etwa bestehende Absicht, das Regime später zu stürzen, wurde so eher behindert als gefördert, und zudem wurde man für die fortgesetzten Verbrechen mitverantwortlich.

Die Führungsverhältnisse Ende des Jahres 1942 waren grotesk. Am 31. Oktober und am 1. November 1942 wurde das Hauptquartier des Generalstabes des Heeres in 48stündiger Bahnfahrt von Winniza zurück nach „Mauerwald" in Ostpreußen verlegt, Hitlers Führerhauptquartier wechselte zugleich von „Wehrwolf" in der Ukraine zur „Wolfschanze" in Ostpreußen. Am 7. November schon fuhr Hitler von dort weiter im Sonderzug mit Keitel und Jodl, den Chefs des OKW und des Wehrmachtführungsstabes, nach München, um dort am 8. November die traditionelle Bierkellerrede zur Feier des Putschversuches von 1923 zu halten, bei der er nun sagte, Stalingrad, den gigantischen Umschlagplatz, habe man erobert[18]. Inzwischen wohnte er in München im „Führerbau" in seiner Privatwohnung („Führerwohnung") am Prinzregentenplatz und zog am 14. November nach dem „Berghof" um. Der Wehrmachtführungsstab war zunächst in Ostpreußen geblieben und dann in der Nacht des 14. November in Salzburg eingetroffen, wo die Feldstaffel im Sonderzug liegenblieb, während Keitel und Jodl in der „Kleinen Reichskanzlei" im Ort Berchtesgaden, etwa 20 Fahrminuten vom „Berghof" entfernt, unterkamen. Inzwischen hatte am 23. Oktober 1942 die feldzugwendende Offensive Montgomerys in Nordafrika begonnen, die in ihrer Bedeutung zehn Tage lang nicht erkannt wurde, bis Rommel am 2. November seinen eigenmächtigen Entschluß zum Rückzug an Hitler meldete; am 11. November wurde Pétains „État français" besetzt; am 18. November begann die sowjetische Offensive bei Stalingrad; Zeitzler und der gesamte Führungsapparat des Heeres befanden sich 1000 Kilometer von Berchtesgaden entfernt in Ostpreußen[19]. Hatte Hitler vor dem 2. November in der Ukraine und in Ostpreußen die Katastrophe auf dem nordafrikanischen Kriegsschauplatz nicht zur Kenntnis genommen, so sah er nun lediglich auf das Mittelmeer und vernachlässigte das 2000 Kilometer entfernte Stalingrad und die dort heraufziehende tödliche Gefahr.

Man dachte also in Berlin daran, durch den Chef des Generalstabes des Heeres, Zeitzler, durch Olbricht, durch Fromm oder durch den Generalinspekteur der Panzertruppen, Generaloberst Guderian, bei Hitler eine „Änderung" zu bewirken. Kluge sollte Chef des Generalstabes des Heeres werden, Manstein Oberbefehlshaber — oder umgekehrt[19a].

Die Trennung von Führerhauptquartier und Feldhauptquartier des Oberkommandos des Heeres und die daraus sich ergebenden Schwierigkeiten schlugen sich am 17. bzw. 18. November 1942 in einer Vortragsnotiz der Organisationsabteilung des Generalstabes des Heeres nieder, in der man die Diktion Stauffenbergs erkennen mag; sie sprach von sich überschneidenden Führungsverhältnissen und drängte auf Klarstellung[20]. Wenn man aber hoffte, Hitler zu seiner eigenen Entlassung als Oberbefehlshaber des Heeres bewegen zu können, so gab man sich phantastischen Illusionen hin. Stauffenberg tat dies nicht; er hatte, ehe den Generalstabsoffizieren die Erörterung der Frage verboten wurde, die konsequenteste und einzig realistische Lösung der Kriegsspitzengliederung gefunden: die Entmachtung Hitlers[21].

b) Ostfront

Die Seele und der Motor der Umsturz-Zentrale an der Ostfront war Generalmajor Henning v. Tresckow[22]. Wie zuvor schon beim Frankreichfeldzug, glaubte Tresckow auch beim Beginn des Krieges gegen Rußland, das deutsche Heer werde rasch eine Niederlage erleiden, und der Umsturz werde dadurch psychologisch und praktisch möglich. Sobald ihm klar war, daß der Angriff gegen Rußland vorbereitet werde, bemühte er sich, damals noch Oberstleutnant i.G., als Ia des Heeresgruppenstabes (Oberbefehlshaber war bis Mitte Dezember 1941 Generalfeldmarschall v. Bock, dann Generalfeldmarschall v. Kluge), im Stab die geeigneten Offiziere zusammenzubringen. Zu ihnen gehörten: der Ia/op Oberst i.G. Schulze-Büttger (von August bis Oktober 1938 war er Adjutant bei Beck gewesen) und sein Nachfolger seit Februar 1943, Oberstleutnant i.G. v. Voß, der vorher Id (Ausbildungsfragen) im selben Stab und davor im Stab Witzlebens gewesen war; Voß' Nachfolger als Id, Major i.G. v. Oertzen; der Ib (Versorgung) Oberstleutnant i.G. Berndt v. Kleist; der Ic/AO Oberst i.G. Freiherr v. Gersdorff; die Ordonnanzoffiziere bei Bock und Kluge, Major d.R. Carl-Hans Graf v. Hardenberg, Oberleutnant d.R. Heinrich Graf v. Lehndorff, seit Juni 1942 Oberleutnant Philipp Freiherr v. Boeselager, dessen Bruder Georg den Reiterverband Boeselager, später Kavallerie-Regiment Mitte, aufstellte, das auch für den Staatsstreich zur Verfügung stehen sollte, ferner Major d.R. Schach v. Wittenau, Rittmeister Eberhard v. Breitenbuch; der Ordonnanzoffizier des Ia, Leutnant d.R. v. Schlabrendorff, sowie der des Nachrichtenführers der Heeresgruppe, Leutnant d.R. Graf v. Berg, und andere.

Aktionen

Ende August oder Anfang September 1941 versuchte General Thomas durch persönliche Besuche bei Heeresgruppen im Osten den Umsturz zu fördern, ohne Erfolg. Ende September 1941 reiste Schlabrendorff in Tresckows Auftrag nach Berlin, um herauszufinden, ob es dort brauchbare Kristallisationspunkte gebe, und um die Bereitschaft „zu allem" im Stab der Heeresgruppe Mitte zu versichern. Tresckows Versuch, im Schock der Winterkrise Generalfeldmarschall v. Bock zu gewinnen, scheiterte im Anlauf: Bock schrie ihn an, er dulde so etwas nicht und werde sich vor den Führer stellen. Seinen Nachfolger Kluge meinte man mehrfach gewonnen zu haben, doch tatsächlich konnte man sich nicht auf ihn verlassen. Tresckow und Stauffenberg kamen zu der Überzeugung, daß rangniederere Offiziere den Umsturz herbeiführen müßten; Moltke hatte die Hoffnung auf die Generale immer schon für einen Irrtum gehalten.

Tresckow befaßte sich inzwischen mit Methoden des Attentats und ließ durch Gersdorff Sprengstoff beschaffen und ausprobieren. Obwohl er Sprengstoff für das sicherste Mittel zur Beseitigung Hitlers hielt, erwog er auch andere Verfahren, aber im Jahre 1942 kam es zu keinem Versuch, hauptsächlich weil die Voraussetzungen in Berlin nicht gesichert schienen. Anfang 1943 erklärten sich Rittmeister Schmidt-Salzmann und Oberstleutnant i.G. v. Kleist bereit, mit zehn Offizieren des Reiterverbandes „Boeselager" Hitler bei einem Frontbesuch im Kasino der Heeresgruppe zu erschießen; aber Kluge, den man unterrichten mußte, weil er dabei wäre und weil man auf seine Führung zählte, war dagegen, den Mann so beim Essen zu erschießen — und da könnten doch auch andere gefährdet werden, auf die man nicht verzichten könne. Die überraschend hereintretenden Attentäter hätten ohne genaues Zielen schon beim Eintritt in den Kasinosaal von der vom Eßtisch ziemlich weit entfernten Tür schießen müssen.

Am 17. Februar 1943 flog Hitler in plötzlichem Entschluß mitten in der Nacht zum Hauptquartier der Heeresgruppe Don in Saporoshe. Im Hauptquartier der Heeresgruppe B in Poltawa bei Generalfeldmarschall Freiherr v. Weichs hatte man gehofft, Hitler werde dort Besuch machen: hierbei wollten ihn General Lanz, Kommandeur der Armee-Abteilung Lanz, und sein Chef des Stabes, Generalmajor Dr. Speidel, mit Hilfe des Panzer-Regiments „Großdeutschland", unter Oberst d.R. Graf Strachwitz, festnehmen und bei der zu erwartenden Gegenwehr seiner Leibwachen schon auf dem vom Panzer-Regiment zu umstellenden Flugplatz erschießen lassen. Schon damals war auch Rommel durch den Stuttgarter Oberbürgermeister vom „Plan Lanz" unterrichtet.

Im selben Monat war Schlabrendorff wieder in Berlin, Olbricht wollte am 1. März die Vorbereitungen abgeschlossen haben, der Kriegstagebuchführer im Stab des Chef H Rüst u. BdE, Studienrat und Hauptmann d.R. Hermann Kaiser notierte: „Termin: 1.3.1943." Am 7. März flog Canaris mit Gefolge nach Smolensk, um eine Ic-Besprechung zu veranstalten. Er brachte seinen Chef der Zentralabteilung, Generalmajor Oster mit, den Leiter der Abteilung II (Sabotage), Oberst Lahousen, den Sonderführer Dr. v. Dohnanyi, und eine Kiste Sprengstoff für Gersdorffs Abteilung II (Sabotage).

Sechs Tage später war Hitler in Smolensk, wobei der Kasinoanschlag wegen Kluges Einspruch nicht stattfand, auch die durch Wachtruppen des Reiterverbandes Boeselager vorgesehene Erschießung Hitlers auf dem Rückweg zu seinem Auto fand nicht statt. Dafür gelang es Tresckow und Schlabrendorff, ein als Flasche Cointreau getarntes Päckchen Sprengstoff (Haftminen) mit chemischem Zeitzünder in Hitlers Focke-Wulf FW 200 „Condor" zu schmuggeln, das aber nicht explodierte, die Maschine nicht zum Absturz brachte und deshalb von Schlabrendorff unter Gefahren und Vorwänden wieder eingeholt werden mußte. Schon eine Woche später, am 21. März, hatte Gersdorff selbst Gelegenheit, den Anschlag auszuführen, bei der Heldengedenkfeier im Berliner Zeughaus, wobei die Abwehrabteilung der Heeresgruppe Mitte eine Ausstellung erbeuteten Kriegsmaterials zeigte; aber Hitler lief geradezu durch die Ausstellung, und Gersdorff konnte ihm nicht lange genug folgen, um sich mit ihm in die Luft zu sprengen.

c) Zentrale im Westen
Auch in Paris beim Militärbefehlshaber in Frankreich, in St. Germain beim Oberbefehlshaber West und in La Roche-Guyon beim Oberbefehlshaber der Heeresgruppe B existierten Verschwörerzentralen. Man zählte dort auf die Mitwirkung des Militärbefehlshabers General Karl Heinrich v. Stülpnagel und auf Stauffenbergs Vetter Oberstleutnant d.R. Dr. Cäsar v. Hofacker in Stülpnagels Verwaltungsstab, auf den Militärbefehlshaber in Belgien und Nordfrankreich, General v. Falkenhausen, und seit Frühjahr 1944 auf den Oberbefehlshaber der Heeresgruppe B, Generalfeldmarschall Rommel und seinen Chef des Generalstabes Dr. Speidel. Auf den Oberbefehlshaber West, Generalfeldmarschall v. Rundstedt (ab 2. Juli 1944 Kluge) und seinen Chef, General Blumentritt, setzte man Hoffnungen, der Oberquartiermeister, Oberst i.G. Finckh, war im Komplott.

2. Koordination der Zentren

Der entscheidende Einschnitt, durch den innerhalb eines Jahres mehr als ein halbes Dutzend Attentatsversuche und ein aussichtsreicher Umsturzplan in Gang gebracht wurden, war das Auftreten Tresckows und Stauffenbergs in Berlin. Tresckow war im Sommer 1943 wenige Wochen in Berlin, entwarf in der Zeit die Konzeption der Ausnützung der längst offiziell vorhandenen „Walküre"-Pläne für den Staatsstreich und wurde dann Chef des Generalstabes der 2. Armee. Stauffenberg, von schweren in Afrika erlittenen Verwundungen noch kaum genesen, arbeitete sich seit September 1943 bei General Olbricht im Allgemeinen Heeresamt in Berlin als Chef des Stabes ein. Im Juni 1944 wurde er Chef des Generalstabes beim Chef H Rüst u. BdE. In Berlin bearbeitete er die „Walküre"-Pläne, für deren Auslösung und Durchführung, wie sich zeigte, nur er selbst die Gewähr bot. Zugleich suchte er einen Attentäter, der die Voraussetzung dafür schaffen sollte. Denn es handelte sich um die Quadratur des Kreises: Erst der eidfreie Zustand bot Aussicht, daß die von der Berliner Verschwörerzentrale ausgegebenen Befehle nicht durch Gegenbefehle neutralisiert, sondern zur Ergreifung der vollziehenden Gewalt ausgeführt würden.

Nur Angehörige der Wehrmacht konnten Hitler beseitigen, und die Sicherheitsmaßnahmen konnten nur mit dienstlich motiviertem Zugang zu Hitler unterlaufen werden. Andererseits wollten die meisten der Offiziere, die Hitlers Sturz wünschten, nichts gegen den lebenden Eidträger unternehmen. Die Vorbedingung für alle anderen Umsturzhandlungen mußte durch das Attentat eigentlich von denselben Leuten geschaffen werden, die erst *danach* überhaupt in Aktion treten wollten — mit ganz wenigen, zu wenigen Ausnahmen. Die „inneren Unruhen", die die Auslösung der „Walküre"-Befehle und die Übernahme der vollziehenden Gewalt durch das Ersatzheer rechtfertigen sollten, mußte man erst selbst durch das Attentat herbeiführen.

Hauptmann Kaisers Formel trifft das Dilemma: „Der Eine will handeln, wenn er Befehl erhält, der Andere befehlen, wenn gehandelt ist." Der dem Obersten Befehlshaber geleistete Eid mußte von Dritten gebrochen werden, der Oberste Befehlshaber mußte beseitigt werden, damit weiteres geschehen konnte. Der status quo der Machtverhältnisse im Staat mußte verändert werden, ehe der Umsturz eigentlich im Gang kommen konnte.

Anders ausgedrückt: Weil nur militärische Mittel, d.h. im praktischen Fall Mittel des Heeres bzw. des Ersatzheeres, den Umsturz bewirken und Hitler beseitigen konnten, waren die im allgemeinen am meisten nationalistischen und konservativen Kräfte der Nation allein dazu in der Lage. Nationalismus und Patriotismus im herkömmlichen Sinn mußten überwunden werden, ehe mitten im Kriege die eigene Regierung und die eigene oberste militärische Führung beseitigt werden konnte. Da der Krieg verloren war, konnte das Ziel nun auch nicht mehr der Sieg sein, sondern nur das Ende der Kampfhandlungen, vielleicht ein Friedensschluß. Dieser sollte von Soldaten herbeigeführt werden, doch wieder nicht in herkömmlicher Weise durch Zwingen des Feindes, sondern durch Errichtung eines Regimes, dessen erste Aufgabe der Abbruch des Kampfes wäre. Das System des militärischen Gehorsams, der Nationalismus und damit zusammenhängend die alliierten Kriegsziele, standen dem Ziel des Abbruchs des Kampfes vor der militärischen Vernichtung diametral entgegen.

Das war jedoch nur einer der Gründe für die Nichtbeteiligung der meisten höheren Führer. Wer sich auf den einem längst tausendfach eidbrüchigen Obersten Befehlshaber geschworenen Eid berief, war unfähig, klar zu denken, oder unterlag anderen Einflüssen. Macht, historischer Kriegsruhm auch beim Verlust des Krieges und die von den Feldmarschällen akzeptierten Taschengelder von 4000 Mark monatlich, dazu in vielen Fällen riesige Dotationen, waren gewiß Faktoren[23]; das angenommene Geld warf auf alle Empfänger den Schatten der Korruption — wenn sie sich davon nicht befreiten durch den Kampf gegen den Verderber Deutschlands. Schließlich konnten die alliierten Kriegsziele als für viele unüberwindliches Hindernis des Umsturzes angesehen werden.

Bis hin zum 20. Juli 1944 erschien fast allen, abgesehen von wenigen konsequent und klar denkenden Verschwörern wie Bonhoeffer oder Moltke, die bedingungslose Kapitulation gegenüber den Kriegsgegnern unannehmbar. 1941 bis 1943 konnte sie, 1943 bis 1944 mußte sie bedeuten, daß Deutschland von der Roten Armee besetzt würde; denn die Westalliierten kamen in Italien nicht recht voran, in Frankreich bis August 1944 auch nicht, bis 6. Juni 1944 waren sie noch nicht einmal mit bedeutenden Kräften dort aufgetreten. Kein Patriot konnte zu einer Besetzung durch die Sowjetunion die Hand reichen angesichts ihres Verhaltens in Polen, in den baltischen Ländern und in Finnland, angesichts der Massengräber von Katyn, mehr noch angesichts des Verhaltens deutscher Soldaten, Einsatzgruppen, Sicherheitskräfte gegenüber der russischen Bevölkerung, gegenüber Juden, Kommissaren, echten oder angeblichen Partisanen, gegenüber Millionen russischer Kriegsgefangener, angesichts grauenhafter deutscher Verbrechen von ungeheuerlichen Ausmaßen. Die Verschwörer konnten nicht hoffen, lange genug politisch zu überleben, bis das Ende des Kampfes und der Friede erreicht gewesen wären, wenn sie ein solches Ende und gar den Verlust der von Hitler vor dem 1. September 1939 erreichten Revisionen des Versailler Vertrages hingenommen hätten. Alles lief darauf hinaus, daß die bedingungslose Kapitulation unannehmbar war.

Seit Churchill und Roosevelt auf der „Prince of Wales" in Placentia Bay am 14. August 1941 die Atlantik-Charta vereinbart hatten, galt als Kriegsziel der Westmächte die Entwaffnung der Nationen, die andere angegriffen hatten oder mit Angriff bedrohten; gemeint war nur Deutschland, wie Churchill die Charta gegenüber Roosevelt kommentierte: Gegenüber Feindstaaten enthalte die Charta keinerlei Zusicherungen[24]. Im Januar 1943 wurde das in Casablanca mit der Formel von der bedingungslosen Kapitulation nur deutlicher ausgesprochen. Am 1. Januar 1942 schon hatten überdies 26 Staaten im Washington Pact beschlossen, daß keiner der Unterzeichner-Staaten einen separaten Waffenstillstand mit Deutschland schließen werde. Das war keine Formalität, sondern das eiserne Gesetz der Kriegskoalition: Die Westmächte konnten den Krieg nicht ohne die Rote Armee gewinnen oder hielten jedenfalls deren Beitrag in Europa und nach dem Sieg über Deutschland auch in Asien für unentbehrlich. Noch nach der Invasion der Normandie im Juni 1944 wird in der amerikanischen diplomatischen Korrespondenz immer wieder die Notwendigkeit eines sowjetischen Beitrages zum Krieg gegen Japan erwähnt.

Für einen Umsturz, der der neuen Regierung genügend Handlungsfreiheit für die Erreichung ihrer Mindestziele gegeben hätte — für Waffenstillstand, Frieden und Wahrung der völkischen, territorialen und politischen Integrität Deutschlands —, waren also entsprechende alliierte Zusicherungen vor dem Staatsstreich nötig. Nach der Wende des Krieges 1942/1943 (Afrika, Schlacht im Atlantik, Italien, Stalingrad und Kursk) hatten die Alliierten in West und Ost keinen Grund, irgend jemandem irgendwelche Zusicherungen zu geben. Sollte die Besetzung durch die Rote Armee verhindert werden, blieb nur eine einseitige Kapitulation nach Westen, sofern die Westmächte sie anzunehmen gewillt waren. In zahlreichen Sondierungen bei den Westalliierten — bei sowjetischen Stellen blieben schon die ersten Schritte zur Kontaktaufnahme erfolglos — versuchte man schließlich, eine Milderung der Formel der bedingungslosen Kapitulation zu erreichen. Dies gelang überhaupt nicht. Die Westmächte ließen sich nicht einmal auf Verhandlungen über eine Teilkapitulation ein. Noch im Dezember 1943, wenige Tage vor seiner Verhaftung, reiste Graf Moltke in die Türkei, um das Angebot der Öffnung der Front im Westen zu überbringen, falls die Formel gemildert und dem deutschen Heer erlaubt werde, im Osten eine Frontlinie etwa von Tilsit nach Lemberg zu halten.

Ebenso bemühte man sich um innenpolitische Absicherung durch Verhandlungen mit den seit Jahren beteiligten Gegnern um Goerdeler und Moltke bis hin zu österreichischen Nationalisten und zu Kommunisten im Untergrund. Erwogen wurde, mit dem Bund Deutscher Offiziere und mit dem National-Komitee „Freies Deutschland" in Verbindung zu treten, die als sogenannte antifaschistische Organisationen in sowjetischen Kriegsgefangenenlagern gebildet worden waren; doch sah man von den Kontakten ab, weil diese Organisationen zu offensichtlich Instrumente der sowjetischen Politik waren, mit deren Zielen — einem kommunistischen Deutschland — man nicht übereinstimmte. Moltke machte dies bei seiner türkischen Reise Ende 1943 unmißverständlich klar. Jedoch wurde versucht, die Duldung oder Unterstützung der illegalen Kommunistischen Partei in Deutschland zu sichern. In einer dramatischen Zusammenkunft in der Wohnung eines Berliner Arztes trafen sich am 22. Juni 1944, offenbar mit Billigung Becks und Stauffenbergs, die Sozialisten Dr. Julius Leber und Dr. Adolf Reichwein mit Führern des kommunistischen Untergrundes, Franz Jacob und Anton Saefkow, zu denen sich jedoch ein Gestapo-Spitzel zugeschlichen hatte, so daß bei einer zweiten Zusammenkunft am 4. Juli die Teilnehmer verhaftet wurden und Leber, der Verdacht geschöpft hatte und nicht hingegangen war, am 5. Juli festgenommen wurde.

Die militärischen Umsturzvorbereitungen sind durch das Stichwort „Walküre" bezeichnet. Unter diesem Stichwort sollten Truppen des Ersatzheeres, vor allem Schul- und Ausbildungstruppen, gegen etwaige innere Unruhen oder alliierte Landungen eingesetzt werden. Unruhen mochten z.B. von den Millionen Kriegsgefangener und ausländischer Arbeitskräfte herrühren. Unter der Ägide Stauffenbergs wurden die entsprechenden Mobilmachungsbefehle so modifiziert, daß mit ihrer Erteilung im Reich die Regierungsgewalt übernommen werden konnte. Unter dem Vorwand, durch Hitlers Tod seien innere Unruhen von seiten „frontfremder Parteikreise" ausgelöst worden, und diese Parteikreise versuchten der schwerringenden Front in den Rücken zu fallen, würden unter dem Stichwort „Walküre" Partei-, SS-, Gestapo- und andere Dienststellen des Regimes besetzt, ferner wichtige Objekte wie Telephon-, Telegraphen- und Rundfunkeinrichtungen, Kraftwerke, Brücken. Vertrauensleute, Verbindungsoffiziere genannt, die vorher in monatelangen Sondierungen eingeweiht und gewonnen worden waren, sollten in den 18 Stellvertretenden Generalkommandos und in Frankreich die Verschwörerzentrale repräsentieren und für die Ausführung der in der Bendlerstraße in Berlin auszugebenden Befehle sorgen. Ein paralleles Netz von Politischen Beauftragten, von denen viele auch Wehrmachtangehörige waren, meist nur kriegsbedingt, hatte entsprechende Aufgaben am Tag X zu übernehmen, die Verbindungsoffiziere und die Stellvertretenden Kommandierenden Generale zu beraten, Partei- und Verwaltungseinrichtungen zu überwachen und grundsätzlich den Gedanken politischer Verantwortung für die militärischen Maßnahmen zu verkörpern; denn ein besonderes Merkmal dieser Militäropposition war, daß sie keinen Militärputsch anstrebte, sondern die Wiederherstellung rechtsstaatlicher Verhältnisse und ziviler, verfassungsmäßiger Regierungsverantwortung. Beck, Schulenburg und Goerdeler, vor allen aber Beck, hatten auf der Einrichtung der Politischen Beauftragten bestanden, und im Herbst 1943 hatte Beck

„ultimativ" die Übergabe einer entsprechenden Liste verlangt, vorher könne und wolle die militärische Führung nicht handeln. Der zivile Charakter des Umsturzes durfte durch die Notwendigkeit militärischer Initiative an seinem Beginn nicht verdeckt werden. Man wird auch an die zu erwartenden Forderungen und Wünsche der Alliierten gedacht und sich an die Forderungen der Entente-Mächte 1918 und 1919 erinnert haben.

3. Ablauf des Aufstandsversuches und Motive der Handelnden

Der späte Zeitpunkt des Durchbruchs zu Attentat und Staatsstreich ist nur teilweise zu erklären durch den Mangel westlicher Zusicherungen und durch die Bedrohung durch die Rote Armee, nur teilweise durch die Haltung der höheren Führer des Heeres, und durch die Schwierigkeit, einen Attentäter mit berechenbarem Zugang zu Hitler zu gewinnen, damit Attentat und Umsturzmaßnahmen synchronisiert werden konnten — denn von der Fähigkeit der SS-Organisation, das Regime auch nach Hitlers Tod aufrechtzuerhalten, war man überzeugt; der isolierte Tod Hitlers wurde also nie für eine ausreichende Umsturzmaßnahme gehalten. Seit dem erfolgreichen Frankreichfeldzug stand man vor dem schon erwähnten Dilemma, daß ein siegreiches Heer nicht gegen seinen Obersten Kriegsherrn geführt werden konnte. Seit Anfang 1943 aber wurde der Umsturz vor allem durch bizarre Zufälle und Mißgeschicke und durch die Einbrüche der Gestapo in die Verschwörung behindert. Für den eigentlichen Putsch in Berlin war Stauffenberg unentbehrlich. Aber selbst wenn General Olbricht den „Walküre"-Staatsstreich in Berlin allein hätte leiten können, was, wie sich am 15. und 20. Juli 1944, nicht überraschend, herausstellte, nicht der Fall war, es hätte bis Juni 1944 nichts genützt, weil Stauffenberg bis dahin keinen Zugang zu Hitler hatte. Manch einer, der Zugang hatte, wollte nicht: Stieff, und die Generale Wagner und Fellgiebel. Die vielen Anläufe tatbereiter Verschwörer schließlich — wie die von Freiherr Axel v. dem Bussche, Kleist, Breitenbuch — in den Monaten November 1943, schon kurz nach Stauffenbergs Auftreten als treibende Kraft, bis März 1944 scheiterten an widrigen Umständen, teilweise an Sicherheitsmaßnahmen. Ein Plan, Hitler bei einem Besuch der Invasionsfront zu verhaften oder zu erschießen, scheiterte ebenfalls.

Schließlich entschloß sich Stauffenberg, das Attentat selbst auszuführen, was zu einer widersinnigen Situation führte: während er für die Ingangsetzung und Leitung des „Walküre"-Staatsstreichs in Berlin unentbehrlich war, mußte er in der

500 Kilometer entfernten „Wolfschanze" selbst das Attentat ausführen, kam erst zweieinhalb Stunden danach wieder in Berlin an, wo inzwischen fast nichts geschehen war. Wenn das Attentat ausgeführt war, mußte man handeln, als ob es gelungen wäre, auch bei einem Fehlschlag. Aber die Verschwörer in der Bendlerstraße in Berlin, Olbricht und Generalleutnant Thiele vor allen, waren unschlüssig, als sie von Fellgiebel aus der „Wolfschanze" eine für sie undeutliche Nachricht erhalten hatten: Fellgiebel hatte Thiele, seinem Chef des Stabes beim Chef Wehrmachtnachrichtenwesen, telephonisch sofort nach dem Attentat mitteilen lassen: auf Hitler sei ein Attentat verübt worden, das dieser überlebt habe. Gleichwohl beschlossen Thiele und Olbricht, zunächst nichts zu tun, keinen unnötigen Verdacht auf sich zu lenken, statt dessen wie gewöhnlich zum Mittagessen zu gehen. Vielleicht hatte sich Stauffenberg nach dem mißlungenen Attentat erschossen oder war erschossen worden? Vielleicht wurde er festgehalten? Viel später, am Abend, meinte Olbricht noch zu Gisevius, nun könne man sich ja wohl nicht mehr herausreden.

Als Stauffenberg gegen 16 Uhr in die Bendlerstraße kam und nun erst den Staatsstreich durch Ausgabe der vorbereiteten Befehle an die Stellvertretenden Generalkommandos in Gang zu bringen suchte, drängte, telephonisch beschwor, Anfragen energisch beantwortete, alles anzutreiben suchte, da hatte er zwar Teilerfolge, wie in Prag, in Wien, oder in Paris, wo das gesamte Gestapo-Establishment verhaftet wurde und Stülpnagel völlig Herr der Lage war, und in Berlin, wo Panzer- und andere Truppen immerhin in Bewegung kamen und teilweise das Regierungsviertel abriegelten, doch schuf die Umsturzbewegung, wie Dr. Gerstenmaier betonte, nicht genug vollendete Tatsachen, bis die Nachricht von Hitlers Überleben überall durchdrang. General Fellgiebel hatte die Sperrung der Nachrichtenverbindungen der „Wolfschanze" für die Zeit nach dem Attentat übernommen, konnte sie auch durchführen, aber nach Hitlers Überleben nicht länger als zwei Stunden aufrechterhalten. In vielen Fällen kam deshalb die Nachricht vom Attentat und von Hitlers Überleben gleichzeitig mit oder noch vor den „Walküre"-Befehlen in den Stellvertretenden Generalkommandos an. Die Voraussetzung für den Umsturz, der „eidfreie Zustand", fehlte, und die Kommandierenden Generale oder ihre Vertreter schwenkten mehr oder weniger rechtzeitig um oder befolgten die Berliner Putschbefehle überhaupt nicht.

Stauffenberg hatte dreimal die Ausführung des Attentats versucht, am 11., 15. und 20. Juli 1944, vielleicht auch am 6. Abgesehen davon, daß er unbedingt nach Berlin zurück mußte, wäre er zu einem Pistolenattentat gar nicht fähig gewesen mit den verbliebenen drei Fingern der linken Hand — die rechte und ein Auge fehlten. Die Schwierigkeit, unmittelbar vor der Begegnung mit Hitler mit einer Aktentasche voll Sprengstoff in einem Hauptquartier voller Offiziere und hilfsbereiter Bewunderer des Obersten mit den schweren Kriegsverletzungen, in einem Feldquartier mit wenigen Barackenräumen, allein zu sein, um die Zeitzündung in Gang zu setzen, hatte am 15. Juli zum Mißlingen beigetragen. Auch hatte man Stauffenberg eingeschärft, nur ja nicht zu zünden, wenn Himmler und Göring nicht auch anwesend wären, was er am 15. Juli schließlich, zu spät, ignorierte, und was ihn am 20. nicht mehr hemmte. Aber am 20. Juli wurde Stauffenberg gerade im Augenblick des Ingangsetzens des Zünders gestört und ließ die Hälfte des mitgebrachten Sprengstoffs bei seinem Ordonnanzoffizier zurück, so daß Hitler mit dem Leben davonkam; denn die Sprengstoffmenge mußte zur Tötung aller Anwesenden berechnet sein, konnte man doch nicht wissen, in welchem Teil des Raumes sich Hitler im Augenblick der Explosion befinden würde. Schließlich hing an einem Faden, ob Stauffenberg nach dem Attentat noch aus der „Wolfschanze" herauskam, auch wenn kein unmittelbarer Verdacht auf ihn fiel; denn die Sicherheitsvorschriften sahen die sofortige Abriegelung aller Zugänge vor für solche Fälle, auch bei allgemeinen Explosionen, etwa wenn Wild auf eine Mine trat. Tatsächlich wollten die Wachen Stauffenberg nicht durchlassen, die Straße am Südausgang auf dem Weg zum Flugplatz war schon mit spanischen Reitern versperrt, nur mit Hilfe eines Angehörigen des Stabes des Kommandanten des Führerhauptquartiers bluffte Stauffenberg sich durch und gelangte zu dem vom Generalquartiermeister zur Verfügung gestellten Flugzeug. Wenn also die Aussichten des Gelingens so denkbar gering waren, daß Stauffenbergs Bruder Berthold, der Marineoberstabsrichter, der am 20. Juli in seiner blauen Marineuniform in der Bendlerstraße war und dort verhaftet wurde, vor dem Umsturzversuch sagte: „Das Furchtbarste ist, zu wissen, daß es nicht gelingen kann und daß man es dennoch für unser Land und unsere Kinder tun muß"; wenn nicht nur das Gelingen des Attentats, sondern noch mehr das des Umsturzes äußerst fraglich war; wenn das Ziel der Rettung des Reiches, der freien Wiederherstellung eines anderen Deutschland, der Bestrafung der Mörder aller Grade in eigener Zuständigkeit und der Wiederherstellung des Friedens durch eine selbständig handelnde deutsche Regierung nicht möglich war: Wofür handelten dann Stauffenberg, Mertz v. Quirnheim, Gerstenmaier, Beck, Schwerin v. Schwanenfeld, Moltke, Gisevius, Tresckow, der von den Verschwörern am 20. Juli zum Oberbefehlshaber im Heimatgebiet ernannte Generaloberst Hoepner und so viele andere? Wenn die Besetzung eines Teils von Deutschland durch die Rote Armee nicht zu verhindern war, wenn das Schicksal des Volkes und des

Reiches haßerfüllten Siegern bedingungslos überlassen werden mußte, wenn weder außenpolitisch noch innenpolitisch ein Erfolg möglich war, warum wurde dennoch der Aufstand gewagt?

Ging es also längst nicht mehr um materiellen Erfolg, so blieb noch die Treue gegenüber der eigenen Überzeugung, gegenüber dem Befehl des Gewissens, so blieb noch der Beweis, daß nicht alle an verantwortlichen Stellen die Verbrechen und die Untergangsstrategie geduldet hatten. Es blieb noch das Opfer für die Ehre Deutschlands.

Anmerkungen

1   Auf Einzelnachweise wurde meist verzichtet, wenn sie die Belege des Werkes des Verfassers, Widerstand, Staatsstreich, Attentat (München, 3. neu überarb. u. erweit. Ausg. 1979) wiederholen würden (auffindbar über das dortige Register).

2   Freya von Moltke, Michael Balfour, Julian Frisby, Helmuth James von Moltke 1907-1945. Anwalt der Zukunft, Stuttgart [1975], S. 212-220.

3   Vgl. Karl Kroeschell, Deutsche Rechtsgeschichte 2, Reinbek bei Hamburg 1973, S. 184, 224-230; Ioannes Althusius, Politica methodice digesta atque exemplis sacris et profanis illustrata, cui in fine adiuncta est Oratio panegyrica de necessitate, utilitate et antiquitate scholarum, Herbornae 1603; Théodore Bèze, Du droit des magistrats, Genf 1970 (erste Ausgabe 1574).

4   Ger van Roon, Graf Moltke als Völkerrechtler im OKW, in: Vierteljahrshefte für Zeitgeschichte, 18 (1970), S. 12-61.

5   Der Oberbefehlshaber des Heeres: Dienstanweisung für den Chef des Generalstabes des Heeres im Frieden, Berlin, 31. Mai 1935, 1. Anlage zu T A Nr. 777/35 g.Kdos.T.Z., Bundesarchiv-Militärarchiv, RH 2/v. 195.

6   Peter Hoffmann, ,,Ludwig Beck: Loyalty and Resistance", in: Central European History, XIV (1981), S. 332-350, hier S. 339-341; Friedrich Hoßbach, Zwischen Wehrmacht und Hitler 1934-1938, Göttingen [2]1965, S. 193-194, Beck an Hoßbach 20. Okt. 1938.

7   ,,Zwei Briefe des Generals von Clausewitz: Gedanken zur Abwehr", in: Militärwissenschaftliche Rundschau, 2 (1937), Sonderheft, S. 8-9.

7a Nicholas Reynolds, Treason Was No Crime. Ludwig Beck: Chief of the German General Staff, London 1976, S. 110-115; T. P. Conwell-Evans, None So Blind. A Study of the Crisis Years, 1930-1939. Based on the Private Papers of Group-Captain M. G. Christie, London 1947, S. 91-92.

8   Beck, Betrachtungen über den Krieg, Vortrag 24. Apr. 1940, in: Ludwig Beck, Studien, Stuttgart 1955, S. 118.

9   Becks hs. Notizen auf der Rückseite eines Berichts des Chef T 3 Oberst i.G. von Stülpnagel vom 11. Apr. 1935, in: Klaus-Jürgen Müller, General Ludwig Beck. Studien und Dokumente zur politisch-militärischen Vorstellungswelt und Tätigkeit des Generalstabschefs des deutschen Heeres 1933-1938, Boppard am Rhein 1980, Dok. Nr. 27, S. 437.

10 Vgl. Eberhard Jäckel, Hitlers Weltanschauung. Entwurf einer Herrschaft, Stuttgart [2]1981, S. 29; ders., Die deutsche Kriegserklärung an die Vereinigten Staaten von 1941, in: Im Dienste Deutschlands und des Rechtes. Festschrift für Wilhelm G. Gre-

we, Baden-Baden 1981; Helmut Krausnick und Hans-Heinrich Wilhelm, Die Truppe des Weltanschauungskrieges. Die Einsatzgruppen der Sicherheitspolizei und des SD 1938-1942, Stuttgart 1981.

11 Christian Müller, Oberst i.G. Stauffenberg. Eine Biographie, Düsseldorf [1970], S. 278-279.

12 Kriegstagebuch des Oberkommandos der Wehrmacht (Wehrmachtführungsstab), Bd IV, Frankfurt/M. 1961, S. 55-56, 71-72, 1717-1718, 1721.

13 I./Führ.-Nachr.-Rgt. 601, Fernsprechverzeichnis des Oberkommandos des Heeres/Generalstab des Heeres, Stand vom 1.3.1944, Expl. Ober-Reichsbahnrat Kreidler, Mineis (L) b. Chef d. Trsp.W. (Photokopie im Besitz des Verfassers).

14 Vgl. Klaus-Jürgen Müller, Das Heer und Hitler. Armee und nationalsozialistisches Regime 1933-1940, Stuttgart 1969, bes. S. 205-254.

15 Müller, Stauffenberg, S. 219-280.

16 Ebd., S. 219-220, 228-229, 232.

17 Ebd., S. 247.

18 Hierzu und zum Folgenden vgl. Peter Hoffmann, Die Sicherheit des Diktators. Hitlers Leibwachen, Schutzmaßnahmen, Residenzen, Hauptquartiere, München, Zürich [1975], S. 197; KTB OKW, Bd II, Frankfurt/M. 1963, S. 855-900; Müller, Stauffenberg, S. 263.

19 KTB OKW, Bd II, S. 940, 12-13, 970, 983; Müller, Stauffenberg, S. 262-263.

19a Hoffmann, Widerstand, S. 369.

20 KTB OKW, Bd II, S. 986.

21 Müller, Stauffenberg, S. 263-264 auf Grund von „SS-Bericht über den 20. Juli: Aus den Papieren des SS-Obersturmführers Dr. Georg Kiesel", in: Nordwestdeutsche Hefte, 2 (1947), H. 1/2, S. 13-16; vgl. Georg Kießel, Das Attentat des 20. Juli 1944 und seine Hintergründe, Masch., Sandbostel 6. Aug. 1946, signiert, David-Irving-Sammlung „Papers of Prof. H.R. Trevor-Roper", Mikrofilm DJ 38, im Bes. d. Verf.; Spiegelbild einer Verschwörung. Die Kaltenbrunner-Berichte an Bormann und Hitler über das Attentat vom 20. Juli 1944, Stuttgart 1961, S. 293-294.

22 Die folgenden Abschnitte stützen sich auf die für Hoffmann, Widerstand, S. 335, 755-756, 336, 347-360, 362, 370-371, 436, angegebenen Quellen.

23 Hoffmann, Widerstand, S. 756, Anm. 40; Frau Elisabeth v. Brauchitsch an David Irving 12. Okt. 1977, Kopie im Besitz d. Verf.

24 Hoffmann, Widerstand, S. 261; ders., Widerstand gegen Hitler. Probleme des Umsturzes, München 1979, S. 23.

Peter Sauerbruch

Bericht eines ehemaligen Generalstabsoffiziers über seine Motive zur Beteiligung am militärischen Widerstand

Die Literatur über die Ereignisse um den 20. Juli 1944, über die Hauptakteure und deren gedankliche Ausgangspunkte ist umfangreich. Aufzeichnungen der führenden Persönlichkeiten liegen aus naheliegenden Gründen kaum vor. Die Dokumentation der nationalsozialistischen Machthaber ist zweckbestimmt. Die Veröffentlichungen der wenigen Überlebenden geben wertvolle Aufschlüsse, ihre Aussagen sind aber eben auch gelegentlich widersprüchlich. Die sorgfältigen Bemühungen der Historiker haben manche Zusammenhänge erhellt. Ein ausgewogenes Geschichtsbild wird dennoch auf sich warten lassen, da es zwar mehrere Zugänge zu den Problemen, aber nur wenige passende Schlüssel gibt.

So werden auch diese Ausführungen — bei allem Bemühen zur redlichen Darstellung — nur persönliche Erlebnisse und die Sicht von meinem subjektiven Standpunkt aus beitragen können. Dabei betrachte ich mich nur als eine Randfigur.

Ich habe mit einer Reihe der in der Verschwörung führenden Soldaten in enger Berührung gestanden und war Mithelfer und Mitwisser. Meinen Weg durch die Ereignisse mußte ich mir — wie alle anderen auch — letztlich selbst suchen.

Ich stütze mich teilweise auf ein Referat, das ich auf Bitten des mit mir aus gemeinsamen Kriegszeiten her befreundeten Generals Wagemann 1977 vor den Schülern der Führungsakademie anläßlich einer Gedenkstunde an den 20. Juli gehalten habe. Wagemanns Fragestellung war damals: „Wie kam ein junger Offizier überhaupt mit dem Widerstandskreis in Berührung, und welche Reaktionen löste die Berührung aus?"

Die Fragestellung führt ganz von selbst zur Schilderung der Motivation und schließlich zu meiner Begegnung mit den Machthabern. Ich will mich bemühen, meinen Vortrag von dem Wissensstand, den wir im nachhinein über die Jahre 1933 bis 1945 gewonnen haben, freizuhalten. Ich werde mich an das halten, was ich damals wirklich wissen und erkennen konnte, und versuchen, die Wertmaßstäbe und Erlebnisse deutlich zu machen, die meiner damaligen Urteilsbildung, sicher auch manchen Irrtümern, zugrunde lagen.

Ich beginne mit einer Schilderung meines Werdeganges, der Erziehung und Denkweise, die mich geprägt haben. Ich wurde 1913 in der Schweiz geboren und lernte mein Deutsches Vaterland in dem Augenblick kennen, als im November 1918 über dieses Land das Chaos nach dem Waffenstillstand hereinbrach. Kinder haben ein waches Unterscheidungsvermögen zwischen Ordnung und Unordnung. So werde ich auch nie die johlenden, teilweise betrunkenen Soldaten mit roten Armbinden vergessen, die bei unserer Ankunft den Hauptbahnhof meiner neuen Heimatstadt München anfüllten. In die Kämpfe zwischen Weiß und Rot wurde unsere Familie bald ernsthaft hineingezogen. Unser Haus lag im Streubereich heftigen Artilleriebeschusses. Eine Seite des Hauses wurde durch eine Granate aufgerissen, wir saßen im Keller. Im Frühjahr 1919 entging mein Vater, der tagelang in seiner Klinik die Verwundeten beider Seiten versorgte, mit knapper Not dem Todesurteil der Räteregierung. Er hatte sich geweigert, den schwer verwundeten Attentäter Kurt Eisners auszuliefern.

Die Wiederherstellung der Ordnung durch das Freikorps Epp ließ uns aufatmen. Frauen konnten wieder über die Straße gehen, ohne angepöbelt zu werden, und wir Kinder konnten uns auf den Schulweg machen. Gute Pädagogen vermittelten die Schulbildung in Volksschulen und auf dem Humanistischen Gymnasium. Heimatkunde, Geschichte und eine enge Bindung an das Vaterland waren Mittelpunkt der Erziehung.

Damals und fast noch stärker nach der Übersiedlung nach Berlin 1928 wurde mir das Joch der Reparationskosten drastisch und täglich vor Augen geführt: Eine Schuldenlast, allein deren Zinsen die deutsche Wirtschaft über Jahre nie hätte aufbringen können. Zunächst die Papiergeldmengen der Inflationszeit, dann Arbeitslose, hungernde Menschen, neureiche Typen, alle diese Eindrücke nahm der heranwachsende Junge in sich auf.

Unsere Eltern waren — wie ich es bezeichnen möchte — national/liberal eingestellt. Hegte mein Vater auch eine erhebliche Skepsis gegenüber der Hysterie Hitlerscher Massendemonstrationen und warnte er mich, einer machthungrigen Bewegung nachzulaufen, deren Programm unberechenbar sei, so glaubte er doch fest an seine deutsche Nation. Das Deutsche Reich war ja auch in seiner Jugend eben erst in volle Blüte getreten und sollte nun schon zerbrochen sein? Namen wie Hindenburg und Seeckt wurden mit Ehrfurcht genannt. Der Friedensvertrag von Versailles galt als Schandfrieden, erpreßt durch das deutsche Zugeständnis alleiniger Kriegsschuld.

Zu dem im Elternhaus vermittelten Glauben an das Vaterland hatten wir — wie eben überhaupt zu der Tradition, die die Eltern uns weitergaben — ein ungebrochenes Verhältnis. Das humanistische Gymnasium bestärkte unseren Patriotismus in etwas pathetischer Weise durch Vorbilder aus der klassischen Welt. Auch in Berlin genossen wir einen eindrucksvollen, gründlichen Geschichtsunterricht, so gut, daß ich als Abiturient noch freiwillig an einem Seminar über die Bismarcksche Bündnispolitik teilnahm. Aus heutiger Sicht hätte ich mir lieber eine gründliche Einführung in die Weimarer Verfassung gewünscht. Mit Innenpolitik haben wir Schüler uns damals sicher zu wenig beschäftigt.

Wir nahmen zur Kenntnis, daß die Weimarer Demokratie wenig funktionstüchtig war, ohne dabei zu berücksichtigen, von welch ungünstigen Voraussetzungen her sie angetreten war. Mit welcher Zähigkeit Männer wie Stresemann oder Brüning ihre Bürde getragen haben, das wurde mir erst viel später klar. Über die Tatsache, daß sich die damals führenden Schichten der neuen Demokratie weitgehend versagten oder zumindest in ihr keine Wurzeln schlugen, habe ich mir in meiner Schulzeit nur wenig Kopfzerbrechen gemacht.

Die Verlagerung des Schwerpunktes der Machtverhältnisse zugunsten der Nationalsozialisten begrüßten wir jungen Menschen nach allem, was wir vordergründig sehen konnten:
— die Beseitigung der Arbeitslosigkeit
— der Wiedergewinn der Selbstachtung unserer Nation
— die Absage an die Endgültigkeit der Vertragsbestimmungen von Versailles
— ein eindeutiges „Halt" gegen die zunehmende Aktivität der kommunistischen Partei.

Das waren Ziele, mit denen wir uns bereitwillig identifizierten. Die Bedeutung nationalsozialistischer Rassentheorien haben wir damals nicht ernst genug bewertet. Wir sahen in ihnen eher einen Angriff gegen Korruption, Skandale, Degenerationserscheinungen in Gesellschaft und Kulturleben. Nie wäre es uns aber in den Sinn gekommen, das Viertel jüdischer Mitschüler in unserer Gymnasialklasse diskriminieren zu wollen. Die zielstrebige Brutalität des Rassenwahns habe ich erst in den Jahren kurz vor dem Kriege erfaßt.

1930 entschied ich mich dafür, Soldat zu werden. Die strenge physische und psychische Ausleseprüfung, über die man diesen Beruf nur erreichen konnte, wirkte als Ansporn. Daß das deutsche Vaterland verteidigungsbereit sein mußte, schien mir in Anbetracht der Bündnissysteme ringsum selbstverständlich, der Offiziersberuf als ehrenvolle Verpflichtung. Am 1. April 1932 trat ich in das 17. bayerische Reiterregiment (später Kavallerie-Regiment 17) ein. Aus diesem Regiment sind allein vier aktive Offiziere hervorgegangen, die später nach dem 20. Juli 1944 hingerichtet wurden. Schon als Fahnenjunker begegnete ich dem damaligen Leutnant Claus Graf Schenk v. Stauffenberg. Wir freundeten uns an und blieben immer in Verbindung.

Die sogenannte „Machtergreifung" erlebte ich schon als Soldat und damit von der Tagespolitik fern. Wählen durften wir nicht, und das Wahlalter hätte ich ohnedies erst 1934 erreicht. Heimat und Geborgenheit fand ich in meinem Regiment.

Die folgenschweren Vorgänge, die das Ermächtigungsgesetz einleitete, und die trickreichen Manipulationen, mit denen sich Hitler innerhalb der „Legalität" bewegte, habe ich damals nicht durchschaut. Erst später begriff ich sie in ihrer ganzen Tragweite. Hitler selbst hat allerdings auf mich persönlich nie eine suggestive Wirkung ausgeübt. Gegen seinen äußeren Habitus, gegen seine wenig edle Kopfform und sein eher gewöhnliches Gesicht, gegen seine gesteigerte Sprechweise und seine oft unelegante Diktion lehnte sich in meinem Innern immer etwas auf.

Die Vereidigung auf Adolf Hitler — ich befand mich zu dieser Zeit als Fähnrich auf der Kavallerie-Schule — ist mir deutlich in Erinnerung geblieben. Ich zog mir damals das Mißfallen des Kommandeurs des Fähnrichslehrgangs zu, weil ich in einer der Vereidigung vorangehenden Unterrichtsstunde erklärt hatte, ich verstünde nicht, warum wir Soldaten fortan das Parteiabzeichen*) auf der Uniform zu tragen hätten. „Die Partei ist eben keine Partei mehr, sondern das Deutsche Volk", ward mir zur Antwort gegeben.

Daß die Vereidigung überstürzt und eigentlich gegen die Verfassung vorgenommen wurde — denn diese sah ja bei Ableben des Reichspräsidenten bis zu einer Neuwahl die Führung der Amtsgeschäfte durch den Präsidenten des Reichsgerichtes vor —, darüber habe ich damals sicher nicht nachgedacht. Wir vertrauten unseren Vorgesetzten und wären nie auf den Gedanken gekommen, man könne etwas „Ungesetzliches" von uns verlangen.

Die Leutnantsjahre waren voll ausgefüllt. Die Wiedereinführung der allgemeinen Wehrpflicht mit den daraus resultierenden Ausbildungsprogrammen schöpfte den Tag voll aus. Die Abende und Wochenenden gehörten der Ausbildung der Pferde für die reiterlichen Wettbewerbe.

Da Bamberg, der Standort meines Regiments, geographisch eine Schlüsselstellung für alle Mobilmachungen der kommenden Jahre einnahm, war ich als Abteilungs- und später als Regimentsadjutant voll ausgelastet, die entsprechenden Vorbereitungen für den Einmarsch in das Rheinland, den Anschluß Österreichs, die Sudetenkrise und die Einnahme der Rest-Tschechei zu treffen.

Das Jahr 1938 ist in meiner Erinnerung als das Jahr einer entscheidenden Wende festgeschrieben. Die Verbrennung der Synagoge der Stadt Bamberg erschreckte mich heftig. Aus der Stadt in die Kaserne zurückkehrende Soldaten hatten mich

---

*) Gemeint ist das Hakenkreuz in dem 1934 eingeführten Hoheitsabzeichen, das auf der rechten Seite des Uniformrocks getragen wurde.

darüber informiert. Auf mein telefonisches Angebot an den Bürgermeister und Kreisleiter, die Feuerwehren durch militärische Löschtrupps zu verstärken, erhielt ich die Antwort: „Alles ist unter Kontrolle". Wie harmlos war ich damals, daß ich diese Antwort von einer Stelle hinnahm, die, wie ich heute annehmen muß, alles genau so unter Kontrolle hatte, wie es nach Weisung ihrer Oberen laufen sollte.

Die Fritschkrise ist das weitere Ereignis, das diesem Jahr seine schicksalsschwere Bedeutung gab. Bevor ich in diesen Tagen zu einem Urlaub nach Berlin reiste, rief uns der Regimentskommandeur zusammen und las uns die offizielle Mitteilung vor, unserem Oberbefehlshaber seien schwere sittliche Verfehlungen vorzuwerfen. Sie endete mit der Auflage, striktes Stillschweigen darüber zu wahren. Kaum in Berlin angekommen, wurde ich von einer Flut von Gerüchten und Vermutungen aller Art überschüttet. Ich schwieg und hielt mich heraus. Aber meine Unruhe war geweckt. Von 1938 an sind die Zweifel an der Rechtschaffenheit des neuen Staates in mir nicht mehr verstummt.

1939 zog ich in einer Aufklärungsabteilung als Adjutant und später Schwadronschef in den Polen- und Frankreichfeldzug. Für meine weitere Entwicklung ist die Versetzung als Ordonnanzoffizier des Chefs des Generalstabes des Heeres, Generaloberst Halder, in das Hauptquartier des Oberkommandos des Heeres bedeutsam gewesen. Ich trat diesen Posten nach Beendigung des Generalstabslehrganges im Frühjahr 1941 an. Er hat mir im Laufe des Jahres, in dem ich ihn innehatte, eine Vielzahl von Einblicken gegeben, die mir in der Truppe verschlossen geblieben wären. Im Hauptquartier sah ich auch häufig Stauffenberg, der in der Organisationsabteilung tätig war.

Im Herbst 1942 geriet ich als 2. Generalstabsoffizier der 14. Panzer-Division in den Strudel der Stalingrad-Schlacht.

Im Mai 1943 wurde ich als Ic in das Oberkommando der 2. Panzer-Armee versetzt. Eine Kommandierung als Verbindungsoffizier des Generalstabes des Heeres zum General der Schlachtflieger in Rangsdorf bei Berlin führte mich Ende 1943 wieder in Stauffenbergs Nähe, der kurz darauf meine Versetzung in das Allgemeine Heeresamt erwirkte, in dem er damals als Chef des Stabes tätig war. Meine eigentliche Mitarbeit im Kreis der Verschwörer begann im Dezember 1943 und endete durch meine Versetzung als 1. Generalstabsoffizier in die 4. Panzerdivision im Frühjahr 1944. Ich bin also zu einem verhältnismäßig späten Zeitpunkt mit den bestehenden Absichten vertraut gemacht worden. Die seit 1938 — dem Jahre der Fritschkrise und des Rücktritts des Generalobersten Beck als Chef des Generalstabes — immer wieder unternommenen Versuche, Hitler auszuschalten, und die Gründe, warum sie fehlschlugen, sind mir erst damals, Ende

1943, und auch nur teilweise, bekanntgeworden. Der außenpolitische Spielraum war zu diesem späten Zeitpunkt völlig eingeengt.

Von folgenden Grundvoraussetzungen mußte damals jede Lagebeurteilung ausgehen:

1. Der Krieg war für Deutschland verloren, wenn nicht eine ans „Wunderbare" grenzende überraschende Wendung eintreten würde. Generalstabsoffiziere sollten sich vor „Wundergläubigkeit" hüten. Ich erwähne die „wunderbare Wende" deswegen, weil sie mit dem Phänomen der Gläubigkeit an der „Führer und Heilsbringer Hitler" in Zusammenhang stehend von breiten Teilen der Bevölkerung, ja auch von einer beträchtlichen Zahl von Soldaten, bis zum bitteren Ende immer noch erwartet wurde.

2. Aussichten, mit den Westmächten zu einem Separatfrieden zu kommen, waren so gut wie nicht mehr vorhanden.

3. Man mußte nach dem Ergebnis der englisch-amerikanischen Konferenz in Casablanca (Januar 1943) und der Gespräche zwischen Großbritannien, den USA und der Sowjetunion in Moskau (Oktober 1943), die dann Ende November zu der Konferenz von Teheran führten, damit rechnen, daß die Alliierten durch außenpolitische Verhandlungen kaum noch zu trennen waren. Das zwischen ihnen vereinbarte Ziel war die bedingungslose Kapitulation Deutschlands. Die spätere Aufteilung in Besatzungszonen zwischen Ost und West wurde bereits anvisiert.

Die Landung der Westalliierten in Frankreich stand noch bevor. Die Russen hatten bisher noch kein deutsches Territorium erobern können. Bestrebungen, sie nicht zu weit in den mitteleuropäischen Raum vordringen zu lassen, konnten trotz der Präjudizierung durch die genannten Konferenzen insbesondere von England erwartet werden. Das waren die einzigen Hoffnungsschimmer, die aber, wenn sie nicht erlöschen sollten, schnelles Handeln erheischten.

Diese Ausgangspunkte für eine Beurteilung der Lage waren es denn auch, die Stauffenberg Ende 1943 an den Beginn unserer Unterhaltung in Berlin stellte. Er konnte dabei an frühere Gespräche während unserer gemeinsamen Zeit im Hauptquartier OKH anschließen, insbesondere aber knüpfte er an eine Unterhaltung vom Februar 1943 an:

Zu dieser Zeit besuchte er mich in Berlin im Lazarett. Ich lag dort schwer an Gelbsucht erkrankt und zutiefst über die Katastrophe von Stalingrad erschüttert.

Den Beginn der Einschließung der 6. Armee hatte ich krank darniederliegend im Sanitätsstützpunkt meiner Division erlebt. Gerade hier auf der schmalen Landbrücke zwischen dem nach Westen gebogenen Wolga-Knie von Stalingrad und dem nach Osten ausladenden Don-Bogen trafen die Spitzen der äußeren Umfassungszange der Einschließungskräfte zusammen. Mit wenigen kampffähigen Männern und Panzerfahrzeugen aus Werkstatteinheiten versuchten wir die Russen solange abzuwehren, bis die Verwundeten in Sicherheit gebracht waren. Als die Russen wider Erwarten zögerten, uns zu verfolgen oder uns den Rückzug zu verlegen, entschloß ich mich, die letzte noch intakte Don-Brücke bei Werch Tschirskaja für eine etwaige Entlastungsoperation zum Aufreißen des inzwischen fest um die 6. Armee geschlossenen Kessels bzw. für Ausbruchsversuche aus diesem offenzuhalten. Das Unternehmen gelang, wenn auch unter großen Verlusten der kampfungewohnten Rückwärtigen Dienste und weitgehend demoralisierter versprengter Truppenteile, die ich meiner Kampfgruppe eingegliedert hatte. Einige Tage bestand noch Funkverbindung mit Teilen der eingeschlossenen Armee, die sich zum Aufbruch rüsteten. Dann wurde es still.

Daß der Brückenkopf für eine Gegenoffensive nicht genutzt werden konnte, stand bei der Obersten Führung fest, als wenige Tage darauf die Don-Front in meinem Rücken in großer Breite und Tiefe durchbrochen wurde. Wir waren darüber nicht orientiert, die Verbindungen rissen immer wieder ab. Dennoch befahl Hitler das Halten der Brücke. Ringsum schließlich völlig eingeschlossen, kämpften wir tagelang einen immer aussichtsloseren und verlustreicheren Kampf. Die Krisenlage hatte zu einem Befehlswirrwarr westlich des Don geführt. Als auf unser Drängen die Genehmigung zur Aufgabe der Brücke schließlich erteilt wurde, erreichte sie uns viel zu spät.

Doch wir waren längst zum Handeln entschlossen. Alle Erkundungen und taktischen Vorbereitungen waren abgeschlossen und halfen uns, einem chaotischen Ende zu entgehen. Ich brach nachts mit einem Haufen völlig erschöpfter Menschen und einer großen Zahl Verwundeter auf den Tschir-Abschnitt nach Westen durch. Das Unternehmen gelang. Ich selbst kam nach dessen Durchführung endgültig ins Lazarett. Die Vergeblichkeit des Kampfes an der Don-Brücke ging mir nicht mehr aus dem Kopf, bis meine Gedanken schließlich von dem noch unfaßbareren Opfer der ganzen in Stalingrad eingeschlossenen Armee, das sich zum Jahresbeginn 1943 endgültig abzeichnete, in Anspruch genommen wurden. Ich habe absichtlich versucht, eine eindringliche Schilderung dieses Ablaufes zu geben; denn er hatte mir die Augen für die Sinnlosigkeit Hitlerscher Führungsmaßnahmen geöffnet.

Stauffenberg, der an meinem Bette saß, hörte meinen Schilderungen mit großem Ernst zu. Dann fragte er mich plötzlich, warum ich über die sinnlosen Aushaltebefehle so betroffen sei. Ich hätte doch im Hauptquartier ausreichend genug Gelegenheit gehabt, den Führungsstil zu beobachten, um die Katastrophe von Stalingrad voraussehen zu können. Alsdann sprach er von den beklemmenden Zuständen im Hauptquartier und der Unfähigkeit der Oberbefehlshaber, Hitler wirksam entgegenzutreten. Er befand sich auf dem Wege nach Afrika, wo er 1. Generalstabsoffizier einer Panzer-Division werden sollte. Noch heute klingen mir seine verzweifelten Worte im Ohr: „Dies ist eine Flucht an die Front!". Er hinterließ mir einen Brief, den der am 24. September 1942 aus seinem Amt entlassene Generaloberst Halder am nächsten Tage an meinem Bett abholte.

Erst bei dem Berliner Wiedersehen mit Stauffenberg Ende 1943 erfuhr ich, daß ich einen Brief „heißen Inhalts" ahnungslos befördert hatte. Damit nun zurück zu dem Gespräch Ende 1943. Der Stauffenberg, der mir jetzt gegenübertrat und die vorher umrissene Ausgangslage skizzierte, war durch schwere Verwundungen äußerlich verändert. Seine Niedergeschlagenheit vom Frühjahr aber hatte er überwunden, sein Wille war ungebeugt, sein klarer Verstand, der unerbittlich gegen sich und andere die Dinge stets zu Ende dachte, funktionierte wie früher. Als Chef des Stabes im Allgemeinen Heeresamt unter General Olbricht hatte er sich umfassende Kenntnisse über die personelle und materielle Ersatzlage verschafft. Die Probleme in der Spitzengliederung der Wehrmacht, ebenso wie das Verhältnis der Kompetenzen von Partei und Wehrmacht, das sich immer mehr zugunsten der Partei verschob, waren ihm aus seiner Tätigkeit in der Organisationsabteilung geläufig.

Unser Gespräch endete bei der Frage, was der verantwortungsbewußte Soldat zu tun habe, um von seinem Volk und Vaterland ein Unheil abzuwehren, das immer drohender hereinbrach. Im einzelnen ergaben sich dabei etwa folgende Fragestellungen:

1. Warum war und ist die höhere militärische Führung nicht in der Lage, ihre Vorstellungen rechtzeitig durchzudrücken?

Antwort:

Die deutsche Generalität ist weitgehend unpolitisch bzw. politisch einseitig erzogen worden. Sie hat sich von Hitler täuschen und durch dessen Anfangserfolge blenden lassen. Überragende Köpfe, die im Clausewitz'schen Sinne den Krieg als eine Fortsetzung der Politik unter Einmischung anderer Mittel sehen und den Einsatz dieser Mittel stets im gesunden Verhältnis zu einem sinnvollen politischen Gesamtkonzept zu vertreten wissen, sind rar. Als markante Ausnahme ist Generaloberst Beck zu nennen, der 1938 sein Amt als Chef des Generalstabes zur Verfügung stellte, weil er bereits damals eine Weltallianz gegen Hitlers Pläne

142

voraussah, die notwendigerweise zu einem Zusammenbruch führen mußte, der den des Jahres 1918 weit in den Schatten stellen würde.

2. Müßten die Oberbefehlshaber nicht wenigstens aus ihrer rein militärhandwerklichen Sicht inzwischen erkannt haben, daß der Krieg verloren ist, und sich zum Handeln aufraffen?

Antwort:
Eine Reihe von Oberbefehlshabern hat sich dieser Erkenntnis gestellt.

3. Besteht dann die Möglichkeit, in einem gemeinsamen Handeln Hitler zu entmachten?

Antwort:
Es gibt einige wenige Oberbefehlshaber, die hierzu bereit sind. Andere berufen sich auf ihre Eidespflicht, oder sie fühlen sich der Auseinandersetzung mit dem Diktator nicht gewachsen. Es sei hier an gewisse Parallelen zur Persönlichkeit Napoleons I. erinnert.
(Tatsächlich besaß Hitler einen feinen Instinkt, mit dem er ihm Unbequemes oder Gefährliches vorausahnte und so häufig die Initiative ergriff, bevor sein Gesprächspartner überhaupt seine Argumente vorbringen konnte.)
Schließlich gab es Oberbefehlshaber, die angesichts der harten Kämpfe an der Ostfront von großer Besorgnis erfüllt waren, jedes innenpolitische Ungleichgewicht im Gefolge eines Schrittes gegen Hitler werde große Teile des an ihn glaubenden Volkes so erschüttern, daß ein solcher Schritt den Zusammenbruch der Front nach sich ziehen müsse. Die Bereitschaft der Oberbefehlshaber war uneinheitlich, schwankend, resigniert. Stauffenberg war sich damals bereits darüber im klaren, daß eine jüngere Generation die Verantwortung für aktives Handeln übernehmen müsse.

4. Stehen noch Kampfmittel völlig neuer Dimensionen und Wirkung zu erwarten?

Antwort:
Es sind noch einige hocheffiziente Raketentypen in der Produktion. Sie können taktisch helfen, strategisch oder operativ nichts grundsätzlich ändern.

5. Gibt es einen Ersatz für Hitler in der derzeitigen politischen Führung?

Antwort:

Nein, die gesamte nationalsozialistische Führung ist mit Verbrechen beschmutzt. Inwieweit die *militärische* Führung von diesen Verbrechen Kenntnis haben konnte, ist umstritten. Ich habe jedoch als Ic feststellen können, daß Himmlers Sicherheitsdiensten im rückwärtigen Armeegebiet sogenannte „Sonderaufgaben" oblagen, die sich der Zuständigkeit des Armeeoberbefehlshabers, der ja gleichzeitig oberster Gerichtsherr seines Armeegebietes war, entzogen. Den Gesamtumfang der letztlich von Hitler ausgehenden Verbrechen gegen die Menschlichkeit haben wohl nur wenige gekannt. Daß es solche Vernichtungsaktionen gab, konnte niemandem verborgen bleiben, der seine Augen offenhielt. Aber auch schon Gleichgültigkeit im Sinne des „Was ich nicht weiß, macht mich nicht heiß", war ein grober Fehler. Gerade dort, wo Kompetenzen der militärischen Führung durch den Sicherheitsdienst eingeengt wurden, war äußerste Wachsamkeit einfach eine Pflicht. Hier bot es sich an, die Konfrontation zu suchen und die traditionellen sittlichen Werte deutschen Soldatentums gegen den Einbruch des Verbrechens zu verteidigen.

Erlauben Sie mir, an dieser Stelle eine Bemerkung einzuschalten: Vor eineinhalb Jahren wurde ich gebeten, mit einer Abiturientenklasse einer Hamburger Schule über den 20. Juli zu diskutieren. Meine jungen Gesprächspartner äußerten sich anschließend kritisch:
Der militärische Widerstand habe sich nur von strategischen Erwägungen leiten lassen. Sein Anliegen wäre wohl das Verhüten eines Krieges oder, da dies nicht gelang, das Vermeiden einer Niederlage gewesen, während die sittlichen Motive gegen die nationalsozialistische Ideologie eine geringe Rolle gespielt hätten.
Dieser Eindruck mag durch die Schilderung meiner Erlebnisse, die ja zu einem späten Zeitpunkt, nämlich 1943, beginnen, ausgelöst worden sein. Von dieser Zeit ab stand die auf Deutschland zurollende militärische Katastrophe einfach durch deren tägliches Sichtbarwerden im Bombenhagel in der Heimat und in den sich jagenden Hiobsnachrichten von allen Fronten im Vordergrund.
Der aus dem Sittlichen und Religiösen geborene Widerstand hätte m.E. bereits im Jahre 1938 wirksam zum Tragen kommen müssen. Daß dem nicht so war, dafür gibt es sicher eine Reihe von Gründen, die in meinem Erlebnisbericht nicht erwähnt werden, da ich zu dieser Zeit keinerlei Verbindung zum Widerstand hatte. Aus eigener Kenntnis kann ich nur meine Eindrücke aus zwei Begegnungen mit Generaloberst Beck beitragen. Die erste fand an seinem Krankenlager in der Charité, die zweite gemeinsam mit Stauffenberg in Becks Lichterfelder Wohnung statt.

Im ersten Gespräch, in das ich — etwa Ende März/Anfang April 1943 — noch völlig ahnungslos über des Generalobersten Rolle im Widerstand hineinging, konnte ich aus seinen Fragestellungen an mich erkennen, daß er sich gedanklich intensiv mit humanitären Problemen, insbesondere der Achtung der Menschenrechte gegenüber allen Menschen, gleich welcher Rasse oder politischen Gesinnung, in den besetzten Gebieten beschäftigte. Er ermahnte mich, diesen Teil meiner Verantwortung als Offizier bitter ernst zu nehmen.

In der späteren Unterredung — etwa Mitte Februar 1944 in Becks Wohnung — kam seine tiefe Sorge zum Ausdruck, wie das deutsche Volk sich von der Schuld reinigen könne, die es durch seine Identifizierung mit einer verbrecherischen Regierung auf sich geladen hatte. Beck war — nach einem Wort über die Männer der Widerstandsbewegung, das nach dem Kriege Churchill zugeschrieben wurde — zutiefst „von der Unruhe seines Gewissens getrieben".

Stauffenberg bezog seine ganze Kraft aus einer Gläubigkeit und der hohen Achtung vor dem Menschen als Schöpfung Gottes.

Ich habe Ihnen diese Eindrücke und Überlegungen nicht vorenthalten wollen, da sie für meine damalige Gesamtschau wichtig erschienen, und setze nun die Reihe der Fragen, zu deren Beantwortung sich der Soldat durchringen mußte, fort.

6. Mit einer Ausschaltung Hitlers allein war die Umkehr nicht zu erreichen, wenngleich man Grund zur Annahme hatte, daß Himmler solchen Versuchen zunächst untätig zusehen würde, um sich dann, je nachdem, rechtzeitig als Retter zu erweisen oder selbst an die Macht zu spielen. War es dann nicht sinnvoll, den Dingen überhaupt ihren Lauf zu lassen und den Zusammenbruch als eine Art Selbstreinigungsprozeß abzuwarten?

Antwort:
— und hier berühren wir ein Kernstück in Stauffenbergs Denken — Die Fortsetzung des Krieges würde unzählige, unnötige Opfer an deutschen Soldaten, die völlige Zerstörung der Lebensbedingungen und ein grausames Hinmorden am Kampfe unbeteiligter Menschen fordern. Stauffenberg stellte sich immer wieder die Frage: „Wer würde als sehender und wissender militärischer Führer den Angehörigen völlig sinnlos geopferter Menschen noch ins Auge sehen können?"

7. Nun komme ich an eine zentrale Frage, die Bindung an den Fahneneid.
Ich sage Ihnen ehrlich, daß ich lange gebraucht habe, gerade diese Hürde innerlich zu nehmen.

Stauffenberg wies mit Recht auf die *Gegenseitigkeit* der Loyalitätsverpflichtung des Eides hin.

Wann aber ist der Bruchpunkt klar erkennbar? Ich bin persönlich der Auffassung, daß die Bindung so stark verankert und die Möglichkeit, sich aus ihr zu lösen, so dornenreich sein muß, daß der Sprung nur nach schwerem inneren Kampf und aus tiefster, in meiner Generation wohl religiös zu nennender Überzeugung gewagt werden kann und darf. Die Handlung setzt außerdem kritische Auseinandersetzung mit allen wesentlichen Tatsachen, d.h. also auch deren genaue Kenntnis, voraus.

Somit wird sich dieser Entscheidung im allgemeinen nur eine Elite stellen können. Und auch eine Elite nur dann, wenn man sie nicht allein als intellektuelle Elite versteht. Hier kommt es eben nicht nur auf analytische Fähigkeit und geistige Wendigkeit an, sondern auf den ganzen Menschen und die Festigkeit, mit der sein Denken und Handeln auf überzeitlich gültige Werte gegründet ist. Die Möglichkeit, als Verräter in die Geschichte einzugehen, wird nur von dem ertragen werden, der mit sich und seinem Gewissen absolut im reinen ist. Dies erklärt auch die Tatsache, daß es im Widerstand viel Halbherzigkeit gegeben hat. Kampfgewohnte, unerschrockene Männer wurden an sich selbst irre, als sich das Schicksal in entscheidender Stunde zu Hitlers Gunsten neigte.

Stauffenberg hatte alle diese Zweifel seit langem hinter sich gelassen. Es gab für ihn keine Umkehr mehr, nachdem er alles mit seinem klaren Verstand bis zur letzten Konsequenz durchdacht hatte.

8. Waren die politischen Vorbereitungen für das Nachher nach einem Staatsstreich ausreichend?

Antwort:

Diese an sich wichtige Frage, der man ein umfangreiches Kapitel widmen müßte, war Ende 1943 durch die Ausgangslage in ihrer Bedeutung stark gemindert. Es würde keine neue, nur eine Übergangsregierung geben. Es kam auf die rasche Beendigung des Krieges an. Die Übergangsregierung mußte also aus Persönlichkeiten bestehen, die mit dem Vertrauen der Alliierten rechnen konnte.

Sie konnte die Vorstellungen der Besatzungsmächte hier und dort zu beeinflussen suchen. Eigenständiges Handeln würde ihr versagt bleiben. Wichtig blieb es, den Zusammenhalt der Ostfront nicht aufs Spiel zu setzen, um durch bestmögliche Bedingungen im Osten die Zivilbevölkerung vor den Schrecken russischer Eroberungstaktik bewahren zu können. Hier lag ein ganz erhebliches Wagnis. Immerhin bestand begründete Aussicht, daß die Truppenführer der Ostfront in Erkenntnis der russischen Brutalität besonnen reagieren würden. Auf eine wenigstens passive Unterstützung der oder einzelner Westmächte bestand geringe Hoffnung.

9. Die letzte Frage kreiste um die Art und Weise, in der das Attentat durchgeführt werden solle.

Die sauberste Lösung — und hierüber gab es auch bei Stauffenberg keine abweichende Auffassung — wäre die Tat, verbunden mit dem Opfer der eigenen Person, gewesen. Das Bombenattentat, bei dem auch Unschuldige geopfert werden, ist dem Soldaten fremd, es gehört in das Repertoire von Anarchisten. Es wird immer schwer zu beurteilen bleiben, ob sich wirklich keine andere Möglichkeit zur Ausschaltung der nationalsozialistischen Führung anbot. Aber bedenken wir die Umstände!

Zumindest mußten Hitler, Himmler, Göring und Bormann, wenn möglich auch Goebbels, gleichzeitig getroffen werden.

Hitler hatte seit langem ein dichtes Sicherheitsnetz um sich gezogen.

Die Bereitstellung von Truppeneinheiten zum schlagartigen Überfall mit dem Ziel der Festnahme des genannten Personenkreises war wegen der Auffälligkeit einer solchen Maßnahme kaum durchführbar.

Damit sind die Grundgedanken, die Stauffenberg mit mir damals erörterte, in etwa umrissen.

Ich habe die darauffolgenden Tage und Nächte darüber gegrübelt. Es wäre mir wohl nicht in den Sinn gekommen, den Freund preiszugeben, selbst wenn ich mich seiner Gedankenkette hätte verschließen müssen. Ich wußte zu genau, wie hart er mit sich gerungen hatte, bis in ihm die bittere Erkenntnis herangereift war, daß Deutschland sich mit einem Dämon identifiziert hatte, der es mit in das eigene Verderben reißen würde.

Ich füge noch einen Gedanken hinzu: Unter uns Regimentsangehörigen gab es eine sehr enge Kameradschaft. Ich weiß nicht, ob es eine klassische Definition für diesen Begriff gibt, für uns bedeutete er jedenfalls ein tiefes Vertrauen zueinander und Hilfsbereitschaft füreinander. Gefahr und Verantwortung, Entscheidung und Gewissensnot bleiben keinem Soldaten erspart. Sich darüber aussprechen zu können mit einem anderen, der ähnliches durchmacht, und wissen, daß der andere dieses Vertrauen nicht mißbraucht, das geschieht eben unter Kameraden. Die kameradschaftliche Bindung stellt einen eigenständigen Wert dar, der sich von je her unabhängig von dem stählernen Gerüst der Hierarchie des Befehls und Gehorsams erhalten hat. Sie war zwischen Vorgesetzten und Untergebenen genau so möglich wie zwischen Gleichgestellten.

In den Vernehmungen nach dem 20. Juli ist immer wieder deutlich geworden, wie Diktatoren und ihre Sicherheitsorgane diese echte Kameradschaft hassen und verteufeln. Ihr Werkzeug ist ja gerade gegenseitige Verunsicherung und Mißtrauen aller gegen jeden!

Ich habe vier Monate lang mit Stauffenberg zusammengearbeitet und in dieser Zeit viele der Hauptakteure kennengelernt. Keiner erreichte dasselbe Maß einer aus großer innerer Kraft entspringenden Gelassenheit wie er.

Daß er die den Staatsstreich auslösende Tat zugleich mit der Führung des Ablaufes der Verschwörung in seiner Hand vereinigen mußte, bleibt ein Makel für diejenigen, die ihm den ersten Teil hätten abnehmen können. Wenn ich das ausspreche, so beziehe ich mich selbst in diesen Vorwurf mit ein. Ich vermag auch heute nicht zu sagen, ob ich mich dazu durchgerungen haben würde, die Bombe zu zünden, falls ich zum Zeitpunkt des Attentats Stauffenberg noch zur Verfügung gestanden hätte. Stauffenberg wußte, wie nötig seine Anwesenheit nach dem Attentat in Berlin war. Er allein hielt alle Fäden in der Hand.

Schriftliche Vorbereitungen, soweit es diese überhaupt gegeben hatte, waren vernichtet. Deutliche Anzeichen sprachen dafür, daß Himmlers Sicherheitsdienst Nachschlüssel zu den Panzerschränken des Allgemeinen Heeresamtes besaß.

Die endgültigen Pläne befanden sich in wenigen Köpfen. Eine Vielfalt von Motiven einte die Verschwörergruppen zwar in der Zielsetzung, das Regime zu beseitigen, verlangte aber eine straffe Koordination nach der Tat.

— Das politische Spektrum reichte von betont konservativ monarchistischen über christlich soziale bis zu sozialistischen Modellen.

— Es gab Zentralisten, Föderalisten und auch schon Befürworter eines europäischen Gemeinschaftsstaates.

— Der Verschwörung verbundene Gewerkschaftsführer waren besorgt, wie die Arbeiterschaft auf den Umsturz reagieren werde.

Sollte ein Chaos in den Betrieben vermieden werden, mußte es gelingen, das in krassem Gegensatz zu den Errungenschaften vor 1933 stehende System der Arbeitsfront ohne Zeit- und Vertrauensverlust in demokratische Bahnen zurückzulenken.

— Das Denken beteiligter Soldaten konzentrierte sich teilweise ausschließlich auf die Beseitigung der strategischen Führungsfehler und brachte den politischen Folgeproblemen eines Umsturzes mangelhaftes Verständnis entgegen.

— Und endlich gab es auch manche Eifersüchteleien unter den Verschwörern.

Alle mußten mit behutsamer Hand am Zügel geführt werden. Die oberste Autorität der Verschwörer, der als Statthalter ausersehene Generaloberst Beck, war ein weiser, aber damals schwerkranker Mann. So war Stauffenberg denn der un-

ermüdliche Motor. Während der *eine* Stauffenberg die letzten Reserven mobilisierte und Aushilfen ersann, wie man die notleidende Front mit Ersatz versehen könne, kreisten die Gedanken des *anderen* Stauffenberg um den Staatsstreich und versuchten, Schwächen und Lücken der Planung zu beseitigen.
Wer heute davon spricht, daß der Ablauf des 20. Juli dilettantisch gewesen sei, möge bedenken, wie es damals unter der Diktatur Hitlers wirklich aussah!

Erst im September, meine Division kämpfte nun in Kurland, wurde ich festgenommen. Die erste Nacht nach der Festnahme verbrachte ich auf dem Gefechtsstand des XXXIX. Panzer-Korps. Der Kommandierende General v. Saucken, ein Mann, dem ich großes Vertrauen entgegenbrachte, orientierte mich, daß der Befehl zu meiner Verhaftung vom Reichsführer der SS direkt an ihn ergangen sei. Auf seine Rückfrage bei der Armee, ob dieser neue Befehlsweg seine Richtigkeit habe, erhielt er die Anweisung, die Verhaftung vorzunehmen, auch ohne einen Befehl des zuständigen Gerichtsherrn (Armmeoberbefehlshaber) erhalten zu haben. Saucken meinte dann: ,,Ihre Festnahme wird sich als Irrtum herausstellen!'' Ich antwortete: ,,Herr General, es kann sein, daß ich Sie enttäuschen muß!'' Hierauf Saucken: ,,Als ihr Freund und Vorgesetzter rate ich Ihnen, seien Sie dort, wo man Sie jetzt hinbringt, weniger offenherzig als mir gegenüber!''
Ein unerschrockener Edelmann und Kamerad, der ungeachtet der damit für ihn selbst verbundenen Gefahr mich nicht fallenließ!
Wenige Tage darauf befand ich mich im Gewahrsam der Gestapo in der Prinz-Albrecht-Straße in Berlin. Nächtliche Vernehmungen. Rasche Wechsel zwischen freundlichem Gespräch und massiver Drohung dauerten an. Aber auch in der Verlassenheit der Untersuchungshaft war noch nicht jede Menschlichkeit erstorben. Bei meiner ersten Vernehmung veranlaßte man mich, genau über die Ereignisse der Stalingrad-Schlacht zu berichten. Mitten im Gespräch wurde der mich vernehmende Beamte telefonisch abgerufen. Es entstand eine kurze Pause, die der zweite Beamte benutzte, um durch eine offene Tür ins Nebenzimmer zu gehen, wo er sich etwas zu essen holte — es war immerhin 22 Uhr. Den Raum verlassen konnte ich nicht. Zwei Wachen standen vor der Tür. Helle Lampen strahlten mir ins Gesicht. In diesem Augenblick fragte mich die Stenotypistin, die meine Vernehmung schrieb, leise, ob ich den Soldatenfriedhof bei Kalatsch am Don kenne, dort läge ihr bei einer SS-Einheit gefallener Bruder begraben. Ich bejahte und fügte hinzu, ,,es kann sein, daß ich sogar ein Bild davon habe, aber nachsehen kann ich erst, wenn ich hier wieder heraus bin.''
Da sagte sie: ,,Warum sollte das nicht gelingen, außer einem Brief von Ihnen,

den man bei Stauffenberg fand, hat man keine Anhaltspunkte." Ich schaltete, um welchen Brief es sich handeln könne, er war harmlos. Sollte ich in eine Falle gelockt werden, oder durfte ich vertrauen? Ich tat das letztere und habe mich durch die folgenden Vernehmungen hindurchgewunden, darauf bedacht, keinen noch Lebenden zu gefährden.

Nach vorübergehendem Aufenthalt im KZ Fürstenberg wurde ich zu meiner letzten Vernehmung dem Chef des Reichssicherheitshauptamtes Kaltenbrunner persönlich vorgeführt.

Ein merkwürdiges Erlebnis. Er verstrickte mich in ein Gespräch, in dem er offensichtlich herausfinden wollte, welche Schwächen ein Generalstabsoffizier an Hitlers Führung kritisierte. Schließlich sagte er: „Der Generalstab des Heeres rechnet nur rote gegen blaue Divisionen auf der Lagekarte gegeneinander auf, was ihm fehlt, ist der Glaube an den Führer." Ich entgegnete darauf, dann müsse doch bei der Luftwaffe alles in bester Ordnung sein, da diese von einem bewährten Nationalsozialisten aufgebaut worden sei. Ein Kommando zum General der Schlachtflieger habe mich aber deutlich über die völlig aussichtslose Unterlegenheit gerade dieses Wehrmachtteils belehrt. Kaltenbrunners Antwort: „Erlassen Sie es mir, darauf einzugehen!" Die Anzeichen für das Auseinanderfallen der Spitzengruppe mehrten sich.

Die Vernehmung endete mit der Feststellung Kaltenbrunners: „Ich hoffe, es ist Ihnen klar, daß ich Ihnen hätte einen Strick drehen können, wenn ich das gewollt hätte, aber es sind schon zu viele von den jungen Offizieren, die unser Volk dringend braucht, verurteilt worden." — Ich schwieg begreiflicherweise zu dieser Äußerung.

Ich habe das Rätsel, warum er mir den Strick nicht gedreht hat, bis heute nicht lösen können. Sicher weiß ich — denn das erwähnte Kaltenbrunner im Laufe der Vernehmung —, daß sich Generaloberst Jodl (Chef Wehrmachtführungsstab) energisch um meine Freilassung bemüht hatte.

Eine andere Vermutung ist die, daß meine Inhaftierung gleichzeitig meinen Vater treffen sollte. Er war mit Generaloberst Beck, den er auch als Arzt behandelte, befreundet, und er gehörte seit vielen Jahren der Mittwochsgesellschaft an, aus deren Mitgliederkreis einige gewichtige Persönlichkeiten der Teilnahme am Widerstand überführt wurden und ihr Leben ließen. Meine Vermutung erhielt dadurch eine gewisse Rechtfertigung, daß Kaltenbrunner meinen Vater verständigte, er möge mich nach meiner Vernehmung im Reichssicherheitshauptamt abholen. Zu meinem Erstaunen trat also plötzlich mein Vater in Kaltenbrunners Zimmer. Es entspann sich in meiner Gegenwart ein kurzes Gespräch, in dem Kaltenbrunner ihm Vorhaltungen machte, er mißbrauche seinen ärztlichen Be-

ruf, um seine schützende Hand über Juden zu halten. Mein Vater antwortete ihm: „Ich halte meine Hand über jeden, der mich als Arzt braucht."
Ich stellte mich innerlich schon darauf ein, wieder in die Zelle zurückgeschickt zu werden. Aber ich war frei. Nach der Entlassung meldete ich mich beim Chef des Generalstabes, inzwischen Generaloberst Guderian. Meinen Wunsch auf Übernahme eines Regiments oder Bataillons lehnte er ab. Er befahl mir, im Generalstab zu bleiben und auf meinen Posten als Ia der 4. Panzer-Division zurückzukehren. Ich gehorchte.
Der Wimpel des Divisionsstabes steckte an einem verkommenen lettischen Schulhaus. Die Ordonnanzoffiziere des Divisionsstabes hatten sich zu meiner Wiederbegrüßung vor der Haustür aufgestellt und sangen, von einer Ziehharmonika begleitet, den damals wohlbekannten Schlager: „Peter, Peter, wo warst Du heute Nacht?" Das war ihre lockere und doch vielsagende Art, ihre Meinung auszudrücken. Über die Gründe meiner Abwesenheit wurde nicht weiter gesprochen.
Die Truppe durfte mit Recht erwarten, daß sich unsere ganze Aufmerksamkeit hier und jetzt darauf richtete, den Russen das Eindringen in unsere dünne, überanstrengte Front zu verwehren. Hier endet mein aus persönlichem Erleben schöpfender Bericht über die Ereignisse um den 20. Juli.

Zur Abrundung meiner Erlebnisse noch ein Ereignis aus dem Frühjahr 1947: Ich wurde damals anläßlich der Anklage gegen die Feldmarschälle List und Freiherr v. Weichs vor dem Alliierten Nürnberger Gerichtshof über deutsche Führungsmaßnahmen in Jugoslawien und Albanien vernommen. Offensichtlich über meine Verbindung zum militärischen Widerstand unterrichtet, stellte mir der amerikanische Vernehmungsbeamte auch zu diesem Thema Fragen. Anschließend gab er in zynischer Weise seine Einschätzung des deutschen Widerstandes zum besten: „Dieser wollte Hitler ja nur beseitigen, um nun seinerseits mit einer aus Militaristen, Reaktionären und Industriellen zusammengesetzten Machtgruppe den deutschen Imperialismus fortzusetzen." — Man sieht, Klischeevorstellungen sind langlebig.
Das Attentat ist nicht gelungen. Auslegungen darüber, was geschehen wäre, wenn es zum Erfolg geführt hätte, gibt es viele. Sie sind müßig. Fest steht, daß ohne letzte Klarheit der Gedanken und ohne die Anerkennung einer Macht, die über all unserem menschlichen Tun steht, niemand die Kraft zur Tat gegen den Diktator aufbringen konnte. Stauffenberg ist hierfür Beispiel und Vorbild.
Nach dem Untergang des Offizierkorps 1945 brauchte es sicher Zeit, bis deutsche Offiziere wieder zum Selbstverständnis ihrer Bestimmung zurückfanden.

Die Erinnerung an ihre Vorgänger, die Tag für Tag in härtesten Abwehrschlachten ihr Letztes gegeben haben, half ihnen, auf die Vergangenheit wieder stolz zu sein. Aber sie brauchten m.E. ebenso das Beispiel des 20. Juli, um die *Grenzsituationen,* in die ein Offizier in letzter Verantwortung gestellt werden kann, voll begreifen zu können.

Ich sprach zu Ihnen aus einer Zeit, die ein Großteil unserer heutigen Bundeswehroffiziere nicht mehr bewußt miterlebt hat und in deren brutales Gesicht sie nicht geblickt haben.

Aus der heutigen Sicht kommt uns sicher vieles davon eigenartig, manches fast unwirklich vor. Aber das ist meine Erfahrung: Je konzentrierter sich unser Leben abspielt, um so bunter beginnt es sich zu äußern.

Geschichte wiederholt sich nie in deckungsgleicher Form. Wohl aber stellt sie uns Menschen in gewissen Abständen immer wieder vor ähnliche Situationen, Spielarten des einmal schon Dagewesenen. Eine Blanco-Vollmacht auf richtiges Handeln, die uns unsere Zweifel abnimmt, bleibt uns versagt. Wollen wir uns auf den mannigfaltigen Wegen, die durch unsere Zeit führen, nicht verirren, so bleibt uns nur die Fähigkeit zu klarem und aufrichtigem Denken und zum Lauschen auf die Stimme unseres Gewissens als eine der vielen Möglichkeiten des Menschen.

Georg Meyer

Auswirkungen des 20. Juli 1944 auf das innere Gefüge der Wehrmacht bis Kriegsende und auf das soldatische Selbstverständnis im Vorfeld des westdeutschen Verteidigungsbeitrages bis 1950/51

Während der Lagebesprechung, etwa um 12.50 Uhr am 20. Juli 1944, einem Donnerstag, detonierte in der „Lagebaracke" im Sperrkreis I des „Führerhauptquartiers" Wolfschanze, nahe Rastenburg, das von Oberst i.G. Claus Schenk Graf v. Stauffenberg, seit etwa vier Wochen Chef des Stabes beim Befehlshaber des Ersatzheeres, zu Anfang der Vorträge am Kartentisch abgestellte Sprengstoffpaket, ohne Hitler zu töten. Ihren schweren Verletzungen erlagen indes am 22. Juli der Chef des Generalstabes der Luftwaffe, General der Flieger Günther Korten, und der Erste Generalstabsoffizier der Operationsabteilung/Generalstab des Heeres, Oberst i.G. Heinz Brandt, am 1. Oktober dann General der Infanterie Rudolf Schmundt, Chefadjutant der Wehrmacht beim Führer und Chef des Heeres-Personalamts[1]. Unter den Anwesenden befanden sich zwei spätere Generale der Bundeswehr und ein späterer hoher Beamter des Bundesnachrichtendienstes. Generalleutnant Adolf Heusinger, 1957-1961 erster Generalinspekteur der Bundeswehr, damals Chef der Operationsabteilung/GenStdH, vertrat seit Wochen den Chef des Generalstabes des Heeres, Generaloberst Zeitzler, der sich mit Hitler ganz überworfen hatte. Heusinger wurde aus dem Lazarett heraus von Beamten der Gestapo wegen des Verdachts der Mitwisserschaft an der Verschwörung am 23. Juli festgenommen und erst im September nach bedrückenden Erfahrungen wieder auf freien Fuß gesetzt[2]. Zu den weniger Verletzten gehörte der zweite Generalstabsoffizier beim Chef Wehrmachtführungsstab, Major i.G. der Luftwaffe Herbert Büchs, als Generalleutnant 1967-1971 Stellvertreter des Generalinspekteurs der Bundeswehr.
Gegen 13.15 Uhr startete die Stauffenberg für den Rückflug zur Verfügung stehende He 111 — sonst das Flugzeug des Generalquartiermeisters des Heeres, General der Artillerie Wagner — auf dem Flugplatz Rastenburg. Angeblich sind noch während des Fluges dieser Maschine nach Berlin hastige Befehle ergangen, sie abzuschießen[3], denn erste Ermittlungen am Tatort hatten die Täterschaft Stauffenbergs zweifelsfrei ergeben. Gegen 16.30 Uhr traf der Oberst mit seinem Ordonnanzoffizier, Oberleutnant d.R. Werner v. Haeften (wie Stauffenberg wegen schwerer Verwundungen nicht mehr frontdiensttauglich), unbehelligt in der

Bendlerstraße ein. Ebenso entschlußfreudig wie letzten Endes vergeblich versuchte er nun die für den „Staatsstreich von oben" vorbereiteten Maßnahmen in Gang zu setzen. Der Versuch, mit Telefongesprächen und Fernschreiben die Macht an sich zu reißen, scheiterte binnen kurzem[4]. Der Einsatz einiger in und um Berlin stationierter, zum Teil alarmierter und in Marsch gesetzter Truppenteile, behindert durch ein kompliziertes Befehlssystem und unklare Zuständigkeiten, verkehrte sich in den Abendstunden rasch in das Gegenteil der ursprünglichen Absichten. Als aber Teile des Wachbataillons „Großdeutschland" in der Bendlerstraße eintrafen, um sich der Verschwörer zu bemächtigen, bedurfte es dieses Einsatzes schon nicht mehr. Aus diesen Soldaten ist das Peloton zusammengestellt worden, das bald nach Mitternacht im Hof des Bendlerblocks General der Infanterie Friedrich Olbricht, Amtschef des Allgemeinen Heeresamtes/ Oberkommando des Heeres, seinen Chef des Stabes, Oberst i.G. Albrecht Ritter Mertz v. Quirnheim, Stauffenberg und Haeften erschoß. Eine Art Gegenputsch in den Räumlichkeiten der Dienststelle des Befehlshabers des Ersatzheeres[5] unter Führung eines überzeugt nationalsozialistischen Oberstleutnants i.G., der mit einigen anderen Generalstabsoffizieren des Allgemeinen Heeresamtes aufmerksam zugesehen hatte, wie sich das Blättchen wendete, hatte nach kurzem Schußwechsel das Unternehmen Stauffenbergs beendet.

Entgegen der ganz unzutreffenden amtlichen Mitteilung des Deutschen Nachrichtenbüros (DNB)[6] noch am 20. Juli, „Bataillone des Heeres" füsilierten die „Rädelsführer" des „Komplotts der verbrecherischen Offiziersclique" (welche Meldung, nebenbei, in der Öffentlichkeit sogleich Zweifel weckte, ob der Umfang der Verschwörung tatsächlich so gering war, wie mehrfach behauptet[7]), war, von den zögernd in Gang gekommenen Marschbewegungen im Wehrkreis III (Berlin), einigen anderen Städten und der bekannten Aktion in Paris[8] einmal abgesehen, „Truppe" bei den aufs erste undurchsichtigen Vorgängen dieses Tages nicht beteiligt. Für sie im Ersatzheer, erst recht an der Invasionsfront im Westen, an der in diesen Tagen und Wochen wankenden Ostfront, erschien dies als ein „fernes Ereignis"[9]. Jodl ging vor dem Internationalen Militärtribunal sogar so weit zu sagen, „die Attentäter und Putschisten waren allein"[10] — wirklich? Wieso bedurfte es dann eines ausdrücklichen Schweigegebots des Feldmarschalls Keitel, das „allen Offizieren" bekanntgegeben werden sollte? Die „schmachvollen Ereignisse des 20. Juli 1944"[11] seien „für das Heer abgeschlossen", verfügte er unter dem 10. September 1944, teilte mit, der „vom Führer berufene Ehrenhof des Heeres" habe seine Tätigkeit beendet, und befahl, „daß nunmehr jede Erörterung über die Folgen des 20.7.44, insbesondere über die von der Führung des Reiches getroffenen Maßnahmen innerhalb des Offizierkorps sowie im Verkehr von Offizieren mit außerhalb der Wehrmacht stehenden Personen ausnahmslos zu unterbleiben hat", denn: „Derartige Erörterungen tragen nur den Keim neuer Zersetzung in sich", und „die Offiziere des Heeres" würden „durch gläubigen Gehorsam und vorbildliche soldatische Haltung beweisen, daß die Gesamtheit des Offizierkorps nichts mit dem verabscheuungswürdigen Verrat vom 20.7.44 zu tun hat". Natürlich erledigte der Erlaß Keitels die Angelegenheit keineswegs. Allerdings waren die Zeitläufte nach dem Attentat bis Kriegsende der Besinnung und einer abgewogenen Würdigung des Ereignisses wenig günstig. Der Krieg dauerte noch ein reichliches Dreivierteljahr in immer entsetzlicheren Dimensionen. Im Inneren wurde nach dem mißglückten Staatsstreich „nun so abgerechnet, wie wir das als Nationalsozialisten gewohnt sind" — so Hitler in seiner Rundfunkansprache in der Nacht vom 20. zum 21. Juli[12]. Die Wirklichkeit zeigte rasch, wie er das meinte. Die Henker und die Folterknechte, auch die Denunzianten bedurften kaum der Ermunterung. Selbst wenn „die nächsten Aufgaben des Lebenskampfes" (so eine Formulierung von Siegfried A. Kaehler[13]) die Ereignisse dieses Tages und seine schrecklichen Folgen und Auswirkungen rasch überlagerten, der 20. Juli entfaltete gleichwohl bedeutende Wirkungen. Er blieb kein „fernes Ereignis".

Wer sich noch dem unmittelbaren Eindruck entzogen hatte, fand sich gewiß in der Gefangenschaft in lange kontroverse und bittere Auseinandersetzungen über das Für und Wider verwickelt und mußte sich spätestens bei der Bewerbung zur Einstellung in die Bundeswehr, unabhängig vom ehemaligen Dienstgrad und der einstigen Zugehörigkeit zu Heer, Kriegsmarine, Luftwaffe, Waffen-SS, ein Urteil über dieses außergewöhnliche Vorkommnis gebildet haben. Denn da war es zur Testfrage geronnen, Nr. 26: „Wie würden Sie den 20. Juli erklären?" Aus der Art der Antwort erwartete man, der den Fragen beigegebenen „Beurteilungshilfe" zufolge, Hinweise auf „selbständiges Denken" des Bewerbers, „Erfassen des Wesentlichen, Sachlichkeit", auf dessen „Verantwortungsbewußtsein" und „Zivilcourage", aber auch auf etwaige „Minderwertigkeitsgefühle" und „Ressentiments"[14]. Auch wenn von der Antwort auf die wohl bekannteste Frage dieses Tugendkatalogs keineswegs die Entscheidung über Einstellung oder Ablehnung allein abhing (obwohl hierzu viele Gerüchte umliefen, entsprechend auch vorgestanzte, vermeintlich „richtige", „erwartete" Antworten von Hand zu Hand gereicht worden sind), ist wohl heute das Nachdenken darüber erlaubt, ob die Frage 26 der Gewissensprüfung angemessen war, der sich jeder Bewerber schon mit dem Entschluß zur Mitwirkung am Aufbau neuer Streitkräfte unterzog, die ja von ganz anderer Prägung sein sollten als die untergegangene Wehrmacht, und ob es der unvergleichlichen Atmosphäre des 20. Juli 1944 und dem

155

Erlebnis- und Erkenntnishorizont des einzelnen Bewerbers entsprach, daß aus der Antwort geschwind ein paar von den Psychologen vormarkierte positive und negative Eigenschaften destilliert wurden.

Bei dem Versuch, Auswirkungen des 20. Juli 1944 auf das innere Gefüge der Wehrmacht zu ergründen, ergeben sich rasch beträchtliche Schwierigkeiten, die im Rahmen dieser Darlegungen nur angedeutet, keinesfalls befriedigend aufgelöst werden können. Wie sind spontane Reaktionen gegen spätere Reflexionen abzugrenzen? Gibt es Unterschiede im Urteil, etwa gefächert nach militärischen Generationen? Reagierten ältere Offiziere, hervorgegangen aus den Kontingentsheeren des wilhelminischen Deutschland, anders als ihre im Reichsheer großgewordenen Kameraden, wie empfand der vom Nationalsozialismus geprägte Nachwuchs? Reagierten „Truppenoffiziere" vielleicht anders, vielleicht undifferenzierter als Generalstabsoffiziere? Reichte die militärische Sphäre allein überhaupt für ein Urteil aus? Waren nicht vielmehr erhebliche geistige Grenzüberschreitungen für eine abschließende Wertung nötig? Und, vor allem, wie ist heute der Atmosphäre jener Jahre noch beizukommen? Was Gerhard Ritter[15] über die quellenmäßigen Schwierigkeiten und die daraus sich ergebenen Grenzen für die Erforschung der Geschichte des deutschen Widerstandes sagt, gilt heute noch ohne Einschränkung, auch wenn sich seit 1954, dem Erscheinungsjahr von Ritters Goerdeler-Biographie, das Quellenmaterial sowohl nach der Breite als auch nach dem Gehalt sehr erweitert hat. Was uns aber vorliegt, ist zufällig, nicht kontinuierlich erhalten. Wie vieles ist bei Bombenangriffen und anderen Kriegseinwirkungen verbrannt, auch absichtsvoll vernichtet worden[16] — und wie sorgfältig müssen aus dieser Zeit erhaltene schriftliche Zeugnisse aus den Kreisen der Verschwörung und die Akten der Verfolger, erst recht deren öffentliche Kundmachungen und die Presse-Artikel[17] wieder und wieder gelesen, geprüft und interpretiert werden[18]. Jeder, der damals Briefe schrieb, Tagebuch führte, rechnete mit der Zensur, mußte unerwünschte Mitleser einkalkulieren und zensierte sich somit schon selbst bei der Niederschrift. Selbst seelsorgerliche Gespräche unter vier Augen, waren Ratsuchender und Geistlicher einander nicht schon lange vertraut, fanden unter den Bedingungen der Selbstzensur statt[19].

Die Gefahr zeichnet sich ab, daß bald niemand mehr zwischen den Zeilen zu lesen vermag, alles Schriftliche für bare Münze nimmt, weil die Atmosphäre jener Jahre in unseren Lebensverhältnissen der offenen Gesellschaft gar keine Spuren hinterlassen hat.

Damit kommt aber auch das Verständnis für jene Jahre mehr und mehr abhanden — und für die Menschen, die unter den Bedingungen eines totalitären Regimes lebten, verwickelt in einen Krieg um Sein und Nichtsein. Der 20. Juli 1944 kann nicht aus dem Ablauf dieser Zeit herauspräpariert und gewissermaßen „keimfrei" betrachtet werden. Er gehört mit seiner schwierigen Vorgeschichte und dem schrecklichen Nachspiel in diese von Massenwahn und Massenmord gekennzeichnete Epoche. Richard Löwenthal hat auf typische Kennzeichen des totalen oder totalitären Staates, also auch des nationalsozialistischen Deutschland, hingewiesen[20]: das Partei-, Informations- und Organisationsmonopol, und Hans Rothfels machte vor Jahren schon auf „jene teuflische Mischung von Terror und Propaganda" aufmerksam, der in Deutschland ein „emotionaler Drang" entgegenkam, „auf den das Propagandainstrument meisterlich eingestellt war"[21]. Diktaturen, gleich welcher Färbung, herrschen eben nicht nur durch Terror, und durch Verwischung, dann durch Veränderung der Gesetzestafeln, sondern eben auch durch freiwillige, unbewußte oder ganze bewußte Anpassung der Beherrschten, die sich in ihrer Identifikation mit dem System natürlich keineswegs als Beherrschte empfinden.

Wer sich unter den Bedingungen eines solchen Regimes zum Widerstand, gleich welcher Form, entschloß, konnte selbst in der Verbindung mit Gesinnungsfreunden sehr allein sein. In kaum noch vorstellbarer Weise vermittelten da — neben verbreiteter intensiver Lektüre der Bibel (wie denn religiöse Bindungen eine unvergleichliche Hilfe sein konnten) — auch manche literarische Werke Rat, Trost, Zuversicht. Das Wirken von Schriftstellern wie Ernst Wiechert, Werner Bergengruen, Ernst Jünger, Reinhold Schneider, Oskar Loerke, von Löwenthal gegen den Vorwurf des „hilflosen Antifaschismus" in Schutz genommen, hat bei der Bewahrung humaner und humanistischer Traditionen unserer Zivilisation geholfen. So las der Hauptmann Frhr. Axel v.d. Bussche, als er sich zur Ausführung eines Attentats auf Hitler entschlossen hatte, Ernst Jüngers „Marmorklippen". Die darin beschriebene „Schinderhütte" bei „Köppels-Bleek" hatte Bussche im Sommer 1942 bei Dubno in der Ukraine mit eigenen Augen gesehen. Nach einer Massenerschießung war er im Getto: „Man machte Jagd auf versteckte Einzelgänger. Eine Frau hat mich im Sinne des Wortes kniefällig um ihr Leben gebeten. Ich habe ihr nicht helfen können[22]."

Bei der Suche nach Wirkungen des 20. Juli 1944 auf die Wehrmacht ist die Binsenweisheit zu berücksichtigen, daß es quer durch die Altersgruppen und Dienstgrade in den Streitkräften — die ja, namentlich in Wehrpflichtarmeen, mehr oder weniger deutlich den geistigen Zustand des gesamten Volkes widerspiegeln — eine große, vom Nationalsozialismus durchaus überzeugte Mehrheit gab, auch wenn der Fortgang des Krieges manche Skepsis nährte. Das „geschlossene System" des Nationalsozialismus, die gelenkte Presse, die staatliche Rundfunk-

propaganda, die vom nationalsozialistischen Geist mehr und mehr durchdrunge-
nen Schulen und Universitäten hatten namentlich in den jüngeren Generationen
eine nationalsozialistisch gesättigte Atmosphäre erzeugt, die eine vorbehaltlose
Mitwirkung jüngerer Offiziere und Unteroffiziere an gewaltsamen Maßnahmen
zum Sturz des Systems sehr zweifelhaft erscheinen ließ[23]. Entsprechend war, wie
Erich Schwinge feststellte, „Mitte 1944 die Stellung Hitlers trotz der schweren
Verluste im Feld und trotz der Schäden und Verluste des Luftkrieges noch nicht
so erschüttert", daß damit gerechnet werden konnte, die Masse des Volkes werde ohne weiteres „auf die Seite der aufbegehrenden Offiziere treten"[24]. Läßt
sich das nun so einfach generalisieren? Immerhin gehört es auch zu den merk-
würdigen Kennzeichen dieser Zeit, daß es etwa im Heer noch bemerkenswert viel
Raum gab für nichtnationalsozialistisches Denken und Verhalten. Die „innere
Emigration" in das Heer galt als achtenswerte Form der Verweigerung, ein Weg,
den mit am Ende unterschiedlich großer Ernüchterung und Enttäuschung etwa
Eberhard Wildermuth und Gottfried Benn gewählt haben. Sie und andere mußten im Laufe der Zeit den „schrittweisen Abbau der Integrität der Armee" erkennen (wie Hans Rothfels das genannt hat), zurückgehend auf die „Schuld der
Führung" und die von Hitler betriebene „berechnende Politik"[25].
Das Dilemma und die Hilflosigkeit vor allem der Jungen, unter denen gewiß auch
eine große Zahl nichtnationalsozialistisch dachte, waren allzu groß. Der Sohn
Ernst Jüngers hat in der Haft zu seinem — gleichfalls denunzierten — Mithäft-
ling Wolf Jobst Siedler gesagt, erst werde der Krieg gewonnen, „dann wird Hitler gehängt", während jener meinte, erst müsse Hitler fort, „dann wird der Krieg
liquidiert", und der Vater erinnert sich an Gespräche im Kaukasus mit jungen
Offizieren, „die viele Scheußlichkeiten in der Nähe gesehen hatten und darüber
empört waren — die aber auch wußten, was über Land und Volk kommen würde, wenn der Krieg verloren ging. Sie waren darüber einig, daß die Front gehalten werden müsse, und sind gefallen, wie mein Sohn auch[26]."
Neben Einsamkeit und Ratlosigkeit als den einzelnen schwer belastende Kennzeichen dieser Diktatur ist nun in der so nationalsozialistisch erscheinenden
Wehrmacht gleichwohl ein seltsames Phänomen zu registrieren, der Gebrauch
offener Worte und das freimütige, an letzte Grenzen vorstoßende Gespräch.
„Meckern" und scharfe, außerhalb der Kasinos (und der Gefechtsstände) schon
lebensgefährdende Kritik eingeschlossen: im Heer etwa war lange noch manche
offene und deutliche Meinungsäußerung möglich, nicht nur im kleineren, auch
in größerem Kreise. „War man z.B. am Tisch des Generaloberst Lindemann von
der 18. Armee zu Gast", erinnert sich ein Luftwaffengeneral[27], „so war bei
strenger Auffassung beinahe jedes Wort Hochverrat, sobald über die 'höhere

Führung' gesprochen wurde." Ähnlich in Paris, im Stabe des Militärbefehlshabers Frankreich. Ernst Jüngers Tagebücher enthalten manche Belege vom lockeren politischen Witz, der in der Heimat ähnliche „Miesmacher und Kritikaster", wie sie Goebbels nannte, durchaus schon vor den Volksgerichtshof bringen konnte, bis zu Hinweisen auf „Nachtgespräche" des Professors Weniger, der herumreiste, um „die Offizierkorps zu sondieren"[28], auch daß der Militärbefehlshaber, General der Infanterie Karl Heinrich v. Stülpnagel, in seinem Stabe den „wegen Beleidigung der Partei" zu elf Monaten Gefängnis verurteilten Oberst Schaer aufnahm: „Er kann hier bleiben, sagen Sie ihm aber, daß er seine Reden über Hitler unterläßt[29]." Gleichwohl war das keine Insel der Glückseligen. Nach dem Kriege erfuhr Jünger von eben diesem Oberst Schaer, daß der Sicherheitsdienst „die Gespräche im 'Raphael'" durch „einen französischen Zimmerkellner belauschen" ließ, „der sich allgemeiner Beliebtheit erfreute und von dem niemand vermutete, daß er auch nur ein Wort Deutsch verstand"[30]. Das ist ein Indiz dafür, daß der „Freiraum Kasino" doch erheblich begrenzt gewesen ist und daß es gewiß auch anderswo noch ungebetene, bestellte Mithörer gegeben hat, mit dem Auftrage, fortgesetzt eine Art Meinungsforschung zu betreiben, deren Ergebnisse dem SD zu Zeiten vielleicht wichtiger waren als das eine oder andere Todesurteil gegen einen „Defaitisten" mehr.

Wie dem auch gewesen sein mag — offene Worte und „Nichtdenunziationen" im Kameradenkreise sind einfach eine Tatsache[31]. Als in Italien beim XIV. Panzerkorps im Frühjahr 1944 der abgelöste Chef des Generalstabes dieses Korps, Oberst Bogislav v. Bonin, seinem Nachfolger (und Regimentskameraden) Hans Schmidt v. Altenstadt, die Geschäfte übergab, entwickelte sich dabei ein derart kritisches Gespräch zwischen den beiden Offizieren über die von ihnen gleich negativ beurteilten Maßnahmen der obersten Führung, und wie dieser Wahnsinn zu beenden sei, wobei Schmidt v. Altenstadt schließlich den baldigen Versuch eines gewaltsamen Umsturzes erwähnte, daß der unfreiwillig zum Ohrenzeugen gewordene Erste Generalstabsoffizier des Korps glaubte, den neuen Chef warnen zu müssen: die nationalsozialistische Gesinnung seines Vorgängers sei nicht zu bezweifeln. Er erhielt noch in der Nacht zur Antwort: „Bei Reiter 4 wird nicht gepetzt" — Schmidt v. Altenstadt war sich trotz divergierender politischer Einstellungen eben der alten Kameradschaft sicher[32]. Manchem hohen militärischen Führer war nicht wohl, wenn bei ihm sondiert worden ist, wie er sich bei einem Umsturz verhalten würde: „Eigentlich hätten wir das ja wohl melden müssen", meinte kurz vor seinem Selbstmord der Feldmarschall v. Kluge zu Anfragen bei ihm, im Jahre 1943, von denen er in Paris seinen Chef des Generalstabes noch in Kenntnis setzte: „Aber wer tut das[33]?"

Daß nicht denunziert worden ist, „dieses typische Beispiel für den falsch verstandenen Korpsgeist und Kameradschaftsbegriff", wie es die Ermittler nach dem 20. Juli festhielten, versetzte sie in ihren Berichten wieder und wieder in kalte Wut: „Gegen die geschlossene Front des Korps, die sich gegen den anzeigenden Außenseiter wie gegen einen Fremdkörper wendet, konnte der jüngere Offizier nur aufkommen, wenn er Schwierigkeiten und Mißhelligkeiten in Kauf nahm." Oder: in den Vernehmungen werde immer wieder darauf hingewiesen, „daß das Festhalten am Althergebrachten, das Verharren in der Tradition, der Korpsgeist des Heeres eine große Rolle spielen und der Verschwörerclique eine außerordentliche Geschlossenheit gegeben haben". Besondere Vorsichtsmaßnahmen seien für die Verschwörer kaum erforderlich gewesen: „Selbst diejenigen Personen ihres Dienstbereiches, die mit ihren Plänen nicht oder nicht ganz einverstanden waren, ließen nichts aus dem Kreis der Offiziere heraus[34]."

Der „Korpsgeist des Heeres" war aber längst nicht mehr so stabil, wie es den Vernehmern nach dem 20. Juli erschien. Da wurde an Kriegsschulen denunziert — in einem Fall vergewisserten sich sieben Denunzianten vorher noch bei einem Vorgesetzten, „ob ihr Verhalten richtig sei"[35]. Dem aus dem Kessel von Stalingrad ausgeflogenen Armee-Pionierführer Oberst Herbert Selle wurden ein ungeschminkter Vortrag im Kameradenkreise (allerdings in Anwesenheit eines Parteifunktionärs), offene Worte in der Ordensabteilung des OKH und einige in der Straßenbahn gesprochene Sätze beinahe zum Verhängnis. Frau und Tochter kamen in Haft, er selbst trat einen längeren Leidensweg durch Haftanstalten und Krankenhäuser an. Insgeheim fanden sich freilich mutige, unerschrockene Helfer, vor allem Karl Sack, Chef der Heeresrechtsabteilung, und der Oberstkriegsgerichtsrat Weinheimer, auch einige verständnisvolle Ärzte, so daß es in diesem Falle gelang, das drohende Todesurteil abzuwenden. Nach einem „Ergebenheitsbrief" an Hitler, zu dem er sich schweren Herzens entschloß, kam Selle auf freien Fuß und tat bis Kriegsende wieder seine Pflicht als Armee-Pionierführer, mit einem Fluch auf den Lippen[36].

Wenn es noch Steigerungsmöglichkeiten auf dem dunklen Gebiet der Denunziationen gab, so zeigten sie sich nach dem 20. Juli[37]. Aber auch jetzt, in dieser „Vernichtungswelt" (Ernst Jünger), gab es neben unbarmherzigen Verfolgungen Hilfe für Flüchtige und Verfolgte, auch noch bei Militärbehörden, die etwa lebenswichtige Bescheinigungen ausstellten[38] — kurzum, in der Atmosphäre dieser letzten Kriegsmonate liegt, ebenso wie in den Jahren davor, viel Erbärmliches, aber auch manch Großartiges an menschlicher Haltung und Gesinnung dicht beieinander.

Ist der 20. Juli 1944 nun überhaupt ein einschneidendes Datum für die drei Wehrmachtteile und die Waffen-SS gewesen? Einfache, verallgemeinernde Antworten auf diese Frage sind kaum möglich, ausgenommen im Falle der Kriegsmarine. Wenn denn Geschichte zutreffend nach offiziellen Verlautbarungen geschrieben werden kann, so ermöglicht die Ansprache des Großadmirals Dönitz an die „Männer der Kriegsmarine" nach dem Attentat neben anderen Dokumenten dieses Verfahren[39]. Mit einer Bemerkung über „eine wahnsinnige kleine Generalsclique", die in „feiger Treulosigkeit diesen Mord angezettelt" habe, variierte er Hitlers sechsmal wiederholte Behauptung von der hinter dem Anschlag stehenden „ganz kleinen Gruppe", mußte eben diesen Satz aber einen Monat später zurücknehmen: „Leider" habe sich herausgestellt, „daß der Teilnehmer- oder Mitwisserkreis dieses Putsches sehr viel größer gewesen ist, als man zuerst annahm"[40]. Dönitz betonte — übrigens in einer nach dem „Wörterbuch des Unmenschen" zu entschlüsselnden Diktion —, die Kriegsmarine stehe „getreu ihrem Eid in bewährter Treue zum Führer bedingungslos in ihrer Einsatz- und Kampfbereitschaft". Der Großadmiral sagte, was er glaubte. Zwischentöne sind nicht zu vernehmen. Das Gewicht seiner Worte wird nicht im mindesten dadurch beeinträchtigt, daß die Verschwörung sogar Verzweigungen in die Kriegsmarine hatte. Berthold Graf Stauffenberg, der Bruder des Attentäters, tat als Oberstabsrichter d.R. Dienst im OKM (Referent für Seekriegsrecht). Es heißt, im Rahmen seiner vielfältigen Aktivitäten für den beabsichtigten Umsturz habe er im Sommer 1942 die Admirale Gladisch und Backenköhler mit Goerdeler in Verbindung gebracht. In engen Beziehungen zu Berthold Graf Stauffenberg stand Korvettenkapitän Alfred Kranzfelder, Ic in der Operationsabteilung der Seekriegsleitung, wie Stauffenberg sogleich festgenommen und mit ihm am 10. August 1944 hingerichtet. Beide müssen als Außenseiter in der Kriegsmarine angesehen werden, wie noch einige andere als „leicht angesteckt"[41] bezeichnete Offiziere. Geschlossenheit und Einigkeit der Kriegsmarine „waren weder vor noch nach dem 20. Juli jemals ernsthaft gefährdet", wie Salewski zutreffend feststellt[42]. Einen von Dönitz — der sich nach dem Kriege und langer Haft um Verständnis für den 20. Juli bemüht hat — damals gewiß nicht gewünschten Nebeneffekt hatte sein unbedingt glaubwürdiges Bekenntnis zu Hitler, der die Kriegsmarine fortan als treuesten Wehrmachtteil ansehen konnte: damit war es einigen älteren, verständigen Offizieren in hohen Rängen möglich, alle in der Kriegsmarine betroffenen Randfiguren der Verschwörung ebenso unauffällig wie wirkungsvoll zu schützen[43].

Die Ansprache des Oberbefehlshabers der Luftwaffe, Göring, nach dem 20. Juli ist eine einzige Schimpfkanonade gegen eine „erbärmliche Clique von ehemaligen Generalen, die wegen ihrer ebenso feigen wie schlechten Führung davongejagt werden mußten", gegen „Verbrecher" (zweimal), „Verräter", „Jämmerlinge"[44]. Aber kein Wort des Mitgefühls für den schwer verletzten Chef des Generalstabes der Luftwaffe[45].

Es scheint, daß für die Luftwaffe der 20. Juli ein besonders fernes Ereignis war, vor allem angesichts der tiefen Krise, in der dieser Wehrmachtteil seit langem steckte, noch verschärft durch die zunehmende Entfremdung zwischen Göring und Hitler. Wie der Kommandeur der Luftkriegsakademie von Januar bis Juli 1944, Generalleutnant Rieckhoff, feststellt, war Göring im Sommer 1944 „nur noch eine klägliche Figur, ohne Ansehen. ... Die Luftwaffe hatte ihre Rolle ausgespielt"[46]. Unter Berücksichtigung der internen Probleme der Luftwaffe, wie gerade im Sommer 1944 dem gänzlichen Zusammenbruch ihrer Bodenorganisation im Westen[47], und im Hinblick auf die Tatsache, daß die westlichen Alliierten mit der Invasion die Luftherrschaft über dem westlichen Kriegsschauplatz und über dem Reichsgebiet innehatten, überrascht es nicht, daß das Attentat in Erinnerungswerken bekannterer Angehöriger der Luftwaffe allenfalls am Rande erwähnt wird[48]. Das Nachdenken darüber, was dieses Ereignis eigentlich bedeutet hatte, setzte später ein. „Mancher von uns", schreibt etwa Steinhoff (lange Jahre nach dem Krieg), „war zunächst empört über das, was die Männer um den Grafen Stauffenberg unternommen hatten". Es fehlte, meint er, die Einsicht: „Wir konnten sie auch nicht haben, denn wir waren mit unserem Feuerwehrdasein viel zu beschäftigt, um über den kommenden Tag hinauszudenken[49]." So ist auch kaum beachtet worden, daß einer der tatkräftigsten Verschwörer, Oberstleutnant d.R. Cäsar v. Hofacker[50], Angehöriger der Luftwaffe war (wenn auch außerhalb dieses Wehrmachtteils dienstlich verwendet). Die innere Stabilität dieses Wehrmachtteils ist schweren Belastungen ausgesetzt gewesen, jedoch nicht durch den 20. Juli 1944, sondern durch fortgesetzte Überbeanspruchung und Fehlentwicklungen innerhalb der Luftwaffe selbst. Von einigen „stimmungsmäßigen", gleichwohl kennzeichnenden Auswirkungen des 20. Juli ist die Luftwaffe indes auch nicht verschont geblieben. Zum Beispiel der Luftkriegsakademie sind von einem Denunzianten „Defaitismus und staatsfeindliche Umtriebe" vorgeworfen worden[51], es fehlte auch sonst nicht an Denunziationen, wie ein späterer Generalleutnant der Luftwaffe der Bundeswehr unmittelbar erlebte, und es heißt — der 20. Juli lockerte ja manche Bremse nun vollends —, daß Verfahren vor den Feldgerichten der Luftwaffe wegen des Vorwurfs der „Wehrkraftzersetzung" nach dem 20. Juli „auch in Bagatellfällen" zu „Höchststrafen und Todesurteilen" führten[52]. Das bedeutet nun nicht, daß die Luftwaffe sonst im nationalsozialistischen Geist unbeirrt ihren Weg bis zu Ende gegangen wäre. Wiederholte — und natürlich gescheiterte — oppositionelle Regungen etwa der Jagdflieger, mit dem Ziele, der militärischen Vernunft „in letzter Stunde" doch noch den Weg zu bahnen, beschränkten sich allerdings auf mehr oder minder geschickte Versuche, die hausgemachten Probleme zu bewältigen[53].

Bei der Abwehr der Invasion kämpften an der Westfront Verbände des Heeres und der Waffen-SS gemeinsam. Diese Schlachtordnung wurde allenfalls durch die massiven amerikanisch-britischen Angriffe zu Lande und in der Luft erschüttert, nicht aber durch den 20. Juli, obwohl in der Nacht darauf der Kommandierende General des I. SS-Panzerkorps, SS-Obergruppenführer und General der Waffen-SS Sepp Dietrich, „allerhand Fernschreiben bekommen" hat, mit anderen Worten besondere Befehle für die seinem Korps unterstehende 1. SS-Panzer-Division „Leibstandarte Adolf Hitler". Es habe zur Diskussion gestanden, „ob irgendwelche Teile herausgezogen werden müßten"[54]. Dazu ist es nicht gekommen. Schon Gerhard Ritter hat auf die frühzeitige Mitwisserschaft hoher Führer der Waffen-SS bei Erwägungen hingewiesen, nun müsse gehandelt werden — möglicherweise ging es dabei zunächst um nichts anderes als um wiederholt auftauchende Überlegungen, Hitler des Oberbefehls über das Heer zu entkleiden. Daß „gehandelt" werden müsse, darüber seien sich im Sommer 1943 die Heeresgruppen-Oberbefehlshaber Manstein, Kluge und Küchler klar gewesen, auch die Kluge damals bei der Heeresgruppe Mitte unterstehenden Waffen-SS-Generale Hausser und Sepp Dietrich[55]. Neben Sepp Dietrich, Hausser und dem General der Waffen-SS Felix Steiner[56] war auch noch der SS-Obergruppenführer und General der Waffen-SS Wilhelm Bittrich im Bilde, daß sich Oppositionelle im Heer zusammengefunden hatten und einen gewaltsamen Umsturz planten. Sie haben nicht nur dieses Wissen für sich behalten, sondern wären wohl auch bereit gewesen, sich Rommel bei einer etwaigen Aktion im Westen anzuschließen. Steiner gibt Bittrichs Worte zu Rommel wieder, daß er in diesem Falle „mit dem II. SS-Panzerkorps hinter" ihm und seiner Führung stehe: „Meine Kommandeure denken genauso wie ich." Auch General der Panzertruppe Eberbach war schon damals davon überzeugt, daß die Waffen-SS ohne Wenn und Aber hinter einer von Rommel geführten Aktion gestanden hätte[57]. Es scheint, daß einige dieser Waffen-SS-Führer, in erster Linie soldatisch denkend, es nicht bei unverbindlichen Absichtserklärungen bewenden ließen, sondern nach dem 20. Juli auch einiges taten, um Kameraden des Heeres aus den Fängen des Reichsführers SS und seiner Schergen zu befreien. Steiner selbst verwendete sich — allerdings vergeblich — bei Himmler für den Grafen Fritz-Dietlof v. der Schulenburg, Sepp Dietrich mit ersichtlich größerem Erfolg für den schwer gefährdeten Generalleutnant Dr. Speidel. Der damalige SS-Oberführer und Oberst der Waffen-SS Gustav Lombard setzte, so Steiner, „alle Hebel in Bewegung", um „den ihm bekannten damaligen Oberst im Generalstabe Graf Kielmansegg aus den Händen der Gestapo zu befreien", mit ihm noch „fünf andere Offiziere", und Steiner fügte hinzu, unter diesen habe sich auch General Heusinger befunden[58]. Es wäre nun gewiß zuviel gesagt, daß einfach kameradschaftliche Interventionen diese Freilassungen (im Falle Speidels allerdings ja nicht auf Dauer) bewirkt haben. Die Ermittlungsergebnisse werden eine nicht unwesentliche Rolle gespielt haben. Immerhin bleibt festzuhalten, daß Führer der Waffen-SS so kameradschaftlich handelten — und damit der mehr als doppelbödigen und seltsam verhangenen Atmosphäre um den 20. Juli eine Facette hinzufügten, die in keine Schablone paßt. Nebenbei handelten sie doch nicht ohne eigenes Risiko. Wegen seiner offenen Worte über die schimpfliche Hinrichtung von Generaloberst Hoepner ist der Obergruppenführer Bittrich aus den eigenen Reihen bei Himmler denunziert worden. Seine von Himmler verfügte Ablösung als Kommandierender General wurde sowohl durch die Lageentwicklung als auch durch Verzögerungsmaßnahmen des Generals Eberbach und des Feldmarschalls Model zunichte[59].

Der Zustand der Wehrmacht nach dem 20. Juli läßt sich folgendermaßen skizzieren: die Kriegsmarine erscheint ganz unangefochten, im Willen ihres Oberbefehlshabers durchaus als Garant des Systems, um eine Formulierung von Messerschmidt zu modifizieren[60]. Die Luftwaffe hatte ihre eigenen schwerwiegenden Sorgen und Probleme. Die Waffen-SS war fest in der Hand ihrer Führer, von denen einige, und nicht gerade die Unwichtigsten, sich aber ihre besonderen Gedanken gemacht zu haben scheinen. Der größte Wehrmachtteil, das Heer, war zwar unmittelbar vom 20. Juli betroffen, ist aber in seiner Kampfkraft und Einsatzfähigkeit dadurch nicht beeinträchtigt worden. Diese Feststellung bedarf freilich sogleich einer Einschränkung. Sowohl an der Ostfront als auch im Westen stand das Heer in schweren Abwehrkämpfen, die durch den Umstand nicht gerade erleichtert worden sind, daß von der Verschwörung — wie Dönitz die Kriegsmarine umfassend orientierte — „ein kleiner, aber führender Kreis des Generalstabes" …, „Schlüsselstellungen des Generalstabes des Heeres" berührt waren[61]. Mit den Verhaftungen und den mitunter lange dauernden Ermittlungen ist das Führungssystem dieses Wehrmachtteils schwerer beeinträchtigt worden als durch den den Verschwörern gelegentlich bis heute unzutreffenderweise nachgesagten „Verrat". — Nach dem gescheiterten Umsturzversuch war jedenfalls zunächst einmal das beschädigte Führungsinstrument wieder in Funktion zu setzen[62]. Allein die Lösung dieser nur auf den ersten Blick praktisch-organisatorischen Aufgabe machte mancherlei Nachwirkungen des 20. Juli in der oberen

Führung des Heeres deutlich. Argwohn, Mißtrauen, ja unverhohlener Haß gegen „das reaktionäre Heer", „den" Generalstab breiteten sich nämlich aus, wenigstens Nervosität, wenn nicht schlimmere Reaktionen auslösend. Verhöre, Festnahmen (als „Dienstreisen" getarnt), Selbstmorde: die schlechten Nachrichten überstürzten sich in den Tagen und Wochen nach dem mißglückten Attentat und werden in ihrer Wirkung auch nicht spurlos an der Truppe vorübergegangen sein.

Es ist heute nicht mehr nachzumessen, wie sich die geraume Zeit anhaltende Kampagne gegen das Heer (die sich nicht auf einige wenige öffentliche Kundmachungen beschränkte) auf dessen innere Verfassung ausgewirkt hat. Denn das ist eine der seltsamsten Wirkungen des 20. Juli, daß an diesem Tag ein Graben wieder aufriß, der längst zugeschüttet schien. Alles brach jetzt wieder hervor, was das Heer und den Nationalsozialismus einst getrennt hatte. In seiner nächtlichen Rede nach dem Attentat, in der Hitler ja auch in seiner Funktion als Oberbefehlshaber des Heeres sprach, erklärte er zwar noch, daß dieser „ganz kleine Klüngel verbrecherischer Elemente" nichts mit der „deutschen Wehrmacht und vor allem auch mit dem deutschen Heer nichts zu tun" habe, vertraute aber ein paar Wochen später Heusinger bei ihrer letzten Begegnung an: „Ich habe schon oft bitter bereut, mein Offizierkorps nicht so gesäubert zu haben, wie es Stalin tat. Aber ich muß und werde das jetzt nachholen[63]." Zu diesem Zeitpunkt etwa war er sich inzwischen über das ganze Ausmaß der Verschwörung, ihrer verschiedenen Ausformungen, von Stauffenberg bis Hans Oster, im klaren und darüber, daß so viele Verschwörer den „gebildeten Kreisen entstammt" hätten, denen er „immer mehr oder weniger blindlings vertraut" habe: „Ich wußte es schon seit längerer Zeit, ... daß die besseren Kreise unseres Volkes gegen mich standen", „gerade die Kreise ..., die am meisten vom Nationalsozialismus profitiert haben"[64] — also nichts mehr von „kleiner Clique", „ganz kleine Gruppe", „ganz kleine Verräter- und Verschwörerclique", wie es noch in der Nacht vom 20. zum 21. Juli geheißen hatte. Diese Vorwürfe steigerten sich noch bis zu seinem Selbstmord; vom versäumten „Schlag gegen rechts" sprach er vor den Gauleitern am 24. Februar 1945 und endete am 22. April 1945 in einem Wutausbruch über die Führer des Heeres und ihre „langjährige Verräterei"[65], was Ernst Jüngers Feststellung stützt, Hitler habe die Mehrzahl der Generale als eine „Gesellschaft mit antiquierten Vorurteilen" angesehen: „Sowie sie sachlich nicht mehr nötig waren, würde man mit ihnen aufräumen. In der Tat gehörten sie einer aussterbenden Spezies an. Die Probe auf das Exempel gab der 20. Juli 1944 ..."[66]. Das waren nun nicht wunderliche Ansichten eines dem Ende seiner Herrschaft entgegengehenden Diktators. So angepaßt dem nationalsozialistischen System heutigen Kritikern und Betrachtern das Heer erscheint, so sehr beargwöhnten nach dem 20. Juli 1944 wieder große Teile der NSDAP, nicht nur der Führung dieser „Bewegung", das Heer als nicht-nationalsozialistisch, als „reaktionär". Auch in noch gläubigen Teilen der Bevölkerung war diese Ansicht offenbar recht weit verbreitet. Jedenfalls hörten die beamteten Erforscher der „öffentlichen Meinung", auch ihre Zuträger, in den Straßen der Städte gleich nach dem Attentat dazu Erstaunliches. Die Ansicht sei verbreitet, eine „immer vermutete Opposition innerhalb der Wehrmacht und eine Clique reaktionärer Generale" habe die Macht an sich reißen wollen; „reaktionäre Kreise" hätten das Attentat inszeniert: „Die Volksgenossen nahmen spontan Stellung gegen die alten Generale der Wehrmacht, die sie als 'Reaktion' bezeichneten." Zahlreiche Gespräche, so die aufmerksamen Zuhörer, ließen „eine verallgemeinerte Mißstimmung gegen das Offizierkorps erkennen", man höre scharfe Worte gegen „die 'Hohen', 'Großkopfeten' und 'Monokelfritzen'"[67]. Mit dem Wort von den „blaublütigen Schweinen", das nach dem 20. Juli der „Reichsorganisationsleiter" Dr. Ley, Führer der „Deutschen Arbeitsfront", erregt hervorstieß, machte sich dieser nationalsozialistische Funktionär zum Sprachrohr für die dumpfen Vorurteile vieler[68]. Nicht nur, daß sich die Volksmeinung, gelenkt und ungelenkt, gegen das „reaktionäre Heer" wendete — sondern es war auch nach dem 20. Juli (wie dann zeitweise nach dem Kriege) nicht empfehlenswert, Offizierfrau, womöglich Frau eines Generalstabsoffiziers zu sein, zu allem Überfluß vielleicht noch adligen Namens.

Allerdings schien diese Mißstimmung den Lenkern der öffentlichen Meinung im Deutschen Reich dann doch bald zu weit zu gehen, auch regte sich Widerspruch[69] gegen Leys unflätige Schimpfereien. Unterschwellig blieb aber, trotz beiderseitiger vollmundiger Bekenntnisse zueinander, etwa bei „Treuekundgebungen", wie sie nach dem Attentat vielerorts auch „unter Beteiligung der Wehrmacht"[70] stattfanden, das Verhältnis zwischen Partei und Heer erheblich gestört.

Über die tatsächlichen Auswirkungen von gegen das Heer schlechthin gerichteter Propaganda sind ebenso wenig gesicherte Aussagen möglich wie über den unmittelbaren Eindruck, den das Attentat hinterlassen hat. Es gibt Belege sowohl für gänzliche Indifferenz, also „fernes Ereignis", bis hin zu der Überzeugung eines Obersten und Regimentskommandeurs an der Front in Italien, dies sei nun „das größte Verbrechen, das ein Deutscher begehen konnte"[71]; auch erscheint eine Rückerinnerung aus der in Frankreich von Generalleutnant Graf Schwerin befehligten 116. Panzer-Division glaubhaft, die Nachricht vom Umsturzversuch habe „niederschmetternd" gewirkt. Der Kommandeur der im Westen eingesetzten 277. Infanterie-Division, wenige Tage nach dem Attentat zum Nachfolger des Generals Fellgiebel berufen, „verstand es nicht, wie in dieser Lage" (gemeint ist die geglückte Invasion und die bedrohliche Situation der Ostfront) „auch noch der Bürgerkrieg riskiert wurde". In der 132. Infanterie-Division, in Kurland stehend, setzten wohl recht frühzeitig Überlegungen über Sinn und Berechtigung eines Staatsstreiches ein. Denn der zu den Verschwörern gehörende General der Artillerie Fritz Lindemann, nun landauf, landab als „Verräter Lindemann" gesucht, hatte diese Division von Januar 1942 bis August 1943 befehligt und stand noch in hohem Ansehen dort. Ein Sohn, Leutnant im Artillerieregiment dieser Division, war aber gleich nach dem 20. Juli denunziert worden, von einem „Mann der eigenen Truppe", wegen seiner Äußerung: „Schade, daß er — Hitler — nicht tot ist". Wenn der so geschätzte, ja verehrte General Lindemann zur Widerstandsgruppe gehörte, „mußten da nicht in uns Zweifel auftauchen, in uns, die wir damals immer noch glaubten, es sei eine gute Sache, für die wir an der Front stehen"? Diese Reaktion, wenn auch erst nach dem Kriege niedergeschrieben, wird nicht selten gewesen sein. Wenn neben Lindemann so geachtete Männer wie der Feldmarschall v. Witzleben, der Generaloberst Hoepner — um nur die bekanntesten Namen zu nennen — sich gegen Hitler wandten, dann hatte das gewiß nur ehrenhafte Gründe, mochte mancher denken. Ablehnung, gänzliches Unverständnis, Distanz, zögerndes Verständnis, gewiß auch im Einzelfall innere Zustimmung mischten sich, ohne daß der jeweilige Standpunkt, war er nicht regimekonform, anders als andeutungsweise verdeutlicht werden konnte. Divisionstagesbefehle, die das Attentat schneidend verurteilten und unverbrüchliche Treue zum Führer bekunden, gibt es gewiß. Das Gegenteil war auch schwerlich zu erwarten. Wenigstens ein Divisionskommandeur, Generalleutnant Frhr. v. Gablenz, ehemals königlich-preußischer Gardeoffizier, glaubte seinem Offizierkorps aber auch eine persönliche Stellungnahme schuldig zu sein: Fraglos sei es ein todeswürdiges Verbrechen, in einem Kriege um Sein oder Nichtsein den Versuch zu unternehmen, das Staatsoberhaupt zu ermorden; „aber ebenso sei es völlig unberechtigt, diese Männer, wie es Goebbels tut, als 'gemeine Ehrgeizlinge' zu beschimpfen. Im Gegenteil, diese Männer hätten die Lage in jeder Hinsicht als katastrophal angesehen und geglaubt, durch die Ermordung Hitlers mit den Feindmächten noch einen leidlichen Friedensschluß zu erreichen" — nach Ansicht des Generals „eine Illusion. Denn der Krieg gelte nicht der Person Hitler, sondern Deutschland"[72].

Gablenz konnte von Glück sagen, daß unter seinen Offizieren kein Denunziant war, wie dagegen bei einer ähnlichen, noch deutlicheren Ansprache, die der „General des Transportwesens West" in Paris, Oberst i.G. Hans Hoeffner, am

21. Juli vor seinem Stabe hielt. Nicht nur, daß er die Verschwörer gegen die Beleidigungen Görings in Schutz nahm, er wandte sich auch entschieden gegen Angriffe gegen das Offizierkorps, besonders aus Parteikreisen[73]. Die lange nach der Ansprache Hoeffners auf den Weg gebrachte Denunziation mit allen „klassischen" Kennzeichen einer solchen schmutzigen Angelegenheit — Weitergabe der Anzeige, unkameradschaftliches Verhalten bei der weiteren Behandlung, aber auch entschiedene Versuche, Hoeffner zu retten (der wohl aber nur durch seine Gefangennahme Schlimmerem entging) — hatte merkwürdige Folgen. Hoeffner, nach dem Kriege Brigadegeneral im Bundesgrenzschutz und dann in der Bundeswehr, und Generalleutnant Schnez, 1944/45 als Oberstleutnant i.G. „General des Transportwesens Italien", aus dessen Dienststelle heraus dann Hoeffner angezeigt worden ist, sahen sich längere Zeit in eine unerfreuliche, zunächst interne, dann öffentliche Auseinandersetzung über ihr jeweiliges Verhalten nach dem 20. Juli 1944 verwickelt, in der allerdings auch — im Falle Schnez' — durchsichtige personalpolitische Interessen mitspielten, gewiß eine besonders seltsame Variante der Nachwirkungen des 20. Juli auf das innere Gefüge deutscher Streitkräfte.

Mutige offene Worte, wie die des Generals Frhr. v. Gablenz und des Obersten Hoeffner, dürften die Ausnahme in jenen Juli-Tagen gewesen sein. Insgesamt wird der Generalleutnant a.D. Friebe recht haben, wenn er in seinem Gutachten im „Remer-Prozeß" meint, die Masse der Frontoffiziere, und „hauptsächlich der jüngeren Generation" (wie der Denunziant Hoeffners) habe das Attentat zunächst abgelehnt, nicht verstanden und verurteilt[74]. Das heißt zugleich, daß die unmittelbaren Folgen und Auswirkungen des Umsturzversuchs auf die Truppe gering waren, mit den Worten Friebes: „Schon kurze Zeit nach dem 20. Juli ließ der schnelle Ablauf der Geschehnisse an der Front und der schließliche Zusammenbruch das Attentat in den Hintergrund treten[75]." Das ging allerdings gelegentlich dann so weit, daß Offiziere, denen die Verfolger nichts hatten anhaben können, wenn sie von ihren manchmal wochenlangen Vernehmungen wieder zur Truppe kamen, dort selten freundlich, meist höflich-distanziert, auch gleichgültig aufgenommen wurden, wenn ihnen nicht sogar Argwohn und Mißtrauen entgegenschlug. Licht und Schatten lagen, wie gesagt, in diesen Wochen dicht beieinander. Der Sohn eines tief in die Verschwörungen gegen Hitler verwickelten Generals, nach dem 20. Juli schwer verwundet, erlebte es, daß ihn zwar sein dem Nationalsozialismus nahestehender Armee-Oberbefehlshaber fürsorglich in ein Lazarett in die Heimat bringen ließ, aber dort der grundsätzlich konservativ eingestellte Wehrkreisbefehlshaber (der seinen Vater festgenommen hatte) ihn trotz langer Bekanntschaft geflissentlich übersah, als er einen verwundeten Kameraden im selben Krankenzimmer besuchte.

Schon Hans Rothfels hat, die wenigstens indifferente Haltung der „Kommandeure von aktiven Feldtruppen" dem Umsturzversuch gegenüber recht wohlwollend als „eine Art abwartender Neutralität"[76] charakterisierend, den Blick auf eine Zwangsvorstellung gelenkt, die auf eigenartige Weise die Verschwörer, ihre Verfolger und die Statisterie dieses Dramas verband, deren Reaktionen und Handlungsweisen bestimmte, das „Dolchstoß-" oder das „1918-Syndrom". Hitler war von diesem 1918-Komplex förmlich besessen und hat ja schon in seiner nächtlichen Ansprache dieses Motiv aufgegriffen[77]. Wieder und wieder klingt in Goerdelers Denkschriften „1918" an; die Wehrmacht, schreibt er etwa im März 1943, dürfe „noch nicht unfähig erscheinen, weiter Krieg zu führen; der Sieg darf dem Gegner noch nicht in der Nähe winken"[78], nicht anders bei den Soldaten um Stauffenberg. Nächst der Problematik des Eides trieb sie der Gedanke um, wie bei einem Umsturz einem „Dolchstoß"-Vorwurf begegnet werden könne — das Heer habe den Führer am „Endsieg" hindern wollen —, und ihr erklärtes Ziel war es ja, nach dem Umsturz müsse zunächst die Front halten, um jeden Preis, damit sich 1918 eben nicht wiederholen könne, ebenso, wie ein Bürgerkrieg vermieden werden müsse[79].

Mochte also die Truppe an der Front vom 20. Juli noch als kaum betroffen erscheinen, so erwies sich andererseits mit der Ernennung Himmlers zum Befehlshaber des Ersatzheeres — auch damit begründet, daß er in seiner Eigenschaft als „Chef der deutschen Polizei" im Falle der Ermittlungen nach dem Attentat unbeschränkten polizeilichen Zugriff auf die Wehrmacht hätte[80] — und bald nach der Einsetzung des Generalobersten Guderian als Chef des Generalstabes des Heeres, daß der mißglückte Versuch aus den Reihen des Heeres, Hitler zu stürzen, keineswegs lediglich als eine „Episode im Gesamtverhältnis der Wehrmacht zum NS-Staat"[81] anzusehen ist. Hitler wollte ja, nach eigener Ankündigung, „mit dem Austreten dieser ganz kleinen Verräter- und Verschwörerclique nun endlich aber auch im Rücken der Heimat die Atmosphäre schaffen, die die Kämpfer an der Front brauchen". Himmler und er nutzten die ihnen verbleibende Zeit durchaus.

Guderian war um seine Aufgabe wahrhaftig nicht zu beneiden. In dieser Situation zu den engsten militärischen Beratern Hitlers zu treten, der seinem Mißtrauen und seinem Haß gegen „das reaktionäre Heer" keine Zügel mehr anlegte, in einer Atmosphäre der Verfolgung[82], die die soldatische Kameradschaft auf die äußerste Probe stellte, vor dem Hintergrund einer militärisch mehr als schwierigen Lage: da war eigentlich nur noch ein ehrlicher Name und ein guter Ruf zu riskieren. Die Handlungsweise des Generalobersten in diesen Monaten bis zum endgültigen Bruch am 28. März 1945 zwischen Hitler und Guderian steht denn auch seitdem im Kreuzfeuer der Kritik. Was er tat, worauf er sich einließ, ist nun nicht allein von biographischem Interesse, sondern zeigt, wie tief das innere Gefüge des Heeres an der Spitze in Mitleidenschaft gezogen worden ist. Was sich damals, im Generalstab des Heeres und dessen Umkreis, ereignete, hat lange fortgewirkt, bis in die Jahre der Planung und des Aufbaus des westdeutschen Verteidigungsbeitrages.

Daß Hitler keinen ausgesprochenen Gegner des Nationalsozialismus zum Nachfolger Zeitzlers berufen hätte, liegt auf der Hand. Ebensowenig ist Guderian nun aber als fanatischer Nationalsozialist anzusehen. Gewiß stand er loyal zu Hitler. Aber diese Loyalität hat ihn während der Ausübung seiner Funktion als geschäftsführender Chef des Generalstabes des Heeres[83] nicht geblendet, geschweige denn seinen militärischen Wirklichkeitssinn getrübt. Wie Halder und Zeitzler geriet er in schwere Auseinandersetzungen mit Hitler, und wie jene schied er desillusioniert aus seinem Amt, nicht ohne noch den Versuch unternommen zu haben, sogar mit Ribbentrop, Himmler und dem Großadmiral Fühlung wegen eines Waffenstillstandes aufzunehmen, was seinen Kredit bei Hitler nicht eben erhöhte. Und sein Zusammenwirken mit Speer, um die Zerstörung aller materiellen Lebensgrundlagen des deutschen Volkes zu verhindern, unter Zuwiderhandlung gegen ausdrückliche „Führerbefehle", ist ihm hoch anzurechnen[84]. Übrigens hat er auch Goerdeler angehört (und sich damit in den Verdacht der Mitwisserschaft an hochverräterischen Bestrebungen gebracht; sein Name fiel sogar bei den Vernehmungen Stieffs, als jener über Sondierungen im Jahre 1943 aussagte[85]. Eigentlich überflüssig zu sagen, daß er über diese Gespräche Goerdelers mit ihm bis nach dem Kriege geschwiegen hat).

Kritik hat sich nun keineswegs an Guderians mannhafter Haltung Hitler gegenüber und an seinen militärischen Maßnahmen zur Stabilisierung der Ostfront entzündet, wohl aber an seiner Mitwirkung im sogenannten „Ehrenhof" und an einigen schriftlichen Äußerungen, mit denen er angeblich den Generalstab des Heeres insgesamt auf nationalsozialistischen Kurs festgelegt habe[86]. Die Kritiker konzentrieren sich dabei in erster Linie auf die Person des Generalobersten und verlieren dabei aus dem Auge, daß mit der weiteren Herabminderung der Stellung des Chef des Generalstabes des Heeres ein ständiger Machtzuwachs Himmlers einhergeht[87]. So sehr Guderian stets die Waffen-SS als fechtende Truppe schätzte, so wenig wollte er eine Suprematie Himmlers über das Heer, geschweige denn einen SS-Staat. Und diese Gefahr zeichnete sich bei den ausgeweiteten Befugnissen Himmlers ab, der sich schon als Oberbefehlshaber des Heeres[88] sah.

Wer, wie Guderian auch, so in Zuständigkeiten dachte, wer so genau wußte, wie man Zuständigkeiten erlangte, die Kunst der Lagebeurteilung perfekt beherrschte: der machte sich rasch ein zutreffendes Bild, was Himmlers Machtzuwachs nach dem 20. Juli ankündigte. Mit allen erdenklichen Methoden versuchte Guderian abzuwenden, was da drohte, und kämpfte — auf verlorenem Posten und vergeblich — für „die Armee als einzigen Waffenträger in der Nation"[89], gleichsam zurückkehrend zu den Anfängen des Verhältnisses bewaffnete Macht — nationalsozialistische Herrschaft. Es waren wohl auch aufs Ganze gesehen untaugliche Mittel, die er einsetzte. Denn Hitlers Mißtrauen gegen das Heer war weder mit markigen Worten zu beschwichtigen, noch konnte er damit die Nebenregentschaft Himmlers verhindern.

Seinen Dienst als Chef des Generalstabes begann er mit einem Paukenschlag. An die Verlesung eines Tagesbefehls Hitlers fügte er „namens des deutschen Heeres" hinzu, daß „einige wenige, teilweise außer Dienst befindliche Offiziere" den Mut verloren „und aus Feigheit und Schwäche den Weg der Schande dem allein dem anständigen Soldaten geziemenden Weg der Pflicht und Ehre vorgezogen" hätten. Er, Guderian, bürge Führer und Volk „für die Geschlossenheit der Generalität, des Offizierkorps und der Männer des Heeres", nachdem das Heer „sich selbst gereinigt und die unlauteren Elemente abgestoßen" habe[90]. Diese Sätze sind aber nur die eine Seite der Medaille. Mit solchen Bekenntnissen glaubte er wohl, sich Luft und Bewegungsspielraum verschaffen zu können, wie mit Befehlen „An alle Generalstabsoffiziere des Heeres"[91], einer Ansprache an die Generalstabsoffiziere im Generalstab des Heeres und anderen Bekundungen von ihm aus jenen Wochen. Von zeitgenössischen Hörern und Lesern sind sie als einzige Anschnauzer, extreme nationalsozialistische Ausfälle, „vermengt mit unverhohlenem Haß gegen den Generalstab" be- und verurteilt worden. Nun sind gewiß diese Meinungsäußerungen verbal sehr überzogen, auch nicht mit der Erläuterung versehen, es sei nicht so gemeint, und nicht augenzwinkernd vorgetragen worden. Allerdings wird bei der Bewertung von Guderians Worten meist übersehen, daß ja auch Zeitzler nicht mit starken Worten gegeizt hatte, als er im Herbst 1942 Halders Nachfolge antrat. Was Zeitzler bei relativ friedlichem Anlaß dem Generalstabsnachwuchs ins Stammbuch schrieb[92], er „verlange einen Generalstabsoffizier, der unbegrenzten Glauben an den Führer hat und den Glauben an seinen Führer, an den Sieg und an seine Arbeit auf seine Umwelt ausstrahlt", war auch sehr ernst gemeint gewesen, obwohl sich diese Worte vortrefflich zur Persiflage eigneten (und sie sich für Zeitzler selbst ebenso schnell wie gründlich ins Gegenteil verkehrten). Die gereizte, nervöse, gespannte Atmosphäre nach dem 20. Juli verschaffte Guderians Strafpredigten eine so nachhaltige Wirkung. Freilich kommt bei ihm hinzu, daß er bei Antritt seiner Verwendung auch eine persönliche Rechnung mit dem Generalstab Beck-Halderscher Prägung glaubte begleichen zu müssen und er die Gelegenheit nutzte, in seiner bekannt impulsiven Art, die ihm den Spitznamen „Heinz Brausewetter" eingetragen hatte, mit all jenen abzurechnen, die sich ihm früher irgendwie in den Weg gestellt hatten.

Wenn bei Guderian Wort und Tat in Einklang gestanden hätten, müßten ihn seine schriftlich niedergelegten Bekundungen nach dem 20. Juli ebenso richten wie die Tatsache seiner Mitwirkung im sogenannten „Ehrenhof", dieser von Hitler befohlenen, zweifellos als zusätzliche Demütigung des „reaktionären Heeres" gedachten Einrichtung. So dröhnend nationalsozialistisch Guderian sich nun auch ausdrückte und damit gewiß manches Vorurteil gegen seine Person bis zum heutigen Tage verfestigte, so unbestreitbar ist sein Einsatz für Verfolgte nach dem 20. Juli. Dabei ist er sogar so weit gegangen, einem Generalstabsoffizier der Operationsabteilung die Hitler persönlich zugestellten Ergebnisprotokolle der Vernehmungen für eine Nacht zugänglich zu machen — eine gewiß mit lebensrettende Hilfe für jenen damaligen Oberst i.G., der wenige Tage später festgenommen worden ist und nun recht genau wußte, was andere bis dahin ausgesagt hatten, was er füglich sagen konnte[93]. Er hielt über den Frhrn. Thilo v. Werthern, einen von Haß gegen den Nationalsozialismus erfüllten Offizier im Stabe des „Generalinspekteurs der Panzertruppen", und andere Offiziere dort „seine schützende Hand…, was ihm Werthern nicht leicht machte"[94], bewahrte in wenigstens einem Falle einen Generalstabsoffizier, der sich in einem dienstlichen Brief gegen die entwürdigende Behandlung der Verschwörer gewandt und sich praktisch zu ihnen bekannt hatte, durch Verhängung von Arrest vor Ehrenhof und Volksgericht (tragisch, daß dieser dann aus dem Generalstab entfernte Offizier im Januar 1945 fiel) und entsandte den NSFO des Generalstabes des Heeres mehrmals zu Kaltenbrunner und dem Obersturmbannführer v. Kielpinski, um „Erleichterungen vor allem für die Angehörigen" der 20. Juli-Offiziere zu erreichen[95].

Sich im „Ehrenhof" für dort Angeschuldigte zu verwenden, war ungleich schwieriger, allein nach der Zusammensetzung dieses Gremiums, in dem ja der Hitler widerspruchslos ergebene Keitel saß, der ja auch über das Zustandekommen dieses Gremiums einige enthüllende Auskünfte hinterließ[96]. Danach hat Hitler befohlen, ihm die Soldaten der Luftwaffe und der Marine, „deren Beteiligung am Putsch offensichtlich, d.h. so gut wie erwiesen ist … zwecks fristloser Entlassung aus der Wehrmacht und Überstellung an die Gestapo zu melden" —

so ist etwa bei den beiden Angehörigen der Kriegsmarine (Graf Stauffenberg und Kranzfelder) und dem Luftwaffen-Oberstleutnant d.R. Cäsar v. Hofacker verfahren worden. Diese Wehrmachtteile erschienen also nach außen als nicht betroffen. Ein sogenannter „Ehrenhof" ist nur für das Heer eingerichtet worden, und es wurde auch noch öffentlich bekanntgemacht, wen dieses Gremium — allein nach Vortrag der Ermittler — dem Führer zur Ausstoßung aus dem Heer vorzuschlagen hatte[97]. Guderian hat sich lange mit seinem Chef der Operationsabteilung, Generalleutnant Wenck, über seine Mitwirkung im „Ehrenhof" ausgesprochen und dann für sich die Entscheidung gefällt: „Ich kann das von keinem verlangen, wenn ich es nicht selber tue[98]." Es ist mittlerweile bekannt, daß nicht zuletzt durch die geschickte Fürsprache Guderians Generalleutnant Dr. Speidel der Ausstoßung aus dem Heer entging, auch in anderen Fällen kam der „Ehrenhof" zu einem für die Betroffenen positiven Ergebnis[99], gerade auch durch Intervention Guderians. Und war nicht jedes gerettete Menschenleben jeden Einsatz wert? Daß viele nicht zu retten waren, hat ihn zeitlebens bedrückt; Guderians Verhalten nach dem 20. Juli, in einer ausweglosen Situation, fast auf sich allein gestellt, wenigstens noch Versuche zu unternehmen, zu helfen, wo noch geholfen werden konnte, zeigt, daß in den letzten Monaten der Geschichte des deutschen Heeres das Kapital an Kameradschaft und anständiger Gesinnung zwar schwer angegriffen, aber noch nicht vollends aufgezehrt war. Seine Haltung kontrastiert jedenfalls im Guten bemerkenswert zum Verhalten des Nachfolgers des Generalquartiermeisters des Heeres[100] und zu den unbarmherzigen Verfolgungsmaßnahmen des Heeres-Personalamts, von denen auch noch die betroffen waren, denen die Gestapo weder Schuld noch Mitwisserschaft nachweisen konnte. Nahmen sie ihren Dienst wieder auf, erhielten sie meist Verwendungen ohne Garantie der Lebensverlängerung, vorsichtig ausgedrückt. Mit guten Gründen sprach nach dem Kriege der General der Panzertruppe a.D. Frhr. Leo Geyr v. Schweppenburg vom „Kaschemmenpersonalamt", das „das Übelste auf dem Weg zur inneren Zersetzung des Offizierkorps" zu verantworten habe[101]. Wenigstens rühmte sich das Heeres-Personalamt nicht der Ermordung Rommels, traf aber vorher schon sorgsam Vorbereitungen für „Ablauf eines Staatsbegräbnisses. (R)"[102]. Mehr und mehr mischte sich auch Himmler selbst in die Personalien ein. Zwei Söhne eines vom Volksgerichtshof zum Tode verurteilten Generals hatten sich brieflich an ihn gewandt. Himmler entschied aufgrund dieser Briefe, „daß beide Söhne als Offiziere im Heer verbleiben können" (4. Oktober). Ebenso großzügig war er einverstanden, daß „Generaloberst Weiß die Armee belassen werden kann", der überprüft worden war „im Hinblick auf den Verrat des bisherigen Chefs der 2. Armee, Generalmajor v. Tresckow" (22. August). So weit war es nun gekommen, Armee-Oberbefehlshaber hingen vom Wohlwollen und der Gnade Himmlers ab[103].

Die Zerreißprobe auf die innere Stabilität der Wehrmacht, die der 20. Juli 1944 im Ablauf der letzten Kriegsmonate nicht gewesen war, ereignete sich zeitversetzt, als es längst keine deutsche Wehrmacht mehr gab. Die Gewissenserforschungen und Bestandsaufnahmen, die nun nach dem Kriege einsetzten, betrafen zwar keineswegs allein diesen Tag, entzündeten sich aber vielfach an der Debatte um dieses Ereignis, das jetzt seine Nachwirkungen entfaltete und dessen Konturen nun erst deutlich wurden.

Das Nachdenken[104] darüber stieß zusammen mit einer von den Siegern verordneten „Umerziehung" und Vergangenheits-„Bewältigung", wo die Entscheidung über Richtig und Falsch, Gut und Böse längst gefallen war, was eine Bestandsaufnahme nicht gerade erleichterte. Ein weiterer begrenzender Faktor für die Gewissenserforschung war die Strafandrohung gegen „Generalstab und Oberkommando der Wehrmacht". Sie löste vornehmlich Rechtfertigungsversuche aus. Nach dem Freispruch des Führungsinstruments schien sie dann manchen auch nicht mehr erforderlich zu sein, auch aus einem Gefühl des Trotzes heraus, warum denn nur Soldaten Rechenschaft ablegen sollten und ihnen allein die Sündenbock-Funktion auferlegt war. Mit dem vor aller Augen verlorenen Krieg konnten sich zwar keine Dolchstoß-Phantastereien festsetzen, wie gleich nach dem Ende des Ersten Weltkrieges, als man, „im Felde unbesiegt", ganz gut mit Legenden und Selbsttäuschungen weiterlebte. Aber nun, bald nach der „bedingungslosen Kapitulation", meldeten sich — mit unterschiedlich lauteren Motiven — Kritiker im eigenen Lande zu Wort, die biedermännisch fragten, warum denn nicht „die Wehrmacht" spätestens angesichts der unausweichlichen Niederlage die Gewehre umgedreht und die Schreckensherrschaft beseitigt habe? Die Klopffechter und Kannegießer auf beiden Seiten hatten ihre große Stunde, so daß der Generalleutnant a.D. Dr. Speidel frühzeitig und dringend riet, die unausweichliche Auseinandersetzung mit der eigenen Vergangenheit nicht zu versimpeln.

Ein besonderes Hindernis bei vielen internen Diskussionen um das Verhältnis der Wehrmacht zur nationalsozialistischen Herrschaft und um die Einstellung zur Verschwörung gegen Hitler war es, daß sich alles Für und Wider zunächst auf den eigenen Erfahrungsschatz und die absichtsvoll vorgetragenen, gefärbten, gefilterten persönlichen Erlebnisse und Eindrücke in den eben zurückliegenden Jahren und Monaten stützte, die natürlich kein umfassendes Bild von den verwickelten Ereignissen vermittelten. Kein Thema ihrer Vergangenheit konnten zudem die ehemaligen Berufssoldaten aufgreifen, dessen sich nicht auch schon die Öffentlichkeit mit unterschiedlichem Sachverstand bemächtigt hatte, und wo dort nicht auch schon meist wohlfeile Lösungen bereitgehalten worden sind. Nun lösten von außen aufgenötigte Diskussionen bei den Betroffenen, die sich sogleich in der Rolle des Angegriffenen sahen, eher noch einen internen Solidarisierungseffekt aus, als daß sie als wesentliche, ehrliche Anstöße empfunden worden sind. Mit der Methode, Kritikern die Kompetenz abzusprechen, enthob man sich gelegentlich der Notwendigkeit, sich in der Sache mit ihnen zu beschäftigen. Das heißt nun nicht, daß die kritische Betrachtung des verhängnisvollen Weges der Wehrmacht, der schließlich zu einer militärischen und moralischen Katastrophe ohne Vorbild in der deutschen Militärgeschichte geführt hatte, ausgeblieben ist. Dieser verzweifelte Dialog mit sich selbst, unter besonderen, ungewöhnlichen Belastungen, zum Thema ,,wie konnte es geschehen" hat stattgefunden, beginnend doch schon in der Gefangenschaft, auch in den Gefängnissen und später in der Freiheit, auf unterschiedlichem Niveau und mit nicht immer befriedigenden Ergebnissen. Namentlich der General der Panzertruppe a.D. Eberbach hat in seiner Wirksamkeit an der Evangelischen Akademie in Bad Boll diesen mühseligen Erkenntnisprozeß sehr gefördert [105]. Diese Standortbestimmungen kreisen im Grunde um die Frage, wie es binnen weniger Jahre, also seit dem Machtantritt Hitlers und beschleunigt im Kriege, zu weitgehender Anpassung an Hitlers Herrschaft kommen konnte. Dabei gelang es nicht, die Aporie aufzulösen, daß einmal hohe Militärs sich den Zumutungen des nationalsozialistischen Systems ganz unterworfen und noch Vorschub geleistet, während andere Kameraden gleicher Herkunft und Prägung sich unter Einsatz ihres Lebens der Unrechtsherrschaft entschlossen widersetzt hatten.

So schwierig, wie sich die Offizierkorps der Wehrmachtteile in ihrer Einstellung zum Nationalsozialismus abschließend katalogisieren lassen, so mühselig waren die — nicht nach Heer, Luftwaffe, Kriegsmarine, Waffen-SS geschiedenen — Versuche, quer durch die Generationen und Dienstgradgruppen, über die Frage des Eides auf Hitler, den Eidbruch und den im Aufstandsversuch vom 20. Juli 1944 gipfelnden Widerstand gegen Hitler ins reine zu kommen. Die Auseinandersetzungen um diese Themen schienen zunächst die Annahme zu bestätigen, daß ,,der 20. Juli" tatsächlich ein vereinzeltes, begrenztes Vorkommnis gewesen war. Lange hat die etwa von Jodl im Nürnberger Gerichtssaal geäußerte Ansicht fortgewirkt: ,,Wie man einen Krieg nach außen um Sein oder Nichtsein führen sollte und gleichzeitig eine Revolution machen, um dabei etwas Positives für das deutsche Volk herauszuholen, das weiß ich nicht." Davon hatte Jodl im Gerichtssaal nichts gesagt, wie tatkräftig auch er sich für manche in Gestapohaft befindliche Kameraden eingesetzt hatte, aber ohne Umschweife bestätigte er, in einer Ansprache an seinen Stab am 24. Juli 1944 den 20. Juli als bisher schwärzesten Tag der deutschen Geschichte bezeichnet zu haben. In dieser Haltung zum 20. Juli — Verdammung der Tat bei gleichzeitigem kameradschaftlichen Einsatz für Betroffene — drückt sich tiefe innere Unsicherheit aus. Die Aktion Stauffenbergs wurde in Nürnberg auch von Feldmarschall v. Rundstedt entschieden abgelehnt. Er sah einen Umsturz im Kriege, womöglich noch mit Hilfe der Alliierten — wie er irrtümlich unterstellte — als „gemeinen nackten Verrat" an, der „an den Tatsachen" nichts geändert hätte, da „Armee und Bevölkerung ... damals noch an Hitler" glaubten. Da Jodls und Rundstedts Auffassungen Ende der vierziger, Anfang der fünfziger Jahre in Kreisen ehemaliger Berufssoldaten noch Gewicht hatten, sind solche Nürnberger Aussprüche geraume Zeit gedankenlos nachgeredet und, losgelöst von der Prozeßsituation, zu vermeintlich gültigen Wahrheiten erhoben worden, ohne daß sich jemand klar machte, daß von Jodl und Rundstedt kaum eine andere Ansicht zu erwarten war.

In besonderem Maße litt die Debatte über die Rechtfertigung des Widerstandes unter einem verbreiteten Mangel an faktischem Wissen über Grundlagen und Zusammenhänge dieses Widerstandes. Die Bücher, die darüber berichteten, erschienen meist im Ausland. Man wertete sie damit eher als Teil einer Diffamierungskampagne, denn als Denkanstöße und verkannte wohl auch die gute Absicht der Verfasser, nämlich gerade im Ausland, wo die Begriffe „Deutschland" und „Deutscher" lange einen beschimpfenden Inhalt hatten, auf den Unterschied zwischen Hitlers Herrschaftssystem und dem „anderen Deutschland" hinzuweisen. Die Gegner des „20. Juli" konnten und wollten nicht einsehen, daß das Bild Deutschlands gerade durch die Beschreibung hoch- und landesverräterischer Umtriebe gebessert werden könnte, als der ihnen der Widerstand erschien. Daß zudem der militärische Widerstand, in dem sich hochkonservative wie demokratische Auffassungen vereinigt hatten, sogleich unterschiedslos in die Ahnengalerie der jungen Bundesrepublik Deutschland eingereiht worden ist — gegen frühzeitige Mahnungen —, mag sogar in Einzelfällen eine zeitweilige Voreingenommenheit mancher Kritiker aus Kreisen ehemaliger Soldaten gegen das neue Staatswesen bewirkt haben.

Viele Kritiker nach dem Kriege werteten den Widerstand vornehmlich nach seiner Erfolglosigkeit und übersahen die moralische Rechtfertigung des Handelns gegen den Diktator. Um die Jahreswende 1949/50 empfahl etwa der in der Diskussion um einen westdeutschen Verteidigungsbeitrag frühzeitig sehr ambitionierte, im Rückblick auf die jüngste Vergangenheit freilich hilflos erscheinende General der Panzertruppe a.D. v. Manteuffel, dessen Ansichten damals ein starkes Echo fanden, „diejenigen unter den ehemaligen Uniformträgern" nicht zu beachten, „die heute behaupten, selbst Handlanger zum Mord gewesen zu sein dadurch, daß sie Bomben fabriziert und im Flugzeug verstaut oder im Zeughaus versteckt haben — die dann alle nicht losgingen!" Dann stellte Manteuffel die demagogische Frage, weshalb Hitler kein Offizier mit der Pistole in der Hand gegenübergetreten sei, „um mit ihm Auge in Auge abzurechnen?", betonte aber andererseits, er achte „Männer und Frauen, die sich aus Überzeugung heraus geopfert haben wie die Geschwister Scholl, Leuschner, Beck, Moltke und viele andere". Aber im gleichen Atemzuge: Man könne nicht seine Kameraden „an der kämpfenden Front durch Meuterei hinter der Front verraten". Unter einer Bedingung könne man „mit allen Mitwissern und Beteiligten in der uns und alle anständigen Deutschen interessierenden Frage" (gemeint sind Erwägungen für einen westdeutschen Verteidigungsbeitrag) zusammenarbeiten, wenn nämlich „ihr Persönlichkeitswert die sichere Gewähr gibt, daß sie mit uns loyal zusammenarbeiten und daß sie ihr einmal gegebenes Wort halten wollen". Diese nicht besonders durchdachte „Sprachregelung" für den engeren Kreis seiner Anhänger enthält ungefähr alle einfältigen Argumente gegen den Widerstand, die damals umgingen und auch heute gelegentlich noch zu hören sind. Das Trauma des 20. Juli saß tief. Mit einer gelegentlich ermüdenden Debatte über „Eidbrecher" und „Eidhalter", der häufigen Wiederholung der Ansichten Jodls und Rundstedts, ihrer weiteren Vereinfachung durch Manteuffel, dem schon monotonen Beharren auf dem Prinzip des aus der unmittelbaren eidlichen Bindung herrührenden unbedingten Gehorsams gegenüber dem als allein verantwortlich bezeichneten „Führer" konnte allein das immer wieder zum Selbstschutz bemühte Argument vom Befehlsnotstand und der Vergeblichkeit, ja Unrechtmäßigkeit einer Auflehnung gegen Hitler genährt werden.

Die öffentliche Meinung war manchmal rasch bei der Hand, „den Widerstand" gegen diejenigen auszuspielen, die bis zuletzt ihre Pflicht getan hatten. Solche Aufrechnung nach der grobschlächtigen Methode Gut und Böse, Richtig und Falsch war nun gar nicht hilfreich, sondern führte zu einer weiteren Verhärtung der Fronten.

Die Positionen im Urteil über den „20. Juli" — von uneingeschränkter Zustimmung über kritische Vorbehalte bis hin zu schroffer Gegnerschaft — veränderten sich im Laufe der Jahre wohl nur zögernd. Nicht nur in der älteren Generation dürften länger Kritiker und Gegner vorgeherrscht haben. Es dauerte seine Zeit, bis die Diskussion das Niveau erreichte und hielt, das der Generalleutnant a.D. Helmut Friebe in seinem „Gutachten" im „Remer-Prozeß", März 1952 in Braunschweig, beschrieb. Friebe schloß sich ohne Einschränkung der Formel an, die der Vorsitzende des „Bundes versorgungsberechtigter Wehrmachtangehöriger", der spätere Vorsitzende des „Verbandes deutscher Soldaten", Admiral a.D. Hansen, ein Jahr zuvor gefunden hatte: „Der Riß, der durch den 20. Juli in unsere Reihen gebracht ist, muß überbrückt werden. Der eine von uns ist seinem Eid treu geblieben, der andere hat in weitergehender Kenntnis aller Vorgänge die Treue zu seinem Volk über die Eidespflicht gestellt. Keinem ist aus seiner Einstellung ein Vorwurf zu machen, wenn nicht Eigennutz, sondern ein edles Motiv sein Handeln bestimmt hat. Aus dieser Anerkennung des Motivs folgt, daß man Verständnis für die Handlungsweise des anderen aufbringen muß!" Diese Formel galt fortan, auch wenn sie noch einmal zur Debatte stand, als der Generaladmiral a.D. Boehm 1953 die Handlungsweise des damaligen Obersten Hans Oster, im Frühjahr 1940, mehrheitlich gebrandmarkt sehen wollte[106].

Welche Beweggründe hatte wohl der schon im September 1932 verabschiedete Admiral Hansen, daß die in erster Linie mit der ungelösten Frage ihrer finanziellen Versorgung nach Artikel 131 des Grundgesetzes beschäftigten ehemaligen Soldaten über den 20. Juli nicht gänzlich uneins wurden? Ein Zeichen, sich in einer das soldatische Selbstverständnis unmittelbar berührenden Frage mit auf den Boden des neuen Staatswesens zu stellen, konnte in der Versorgungsfrage jedenfalls nicht schädlich sein. Darüber hinaus ging es wohl ihm und manchen verständigen älteren Kameraden in seiner Umgebung ehrlich darum, daß die ehemaligen Soldaten den Weg in die demokratischen Zustände fanden, den die Generationen nach dem Ersten Weltkrieg eben nicht gegangen waren. Und er suchte gewiß auch im Hinblick auf einen sich immer deutlicher abzeichnenden westdeutschen Verteidigungsbeitrag für die nächsten Generationen deutscher Soldaten ernsthaft nach einem Ausgleich — ein Hinweis darauf, wie unmittelbar „der" 20. Juli noch die ersten älteren Jahrgänge berührte und betraf, die dann ab 1955/56 die Streitkräfte aufbauten, wie auch jener Oberst und Regimentskommandeur damals in Italien, Kriegsschul-Jahrgangskamerad Stauffenbergs, dem am 20. Juli 1944 das Attentat als das größte Verbrechen erschienen war, das ein Deutscher begehen konnte. Wie stand er zur Frage 26, als er sich entschloß, wieder Soldat zu werden? Im Personalgutachterausschuß hatte seine Persönlichkeit starken Eindruck hinterlassen. Dem formalen Einstellungsverfahren über die Freiwilligenannahme unterlag er trotzdem. In seiner Antwort war er von allein auf die „Hansen-Formel" gekommen, weil er „in langen Nachkriegsjahren gelernt hatte, daß die anerzogenen militär-ethischen Normen falsch sein konnten und daß man dem, der dagegen verstieß, den guten Willen — falls vorhanden — anrechnen mußte, auch wenn der Verstoß der Erfolg versagt blieb"[107]. Dieser Oberst hatte eine Lektion des 20. Juli gelernt: „Wer nur den Eidbruch gelten läßt und die verdammt, die ihren Eid gehalten haben, kann keine neuen Streitkräfte aufbauen, die sich doch wieder auf einen Eid stützen müssen", meinte er: „Wer aber andererseits das Recht zum Widerstand gegen Verbrechen verneint, zeigt, daß er nicht bereit ist, sich an einer über die angebliche Staatsraison hinausgehenden Moral zu orientieren."

Anmerkungen

1 Zum Ablauf des Tages, insbes. in der „Wolfschanze" vgl. Peter Hoffmann: Widerstand — Staatsstreich — Attentat. Der Kampf der Opposition gegen Hitler, Frankfurt a.M., Berlin, Wien 1970 (= Ullstein-Buch Nr. 3077), S. 466-486. Zu den Todesopfern ist noch der schon wenige Stunden nach dem Anschlag gestorbene Stenograph Dr. Heinrich Berger zu zählen.
2 Adolf Heusinger: Befehl im Widerstreit. Schicksalsstunden der deutschen Armee 1923-1945, Tübingen, Stuttgart 1950, S. 352-364.
3 Hoffmann, Widerstand, S. 483 f. — Mitteilung von Herrn Generalmajor a.D. Horst Krüger an den Vf. am 22.5.1979 (MGFA, Befragungsmaterialien Gen.M. a.D. Krüger).
4 Vgl. Hoffmann, Widerstand, S. 486-520, 571-601.
5 Hoffmann, Widerstand, S. 588, 590 f., 598-601. Auch Hans-Günther Seraphim: Entwurf zu einem Gutachten über 1. Motive der Widerstandskämpfer vom 20. Juli 1944, 2. Ablauf der Ereignisse am 20. Juli 1944 unter besonderer Berücksichtigung der Rolle des damaligen Majors Remer, in: Die im Braunschweiger Remerprozeß erstatteten moraltheologischen und historischen Gutachten nebst Urteil, hrsg. von Herbert Kraus, Hamburg 1953, S. 49-61, bes. S. 57.
6 Nach Keesings Archiv der Gegenwart vom 21. Juli 1944; ebd. mit der bemerkenswerten Ergänzung oder Korrektur, daß „der Versuch der kleinen Verschwörerclique, sich in den Besitz der Machtmittel des Reiches zu setzen, ... ohne Zusammenziehung von Truppenverbänden mühelos im Keim erstickt werden" konnte, „ohne daß ein Tropfen Blut, bis auf das der Verräter, geflossen ist".
7 Vgl. Spiegelbild einer Verschwörung. Die Kaltenbrunner-Berichte an Bormann und Hitler über das Attentat vom 20. Juli 1944. Geheime Dokumente aus dem ehemaligen Reichssicherheitshauptamt, hrsg. vom Archiv Peter für historische und zeitgeschichtliche Dokumentation, Stuttgart 1961, S. 9, ähnlich S. 7.
8 Vgl. Hoffmann, Widerstand, S. 491 ff., 504 ff., 506-519 (Wehrkreis III); 533-537 (Kassel, Wehrkreis IX und Frankfurt a.M.; diese Ereignisse werden von Karl-Dietrich Bracher: Auf dem Weg zum 20. Juli 1944, in: Widerstand und Verweigerung in Deutschland 1933 bis 1945, hrsg. von Richard Löwenthal und Patrik v. zur Mühlen, Berlin, Bonn 1982, S. 143-172, hier S. 165, herangezogen); 547-571 (Prag, Wien, Paris). — Vgl. auch Wilhelm (Ritter) v. Schramm: Aufstand der Generale. Der 20. Juli in Paris, München 1964 (= Kindler-Taschenbücher Nr. 44/45. Die Atmosphäre dieses Tages in Paris verdeutlicht Ernst Jünger: Strahlungen, Tübingen 1949, S. 539-543 (Eintragungen vom 21. bis 31. Juli 1944).
9 Georg Meyer: Zur Situation der deutschen militärischen Führungsschicht im Vorfeld des westdeutschen Verteidigungsbeitrages 1945-1950/51, in: Anfänge westdeutscher Sicherheitspolitik 1945-1956, Bd 1: Roland G. Foerster, Christian Greiner, Georg Meyer, Hans-Jürgen Rautenberg und Norbert Wiggershaus, Von der Kapitulation bis zum Pleven-Plan, hrsg. vom Militärgeschichtlichen Forschungsamt, München, Wien

1982, S. 577-735; hier S. 588 (die Definition stammt von General der Pz.Tr. a.D. Walther Wenck, in einem Gespräch mit dem Vf. am 30.1.1979). — Ähnlich der ehem. Generalsekretär der Kaiser-Wilhelm Gesellschaft Friedrich Glum: Zwischen Wissenschaft, Wirtschaft und Politik. Erlebtes und Erdachtes in vier Reichen, Bonn 1964, S. 543 f., man werde es heute, „wo so viel über den 20. Juli geschrieben worden ist, schwer verstehen, daß diese Angelegenheit so an uns vorbeigerauscht ist trotz der schrecklichen Nachrichten. ... Niemals hatte ich so das Gefühl, in einen geradezu apokalyptischen Strudel hineingerissen zu sein." Glum lebte in dem durch Bombenangriffe schwer gezeichneten Berlin und verfügte über eingehende und unfiltrierte Informationsmöglichkeiten.

10 Meyer, Zur Situation, S. 664.

11 (gedruckter Briefkopf:) Oberkommando des Heeres. Generalfeldmarschall Keitel. HPA/Ag P2/Chefgr. 1a; Führerhauptquartier, den 10.9.1944, facsimilierte Unterschrift Keitel. Betr.: 20. Juli 1944. Verteiler: Bis zu den Divisionen und gleichgestellten Dienststellen im Feldheer, Ersatzheer und in der Militärverwaltung. Hausverteiler OKH v. 1.2.43 Spalte 4 (a), nachrichtlich: OKM, OKL. Mit Anschreiben HPA, Ag P2/Chefgr. 1c, O.U., den 5. Nov. 1944, gez. Maisel in: persönl. Nachlaß Feldmarschall Ritter v. Leeb. Ablichtung liegt dem Vf. vor. Vgl. auch Walter Görlitz (Hrsg.): Generalfeldmarschall Keitel. Verbrecher oder Offizier? Erinnerungen, Briefe, Dokumente des Chefs OKW, Göttingen, Berlin, Frankfurt a.M. 1961, S. 333 f., Niederschrift Keitel vom 9.5.1946: Verfahren gegen die Verräter vom 20. Juli aus der Wehrmacht.

12 Text nach dem Abdruck in Keesings Archiv der Gegenwart vom 21. Juli 1944.

13 Siegfried A. Kaehler: Der 20. Juli im geschichtlichen Rückblick, in: Studien zur deutschen Geschichte des 19. und 20. Jahrhunderts. Aufsätze und Vorträge, hrsg. von Walter Bußmann, Göttingen 1961, S. 353-362; hier S. 353.

14 Studien-Bureau [in der Dienststelle Blank, Leiter Joseph Pfister]. Projekt 14, Febr. 1955: Interview-Fragen für Offiziere. MGFA, Befragungsmaterialien Gen.Lt. a.D. v. Plato. In der Diskussion zu diesem Vortrag wies Frhr. Philipp v. Boeselager darauf hin, daß der Personalgutachterausschuß für die Streitkräfte (PGA) diese 40 Testfragen insgesamt (nicht nur die Frage 26) als unzureichend und nicht angemessen verworfen habe. Es ist aber kein Zweifel, daß diese Interviewfragen tatsächlich von der Annahme-Organisation längere Zeit verwendet worden sind; vgl. auch Frhr. v. Boeselager, Diskussionsbeitrag, in: Aspekte der deutschen Wiederbewaffnung bis 1955. Mit Beiträgen von Hans Buchheim u.a., hrsg. vom Militärgeschichtlichen Forschungsamt, Boppard a. Rh. 1975 (= Militärgeschichte seit 1945, Bd 1), S. 212 — 216, bes. S. 214, sowie Tätigkeitsbericht der Annahme-Organisation, bearb. und Zusammenstellung von Major Kurt Heuser, abgeschlossen am 30.4.1957, unveröff. Ms., vervielfältigt, BA-MA, Bw 21/52, bes. S. 36-42.

15 Gerhard Ritter: Carl Goerdeler und die deutsche Widerstandsbewegung, Stuttgart 1954, S. 7 ff.

16 Vgl. Ernst Jünger: Jahre der Okkupation, Stuttgart 1958, S. 150 ff., 181 ff.

17 Vgl. etwa Deutsche Allgemeine Zeitung Berlin, Donnerstag 10. August 1944 (83. Jg, Nr. 219): Gerichtet. Acht der Verräter des 20. Juli zum Tode verurteilt. Das Urteil durch Erhängen vollstreckt. Außer auf der Titelseite wurde auf der ganzen S. 2 und auf S. 5 dieser Ausgabe ausführlich berichtet, mit z.T. wörtlichen Zitaten aus den Aussagen der Angeklagten. Das ausgeprägte Informationsbedürfnis der „Öffentlichkeit" ist belegt in: Spiegelbild einer Verschwörung, S. 9 und passim. — Belege für absichtsvolle Berichterstattung ebd., S. 424-429 (Bericht vom 29.9.1944: I. Die Ansichten der Verschwörerclique zur Entwicklung im Osten (mit Anlagen); 447-457 (Bericht

vom 16.10.1944: Stellung der Verschwörer zum Nationalsozialismus und zur NSDAP); 471-474 (Bericht vom 28.10.1944: Stellung der Verschwörer zur Rassenfrage); 492-495 (Bericht vom 21.11.1944: Zur Außenpolitik der Verschwörer).

18 Beachtenswerte Hinweise zur Interpretation verschiedenster Quellen aus dieser Zeit bei Margret Boveri: Wir lügen alle. Eine Hauptstadtzeitung unter Hitler, Olten und Freiburg i. Br. 1965, S. 9-16.

19 Ein solches Gespräch, dessen Bedeutung sich ihm ganz nach dem 20. Juli erschloß, mit dem Major i.G. v. Oertzen (Selbstmord am 21. Juli, vgl. Hoffmann, Widerstand, S. 608 f.), schildert Ernst Ufer: Männer im Feuerofen. Tageserlebnisse eines Kriegspfarrers 1939-1945 (als Ms. gedr.), Düsseldorf (um 1970), S. 358, 380 f.

20 Richard Löwenthal: Widerstand im totalen Staat, in: Widerstand und Verweigerung in Deutschland (s. Anm. 8), S. 11-24; hier S. 11.

21 Hans Rothfels: Die deutsche Opposition gegen Hitler. Eine Würdigung. Ungek., stark rev. Ausgabe, Frankfurt a.M., Hamburg 1958 (= Fischer Bücherei Nr. 198), S. 28.

22 Axel Frhr. v. d. Bussche: Eid und Schuld, in: Göttinger Universitäts-Zeitung, 2.Jg, Nr. 7, Freitag, 7.3.1947, S. 2, 4. — Ernst Jünger: Auf den Marmorklippen, Hamburg 1939/40 (bes. S. 93 ff., Abschnitt 19).

23 Vgl. Erich Schwinge: Bilanz der Kriegsgeneration. Ein Beitrag zur Geschichte unserer Zeit, Marburg ⁴1980, bes. S. 17, 18. — Jünger, Strahlungen, S. 429 eine Bemerkung zum geistigen Zustand der Zwanzig- bis Dreißigjährigen. Ähnlich skeptisch (und wirklichkeitsnah) Otto Wien: Ein Leben und viermal Deutschland. Erinnerungen aus siebzig Lebensjahren 1906-1976, Düsseldorf 1978, S. 428.

24 Schwinge, Bilanz, S. 26.

25 Rothfels, Opposition, S. 75.

26 Ernst Jünger, Siebzig verweht II, Stuttgart 1981, S. 125.

27 Herbert J. Rieckhoff: Trumpf oder Bluff? 12 Jahre deutsche Luftwaffe, Genf 1945, S. 273. Rieckhoff fügt ebd. hinzu, daß die oppositionelle Haltung in der Generalität und im Generalstab der Luftwaffe „nicht derart hervorgekehrt" wurde.

28 Vgl. Jünger, Strahlungen, S. 292, ebd. S. 281 und 318 und passim. S. 304 über Gespräche mit jüngeren Offizieren über die Frage des Eides.

29 Jünger, Okkupation, S. 98 f.; ders., Strahlungen, S. 536.

30 Jünger, Okkupation, S. 116.

31 Vgl. etwa Kunrat Frhr. v. Hammerstein: Spähtrupp, Stuttgart 1963, S. 218. — Gen.Lt. a.D. Eccard Frhr. v. Gablenz: Stellungnahme zum 20. Juli 1944, Bad Driburg, 26.1.1965, in: Materialsammlung Gen.Ob. Heinz Guderian, MGFA M 10; ebd. „Stellungnahme zum Entwurf 'Gedanken zum Erlaß Bundeswehr und Tradition', vermutlich vom damaligen Gen.Maj. v. Plato. — MGFA, Befragungsmaterialien General der Pz.Tr. a.D. Heinrich Eberbach: Hinweis darauf, daß weder Kluge noch Rommel, auch nicht Manstein, Guderian, „selbst Model" nicht, auch nicht Sepp Dietrich und Bittrich „Meldung" gemacht hätten nach Sondierungen, wie sie sich zu einem Staatsstreich stellen würden.

32 Mitteilung von Herrn Generalmajor a.D. Achim Oster am 28./29. Okt. 1976 an den Vf.; Oster war der Ia/Gen.Kdo. XIV. Pz.K. — Seine Darstellung über die die Grenze hochverräterischer Äußerungen überschreitende nächtliche Aussprache bestätigte ohne Einschränkung Oberst a.D. v. Bonin (gest. 1980) am 2.2.1977 dem Vf.

33 Schramm, Aufstand der Generale, S. 85.

34 Spiegelbild einer Verschwörung, S. 96, 298 und 181; vgl. auch S. 296, 312 f.

35 Hammerstein, Spähtrupp, S. 220 ff., 248 ff. — Belege für weitere Denunziationsfälle: Jünger, Okkupation, S. 79 ff.; ders., Strahlungen, S. 478 f., 480, 482, 503 ff.; 524.

36 Herbert Selle: Unter den Geächteten (unveröffentl. Ms., o. J., um 1980), bes. S. 13
ff., 15 ff., 26. f., 28 ff., 30 ff. — Herrn Oberst a. D. Selle ist für die Genehmigung,
dies Ms. für diese Arbeit einsehen und benutzen zu dürfen, sehr zu danken.
37 Meyer, Zur Situation, S. 590 f.; vgl. auch Wolfgang Müller: Gegen eine neue Dolchstoßlüge. Ein Erlebnisbericht zum 20. Juli 1944, Hannover ²1947, S. 107 f. (Fall
Momm), S. 109 (die eigene Festnahme aufgrund von Meldungen der Infanterieschule
Döberitz, vgl. ebd., S. 42-47).
38 Vgl. Kunrat Frhr. v. Hammerstein: Flucht. Aufzeichnungen nach dem 20. Juli, Olten, Freiburg i. Br. 1966 (= Texte und Dokumente zur Zeitgeschichte).
39 Nach Keesings Archiv der Gegenwart vom 21. Juli 1944. — Vgl. im übrigen Michael
Salewski: Die deutsche Seekriegsleitung 1935-1945, Bd II: 1942-1945, München 1975,
S. 432-448: Der 20. Juli 1944. Marine und Nationalsozialismus.
40 Salewski, Seekriegsleitung, Bd II, S. 438; auch ebd., S. 640-648 (in: Ausgewählte Dokumente: Ansprache Dönitz vom 24.8.1944).
41 Ebd., S. 434. — Walter Baum: Marine, Nationalsozialismus und Widerstand. Fritz
Hartung zum 80. Geburtstag, in: Vierteljahrshefte für Zeitgeschichte, Jg 1963, S. 16-
48, deutet auch an, daß Admiral Gladisch im Bilde war, wohl auch Vizeadmiral Weichold.
42 Salewski, Seekriegsleitung, Bd II, S. 434.
43 Baum, Marine, S. 38 f. — Dönitz' späteres Bemühen um Verständnis für den 20. Juli
bezeugt Salewski, Seekriegsleitung, Bd II, S. 437.
44 Nach Keesings Archiv der Gegenwart vom 21. Juli 1944.
45 Besonders bombastisch fiel dann allerdings Görings Ansprache bei der Trauerfeier
für Korten am 31. Juli im Tannenberg-Denkmal aus, vgl. Keesings Archiv der Gegenwart vom 31. Juli 1944. Vgl. zu Korten Rieckhoff, Trumpf oder Bluff, S. 274 ff. und
Otto Wien, Leben, S. 429-431.
46 Vgl. Rieckhoff, Trumpf oder Bluff, S. 277-294, bes. S. 282 ff.; Horst Boog: Die deutsche Luftwaffenführung 1935-1945. Führungsprobleme — Spitzengliederung — Ge-
neralstabsausbildung, Stuttgart 1982 (= Beiträge zur Militär- und Kriegsgeschichte,
Bd 21), bes. S. 523-538 (Verhältnis Göring — Hitler).
47 Rieckhoff, Trumpf oder Bluff, S. 227-235, 284 ff. — Otto Peter Schweling: Die deutsche Militärjustiz in der Zeit des Nationalsozialismus (bearb., eingel. und hrsg. von
Erich Schwinge), Marburg 1977, S. 79 f. (wohl etwas verharmlosend).
48 Etwa Adolf Galland: Die Ersten und die Letzten. Die Jagdflieger im Zweiten Weltkrieg, München 1953, S. 320. Ähnlich nichtssagend Werner Baumbach: Zu spät?
Aufstieg und Untergang der deutschen Luftwaffe, München ²1949, S. 188.
49 Johannes Steinhoff: In letzter Stunde. Verschwörung der Jagdflieger, Bergisch Glad-
bach 1977 (= Bastei Lübbe Taschenbuch Nr. 10044), S. 275.
50 Vgl. Spiegelbild einer Verschwörung, S. 135 f.; Schramm, Aufstand der Generale,
S. 243 (Wiedergabe des Berichts an Bormann über das Gerichtsverfahren gegen Hofacker), 244, 246 f.; Jünger, Strahlungen, S. 495 ff., 508.
51 Vgl. Rieckhoff, Trumpf oder Bluff, S. 98; Otto Wien, Leben, S. 435-443; hiernach
Meyer, Zur Situation, S. 591, und Boog, Luftwaffenführung, S. 471 f.
52 Vgl. Dietrich Güstrow: Tödlicher Alltag. Strafverteidiger im Dritten Reich, Berlin
1981, S. 225-251 (Abschuß vor dem Feldgericht). — Zur Denunziationsaffäre, von
der der damalige Major i. G. Hauser betroffen war, vgl. Meyer, Zur Situation,
S. 591.
53 Vgl. Galland, Die Ersten und die Letzten, S. 274 f., 337 ff.; Steinhoff, In letzter Stunde, S. 161-166, 38-49, 113-119.
54 Nach Schramm, Aufstand der Generale, S. 171 f.

55 Ritter, Goerdeler, S. 356 f.

56 Felix Steiner: Die Armee der Geächteten, Göttingen 1963, S. 183-193; Albert Krebs: Fritz Dietlof Graf von der Schulenburg. Zwischen Staatsräson und Hochverrat, Hamburg 1964 (= Hamburger Beiträge zur Zeitgeschichte, Bd 2), S. 262. Die interessante Miszelle von Hedwig Maier: Die SS und der 20. Juli 1944, in: Vierteljahrshefte für Zeitgeschichte, 17. Jg, 1966, S. 299-316 trägt zwar manche bemerkenswerten Einzelheiten zusammen, bleibt aber nicht zuletzt deswegen an der Oberfläche, weil sie innerhalb „der" SS nicht zureichend differenziert. Für unser Thema ist lediglich die Einstellung der an der Front befehligenden Führer der Waffen-SS von Belang.

57 MGFA, Befragungsmaterialien General der Pz.Tr. a.D. Eberbach; vgl. auch Rudolf-Christoph Frhr. v. Gersdorff: Soldat im Untergang, Frankfurt a. M., Berlin, Wien 1977, S. 155 f. und 165 über die Einstellung Haussers, Dietrichs und Bittrichs.

58 Vgl. Steiner, Die Armee der Geächteten, S. 190 f. — General a.D. Graf Kielmansegg bestätigte am 30.5.1983 dem Vf., daß er wisse, daß Lombard sich energisch für ihn eingesetzt habe. Zu dessen ungewöhnlicher militärischer Laufbahn vgl.: Gustav Lombard 80 Jahre, in: Der Freiwillige, 21. Jg, H. 4 (April 1975), S. 6-8.

59 Steiner, Die Armee der Geächteten, S. 190. — Heinz Höhne: Der Orden unter dem Totenkopf. Die Geschichte der SS, Gütersloh 1967, S. 474-497, fußt im wesentlichen auf Steiner.

60 Manfred Messerschmidt: Kein gültiges Erbe, in: Süddeutsche Zeitung Nr. 43, S. 9 vom 21./22. Febr. 1981 bezeichnet ausdrücklich die Wehrmacht „neben der SS" als „stählernen Garant des Systems".

61 Vgl. Ansprache Dönitz vom 24.8.1944, in: Salewski, Seekriegsleitung, Bd II, S. 640-648, hier S. 643.

62 Vgl. Heinz Guderian: Erinnerungen eines Soldaten, Heidelberg 1951, S. 307 f., 309 f.; Albert Praun: Soldat in der Telegraphen- und Nachrichtentruppe, Würzburg 1965, S. 218-232.

63 Heusinger, Befehl, S. 367. — Ein frühes Zeugnis für die Verachtung, die Hitler für die Führung des Heeres empfand, ist sein Aufsatz: Reichswehr und deutsche Politik; zuerst abgedruckt 1930 in: Nationalsozialistische Monatshefte. Einer der kritiklosesten Bewunderer Hitlers, Generalmajor Scherff, „Der Beauftragte des Führers für die Kriegsgeschichtsschreibung", trug absichtsvoll Sorge für einen Wiederabdruck in: Militärwissenschaftliche Rundschau, H. 1/1944, S. 3-8.

64 So zu seinem Luftwaffen-Adjutanten; vgl. Nicolaus v. Below: Als Hitlers Adjutant 1937-45, Mainz 1980, S. 389, 393, 398.

65 Ebd., S. 402 f., 411.

66 Jünger, Okkupation, S. 134, 180.

67 Vgl. Spiegelbild einer Verschwörung, S. 1 ff., 4, 10.

68 Im Abdruck von Leys Archiv in Keesings Archiv vom 22. Juli 1944 ist diese sich wie ein Lauffeuer verbreitende Floskel nicht zu finden; Ursachen und Folgen. Vom deutschen Zusammenbruch 1918 und 1945 bis zur staatlichen Neuordnung Deutschlands in der Gegenwart. Eine Urkunden- und Dokumentensammlung zur Zeitgeschichte, hrsg. und bearb. von Prof. Dr. Herbert Michaelis und Prof. Dr. Ernst Schraepler unter Mitwirkung von Dr. Günter Scheel, Bd 21, Berlin 1975, S. 453 f. folgt dem Text der „Deutschen Allgemeinen Zeitung" vom 23. Juli 1944 mit dem Hinweis, der genaue Wortlaut dieser Rede sei nicht veröffentlicht worden, „da Dr. Ley das Offizierskorps mit den unflätigsten Schimpfworten belegte". Vgl. auch Hammerstein, Flucht, S. 48.

69 Spiegelbild einer Verschwörung, S. 10; Schramm, Aufstand der Generale, S. 172; vgl. auch Hans Speidel: Invasion 1944 (= Ullstein-Buch Nr. 3051), S. 107.

70 Spiegelbild einer Verschwörung, S. 6 f., 10; Hammerstein, Flucht, S. 17 f. — Übrigens fehlten unter den vielerlei Treuebekundungen auch Kirchen nicht, vgl. den von der ev.-luth. Landeskirche Hannovers unter dem 21. Juli für das sonntägliche Kirchengebet verordneten „Dank für die gnädige Errettung des Führers", in: Kirchliches Amtsblatt für die Ev.-luth. Landeskirche Hannovers, Stück 11, 1944 (ausgegeben zu Hannover, den 21. Juli 1944).

71 Vgl. Richard Ernst: Erinnerungen und Gedanken eines durchschnittlichen Menschen, Band II: Im Kriege (unveröffentl. Ms.), S. 208. — Ernst, Kriegsschul- und Hörsaalkamerad Stauffenbergs, war zum Zeitpunkt des Attentats Oberst und Kommandeur Geb.Jg.Rgt. 100, eingesetzt im Verbande 5. Geb.Div. in Oberitalien. Herrn Oberst a.D. Ernst ist für die freundliche Genehmigung, dieses Ms. heranzuziehen und daraus zitieren zu dürfen, sehr zu danken.

72 Zur 116. Pz.Div. vgl. Mitteilung eines ehem. Angehörigen dieser Div. an Gen.Maj. a.D. Heinz Guderian, damals Ia dieser Div., dem Vf. freundlicherweise von ihm zur Verfügung gestellt. — 277. Inf. Div.: vgl. Praun, Soldat, S. 214. — 132. Inf.Div.: vgl. Hammerstein, Flucht, S. 151-154. — 232. Inf.Div.: Stellungnahme Frhr. v. Gablenz, in: Material Guderian, MGFA. — Vgl. aber auch Hammerstein, Spähtrupp, S. 134; Jünger, Okkupation, S. 181 (offene bedauernde Worte aus der Truppe).

73 Vgl. Hammerstein, Spähtrupp, S. 135; ebd., S. 134-146. Ferner: Bundeswehr. Schnez. Diese Gerüchte, in: Der Spiegel, Nr. 26/1967, S. 44 ff.; ebd., Nr. 46/67, S. 30 ff. Schnez. Vorloopig Rapport; ebd., Nr. 47/67 und Nr. 48/67 Leserbriefe. — Adelbert Weinstein: Der Verzicht des Generals Schnez, in: Frankfurter Allg. Zeitung Nr. 258, 6.11.67; ebd., Leserbriefe in den Ausg. vom 20. und 23.7.68 aufgrund des Artikels von A[delbert] W[einstein]: Inspekteur Moll wird Ende September verabschiedet, in der Ausg. vom 11.7.68. Vgl. auch (ungez.): Weißmacher unterwegs. Schröder läßt Zeugen einschüchtern, die General Schnez belasten, in: Der Stern, Nr. 28/68 (14.7.), S. 82; ebd., Nr. 34/68 (25.8.): Bundeswehr. Anpfiff vom Chef; auch Nr. 40/68 (6.10.): Kreuz mit Schnez. General Höffner schickt Verdienstorden zurück. — Notizen darüber auch in den Ausgaben des „Wiesbadener Kurier" und der „Badischen Zeitung" vom 27.9.68.

74 Helmut Friebe: Gutachten über die Stellung des Offizierkorps zum 20. Juli 1944, in: Die im Braunschweiger Remerprozeß erstatteten moraltheologischen und historischen Gutachten nebst Urteil (s. Anm. 5), S. 83-103, hier S. 84.

75 Friebe, Gutachten, S. 85.

76 Rothfels, Opposition, S. 82.

77 Sebastian Haffner: Anmerkungen zu Hitler, München [22]1978, S. 19 f.

78 Vgl. Ritter, Goerdeler, S. 590 (Denkschrift vom 26.3.1943).

79 Vgl. Bracher, Auf dem Weg, S. 148. — Vgl. auch Spiegelbild einer Verschwörung, S. 125, 227, auch S. 341 (Ziffer 2, Aussage Ahrenkiel). Daß auch die jüngere Offiziergeneration (jünger als Stieff) des Heeres noch so unter dem Eindruck von 1918 stand (der bislang vorwiegend für „die" Marine in Anspruch genommen wird), hat wohl nicht zuletzt seinen Grund darin, daß viele von ihnen an der Kriegsschule Dresden den Unterrichten des damaligen Majors Friedrich Altrichter beiwohnten, Vf. des Buches: Die seelischen Kräfte des Deutschen Heeres im Frieden und im Weltkriege, Berlin 1933, das Ursachen und Anlaß des Zusammenbruches 1918 nach damaligem Forschungs- und Wissenstand einleuchtend schildert.

80 Vgl. Görlitz, Keitel, S. 333.

81 Messerschmidt, Erbe.

82 Vgl. etwa Spiegelbild einer Verschwörung, S. 3 (Reaktionen in der Bevölkerung): „Häufig anzutreffen ist der Wunsch, daß jetzt mit dem inneren Feind 'rücksichtslos aufgeräumt'" werden sollte; mit der Ernennung Himmlers zum BdE verbinde sich die Hoffnung, nun werde „auch in der Wehrmacht 'Ordnung'" geschaffen (21. Juli); S. 8 (24. Juli): „Die geschlossene Meinung geht dahin, daß jetzt rücksichtslos nicht nur im Offizierkorps, sondern in der gesamten Heimatfront durchgegriffen und alles ausgemerzt wird, was sich einer siegreichen Beendigung des Krieges irgendwie hindernd in den Weg stellt". Ebd., auch S. 7, 9, 193, 275 ff. (und passim).

83 Guderian, Erinnerungen, S. 317; vgl. auch seine Darstellung ebd. S. 307-310. — Abgewogen über Guderians Entschluß, diese Verwendung überhaupt anzutreten, urteilt Frhr. Leo Geyr v. Schweppenburg: Guderian. Bild eines deutschen Soldaten, in: Kampftruppen Nr. 1/Febr. 1965, S. 26-30, bes. S. 30. — Waffenstillstandsbemühungen: vgl. Guderian, Erinnerungen, S. 363 f., 367 f., 382 f., 386; Praun, Soldat, S. 242.

84 Vgl. Meyer, Zur Situation, S. 591 f.; Guderian, Erinnerungen, 384 f. Vgl. auch Brief General der Pz.Tr. a.D. Heinrich Eberbach an Dr. Marion Gräfin Dönhoff vom 26. Juli 1965. Ablichtung in Material Guderian, MGFA.

85 Guderian, Erinnerungen, S. 274 f.; Spiegelbild einer Verschwörung, S. 88.

86 Eine lebhafte Diskussion, die besonders um diese Punkte kreiste, entzündete sich an dem Artikel von Marion Gräfin Dönhoff: Der Geist Guderians. Wo die Grenzen der Tradition für die Bundeswehr liegen, in: Die Zeit, 23.4.1965.

87 Vgl. Höhne, Orden, S. 509-516.

88 Vgl. Reinhard Stumpf: Die Wehrmacht-Elite. Rang- und Herkunftsstruktur der deutschen Generale und Admirale 1933-1945, Boppard a. Rh. 1982 (= Wehrwissenschaftliche Forschungen. Abt. Militärgeschichtliche Studien, Bd 29), S. 345-348 (bes. Anm. 177, S. 345, 178, S. 347 f.).

89 Hitlers Worte an den Reichskriegsminister v. Blomberg, August 1934, nach Klaus-Jürgen Müller: Das Heer und Hitler. Armee und nationalsozialistisches Regime 1933-1940, Stuttgart 1969 (= Beiträge zur Militär- und Kriegsgeschichte, Bd 10), S. 138.

90 Hitlers Tagesbefehl und Guderians Ansprache nach dem Text in Keesings Archiv der Gegenwart vom 23. Juli 1944.

91 Vgl. Schramm, Aufstand der Generale, S. 169 f., aber recht harmlos im Vergleich zu: Der Chef des Generalstabes des Heeres gibt bekannt: An alle Generalstabsoffiziere des Heeres! Weitergegeben von Ob.Kdo. 20. (Geb.-Armee) Ia Nr. 1051/44 g. Kdos. vom 25.8.1944, in: KTB Geb.AOK 20.1.-31.8.1944, BA-MA, 656351/4. — Vgl. auch Guderians Weihnachtsgruß: „An alle Angehörigen des Generalstabes des Heeres", Meyer, Zur Situation, S. 670, sowie: Manfred Messerschmidt: Die Wehrmacht im NS-Staat. Zeit der Indoktrination, Hamburg 1969 (= Truppe und Verwaltung, Bd 16), S. 432-437; S. 435 der Erlaß Guderians vom 29.7.1944: „Jeder Generalstabsoffizier muß ein NS-Führungsoffizier sein", in dem (Ziffer 3) Zeitzlers Forderung aufgegriffen wird, der Generalstabsoffizier und schon der Generalstabsanwärter müsse „auch bei soldatisch-nüchterner Beurteilung der Lage stets Glauben und Vertrauen ausstrahlen". — Herr General a.D. Graf Kielmansegg berichtete in der diesem Vortrag folgenden Aussprache, daß er bei einem der häufigen täglichen Gespräche auf der Draisine während der Fahrt zur „Führerlage" zu Guderian sagte, er könne nicht fortwährend auf den Generalstab schimpfen, dessen Chef er ja jetzt sei. Guderian habe dies offenbar eingesehen. Fortan seien ihm derartige herabsetzende Äußerungen Guderians wie in den ersten Tagen nach dem 20. Juli bis zu seiner — Kielmanseggs — Verhaftung nicht mehr zu Ohren gekommen.

92 Vgl. Hansgeorg Model: Der deutsche Generalstabsoffizier. Seine Auswahl und Ausbildung in Reichswehr, Wehrmacht und Bundeswehr, Frankfurt a. M. 1968, S. 127 ff.; Heusinger, Befehl, S. 212.

93 Auskunft von Herrn General a.D. Johann Adolf Graf Kielmansegg an den Vf. am 30.5.1983.

94 Hammerstein, Spähtrupp, S. 133.

95 Vgl. Material Guderian, MGFA: Brief Oberst a.D. Langmann an Brigadegeneral Guderian vom 7.10.65; ebd. Brief Gen.Lt. Frhr. Bernd Freytag v. Loringhoven an dens., 27.10.65 (Fall des Majors i.G. Graf Adrian Pückler). Guderian, Erinnerungen, äußert sich S. 359 f. eingehend zum Fall Bonin, 18./19.1.1945 und S. 370 f. recht pauschal zu seinen Versuchen, „Unglücklichen" zu helfen. — Vgl. auch Meyer, Zur Situation, S. 593.

96 Görlitz, Keitel, S. 333 f.

97 Vgl. Keesings Archiv der Gegenwart vom 4. August 1944.

98 Vgl. Leserbrief Generalleutnant (sic!) a.D. Walther Wenck, in: Die Zeit, 23.7.1965.

99 Müller, Dolchstoßlüge, S. 117 f., betont ausdrücklich, seinen „Freispruch vor dem Ehrenhof" verdanke er „nur dem Generaloberst Guderian. Er hat auch den anderen geholfen". (Müller nennt mit die Namen des Generals Kennes und der Obersten Schwierz, Momm, v. Roëll und Graf Kielmansegg). — Guderian, Erinnerungen, S. 312 ff.; vgl. auch Praun, Soldat, S. 221; auch Messerschmidt, Die Wehrmacht, S. 436 verständnisvoll.

100 Vgl. Meyer, Zur Situation, S. 588 f. — ebd. S. 584-599 zum Zustand der Wehrmacht in den letzten Kriegsmonaten.

101 Vgl. Leo Frhr. Geyr v. Schweppenburg: Gebrochenes Schwert, Berlin ²1952, S. 62.

102 Arbeitsstab F. Oktober 1944: Ablauf eines Staatsbegräbnisses. (R), vgl. Bl. 5: Gesamtleitung: HPA in Verbindung mit Reichsministerium für Volksaufklärung und Propaganda. Mit der Durchführung beauftragt: Oberstlt. Freßen, HPA, in: persönl. Nachlaß Feldmarschall Ritter v. Leeb, Ablichtung liegt dem Vf. vor.

103 Die Vermerke vom 22. August und 4. Oktober 1944 in: Tätigkeitsbericht Chef Heeres-Personalamt (HPA) vom 1.10.42-29.10.44, BA-MA, H 4/12a.

104 Vf. folgt hier seinen Darlegungen in: Zur Situation, S. 657-669.

105 Meyer, Zur Situation, S. 663 f.

106 Ebd. S. 668 f. — Herkunft und Entwicklung der „Hansen-Formel" (die noch im Juni 1957 den Offizieranwärtern an der HOS II zur Orientierung ausgehändigt worden ist; freundliche Mitteilung von Herrn Generalmajor Werner Lange am 22. Dez. 1982 an den Vf.) bedarf noch der Erforschung. Während der Arbeit an diesem Vortrag konnte Vf. in ein von Herrn Brigadegeneral d.R. a.D. Eberhard Graf v. Nostitz — dem für diesen wertvollen Hinweis sehr zu danken ist — verwahrtes undat. und ungez. Ms. „Der 20. Juli und das deutsche Offizierkorps" Einblick nehmen. Den von dem unbekannten Autor, möglicherweise ein Teilnehmer der Lagebesprechung vom 20. Juli 1944 in „Wolfschanze", benutzten Belegen zufolge stammt es aus der Zeit nach Nov. 1949. In seinen abschließenden Betrachtungen kommt er — bei strikter Verurteilung des Verhaltens von Oster 1939/40 — zu Formulierungen, die durchaus der späteren „Hansen-Formel" entsprechen.

107 Richard Ernst, Erinnerungen, S. 83-88. Auf gleichem Niveau liegt eine Meinungsäußerung (Mai 1951) des Majors im Gen.St. a.D. Otto Anz, verwertet in Friebe, Gutachten, S. 91.

Alexander Fischer

Die Bewegung „Freies Deutschland" in der Sowjetunion: Widerstand hinter Stacheldraht?

In dem selbstverordneten Wettstreit um die rechte Bewahrung des nationalen Erbes der Deutschen, wie ihn die DDR seit ihrer Gründung mehr oder minder heftig mit der Bundesrepublik Deutschland führt[1], nahm und nimmt die Bewegung „Freies Deutschland" als „Kampfbündnis" von Kommunisten mit Vertretern von Bürgertum und Adel eine Sonderstellung ein. Die Geschichte[2] dieser im Jahre 1943 in der Sowjetunion aus dem Nationalkomitee „Freies Deutschland" und dem Bund Deutscher Offiziere gebildeten, in der DDR gelegentlich zu einem Teil „der weltumspannenden Anti-Hitler-Koalition" hochstilisierten Bewegung[3] erschließe nämlich dem deutschen Volke, so behauptete es jedenfalls ein führender Funktionär der SED wie Hermann Matern im Jahre 1957, „einen wichtigen Abschnitt der dramatischen Geschichte des Kampfes deutscher Patrioten zur Rettung des Vaterlandes aus faschistischer Barbarei und vor der drohenden nationalen Katastrophe"[4]. In der DDR erfreut sich vor allem das Nationalkomitee bis in unsere Tage hoher Wertschätzung: Die Gründung des Nationalkomitees „Freies Deutschland", so schrieb das Zentralorgan der SED anläßlich des vierzigsten Jahrestages dieses Vorganges am 12. Juli 1983, sei „ein Markstein in der Geschichte des deutschen antifaschistischen Widerstandes und des Kampfes ihrer führenden Kraft, der KPD"[5].

Im allgemeinen historischen Bewußtsein hierzulande dürften derartige Deutungen bis heute kaum einen Niederschlag gefunden haben. Geprägt von einer Historiographie und von einer Publizistik, die Widerstand zunächst vor allem mit dem 20. Juli 1944 und seinem Umfeld gleichsetzten[6], blieb die Bewegung „Freies Deutschland", wie ihr Historiograph Bodo Scheurig schon frühzeitig festgestellt hat, „von Anfang an verfemt". Wo immer von ihr die Rede war, erweckte sie stets von neuem „die abwehrende Leidenschaft, die jede maßvolle Erörterung unterdrückt"[7]. Noch 35 Jahre nach Kriegsende konnte Karl-Heinz Frieser bei Befragungen von ehemaligen Kriegsgefangenen zur Vorbereitung seiner im Jahre 1981 erschienenen und damit vorerst letzten Monographie über das Nationalkomitee immer wieder die Erfahrung machen, daß bei seinen Gesprächspartnern die Ereignisse des Zweiten Weltkrieges weitgehend bewältigt schienen, ein Reizwort jedoch geblieben war, das „für viele ein Trauma, für manche auch ein Tabu" darstellte: Es lautete „Nationalkomitee 'Freies Deutschland'"[8].

Mit den folgenden Ausführungen wird nicht der Anspruch erhoben, eine endgültige Klärung der Frage zu erreichen, ob die Bewegung „Freies Deutschland" als ein Teil der deutschen Widerstandsbewegung gegen Hitler anzusehen sei. Vielmehr geht es zunächst einmal darum, mit unserem heutigen Wissen über die Beweggründe jener Offiziere und Soldaten zu informieren, deren Entscheidung für eine Mitarbeit in sowjetkommunistisch beherrschten Organisationen nicht nur von den meisten ihrer Schicksalsgenossen in sowjetischer Kriegsgefangenschaft als eine Perversion deutschen Soldatentums angesehen worden ist. Erst danach kann in kritischer Distanz zur politischen Vereinnahmung des Nationalkomitees durch die DDR im Hinblick auf das Thema „Der militärische Widerstand gegen Hitler und das NS-Regime" der Versuch einer wertenden Stellungnahme gewagt werden. Dementsprechend gliedern sich die folgenden Darlegungen in drei Abschnitte: Zunächst wird versucht, die Voraussetzungen und die Entstehungsgeschichte des Nationalkomitees „Freies Deutschland" wie des Bundes Deutscher Offiziere zu klären. Im Anschluß daran ist beabsichtigt, eine kritische Bewertung der Historiographie der DDR über die Bewegung „Freies Deutschland" vorzunehmen. Abschließend geht es darum, einen Denkanstoß im Hinblick auf die Frage zu geben, ob und inwieweit Nationalkomitee und Offiziersbund als ein Teil der deutschen Widerstandsbewegung gegen Hitler begriffen werden können. Letzteres geschieht in der Erkenntnis, daß die Erörterung dieser Frage besonders dann not tut, wenn sich — wie am Beispiel des Nationalkomitees festzustellen — erweist, daß die Nachwirkungen einer historischen Erscheinung viel intensiver sind als ihr unmittelbarer Erfolg.

I

Die Bewegung „Freies Deutschland" war keine spontane Gründung des Sommers 1943. Versuche, deutsche Soldaten zum Widerstand, zum Kampf gegen Hitler und sein „Drittes Reich" zu veranlassen, gab es auf sowjetischer Seite von Beginn des Rußlandfeldzuges an[9]. In seinen Tagebuchaufzeichnungen berichtet Walter Ulbricht über entsprechende Aktivitäten deutscher kommunistischer Emigranten unter Kontrolle sowjetischer Dienststellen: Ihre Haupttätigkeit nach dem deutschen Überfall vom 22. Juni 1941, so schrieb das damalige Mitglied des Zentralkomitees der KPD, habe „in der Aufklärung der deutschen Bevölkerung und der deutschen Soldaten über das Kriegsverbrechen Hitlers" sowie in der Unterstützung der Politischen Hauptverwaltung der Roten Armee „bei der Ausarbeitung von Informationen über den Zustand der deutschen Truppen sowie von Flugblättern gegen die abenteuerliche Politik des Hitlerfaschismus" bestanden[10]. Über die inhaltliche Ausrichtung dieser Bemühungen wurde in einem Rundfunkpropaganda-Lagebericht des OKW vom 14. Juli 1941 korrekt festgestellt, daß ihr Ziel sowohl die „Herbeiführung der militärischen Niederlage Deutschlands durch Demoralisierung der deutschen Wehrmacht und des deutschen Volkes, insbesondere des deutschen Rüstungsarbeiters", als auch der „Zusammenbruch des nationalsozialistischen Staatsgefüges" gewesen sei[11].

Weil das Feindbild der Roten Armee wie ihrer deutschen Helfer aus den Reihen der KPD offenkundig von der Überzeugung getragen war, daß im Falle eines Krieges mit Sowjetrußland alsbald in Deutschland eine Revolution gegen das Hitler-Regime ausbrechen werde, richteten die sowjetischen und die kommunistischen deutschen Propagandisten der Politischen Hauptverwaltung der Roten Armee das Hauptaugenmerk aus ihrer Sicht folgerichtig zunächst „auf die eigentliche Zersetzungstätigkeit", wie die unverhüllten Aufforderungen zu Desertion und Sabotage in dem OKW-Bericht genannt wurden. So kam es vor, daß die — gelegentlich sogar als „Genossen" angesprochenen — deutschen Soldaten in dutzendfacher Wiederholung aufgefordert wurden, zur Sowjetarmee überzulaufen, die Waffen umzukehren und für ein sozialistisches Deutschland zu kämpfen[12]. Zugleich ergingen an die deutschen Rüstungsarbeiter bis ins einzelne gehende Anweisungen, „was zu tun und zu lassen sei, damit die deutsche Kriegsmaschine zum Entgleisen gebracht wird, damit Räder und Getriebe stehen bleiben, Eisenbahnzüge zusammenstoßen und damit der Prozentsatz von Ausschuß und Blindgängern in der Rüstungsproduktion hoch ist"[13].

Als freilich nach wochenlanger „Aufklärung" der erhoffte Erfolg ausblieb und in Moskau der Verdacht aufzukeimen begann, es könnte Hitler vielleicht gelungen sein, „das Klassenbewußtsein der [deutschen Arbeiter] völlig auszulöschen"[14], rückte neben Frontagitation und Rundfunkpropaganda die Arbeit unter den Kriegsgefangenen immer stärker in den Mittelpunkt der Bemühungen. Wie ein auf Initiative Georgi Dimitrovs, des Generalsekretärs der Kommunistischen Internationale, zurückgehender Aufruf von 158 sorgfältig aus „verschiedenen Klassen und Schichten des werktätigen Volkes" ausgewählten Soldaten zeigt, vertraute man in Moskau dabei auch weiterhin auf die Durchschlagskraft der „antifaschistischen" Diversions- und Aufstandsparolen[15]. Indessen blieb dieser „Appell der 158", der von der sowjetischen wie von der Historiographie der DDR als „ein wichtiges Zeugnis der deutschen Widerstandsbewegung" bezeichnet wird[16], ebenso ein Aufruf ohne Widerhall, wie sich die politisch-ideologische Offensive der Roten Armee und der mit ihr verbundenen „antifaschistischen Kräfte des deutschen Volkes" als ein Fehlschlag erwies.

Auch eindrucksvolle Zeugnisse geistiger Unabhängigkeit kriegsgefangener deutscher Soldaten wie Ernst Hadermanns von bürgerlichem Patriotismus geprägtes und humanistischem Geist verpflichtetes „Manneswort eines deutschen Hauptmanns" aus dem Jahre 1942, mit dessen Hilfe „nationale Töne in das klassenkämpferische Einerlei der sowjetischen Propaganda an der Front und in den Gefangenenlagern" eingeführt wurden[17], konnten nicht darüber hinwegtäuschen, daß alle diese ernsthaften Aufforderungen aus der Sowjetunion zum Widerstand gegen Hitler lange Zeit ohne jegliches Echo blieben. Erst im Sommer 1943 trat eine Situation ein, die einer militärischen Widerstandsaktion gegen Hitler Sinn und Ziel zu geben schien. Es ist in der westlichen Forschung heute unumstritten, daß sie von sowjetischer Seite herbeigeführt wurde: Unter dem Eindruck des Scheiterns von Sonderfriedensgesprächen in Stockholm[18], zudem enttäuscht von der aus Moskauer Sicht halbherzigen Kriegführung seiner westlichen Verbündeten[19], begann Stalin seinerzeit wieder auf die deutsche Karte zu setzen. Er versuchte, sein kurzfristig verfolgtes außenpolitisches Ziel, die Herauslösung der Sowjetunion aus dem Verbund der „Anti-Hitler-Koalition", mit Hilfe einer nationalen Sammlungsbewegung deutscher Hitlergegner durchzusetzen. Unberührt von der damaligen deutschlandpolitischen Standardformel der Alliierten, der „bedingungslosen Kapitulation", „hißte er die deutschnationale Fahne und die Flagge der deutsch-russischen Freundschaft"[20].

Spektakulärer Ausdruck dieser patriotischen Variante der Stalinschen Deutschlandpolitik war der im Sommer 1943 von den sowjetischen Behörden gestattete „Zusammenschluß antifaschistischer Kräfte" zur Bewegung „Freies Deutschland". Sie bestand aus dem langfristig vorbereiteten, jedoch offiziell erst am 12. und 13. Juli 1943 von kriegsgefangenen Angehörigen der Wehrmacht und kommunistischen deutschen Emigranten gegründeten Nationalkomitee „Freies Deutschland" (NKFD) sowie aus dem kurzfristig am 11. und 12. September desselben Jahres ins Leben gerufenen, auf „die Spitzen der Wehrmacht" ausgerichteten Bund Deutscher Offiziere (BDO). Unter dem Gründungsmanifest des Nationalkomitees fanden sich die Namen von Offizieren und Soldaten aller Dienstgrade sowie — ohne ausdrücklichen Hinweis auf ihre Parteizugehörigkeit — mit Wilhelm Pieck, Walter Ulbricht und Wilhelm Florin die Namen der führenden Vertreter der nach Moskau emigrierten Spitze der KPD; unter dem „An die deutschen Generale und Offiziere!" sowie „An Volk und Wehrmacht!" gerichteten Aufruf des Offiziersbundes standen die Unterschriften von z.T. hochrangigen und hochdekorierten Angehörigen nahezu aller Waffengattungen: vom Kommandierenden General des LI. Armeekorps, General der Artillerie Walther v. Seydlitz, über den Kommodore des Kampfgeschwaders 51 „Edelweiß", Major Egbert v. Frankenberg und Proschlitz, sowie die Ritterkreuzträger und Hauptleute Erich Domaschk und Paul Markgraf bis hin zum Obersturmführer Walter Meyer von der SS-Totenkopf-Division[21].

Die große Publizität in Rundfunk und Presse, die den Gründungsversammlungen des Nationalkomitees im Stadtsowjet von Krasnogorsk wie des Offiziersbundes im Lager Lunjowo von sowjetischer Seite sogleich verschafft worden ist, hat frühzeitig den Eindruck entstehen lassen, als habe es sich bei der Bewegung „Freies Deutschland" vor allem um ein Druckmittel der Moskauer Außenpolitik gegenüber den westlichen Alliierten gehandelt. Es läßt sich auch nicht ganz ausschließen, daß ein solcher Effekt von den sowjetischen Initiatoren der Gründung, zu denen wohl auch Stalin selbst gerechnet werden muß, erzielt werden sollte. Indessen sprechen gewichtige Anzeichen dafür, daß in erster Linie die deutsche Wehrmachtführung oder eine innerdeutsche Opposition dazu veranlaßt werden sollte, Hitler zu beseitigen und einen Waffenstillstand anzustreben, der im Jahre 1943 noch im russischen Interesse lag[22].

Durch die sensationelle, dem deutschlandpolitischen Prinzip der „Anti-Hitler-Koalition" zuwiderlaufende Gründung des Nationalkomitees „Freies Deutschland" wollte Moskau offenbar einen solch ungewöhnlichen Schritt erleichtern und dem deutschen Volk seine grundsätzliche Bereitschaft zu einer politischen Zusammenarbeit mit einem künftigen deutschen Staat ohne Hitler dokumentieren. Dabei sollte mit dem Zugeständnis, einen eigenen Offiziersbund zu bilden, vor allem der Wehrmacht ein Zeichen gegeben werden, durch den Sturz des Diktators die Voraussetzungen für eine sofortige Beendigung der Kampfhandlungen zu schaffen.

Was die verantwortlichen sowjetischen Funktionäre bewog, auf die Zusammenarbeit mit einer deutschen Widerstandsregierung zu setzen, kann nur vermutet werden. Es gab jedenfalls Anzeichen dafür, daß die Sowjetunion damals „keinen revolutionären Umschwung in Deutschland verlangte, sondern bereit war, mit einem demokratisch regierten Reich Frieden zu machen", wie es ein führendes Mitglied der Bewegung „Freies Deutschland", der ehemalige Generalmajor Dr. Otto Korfes, bei seiner Gefangennahme im Kessel von Stalingrad Kommandeur der 295. Infanteriedivision, ausdrückte[23]. Sieht man von einer nüchternen Analyse der außenpolitischen und der militärischen Interessenlage der Sowjetunion einmal ab, die eine solche Interpretation ebenfalls als haltbar erscheinen läßt, dann wären hier zu nennen

— das „nach eingehenden Beratungen mit dem Nationalkomitee und den Generalen des Offiziersbundes" angeblich geäußerte Einverständnis der sowjetischen Regierung, „daß Nationalkomitee und Offiziersbund das deutsche

Heer aufforderten, die Waffen zu behalten, unter seinen Führern diszipli-
niert zusammen zu bleiben und gesondert zur Grenze zurückzugehen"[24];
— die im Auftrag der sowjetischen Regierung von General Melnikow an General v. Seydlitz gemachte Zusicherung, Moskau werde bei einer erfolgreichen
Aktion der Wehrmachtführung gegen Hitler ein Reich in den Grenzen von
1937 akzeptieren und als Bedingung lediglich „eine bürgerlich-demokratische
Regierung" fordern, „die durch Freundschaftsverträge mit dem Osten verbunden sein sollte"[25];
— die verstärkten Versuche politisch-ideologischer Einflußnahme auf die Wehrmacht und die deutsche Bevölkerung durch die sogenannte Frontorganisation des Nationalkomitees[26];
— vor allem jedoch die Unerbittlichkeit Dmitrij Manuilskijs, des verantwortlichen Vertreters des ZK der KPdSU in der Politischen Hauptverwaltung der
Roten Armee, gegenüber den klassenkämpferischen Intentionen der kommunistischen Emigranten, d.h. die entscheidende Rolle sowjetischer Funktionäre beim Zustandekommen der Bewegung „Freies Deutschland", insbesondere jedoch des Bundes Deutscher Offiziere[27].
Unübersehbar blieb, daß die Bewegung „Freies Deutschland" mit einer beträchtlichen Hypothek belastet war: mit dem Zwang zum Erfolg. Das Nationalkomitee und der zur Erhöhung von dessen Glaubwürdigkeit gebildete Offiziersbund waren mit den von ihnen eingeleiteten Maßnahmen — z.B. mit den millio-
nenfach über den deutschen Linien abgeworfenen Flugblättern, mit der in ganz
Europa vernehmbaren Stimme des Senders „Freies Deutschland", mit den zahlreichen persönlichen Briefen kriegsgefangener Generale an ihre Kameraden auf
der anderen Seite der Front und mit den unzähligen Aufrufen an die Soldaten
der Wehrmacht über Grabenlautsprecher — auf ein kurzfristiges Ziel ausgerich-
tet: auf die Auslösung des „Rächermarsches der Wehrmacht gegen Hitler" und
die damit verbundene Herauslösung der Sowjetunion aus der „Anti-Hitler-
Koalition"[28]. Als sich nach einem halben Jahr intensiver Bemühungen herausstellte, daß die von der Bewegung „Freies Deutschland" ausgegebene Losung
„Beendigung des Krieges durch eine geordnete Rückführung der Wehrmacht
nach Deutschland" in einen „Wald des Schweigens" (Heinrich Gerlach) fiel,
war es um die deutsche „Anti-Hitler-Koalition" geschehen. Nationalkomitee
und Offiziersbund hatten zwar „einen Wechsel auf die Zukunft gezogen", so
faßte Bodo Scheurig die Situation am Ende des Jahres 1943 zusammen, aber
„Führung und Truppe hatten ihn nicht eingelöst". Auf der 6. Plenartagung des
Nationalkomitees Anfang Januar 1944 wurden die Konsequenzen gezogen: Die
neue Parole „Einstellung der Kampfhandlungen und Übertritt auf die Seite des

Nationalkomitees" kam dem Eingeständnis der Führungsgremien von Nationalkomitee und Offiziersbund gleich, daß die Bewegung „Freies Deutschland" keine Chance mehr besaß, ihr ursprünglich vorgegebenes politisches Ziel, den Sturz
Hitlers, zu verwirklichen[29].

Die Unbedenklichkeit, mit der sich die Sowjets daraufhin derer entledigten, die
sie nicht länger brauchten oder die nicht umzulernen bereit waren, und die Unerbittlichkeit, mit der sie diese schließlich straften, verdeutlicht ein heute in östli-
chen Darstellungen gern übersehenes Faktum: daß die Bewegung „Freies
Deutschland" den Gesetzen eines politischen Kräftespiels unterlag, die weder
von ihrer Vollversammlung noch von ihrem Geschäftsführenden Ausschuß oder
gar von ihrem Präsidenten bestimmt werden konnten. Ihr Schicksal zeigt vielmehr, daß es sich bei der Koalition auf Zeit zwischen Angehörigen der Wehrmacht und kommunistischen Funktionären um nichts anderes als ein Instrument
der sowjetischen Deutschlandpolitik handelte. Diese Feststellung wird durch die
Tatsache unterstrichen, daß ab der Jahreswende 1943/44 die nichtkommunisti-
schen Mitglieder der Bewegung bei den Vorbereitungsarbeiten für ein neues
Deutschland allenfalls die Rolle von Statisten und Hilfswilligen zu spielen vermochten. All dies macht die Beantwortung der Frage, ob die Bewegung „Freies
Deutschland" einschränkungslos der deutschen Widerstandsbewegung gegen
Hitler zugeordnet werden kann, nicht leichter.

II

Wenn es aufgrund unserer heutigen Einsichten einer Überlegung wert ist, über
die Frage der Einordnung der Bewegung „Freies Deutschland" in das Spektrum
der deutschen Widerstandsbewegung gegen Hitler neu nachzudenken, dann erscheint es unerläßlich, die in der DDR derzeit gängige Bewertung dieser Bewegung einer kritischen Prüfung zu unterziehen. Insbesondere verdient die Behauptung unsere Aufmerksamkeit, das Nationalkomitee „Freies Deutschland"
sei das nationale Zentrum des Widerstandskampfes gegen Hitler gewesen[30]. Diese Interpretation leugnet nicht nur das Faktum, daß die kommunistischen Widerstandsgruppen in Deutschland während des Zweiten Weltkrieges keineswegs
unter der „operativen Leitung" der in Moskau residierenden Führungsspitze der
KPD handelten[31], sondern übersieht auch geflissentlich das sang- und klanglose
Ende der Bewegung „Freies Deutschland" nach Kriegsschluß.
Die Auflösung des Nationalkomitees im November 1945 erweckt wahrlich nicht
den Eindruck, als habe es sich bei diesem — wie es Walter Ulbricht im Jahre
1968 formulierte — um „die Verkörperung des anderen, des wahren Deutsch-

lands" gehandelt[32]. Auch rhetorische Glanzlichter, wie sie Erich Weinert auf der letzten Sitzung offenbar zu setzen vermochte, konnten nicht über die Erkenntnis hinwegtäuschen, daß die „Art Waffenbrüderschaft im Kampfe gegen den Faschismus", wie sie in der Sowjetunion zwischen Soldaten und Kommunisten praktiziert worden war, nicht von Dauer sein würde. Von der vielbeschworenen Gemeinschaft im Kampf gegen Hitler war jedenfalls zum Zeitpunkt der Auflösung, folgt man dem nach einer geretteten stenographischen Niederschrift angefertigten Protokoll der Schlußsitzung des Nationalkomitees, kaum noch etwas zu spüren. Der Krieg hatte vielmehr, um dem Fazit Bodo Scheurigs zu folgen, „zugunsten der Linken im Nationalkomitee entschieden"[33]. Für die gemäßigten Kräfte dieses sowjetisch kontrollierten Zweckbündnisses winkten nur noch Chancen für eine politische Rolle beim Aufbau des neuen Deutschland, wenn sie bereit waren, sich dem von der KPD beherrschten linken Flügel bedingungslos unterzuordnen. Jene aber, die nicht gewillt waren, Funktionen in der sowjetischen Besatzungszone Deutschlands zu übernehmen oder sich als Spitzel in den sowjetischen Kriegsgefangenenlagern zu verpflichten, gerieten nun in „jene heillose Verurteilungsmaschinerie, die jedem Rechte Hohn sprach und unterschiedslos Strafen der Zwangsarbeit und Verbannung verhängte"[34]. Sie verschonte letztlich auch den Präsidenten des Bundes Deutscher Offiziere und Vizepräsidenten des Nationalkomitees, General v. Seydlitz, nicht: Er wurde unter fadenscheinigen Beschuldigungen im Sommer 1950 als „Kriegsverbrecher" zum Tode verurteilt und schließlich zu 25 Jahren Kerker „begnadigt"[35].

Auch eine Bilanz der marxistisch-leninistischen Historiographie und Publizistik der DDR zum Thema „Bewegung 'Freies Deutschland'" spricht nicht gerade für die Glaubwürdigkeit der These, das Nationalkomitee habe sich ab dem Sommer 1943 zum „politischen und organisatorischen Zentrum der deutschen Antifaschisten" im Zweiten Weltkrieg entwickelt. Eher kann diese Behauptung als ein Beispiel für die in der DDR übliche Art und Weise gelten, mit der dort mit Hilfe der Geschichtsschreibung ein gesamtdeutscher Führungsanspruch untermauert werden soll. Es sei nur daran erinnert, daß im zweiten deutschen Staat erst mit einiger Verzögerung das Andenken an das Nationalkomitee wieder wachgerufen wurde. Das geschah im Jahre 1957, zwei Jahre nach der Rückkehr des Generals v. Seydlitz aus sowjetischer Haft, durch die Herausgabe des im Dezember 1945 im Manuskript abgeschlossenen Berichts des ehemaligen Präsidenten Erich Weinert[36]. Seinerzeit war im Zuge des Bemühens um Traditionsfindung für die Nationale Volksarmee (NVA) viel von deutsch-sowjetischer Waffenbrüderschaft, nicht jedoch vom Nationalkomitee als dem „politischen und organisatorischen Zentrum der deutschen Antifaschisten" die Rede[37]. Auch in dem in der

DDR ausgangs der fünfziger Jahre gängigsten Werk über den deutschen Widerstand „gegen Faschismus und Krieg" aus der Feder des späteren Außenministers Otto Winzer hieß es über den Gründungsvorgang von Krasnogorsk nur lapidar, mit der Bildung des Nationalkomitees „Freies Deutschland" habe „die Kampffront gegen Hitler [...] eine wesentliche Erweiterung" erfahren[38].

Erst als der VI. Parteitag der SED im Januar 1963 ein Programm „des umfassenden Aufbaus des Sozialismus" vorlegte und damit unmißverständlich den Führungsanspruch der DDR im Ringen um die politische Gestaltung der deutschen Nation zum Ausdruck brachte[39], änderten sich auch die historiographischen Voraussetzungen für die Darstellung und Deutung der Bewegung „Freies Deutschland". Hatte Otto Winzer im Jahre 1957 noch „führende deutsche Kommunisten und eine Anzahl bei Stalingrad gefangener Offiziere und Soldaten" fast gleichrangig für die Gründung des Nationalkomitees verantwortlich gemacht[40], war ein Jahrzehnt später und in der Folgezeit nur noch von einer Initiative des ZK der KPD die Rede[41]. Mit der damit gleichzeitig einhergehenden Sprachregelung vom Nationalkomitee „Freies Deutschland" als dem „nationalen Zentrum des antifaschistischen Widerstandskampfes" wurde nicht nur die Funktion der KPD — und in ihrer Nachfolge der SED — als politische Avantgarde unterstrichen, sondern auch deutlich zu erkennen gegeben, daß für eine gleichrangige Berücksichtigung und unvoreingenommene Würdigung „bürgerlichen" Widerstandes in der Historiographie der DDR nach wie vor kein Platz mehr war.

Dieses für die SED typische Beispiel der Manipulation von Geschichte zur Legitimation ihrer Herrschaft löste nicht nur intensive, bislang freilich nicht überzeugende Bemühungen aus, zumindest für einige herausragende Persönlichkeiten aus dem Kreis der am Attentat des 20. Juli 1944 Beteiligten, z.B. für Stauffenberg, eine Verbindung zum angeblichen deutschen nationalen Widerstandszentrum in Moskau zu reklamieren[42]. Es hatte auch Folgen für die Bewertung der Bewegung „Freies Deutschland" in der Traditionspflege durch die NVA der DDR. Die „Rechten" in dieser Bewegung, die Militärs von Lunjowo, traten spürbar hinter die „Linken" von Krasnogorsk, die kommmunistischen Mitglieder des Nationalkomitees und ihre Anhänger, zurück. Für einen Mitarbeiter des Militärgeschichtlichen Instituts in Potsdam war es deshalb selbstverständlich, in der Wochenzeitung der NVA des 40. Jahrestages der Gründung des Nationalkomitees zu gedenken, nicht aber etwa acht Wochen später auch an den Jahrestag der Bildung des Offiziersbundes zu erinnern[43].

Auffällig an diesem Gedenkartikel ist die für die Historiographie der DDR typische Hervorhebung des Wirkens der sogenannten Frontorganisation des

Nationalkomitees[44]. Deren Angehörige — bei Kriegsende immerhin 1800 bis 2000 Mann — schrieben allerdings nicht nur Briefe an Truppenkommandeure von eingekesselten Verbänden der Wehrmacht, um sie zur Kapitulation aufzufordern. Sie schickten auch nicht nur deutsche Kriegsgefangene zu ihren alten Einheiten zurück, „um dort die Wahrheit über das NKFD zu verbreiten und Kameraden für den Übergang zu ihm zu gewinnen". Groß sei auch, so wird bei dieser Gelegenheit wieder einmal hervorgehoben, „die Zahl von militärischen Aufklärungs- und Erkundungseinsätzen" gewesen, die Angehörige der Frontorganisation durchgeführt hätten und deren Ergebnisse den Kommandostellen der Sowjetarmee übermittelt worden seien[45].

Diese Einsätze von Diversionstrupps oder Unternehmungen von Kampfgruppen an der Seite der Sowjetunion in der Endphase des „Großen Vaterländischen Krieges", z.B. bei den Kämpfen im Kurland-Kessel oder um Graudenz und Breslau im Winter 1944/45 sowie im Frühjahr 1945[46], sind für die Historiographie und Publizistik der DDR keine Steine des Anstoßes. Ganz im Gegenteil gehören Aktionen wie die des Leutnants Horst Viedt, der Anfang Mai 1945 mit etwa 80 deutschen „Antifaschisten" in Wehrmachtsuniformen in das umkämpfte Breslau eindrang, um — notfalls mit Waffengewalt — „Teile eingeschlossener SS-Einheiten und Soldaten zur Kapitulation [zu] bewegen"[47], in der NVA der DDR zu den selbstverständlichen Bestandteilen der Traditionen deutsch-sowjetischer Waffenbrüderschaft[48]. Es wäre freilich verfehlt, sich von diesem oder ähnlich gelagerten Beispielen den Zugang zur Erörterung der Frage verstellen zu lassen, ob oder inwieweit die Bewegung „Freies Deutschland" dem Spektrum des deutschen Widerstandes zuzuordnen sei. Zu ihrer hinreichenden Beantwortung reicht der im allgemeinen oberflächlich zwiespältige Eindruck von dieser Organisation, der von Hitler und der Wehrmachtführung „schamloser Hoch- und Landesverrat" unterstellt[49] und von der Historiographie der DDR heute u.a. bescheinigt wird, „eine feste Kampfgemeinschaft zwischen den deutschen Antifaschisten und den Angehörigen der Sowjetarmee" gewesen zu sein[50], nicht aus. Bei näherer Betrachtung dieses umstrittenen Widerstandes hinter Stacheldraht wird vielmehr deutlich, daß die parteiamtlich dekretierte Geschichtsschreibung der DDR mit ihrem klassenorientierten Widerstandsbegriff den Versuch einer Würdigung der Bewegung „Freies Deutschland" als Widerstandsorganisation eher behindert als fordert.

Für die Traditionspflege des deutschen „Arbeiter- und Bauernstaates" hat zwar vor allem das Nationalkomitee aufgehört, wie Bodo Scheurig schon im Jahre 1968 feststellen konnte, „ein Problem oder gar ein Stein des Anstoßes zu sein", jedoch geht die einseitige Festlegung auf die kommunistischen Emigranten sowie

196

auf die der Antifa-Bewegung verpflichteten Generale, Offiziere und Soldaten so weit, daß an der Identität von Original und parteiamtlicher Überlieferung erhebliche Zweifel angebracht sind[51]. Eine hierzulande erforderliche Differenzierung in der Bewertung des Widerstandes aus den Kriegsgefangenenlagern in der Sowjetunion wird daher die ehrenhaften Motive vor allem der militärischen Mitglieder der Bewegung „Freies Deutschland" zu berücksichtigen haben, ohne den verbreiteten Opportunismus und die verständliche Lebensangst zu übersehen sowie jene Tatbestände zu verschweigen, die den Vorwurf des Hoch- und Landesverrates ohne jeden Zweifel rechtfertigen.

III

Nach meiner Überzeugung kann kein Zweifel daran bestehen, daß sich viele militärische Mitglieder der Bewegung „Freies Deutschland" als Widerständler gegen Hitler und sein „Drittes Reich" verstanden haben. Mit dieser These können verbreitete Vorbehalte gegenüber dem *Nationalkomitee* gewiß nicht ausgeräumt werden. Es klang z.B. bei der Gründungsversammlung des Nationalkomitees eben allzu sehr nach rhetorischer Pflichtübung, wenn der kommunistische Schriftsteller Erich Weinert, Vorsitzender des Vorbereitenden Ausschusses und späterer Präsident des Nationalkomitees, davon sprach, daß man in den Lagern der Kriegsgefangenen „die Fahne der Erhebung gegen den Verderber Hitler" ergriffen habe, weil dieser sich weigere, „vom Schauplatz der Geschichte abzutreten"[52]. Weinert wirkte auch nicht dadurch überzeugender, daß er den Eindruck zu erwecken suchte, es handele sich beim Nationalkomitee um jene Kraft, die in der Lage sei, das deutsche Volk „aus seiner tödlichen Agonie zur Aktion zu treiben"[53]. Gegenüber Kriegsgefangenen eher deplaziert wirkte zudem die Erinnerung an das Zeitalter der Freiheitskämpfe und die damit verbundene Berufung auf den Freiherrn vom Stein, Ernst Moritz Arndt, Carl v. Clausewitz oder General York v. Wartenburg[54].
In deutlichem Gegensatz zu Weinerts allzu pathetischem und damit wenig glaubwürdigem Appell standen aber die in sich konsequenten Aufrufe zum Widerstand aus den Reihen des von den Stalingradkämpfern geprägten *Offiziersbundes*[55]. Es gibt eindrucksvolle Zeugnisse aus diesem Kreis, die belegen, daß ihre Aufforderung „zum gemeinsamen Kampf gegen den Mann, der das deutsche Volk zum Untergang führt, gegen Hitler"[56], aus der von ihnen durchlittenen „eisigen Atmosphäre bitterster Enttäuschung, verborgener Angst und steigender Trostlosigkeit" erwuchs[57]. Joachim Wieder, ehemaliger Leutnant und Ordonnanzoffizier in der Abteilung für Feindaufklärung (Ic) beim Sta-

be des VIII. Armeekorps, hat in seiner lesenswerten kritischen Auseinandersetzung mit der Schlacht um Stalingrad und der Verantwortung des Soldaten etwas von den Voraussetzungen deutlich machen können, die solch ungewöhnlichem Engagement zugrunde lagen: „Die Katastrophe, die uns zu verschlingen drohte", so faßte er seine und seiner Kameraden Empfindungen während der Schlacht an der Wolga zusammen, „enthüllte sich uns in vielfacher Hinsicht als das natürliche Ziel eines langen Irrweges, vor dem uns unsere inneren Vorbehalte nicht zurückgerissen hatten. Die geistigen Wurzeln unseres Unglücks tauchten vor unseren Blicken auf sowie die Krise des echten Soldatentums, das hier bei Stalingrad trotz aller persönlichen Einsatzbereitschaft und Aufopferung der einzelnen Soldaten zu einem seelenlosen Militarismus entartete mit mißverstandener Pflichterfüllung und mechanischen Ehrbegriffen." Man habe sich gegenseitig bewußter gemacht, so erinnert sich Wieder, „daß die herannahende militärische Katastrophe auch eine politische Katastrophe war, die Folge vermessener Anschauungen und Handlungen, durch die seit langem die gesunden Grundlagen unseres geistig-kulturellen und nationalen Lebens erschüttert worden waren". Die Parallelen zu Hadermanns „Manneswort eines deutschen Hauptmanns" aus dem Jahre 1942 sind unüberhörbar, wenn Wieder unter dem Eindruck des Sterbens von Stalingrad davon spricht, daß „eine geistfeindliche politische Machtreligion" das deutsche Volk „im zerstörerischen Kampf gegen die universalen Bildungsmächte der Antike, des Humanismus und des Christentums" immer mehr „aus der besten gemeineuropäischen Gedankenwelt und damit zugleich aus seiner Verpflichtung gegenüber den objektiven Ideen der Wahrheit, Güte und Gerechtigkeit" herausgelöst habe[58]. Die schmerzliche Empfindung, daß die soldatischen Tugenden der Tapferkeit, der Hingabe, der Treue und der Pflichterfüllung schändlich mißbraucht worden waren, löste seinerzeit offenbar unterschiedliche Reaktionen unter den Soldaten und Offizieren der 6. Armee aus. So mancher habe, so berichtet Wieder aus eigener Anschauung, „in seiner Verzweiflung angesichts des Zusammenbruchs einer ganzen Welt von Vorstellungen und im Hinblick auf die Sinnlosigkeit der Katastrophe zur Pistole gegriffen und seinem Leben ein Ende gemacht". Nicht wenige scheinen ihre innere Angst und geistige Leere hinter „einer verkrampft soldatischen Haltung" oder gar hinter „einer betonten Landsknechtsgesinnung" versteckt zu haben: „Wenn sie nun schon einmal dazu verurteilt seien 'draufzugehen'", so wird diese Einstellung bezeugt, „dann wollten sie wenigstens bis zuletzt ihre Haut teuer verkaufen und noch möglichst viele Russen 'mitnehmen'[59]." Wieder anderen aber öffneten die grauenvollen Erlebnisse und Bilder des Unterganges einer ganzen Armee die Augen für die von Hitler herbeigeführte Welt der Lüge, des Has-

ses, der Gewalt, des Unrechts und der Unmenschlichkeit. Sie erkannten schlagartig: „Wir hatten Wind gesät, jetzt mußten wir Sturm ernten[60]."
Von Selbstzweifeln geplagt, aber als Kriegsgefangene von der sowjetischen Gewahrsamsmacht psychologisch nicht ungeschickt behandelt, zeigten sich — von
Opportunisten und „Kaschisten" abgesehen — nicht wenige Offiziere aus
grundsätzlichen Erwägungen bereit, etwas zu unternehmen, um ihren Kameraden wie dem deutschen Volk ein ähnliches Schicksal wie das der 6. Armee zu ersparen. Sind bei einigen Namen unter dem Aufruf des Nationalkomitees diesbe-
züglich erhebliche Vorbehalte am Platz[61], so kann das von den meisten Unter-
zeichnern des Aufrufes des Offiziersbundes, vor allem von der dort versammelten militärischen Prominenz wie z.B. Walther v. Seydlitz, General der Artillerie
und Kommandierender General des LI. Armeekorps; Alexander Edler v.
Daniels, Generalleutnant und Kommandeur der 376. Infanteriedivision; Luitpold Steidle, Oberst und Kommandeur des Grenadierregiments 767; Alfred
Bredt, Oberstleutnant und Kommandeur der Versorgungstruppen des XI. Armeekorps, oder Dr. Otto Korfes, Generalmajor und Kommandeur der 295. Infanteriedivision, nicht behauptet werden[62].
Für viele dieser erfahrenen Soldaten dürfte eine nüchterne Lagebeurteilung nicht
unwesentlich zu ihrer Entscheidung beigetragen haben. Seinerzeit spielten sich
die Kämpfe im Süd- und Mittelabschnitt der Ostfront ungefähr in den gleichen
Räumen ab wie im September und Oktober des Jahres 1941. Der Rückzug der
deutschen Armeen, so war zu leicht zu erkennen, ging schneller als ihr Vor-
marsch: „Vom Bug, wo Hitler im Juni 1941 begann", so rechnete das „Freie
Deutschland" am 15. September 1943 in einem „Bericht zur Frontlage" vor,
„bis nach Stalingrad, dem östlich[st]en Punkt, den Hitler erreichte, sind es in
der Luftlinie 1500 Kilometer. Dafür benötigten die deutschen Armeen siebzehn
Monate. Von Stalingrad bis nach Bachmatsch sind es 900 Kilometer, für die die
russischen Armeen knapp neun Monate brauchten." Damit schien das Ergebnis
dieser Rechnung einfach: „Zwei Drittel ihres Siegesmarsches im Osten hat die
deutsche Armee als Todesmarsch bereits wieder in umgekehrter Richtung zu-
rücklegen müssen. Noch 600 Kilometer und sie ist wieder dort angelangt, wo sie
begann. Und vom Bug bis zur oberschlesischen Grenze sind es nur noch weitere
400 Kilometer. Dann ist der Krieg auf deutschem Boden, und dann wird es,
wenn Hitler nicht zum Rücktritt gezwungen wird, keine deutsche Armee mehr
geben[63]."
Lag es unter solchen Umständen nicht nahe, wenn sich zur Warnung vor einer
unübersehbaren militärischen Niederlage und zur Aufklärung über die verloge-
nen Kriegsziele Hitlers gerade eine beträchtliche Anzahl jener Generale und Offi-

ziere berufen fühlte, die sich von ihrem Treueid auf Hitler nach dem Massenster-
ben an der Wolga entbunden meinte? Man wird zur Kenntnis nehmen müssen,
daß vor allem die Überlebenden der Katastrophe von Stalingrad damals mit dem
erklärten Ziel antraten, dem deutschen Volk „den Rettungsweg zu zeigen"[64].
Totgesagt und „zu neuem Leben entstanden", wie es in Anspielung auf die berüchtigte Thermopylen-Rede Görings vom 30. Januar 1943 hieß[65], hielten sie es
für ihr Recht und ihre Pflicht, aus der bitteren Erkenntnis der Schlacht an der
Wolga „die rettende Tat" hervorgehen zu lassen. Vor allem „zu den Heerfüh-
rern, den Generalen, den Offizieren der Wehrmacht" gewandt, riefen sie dazu
auf, Deutschland ein Schicksal, wie sie es gerade erlebt hatten, zu ersparen:
„Fordert den sofortigen Rücktritt Hitlers und seiner Regierung!", so lautete ihre
Devise. „Kämpft Seite an Seite mit dem Volk", so forderten sie ihre Kameraden
auf, „um Hitler und sein Regime zu entfernen und Deutschland vor Chaos und
Zusammenbruch zu bewahren[66]!"

Die Argumente für einen solchen „nationalen Befreiungskampf", wie ihn der
Alterspräsident des Offiziersbundes, Oberstleutnant Bredt, forderte[67], entbehr-
ten nicht der gründlichen militärischen, politischen und wirtschaftlichen Analyse. Oberst Hans Günther van Hooven, der letzte Armeenachrichtenführer der
6. Armee, erinnerte dabei nicht ohne Grund warnend an die Situation von 1918.
Diesmal, so machte er auf wichtige Unterschiede zur Sachlage am Ende des Ersten Weltkrieges aufmerksam, gebe es in Deutschland keinen Reichstag, keine
politischen Parteien, keine Organisationen wie damals. Es existiere auch kein
Faktor, „der nach Zerschlagung der Wehrmacht das Schlimmste verhüten, Ordnung und Sicherheit verbürgen" und damit verhindern könnte, daß Deutschland
„ohne eigenes Gewicht" und nur noch Objekt sei. Nur ein rechtzeitiger Friedensschluß werde an diesem voraussehbaren Schicksal etwas ändern, weil er die
Wehrmacht als „das einzige Instrument bewahrt, das die Ordnung sichern und
das Chaos verhindern kann". Da mit einer entsprechenden Initiative oder gar
mit einem freiwilligen Rücktritt Hitlers nicht zu rechnen sei, blieb nach van Hooven nur eine — "ungeheuer schwere" - Wahl: „Entweder Krieg unter Hitler bis
zur völligen Vernichtung oder Sturz des Regimes und Bildung einer neuen, starken, nationalen Volksregierung[68]."

Die gelegentliche Berufung der Offiziere auf die Prinzipien der Atlantik-Charta
verdient in diesem Zusammenhang ebenso unsere Aufmerksamkeit wie ihr Ein-
geständnis, daß die Entscheidung für eine Mitwirkung in der Bewegung „Freies
Deutschland" bei vielen von ihnen erst „nach schwerem inneren Ringen" fiel[69].
Seydlitz und seine Kameraden verzichteten auch auf jenen billigen „Griff in die
Geschichte", wie ihn noch acht Wochen zuvor Erich Weinert bei der Gründung

des Nationalkomitees mit seiner Berufung auf die Freiheitskriege bedenkenlos gewagt hatte. Der — wie Luitpold Steidle besonders betonte — „außergewöhnlichen Form" ihres Engagements bewußt[70], zeigten sich die Mitglieder des Offiziersbundes dazu bereit, „dem verderblichen Regime Hitlers den Kampf anzusagen und für die Schaffung einer vom Vertrauen des Volkes getragenen und auf ausreichende Machtmittel gestützten Regierung einzutreten, damit auch von unserer Seite alles geschehe, was unserem Vaterland den Frieden und eine glückliche Zukunft sichern kann"[71]. In Propagandaaktionen über die Front hinweg in Form von Rundfunkaufrufen, Lautsprecherdurchsagen und Briefkontakten sahen sie offenbar jene außergewöhnlichen Maßnahmen, die sie in ihrer außergewöhnlichen Situation für erforderlich hielten[72].

Eine Auswertung des einschlägigen Schrifttums läßt keinen Zweifel daran, daß viele Offiziere und Soldaten in den sowjetischen Lagern der ehrlichen Überzeugung waren, im Nationalkomitee „Freies Deutschland" und im Bund Deutscher Offiziere „eine von deutschen Kriegsgefangenen [...] getragene Widerstandsorganisation gegen Hitler sehen zu können"[73]. Es ist freilich auch nicht zu bestreiten, daß der militärische Widerstandsversuch in der Bewegung „Freies Deutschland" in der westdeutschen Öffentlichkeit nie den ihm gebührenden Respekt gefunden hat. Das lag weniger an der verbreiteten Auffassung, sowohl im Nationalkomitee als auch im Offiziersbund habe man versucht, „den Teufel mit Beelzebub auszutreiben"[74]. Wie Karl-Heinz Frieser kürzlich nachgewiesen hat, gründen die Vorbehalte gegenüber der Bewegung „Freies Deutschland" vor allem auf der Überzeugung, daß

1. diese im Gegensatz zu den am Staatsstreich des 20. Juli 1944 Beteiligten, deren Einsatz für deutsche Interessen unumstritten ist, als „ein Hilfsinstrument der Machtpolitik Stalins" angesehen wird,
2. ihre Glaubwürdigkeit durch ihr Wirken hinter Stacheldraht und die damit verbundene Auslieferung an die sowjetische Gewahrsamsmacht zu stark belastet war, und
3. die Widerstandskämpfer um Stauffenberg ein hohes Risiko auf sich nahmen und ihren Oppositionsversuch zum Teil mit dem Leben bezahlen mußten, während die Angehörigen der Bewegung „Freies Deutschland" unter dem Schutz ihrer Gewahrsamsmacht standen[75].

Zudem ist man gegenüber der Bewegung „Freies Deutschland" rasch mit dem Vorwurf des Hoch- und Landesverrats bei der Hand gewesen.

Diese Bezichtigungen sind zwar geeignet, auf die — von den meisten militärischen Mitgliedern der Bewegung „Freies Deutschland" auch so empfundene — außergewöhnliche Situation ihres Engagements hinter Stacheldraht aufmerksam zu machen, reichen aber m.E. nicht aus, um zumindest den Mitgliedern des Bundes Deutscher Offiziere um General v. Seydlitz die Qualität von Widerstandskämpfern gegen Hitler ganz abzusprechen. Vielmehr ist davon auszugehen, daß viele von ihnen „nur aus Gegnerschaft zum nationalsozialistischen Regime" in der Überzeugung gehandelt haben, mit den von ihnen als zweckmäßig erkannten Mitteln „zu der noch möglichen Rettung großer Teile Deutschlands und des deutschen Volkes beizutragen"[76]. Das gilt zumindest für den Zeitraum, als die Bewegung „Freies Deutschland" mit der Parole „Beendigung des Krieges durch eine geordnete Rückführung der Wehrmacht nach Deutschland" arbeitete und das sowjetische Interesse an einer Kooperation mit Deutschland als echt eingeschätzt werden kann: d.h. für den Zeitraum vom Sommer 1943 bis zum Jahreswechsel 1943/44, ehe mit der Parole „Rettung durch Übertritt auf die Seite des Nationalkomitees" die „Konzeption der Zersetzung" (Scheurig) Platz griff[77].

Daß der Bewegung „Freies Deutschland" im allgemeinen und den Militärs im Offiziersbund im besonderen der Erfolg letztlich versagt blieb, kann für die moralische Beurteilung einer Opposition hinter Stacheldraht ebensowenig ausschlaggebend sein wie das Scheitern des Attentats vom 20. Juli 1944 für eine moralische Bewertung des Kreises um Stauffenberg. Es hieße mit zweierlei Maß messen, so hat speziell im Blick auf die Rolle Walther v. Seydlitz' ein ehemaliger aktiver Offizier wider ein gängiges Urteil angeschrieben, „wenn man den innerdeutschen Widerstandskämpfern Achtung und Ehre erweist, aber einen Mann verfemt, ihm die Ehre abspricht, der ein Jahr früher aus den gleichen Motiven, mit dem gleichen Idealismus, mit der gleichen Entschlossenheit in den ihm durch die Gefangenschaft gezogenen Grenzen handelte"[78]. Diese Ungereimtheit unseres geschichtlichen Bewußtseins wird nur dann beseitigt werden können, wenn man sich hierzulande dazu durchringt, das Spektrum des militärischen Teils der deutschen Widerstandsbewegung gegen den Nationalsozialismus zu erweitern: Ihm sollten auch jene Offiziere und Soldaten zugerechnet werden, die aus sittlichem Gebot, aus menschlichem Empfinden und aus Liebe zu Volk und Heimat[79] hinter dem Stacheldraht sowjetischer Kriegsgefangenenlager nicht tatenlos zusehen wollten, wie Hitler das Deutsche Reich in den Abgrund stürzte — auch wenn sie dabei erleben mußten, „daß sie zum zweiten Mal von einem Diktator für machtpolitische Ziele mißbraucht wurden"[80].

Anmerkungen

1 Als Beispiele einer Geschichtsschreibung, der die DDR als „die staatliche Verkörperung der besten Traditionen der deutschen Geschichte" (Erich Honecker) verordnet wird, vgl. den vom Zentralinstitut für Geschichte der Akademie der Wissenschaften

der DDR herausgegebenen Grundriß: Klassenkampf — Tradition — Sozialismus. Von den Anfängen der Geschichte des deutschen Volkes bis zur Gestaltung der entwickelten sozialistischen Gesellschaft in der Deutschen Demokratischen Republik, Berlin (Ost) 1974; sowie das vom Wissenschaftlichen Beirat für Geschichtswissenschaft beim Ministerium für Hoch- und Fachschulwesen der DDR herausgegebene Lehrbuch: Geschichte der Deutschen Demokratischen Republik, Berlin (Ost) 1981; dazu Helmut Meier, Geschichtsbewußtsein in der Systemauseinandersetzung, in: Geschichtsbewußtsein und sozialistische Gesellschaft. Beiträge zur Rolle der Geschichtswissenschaft, des Geschichtsunterrichts und der Geschichtspropaganda bei der Entwicklung des sozialistischen Bewußtseins, Berlin (Ost) 1970, S. 56 ff.

2 Zur Geschichte der Bewegung „Freies Deutschland" in der Sowjetunion nach wie vor grundlegend: Bodo Scheurig, Freies Deutschland. Das Nationalkomitee und der Bund Deutscher Offiziere in der Sowjetunion 1943 — 1945, München 1960 (zit. Scheurig, Freies Deutschland); vgl. außerdem Gert Robel, Die deutschen Kriegsgefangenen in der Sowjetunion — Antifa, München 1974 (Zur Geschichte der deutschen Kriegsgefangenen des Zweiten Weltkrieges, Bd VIII) (zit. Robel, Antifa); und Karl-Heinz Frieser, Krieg hinter Stacheldraht. Die deutschen Kriegsgefangenen in der Sowjetunion und das Nationalkomitee „Freies Deutschland", Mainz 1981 (zit. Frieser, Krieg). Zum Forschungsstand der Historiographie der DDR vgl. die Berichte von Heinz Schumann/ Wilhelm Wehling, Literatur über Probleme der deutschen antifaschistischen Widerstandsbewegung, in: Zeitschrift für Geschichtswissenschaft (zit. ZfG), 8. Jg (1960), Sonderheft „Historische Forschungen der DDR", S. 396 f.; Gerhard Förster/Bruno Löwel/Wolfgang Schumann, Forschungen zur deutschen Geschichte 1933-1945, in: ZfG, 18. Jg (1970), Sonderband „Historische Forschungen in der DDR 1960-1970", S. 563 ff.; und Dieter Lange u.a., Forschungen zur deutschen Geschichte 1933-1945, in: ZfG, 28. Jg (1980), Sonderband „Historische Forschungen in der DDR 1970-1980", S. 284 ff.

3 Vgl. Kleines Politisches Wörterbuch, Berlin (Ost) ³1978, S. 617; dazu Geschichte der deutschen Arbeiterbewegung, Bd 5, Berlin (Ost) 1966, S. 350.

4 So im Geleitwort zum Bericht Erich Weinerts, des ehemaligen Präsidenten des Nationalkomitees: Das Nationalkomitee „Freies Deutschland" 1943-1945. Bericht über seine Tätigkeit und seine Auswirkung, Berlin (Ost) 1957 (zit. Weinert, Nationalkomitee), S. 7.

5 „Zum 40. Jahrestag der Gründung des Nationalkomitees 'Freies Deutschland'", in: „Neues Deutschland" vom 12. Juli 1983, S. 2.

6 Als charakteristisches Beispiel dieser Sicht sei hier nur auf die verschiedenen Auflagen der Darstellung von Hans Rothfels verwiesen: Deutsche Opposition gegen Hitler. Eine Würdigung, zuletzt Frankfurt a.M. 1977. Zur Information über die Vielfalt der politischen Strömungen und praktischen Formen des deutschen Widerstandes gegen Hitler und das „Dritte Reich" vgl. Richard Löwenthal/Patrik von zur Mühlen (Hrsg.), Widerstand und Verweigerung in Deutschland 1933 bis 1945, Berlin/Bonn 1982 (zit. Widerstand und Verweigerung).

7 Scheurig, Freies Deutschland, S. 9.

8 Frieser, Krieg, S. 9.

9 Vgl. Alexander Fischer, Sowjetische Deutschlandpolitik im Zweiten Weltkrieg 1941-1945, Stuttgart 1975 (zit. Fischer, Deutschlandpolitik), S. 17 f.

10 Walter Ulbricht, Zur Geschichte der deutschen Arbeiterbewegung, Bd II, Berlin (Ost) 1963, S. 267.

11 Fischer, Deutschlandpolitik, S. 18.

12 Ernst Fischer, Erinnerungen und Reflexionen, Reinbek 1969 (zit. Fischer, Erinnerungen), S. 431.
13 Fischer, Deutschlandpolitik, S. 18; vgl. auch die Ausführungen des amtierenden Vorsitzenden der KPD, Wilhelm Pieck, in der Zeitschrift „Die Kommunistische Internationale" vom Juli 1941: Gesammelte Reden und Schriften, Bd VI, Berlin (Ost) 1979, S. 82 f.
14 K.L. Sselesnjow, Mit Walter Ulbricht im sowjetischen Kriegsgefangenenlager (Oktober 1941), in: Beiträge zur Geschichte der Arbeiterbewegung (zit. BzG), 11. Jg (1969), H. 5, S. 810 (zit. Sselesnjow, Walter Ulbricht).
15 Vgl. Fischer, Deutschlandpolitik, S. 22 ff.
16 Sselesnjow, Walter Ulbricht, S. 810; Geschichte der deutschen Arbeiterbewegung, S. 318.
17 [Ernst Hadermann,] Wie ist der Krieg zu beenden? Ein Manneswort eines deutschen Hauptmanns, Moskau o.J. [1942]. Vgl. dazu Scheurig, Freies Deutschland, S. 36 ff.; und Fischer, Deutschlandpolitik, S. 46 ff.
18 Vgl. Vojtech Mastny, Moskaus Weg zum Kalten Krieg. Von der Kriegsallianz zur sowjetischen Vormachtstellung in Osteuropa, München/Wien 1980 (zit. Mastny, Moskaus Weg), S. 91 ff.; und Fischer, Deutschlandpolitik, S. 43 ff.
19 Vgl. Geschichte der sowjetischen Außenpolitik 1917 bis 1945, Berlin (Ost) 1969, S. 483 f.
20 Helmut Krausnick/Hermann Graml, Der deutsche Widerstand und die Alliierten, in: Vollmacht des Gewissens, Bd II, Frankfurt a.M./Berlin 1965, S. 513.
21 Fischer, Deutschlandpolitik, S. 53 f.; Scheurig, Freies Deutschland, S. 42 ff. und 55 ff.; sowie ders. (Hrsg.), Verrat hinter Stacheldraht? Das Nationalkomitee „Freies Deutschland" und der Bund Deutscher Offiziere in der Sowjetunion 1943-1945, München 1965, S. 13 ff.
22 Vgl. Bodo Scheurig, Das Manifest von Krasnogorsk (zit. Scheurig, Manifest), in: ders., Um West und Ost, Hamburg 1969, S. 66. Zum Folgenden vgl. Fischer, Deutschlandpolitik, S. 54; Mastny, Moskaus Weg, S. 101.
23 Otto Korfes, Das Nationalkomitee „Freies Deutschland", seine Kritiker und seine Gegner, in: Mitteilungsblatt der Arbeitsgemeinschaft ehemaliger Offiziere, Jg 1960, H. 9, S. 12.
24 Vgl. dazu Bruno Löwel, Die Gründung des NKFD im Lichte der Entwicklung der Strategie und Taktik der KPD, in: BzG, 5. Jg (1963), H. 4, S. 625; und Gerhard Zirke, Im Tosen des Krieges geschrieben, Berlin (Ost) 1964 (zit. Zirke, Tosen des Krieges), S. 67.
25 Hans Martens, General v. Seydlitz 1942-1945. Analyse eines Konflikts, Berlin o.J. (zit. Martens, Seydlitz), S. 32 f.; vgl. dazu Scheurig, Freies Deutschland, S. 57; ders., Verrat, S. 97 f.; und Robel, Antifa, S. 81.
26 Vgl. die Angaben bei Willy Wolff, An der Seite der Roten Armee. Zum Wirken des Nationalkomitees „Freies Deutschland" an der sowjetisch-deutschen Front 1943 bis 1945, Berlin (Ost) 1973 (zit. Wolff, An der Seite), S. 41 ff.
27 Scheurig, Freies Deutschland, S. 42 f. und 51 f.
28 Fischer, Deutschlandpolitik, S. 58; vgl. außerdem Zirke, Tosen des Krieges, S. 67.
29 Scheurig, Freies Deutschland, S. 32; ders., Verrat, S. 26; Fischer, Deutschlandpolitik, S. 83; Robel, Antifa, S. 86.
30 Vgl. Grundriß der Geschichte der deutschen Arbeiterbewegung, Berlin (Ost) 1963, S. 191; Meyers Neues Lexikon in acht Bänden, Bd 6, Leipzig 1964, S. 50; und Geschichte der deutschen Arbeiterbewegung, S. 333 und 350; dazu die von der Bewegung „Freies Deutschland" in der Schweiz herausgegebene Broschüre: Um Deutschlands nächste Zukunft, Zürich o.J., S. 26 f.

31 Vgl. George Kennan/Hermann Weber (Hrsg.), Aus dem Kadermaterial der illegalen KPD 1943, in: Vierteljahrshefte für Zeitgeschichte, 20. Jg (1972), H. 4, S. 426 f.; dazu Hermann Weber, Die KPD in der Illegalität, in: Widerstand und Verweigerung, S. 99.

32 Else und Bernt von Kügelgen (Hrsg.), Die Front war überall. Erlebnisse und Berichte vom Kampf des Nationalkomitees „Freies Deutschland", Berlin (Ost) [3]1968 (zit. Kügelgen, Front), S. 11.

33 Scheurig, Verrat, S. 37 und 254 ff.

34 Scheurig, Freies Deutschland, S. 171.

35 Martens, Seydlitz, S. 64 ff.

36 Weinert, Nationalkomitee. Vgl. dazu die kritischen Anmerkungen von Bodo Scheurig: Freies Deutschland, S. 188.

37 Geschichte der deutschen Arbeiterbewegung, S. 350.

38 Otto Winzer, Zwölf Jahre Kampf gegen Faschismus und Krieg. Ein Beitrag zur Geschichte der Kommunistischen Partei Deutschlands 1933 bis 1945, Berlin (Ost) 1957 (zit. Winzer, Kampf), S. 205.

39 Vgl. Protokoll der Verhandlungen des VI. Parteitages der SED, Bd IV, Berlin (Ost) 1963, S. 330 ff. und 337 ff.

40 Winzer, Kampf, S. 205.

41 Gerhard Rossmann, Der Kampf der KPD um die Einheit aller Hitlergegner, Berlin (Ost) 1963, S. 48; Zirke, Tosen des Krieges, S. 67; Geschichte der deutschen Arbeiterbewegung, S. 350; Kurt Finker, Probleme des militärischen Widerstandes und des Umsturzversuches vom 20. Juli 1944 in Deutschland, in: Christoph Kleßmann/Falk Pingel (Hrsg.), Gegner des Nationalsozialismus. Wissenschaftler und Widerstandskämpfer auf der Suche nach historischer Wirklichkeit, Frankfurt a.M./New York 1980 (zit. Finker, Probleme), S. 160.

42 Kurt Finker, Stauffenberg und der 20. Juli 1944, Berlin (Ost) 1967, S. 213; ders., Probleme, S. 179; dazu Sigrid Wegner-Korfes, Der 20. Juli 1944 und das Nationalkomitee „Freies Deutschland". Aus persönlichen Unterlagen der Familie von Oberst Ritter Albrecht Mertz v. Quirnheim, in: ZfG, 27. Jg (1979), H. 6, S. 535 ff.

43 Willy Wolff, Auf Initiative der KPD wurde vor vierzig Jahren das Nationalkomitee „Freies Deutschland" gegründet (zit. Wolff, Initiative), in: „Volksarmee", Nr. 27/1983, S. 3.

44 Zur Tätigkeit der Frontorganisation des Nationalkomitees vgl. Weinert, Nationalkomitee, S. 41 ff.; Scheurig, Freies Deutschland, S. 92 und 113 ff.; Wolff, An der Seite, passim; Robel, Antifa, S. 87 f.; und Frieser, Krieg, S. 84 ff.

45 Wolff, An der Seite, S. 17; ders., Initiative, S. 3.

46 Vgl. Wolff, An der Seite, S. 197, 230 f. und 250 f.; dazu ders., Bewaffnete Gruppen der Bewegung „Freies Deutschland", in: Kügelgen, Front, S. 251 ff.

47 Wolff, An der Seite, S. 250 f.; Werner Pilz, Horst Viedt, ein Kämpfer für das neue Deutschland, in: Kügelgen, Front, S. 346 ff.

48 Wolff, Initiative, S. 3.

49 Scheurig, Manifest, S. 64.

50 Wolff, Initiative, S. 3. Vgl. dazu Hans Gossens, Die militärpolitische Tätigkeit des Nationalkomitees „Freies Deutschland" — Bestandteil der fortschrittlichen militärischen Traditionen des deutschen Volkes, in: Zeitschrift für Militärgeschichte, 2. Jg (1963), H. 2, S. 154 ff.

51 Scheurig, Manifest, S. 67; Frieser, Krieg, S. 94.

52 Deutsche, Wohin? Protokoll der Gründungsversammlung des Nationalkomitees Freies Deutschland und des Deutschen Offiziersbundes, hrsg. vom Lateinamerikanischen Komitee der Freien Deutschen, Mexiko o.J. (zit. Protokoll), S. 18.

53 Ebd., S. 21.
54 Ebd., S. 25.
55 Vgl. als Beispiel den ersten Aufruf des Offiziersbundes: ebd., S. 79 ff.; und Scheurig, Verrat, S. 102 ff.
56 Protokoll, S. 31.
57 So Joachim Wieder, Stalingrad und die Verantwortung des Soldaten, München 1962 (zit. Wieder, Stalingrad), S. 43.
58 Ebd., S. 79.
59 Ebd., S. 80 f.
60 Ebd., S. 112.
61 Vgl. Scheurig, Freies Deutschland, S. 49.
62 Ebd., S. 53 ff.
63 Zit. nach Egbert von Frankenberg, Meine Entscheidung, Berlin (Ost) 1963, S. 170.
64 Protokoll, S. 79.
65 Vgl. Wieder, Stalingrad, S. 101 f.
66 Protokoll, S. 80 f.
67 Ebd., S. 83.
68 Ebd., S. 90 und 93.
69 Ebd., S. 98; vgl. dazu Fischer, Erinnerungen, S. 458 f.
70 Protokoll, S. 96 f.
71 Ebd., S. 100.
72 Scheurig, Freies Deutschland, S. 87 ff.; Frieser, Krieg, S. 86 ff.; Protokoll, S. 114.
73 Frieser, Krieg, S. 209.
74 Ebd., S. 208.
75 Ebd., S. 209 f.
76 Martens, Seydlitz, S. 92.
77 Scheurig, Verrat, S. 24 ff.
78 Martens, Seydlitz, S. 44.
79 Protokoll, S. 89.
80 Frieser, Krieg, S. 12.

Norbert Wiggershaus

Zur Bedeutung und Nachwirkung des militärischen Widerstandes in der Bundesrepublik Deutschland und in der Bundeswehr

Nach seiner endgültigen Institutionalisierung war das NS-Regime — insbesondere in der Kriegssituation — nur durch die bewaffnete Macht zu stürzen, doch fußten der militärische Widerstand und die militärische Aktion auf einer breiten zivilen politischen Basis, die nahezu alle sozialen Gruppierungen und sehr unterschiedliche Motive und Ziele umfaßte, obwohl eine nachhaltige Durchdringung nicht in allen Bereichen des NS-Staates gegeben war[1]. Dies ist bei einer Beschränkung der Betrachtung auf den militärischen Widerstand stets zu berücksichtigen. Ebenso muß ständig die Tatsache im Auge behalten werden, daß militärischer Widerstand nur Anstrengung einer qualifizierten Minderheit sein konnte, auf die Einzelinitiative geistig und moralisch selbständiger sowie gut informierter Militärs beschränkt blieb, deren Ansatzpunkte nicht im rein militärischen Denken lagen, sondern in der Gewissensentscheidung des einzelnen. Und außerdem wissen wir, daß für allzu viele der Eid Anlaß und Vorwand gewesen ist, „dem Gewissenskonflikt in den bloßen Gehorsam auszuweichen und sich bis zuletzt jedem Widerstand zu versagen"[2].

Mit dem Thema „Bedeutung und Nachwirkung des Widerstandes" stehen wir am Anfang historiographischer Untersuchungen[3]. Doch soviel scheint gesichert, trotz des „Nie wieder!" im Empfinden nahezu aller Deutschen nach der totalen Niederlage und trotz des Postulats von Menschenwürde und Freiheit beim Neubeginn in Westdeutschland war der Widerstand gegen den Nationalsozialismus — anders als in anderen europäischen Ländern — lange Zeit — und vielleicht auch heute noch — nicht in der politischen Kultur verwurzelt[4]. Am tiefsten noch ist die Bedeutung des Widerstands wohl in das allgemeine Wertebewußtsein unserer Streitkräfte eingedrungen, weil in dieser sozialen Gruppe engagementlose Distanz von den Ereignissen des 20. Juli nicht möglich ist und die Entschlossenheit und die Notwendigkeit hier vielleicht am größten war, die Last der Vergangenheit zu bewältigen.

Aber woran liegt es, daß die kritische Auseinandersetzung mit Deutschlands jüngster Vergangenheit kein Anliegen der breiteren Öffentlichkeit ist, daß die Existenz und das Opfer der Widerstandskämpfer nur langsam ins allgemeine Bewußtsein dringen? Hier wirken zahlreiche Vorgänge nach: die Verleumdungskampagne des Nationalsozialismus, die ungerechte Reduzierung der Motive auf das Ziel der Abwendung einer drohenden Niederlage, der Vorwurf der Feigheit, des Verrats an der kämpfenden Truppe und des Dilettantismus bei der Durchführung des Attentats — Vorwürfe, die vor allem im Kreise der ehemaligen Soldaten Bestand hatten — weiter: eine anfängliche Diskriminierung des Widerstandes im Ausland einschließlich einer Tabuisierung durch die Besatzungsmächte, der Mangel an Informationen über Fakten und Zusammenhänge sowie eine relativ späte, erst nach der Gründung der Bundesrepublik Deutschland einsetzende Erforschung und Aufarbeitung des Widerstandes und — vielleicht am wichtigsten — die Erfolglosigkeit der Tat des 20. Juli[5]. Nicht zuletzt ist zu fragen, welches geschichtliche Ereignis *überhaupt* im Wertebewußtsein der Gesellschaft einen Platz erhalten kann[6] und ob *jemals* die Erkenntnis allgemein verbreitet sein wird, daß ein Unrechtsstaat „keinen legitimen Anspruch auf Gehorsam" erheben kann[7].

I.

Nach der „deutschen Katastrophe" war es dringend und wichtig, wie Friedrich Meinecke es mit seiner großen Autorität 1946 forderte, entschlossen vor der eigenen Türe zu kehren[8], damit das „grenzenlose Mißtrauen der Welt gegen uns"[9] überwunden und der geistige Kontakt mit den übrigen abendländischen Völkern wiedergewonnen werden könnte.

Die Regierenden und ein großer Teil der Bevölkerung in der Bundesrepublik Deutschland verdammten den Nationalsozialismus und Totalitarismus aus Überzeugung — wenn auch zugleich aus Sorge um die wieder zu gewinnende internationale Reputation[10].

Tatsächlich war rücksichtslos ernste Selbstprüfung und Auseinandersetzung mit der Vergangenheit in den Augen des Auslands wie in den Augen vieler Gruppen in Deutschland Prüfstein für die neue Demokratie und für eine neue Wertgebundenheit[11]. Auf der anderen Seite blieb der Widerstand für viele Deutsche auch über das Dritte Reich hinaus im Zwielicht[12].

In der Bundesrepublik Deutschland führte die Auseinandersetzung mit dem Nationalsozialismus nahezu zwangsläufig zur offiziellen Würdigung des Widerstandes allgemein und der Männer und Frauen des 20. Juli sowie zu einer Politik der Wiedergutmachung des Unrechts im Innern wie im Ausland[13], doch weder die Vorstellungen der Widerstandskämpfer noch ihre Überlebenden selbst spielten beim demokratischen Neubeginn die zunächst erwartete Rolle[14]. So verpflichtete sich Bundeskanzler Adenauer durchaus auch eingedenk der Außenwirkung am

27. September 1951 zur „moralischen und materiellen Wiedergutmachung" für im Namen des deutschen Volkes begangene Verbrechen. Die Sorge für die Witwen und Waisen der Männer, die im Kampf gegen Hitler ihr Leben für Deutschland geopfert haben, hielt er für eine „Ehrenpflicht"[15]. Im August 1954 erklärte der Kanzler im Rundfunk: „Wer aus Liebe zum deutschen Volk es unternahm, die Tyrannei zu brechen, wie das die Opfer des 20. Juli getan haben, ist der Hochschätzung und Verehrung aller würdig[16]." Der Deutsche Bundestag hatte 1953 festgestellt, daß „der aus Überzeugung oder um des Glaubens oder Gewissens willen gegen die nationalsozialistische Gewaltherrschaft geleistete Widerstand ein Verdienst um das Wohl des deutschen Volkes und Staates" gewesen sei[17].

Bis heute bekräftigen Regierungsvertreter diese Auffassung immer wieder[18]. Der Überzeugungskraft dieser Politik konnten auch die Kritiker des Widerstandes nichts entgegensetzen.

Freilich gab es nach wie vor Kreise und Kräfte, die den Widerstand zu diffamieren versuchten und u.a. mit dem unberechtigten Vorwurf des Opportunismus operierten: Erst der unmittelbar bevorstehenden Niederlage Deutschlands verdanke der Widerstand seine Entstehung. Diese Kräfte spielten keine ernstzunehmende Rolle, sie konnten ihre Schmähreden angesichts der um ernsthafte Auseinandersetzung mit der Vergangenheit bemühten Umwelt meist nur in Hinterstuben halten[19]. Trotzdem: Im Zusammenhang mit dem „Fall John" schien es Regierung und Parteien im Deutschen Bundestag notwendig, sich nachdrücklich rechtfertigend vor die Männer und Frauen des 20. Juli zu stellen[20]. Lautstarke Diskriminierungen hat es auch gegen einzelne ehemalige Exil-Politiker gegeben[21]. Zudem ist die Geschichte der Würdigung des Widerstandes nicht frei von unwürdigen Begleiterscheinungen geblieben.

Die Frage der Bedeutung des militärischen Widerstandes in der Bundesrepublik Deutschland ist mit der Schilderung der offiziellen Haltung allein freilich nicht beantwortet. Gefragt ist auch nach Würdigung und Bekenntnis relevanter gesellschaftlicher Gruppierungen, staatlicher und politischer Institutionen. Hierzu ist ein schwerpunktmäßiger Überblick am Platze.

Im politischen Spektrum liegen außer den Erklärungen von Regierungsvertretern des Bundes Gedenkreden von Bundespräsidenten, Mitgliedern von Landesregierungen und Parteirepräsentanten vor. Die erste politische Würdigung stammt von dem damaligen Vorsitzenden der CDU in der SBZ und in Berlin Andreas Hermes; sie wurde am 22. Juli 1945 gehalten[22]. Obwohl der Widerstand das Selbstverständnis von CDU und SPD mitbestimmt hat, setzt eine allgemeine Anerkennung des Widerstandes seitens der politischen Parteien und Institutionen wesentlich später ein, nämlich nach einer mehr beiläufigen Erwähnung im Sommer 1950 im Deutschen Bundestag[23] etwa ab 1952. In diesem Jahr beginnen auch die Ehrungen durch Errichtung von Mahnmalen, wie das des Ehrenhofes in der Berliner Stauffenbergstraße[24]. Die bekannteste Gedenkrede ist gewiß die des Bundespräsidenten Theodor Heuss aus dem Jahre 1954[25]. Der Höhepunkt dieser identifizierenden Stellungnahmen war Mitte der sechziger Jahre erreicht[26].

Von Politikern, Soldaten, Theologen, Hochschullehrern, Vertretern des öffentlichen Lebens allgemein sind zahlreiche Reden zum Vermächtnis des Widerstandes gehalten worden, vor allem an den jährlichen Gedenktagen. Manchen, vor allem den frühen Bekundungen merkt man die Gefahren an, die mit ihnen verbunden sind: die Gefahr, eine Pflichtübung für Demokraten zu absolvieren, statt innere Überzeugungen zu demonstrieren, und die Gefahr der oberflächlichen Lobpreisung, des deklamatorischen Pathos und der undifferenzierten Heroisierung. Die Gedenktage sind aber zunehmend zu Anstößen zur Besinnung und zur Rechenschaft geworden, tragen zur historisch-politischen Bildung und zum Abbau von Vorurteilen bei, so daß die Leistung des Widerstands gegen das Unrechtssystem im Herzen der Gesellschaft heimisch wird.

Im Dienste von Regierung, Parlament und Parteien leisten die Bundeszentrale für politische Bildung und die entsprechenden Einrichtungen der Länder seit 1952 neben den Schulen und Hochschulen wertvolle und schwierige Aufklärungsarbeit über Motive, Handlungen und Berechtigung des Widerstandes. Die Grundlage dafür bildete eine gründliche, zunehmend das gesamte Spektrum in den Blick nehmende wissenschaftliche Erforschung des Nationalsozialismus und seiner Gegner.

Vor allem der Beitrag der Schulen verdient Beachtung, wenngleich Schulbuchanalysen eine stärkere Problematisierung fordern. Der Widerstand während des Krieges, der militärische Widerstand und die Tat des 20. Juli 1944 nehmen einen breiten Raum in den Darstellungen der Schulbuchautoren ein. Der militärische Widerstand nimmt im Schulbuch auch qualitativ eine herausragende Stellung ein (während die Forschung sich schwerpunktmäßig längst anderen Gegenständen widmet). Im Vordergrund der positiven Bewertung stehen die sittlichen und religiösen Motive der Widerstandskämpfer, ihr Ziel der Wiederherstellung des Rechts, der Menschlichkeit und einer sozialen Gerechtigkeit. Zwar sind direkte Bezüge zur Gegenwart selten, doch werden die sittlichen und moralischen Kräfte über die historische Situation hinaus sichtbar und beeinflussen so das politische Bewußtsein[27].

Nicht zu unterschätzen sind auch erzieherische Wirkungen durch ernstzunehmende literarische Versuche der Vergangenheitsbewältigung, wie Romane und

Theaterstücke von Theodor Plivier („Stalingrad") und Carl Zuckmayer („Des Teufels General")[28], sowie die filmischen Interpretationen „Der 20. Juli" (1955), „Es geschah am 20. Juli" (1955) und „Operation Walküre" (1971)[29] und nicht zuletzt Diskussionen in Presse und kritischer Öffentlichkeit. So wurde auf vielfältige Weise der Boden für ein breiter gefächertes Verständnis des Widerstandes bereitet.

Es ist viel davon gesprochen worden, daß ein Gedenken an die Opfer der Hitlerdiktatur besonders geeignet sei, die furchtbaren Erfahrungen dieser Zeit an die künftigen Generationen weiterzugeben und ihnen damit klare Wertvorstellungen zu vermitteln[30]. Solche Überlegungen unterscheiden sich wohltuend von allgemeinen Verdrängungsneigungen der Deutschen nach 1945. Nach dem Urteil von Joachim Fest hat tatsächlich erst eine jüngere Generation Hitler überwunden und denkt „in einem für Deutschland ungewohnten Maße politisch, gesellschaftlich, pragmatisch" — »der Welt ist wohler dabei[31]."

Anders als den Gewerkschaften, die als wichtigste Konsequenz aus der Zeit der Diktatur, anknüpfend an ihre Opfer, die Verwirklichung der Einheitsgewerkschaft bzw. einer gewerkschaftlichen Dachorganisation[32] sowie allgemein eine bewußte Anknüpfung an die Tradition forderten, der die Opposition entsprungen war[33], fiel ehemaligen Soldaten und Soldatenverbänden ein Verständnis für das Attentat und die Attentäter schwer. Nach einer Meinungsumfrage vom Juni 1951 lehnten fast 60 Prozent der befragten ehemaligen Berufssoldaten das Attentat ab[34].

Um so mehr erstaunt die versöhnliche offizielle Auffassung des Verbandes deutscher Soldaten (VdS). Hatte der erste, bald zum Rücktritt genötigte Vorsitzende des VdS, Generaloberst a.D. Frießner, noch den „Mord am Staatsoberhaupt" als Christ und Soldat abgelehnt, in wenig differenzierten Wendungen — wenngleich er immerhin hinzufügte, die Männer vom 20. Juli hätten patriotisch und sittlich gehandelt, nur sei ihr Unternehmen zu spät und „unsoldatisch" ausgeführt worden[35] —, so fand der spätere Vorsitzende des VdS, Admiral a.D. Gottfried Hansen, im März 1951 die bekannte ausgleichende Formulierung[36]. In schroffer Form, aber konsequent, wandte sich Hansen gegen jegliche Bevorzugung von Männern des Widerstandes gegenüber den „Eidgetreuen" bei der Wiedereinstellung in den öffentlichen Dienst[37]. Freilich muß kritisch angemerkt werden, daß die Bünde auch mit zunehmendem zeitlichen Abstand ihr Verständnis für die Motive Graf Stauffenbergs und seiner Mitverschworenen nicht mehren konnten; so haben sie sich später dagegen ausgesprochen, die Männer des 20. Juli den Soldaten der Bundeswehr als Vorbilder hinzustellen[38]. Solchen Ansichten von Verbandsfunktionären der zahlenmäßig ohnehin unerheblichen

Bünde stand freilich eine überwiegende individuelle Einsicht ehemaliger Soldaten gegenüber[39].

Ohne Zweifel ist die Tatsache, daß es nennenswerten Widerstand gegen das nationalsozialistische Unrechtssystem in Deutschland gab, von größter Bedeutung für die sich entwickelnden auswärtigen Beziehungen der Bundesrepublik Deutschland gewesen, sozusagen die Grundlage für die westdeutsche Politik, Vertrauen in der Welt zu gewinnen.

Der Umsturzversuch des 20. Juli 1944 war trotz seines Scheiterns für die internationale Öffentlichkeit ein sichtbares Zeichen für die Existenz einer wenn auch kleinen Opposition gegen die Diktatur, ein Zeichen, das viele Widerstandskämpfer ganz bewußt setzen wollten.

Damit wurden auch ausländische Fehldeutungen der Haltung der Deutschen — restlose Obrigkeitsgläubigkeit, Unterwürfigkeit, monolithische Geschlossenheit — wenn nicht widerlegt, so doch wenigstens relativiert[40]. Daß diejenigen, die den Widerstand gegen den Nationalsozialismus wagten, aus allen politischen Gruppierungen und sozialen Lagern kamen, befreite von der ungerechten Anklage kollektiver Schuld, wenn es auch nicht von der „Pflicht kollektiver Scham und Haftung" entband, wie Theodor Heuss es ausdrückte[41].

Diese entscheidenden Korrekturen am damals weithin undifferenzierten Deutschlandbild im Ausland waren eine wichtige Voraussetzung für eine künftige Zusammenarbeit im Konzert der Nationen. Von Politikern verschiedener Couleur ist aber als Konsequenz nicht nur eine Verbesserung der Atmosphäre vermutet worden, sondern sogar der Gewinn eines moralischen Anspruchs, wieder deutsche Politik zu betreiben und in den Kreis der Völker zurückzukehren[42].

Natürlich war es aber in erster Linie die internationale Konstellation, die Blockbildung nach 1945, die als Motor der Einbeziehung Westdeutschlands in die aktive Politik und der Anerkennung der Bundesrepublik Deutschland als Partner wirkten[43]. Man darf angesichts der neugewonnenen Partnerschaft außerdem nicht in den Irrtum verfallen, daß es in den Kreisen des Widerstands — außer auf militärischem Gebiet — zu einer eindeutigen Option für Ost oder West gekommen sei[44]. Und vor allem war die Teilung sogar für Realisten und Pessimisten nicht vorherzusehen.

Die Akzeptierung Deutschlands als Glied in der Gemeinschaft der Völker hat den Bundespräsidenten Heinemann 1969 zu der Mahnung veranlaßt, diese Position nicht durch Gleichgültigkeit gegenüber der eigenen Vergangenheit wieder aufs Spiel zu setzen[45].

In diese Richtung weist auch das außenpolitische Vermächtnis der Angehörigen des Widerstandes. Sie hingen — ihrer Zeit gemäß — überwiegend nationalhegemonialen Ambitionen an und dachten in den Normen nationaler Machtpolitik. Die Vorstellungen von Beck, Goerdeler und Hassell über das Reich als europäische Ordnungsmacht und über Kontinentaleuropa unter deutscher Führung als „dritte Kraft" zwischen Großbritannien und der Sowjetunion sind durchaus als eine außenpolitische Alternative zu Hitler zu betrachten. Auch zielten Ideen über die Rolle Deutschlands in der internationalen Politik auf Ausgleich und Verständigung, führten jedenfalls weit fort von Hegemonievorstellungen und enthielten Auffassungen über notwendige Opfer — auch territoriale — für das Zusammenleben der Völker[46]. Dies wird von offizieller Seite heute als zusätzliche Verpflichtung empfunden, für eine „gesittete Zusammenarbeit zwischen den Völkern" einzutreten[47] und Verständigung als nationale Aufgabe zu begreifen[48]. Als Bestandteil westdeutscher Politik hat dies dazu geführt, daß unser Land als „ein verläßlicher, sogar drängender Faktor für den Frieden" gilt. „Daß dies [...] Wirklichkeit geworden ist, ist die eigentliche, die entscheidende Leistung nach dem Kriege[49]."

Bedeutung und Nachwirkung des Widerstandes in Hinblick auf politische und rechtliche Gestalt sowie politische Kultur in der Bundesrepublik Deutschland sind nicht so leicht nachzuweisen. Gerade hier zeigt sich, daß der Widerstand „nicht so sehr als folgenreiches Ereignis, sondern viel mehr durch das sittliche und politische Verhalten Zeichen gesetzt hat"[50].

Die sittlichen Motive und Antriebe der Widerstandskämpfer, gerade der Soldaten unter ihnen — Menschenwürde, Sühne, Reinigung, moralische Auflehnung gegen das Unmenschliche — sind als „wirkende Kräfte der Zukunft" bezeichnet worden[51]. In diesem Jahre noch hat der Bundesminister Windelen sein Gedenken an den 20. Juli 1944 unter den Leitgedanken von Freiheit und Menschenwürde gestellt[52]. Und viele andere offizielle Redner vor ihm haben sich zu diesem Vermächtnis bekannt.

Gewiß haben die Leitlinien der Widerstandskämpfer als Bausteine für den Neubeginn eine Rolle gespielt[53], und ohne Zweifel rührt vom Widerstand her ein beachtliches Stück neue Selbstachtung der Deutschen[54]. Eine für heute generelle politische Bedeutung ist aber darin zu sehen, daß die nationalsozialistische Machtergreifung, der Widerstand nach 1933 und das Scheitern des Umsturzversuches vom 20. Juli 1944 die Überzeugung vermitteln, „wie wichtig es ist, antiparlamentarische oder systemfeindliche Bewegungen *vor* dem Zugang zu Schaltstellen politischer Macht und politisch-parlamentarischen Sonderrechten aufzuhalten"[55]. Diese Einsicht ist in Westdeutschland ernstgenommen worden mit der Konsequenz der „wehrhaften Demokratie" des Grundgesetzes einschließlich des im Parlamentarischen Rat schon diskutierten, aber erst in den sechziger Jahren eingeführten Widerstandsrechts nach Artikel 20 Absatz 4. Er gibt dem Widerstand gegen das nationalsozialistische Unrechtssystem „die Würde des Verfassungsranges" (Eugen Gerstenmaier). Der Staatsaufbau der Bundesrepublik basierte allerdings nicht auf Vorstellungen und Plänen des Widerstandes. Dieser war auch nicht ipso facto ein Votum für die Demokratie, wenngleich — das gilt zumindest für den antitotalitären Widerstand — eines für Recht und Rechtsstaatlichkeit sowie in einem erheblichen Maße auch für Pluralismus und Toleranz, wie sie sich z.B. in der Annäherung ehemaliger innenpolitischer Gegner zeigen. Zwar erblickt Gerhard Ritter in den Mitteln, mit denen der Parlamentarische Rat die Stabilität der Bundesregierung gesichert hat, eine nahe Verwandtschaft zu Goerdelers innenpolitischen Vorschlägen, und Gerstenmaier meint, daß der Widerstand eine deutliche Wirkung auf die Struktur der Bonner Gesetze gehabt habe, doch hält sich überwiegend die Auffassung, daß das Verfassungsdenken des Widerstandes sich in allen grundsätzlichen Fragen nicht durchgesetzt habe[56]. Zur Gestaltung der freiheitlichen demokratischen Ordnung in der Bundesrepublik Deutschland hat der Widerstand nicht beigetragen.

Für den „antidemokratischen" Widerstand liegt dies auf der Hand. Der antitotalitäre Widerstand um Beck und Goerdeler aber hatte sich — zeitverhaftet und von der Funktionsfähigkeit einer Demokratie angesichts des Weimarer Beispiels nicht überzeugt — an autoritären Ordnungsvorstellungen orientiert[57]. Selbst der Arbeiter-, Frauen- und Jugendwiderstand verfocht keine Ideale, die der heutigen freiheitlich-demokratischen Grundordnung des Grundgesetzes entsprechen[58].

Einem ordnungspolitischen Leitbild dieser Art kamen die Neuordnungsdiskussionen des bürgerlich-liberalen und sozialdemokratischen „Kreisauer Kreises" um Graf Helmuth James v. Moltke und Julius Leber am nächsten. Von ihrer Zeit verhafteten Widerstandskämpfern, die zudem notwendigerweise überwiegend auf Übergangsstrukturen abzielten, kann ein Plädoyer für Normen einer liberalen Demokratie in toto auch gar nicht erwartet und verlangt werden. Kriterium für Berufung auf den Widerstand ist vielmehr die „Wiederherstellung und Sicherung des Rechts" als Summe der vielfältigen Motive des Widerstands in seiner Pluralität und Komplexität[59]. Mit dieser Alternative zur nationalsozialistischen Politik können Überlegungen in Kreisen des Widerstandes zwar nicht für die Ordnung des Grundgesetzes in Anspruch genommen werden, „wohl aber für die Prinzipien einer Grundordnung, die von der Menschenwürde ausgeht und staatliches Handeln auf die Sicherung dieser Würde bezieht. Insofern läßt sich Widerstand in allen seinen Spielarten für eine Demonstration der Prinzipien liberaler Demokratie setzen[60]."

Heute ist in der Bundesrepublik Deutschland viel von notwendigem Widerstand gegen diesen Staat und diese Gesellschaft die Rede. Dabei wird übersehen, daß allein Verfassungsbruch und Verlust der Menschenrechte — einschließlich des Versuchs dazu — Widerstand (gegen Diktatur) legitimiert, daß wir aber in einer „grundsätzlich anderen Lage als in einem totalitären Regime" leben[61].

II.

Besonderen Rang nimmt der militärische Widerstand für die auf dem Leitbild vom „Staatsbürger in Uniform" fußenden Streitkräfte der Bundesrepublik Deutschland ein. Die Bundeswehr ist in Bewertung und Würdigung des Widerstandes durchaus auch eigene Wege gegangen.

Die von einem breiten parlamentarischen Konsens getragene Wehrreform der Regierung Adenauer ist als klare Absage an Fehler der Vergangenheit zu verstehen, als Distanzierung insbesondere vom nationalsozialistischen Unrechtssystem und von der Verstrickung der Wehrmachtführung, auch hoher militärischer Truppenführer in dieses System. Zu Recht hieß das Schlüsselwort Neuanfang. Die Kriterien der Auswahl der Mitarbeiter Theodor Blanks, die Diskussion um die Großadmirale im Deutschen Bundestag — ein wesentlicher Beitrag zur Traditionsdebatte — und die Motive für die Einrichtung des Personalgutachterausschusses für die Streitkräfte sind hinlängliche Indizien für eine deutliche Absage an die Vergangenheit.

Das Verhältnis künftiger Streitkräfte der Bundesrepublik Deutschland zur Wehrmacht war schon in den fünfziger Jahren das Hauptproblem einer verbreiteten Traditionsdiskussion. Immer war hier das Gewicht der Vergangenheit greifbar, und verpflichtend. Eine besonders klare Stellungnahme zur „Wehrmachtfrage" aus der Dienststelle Blank findet sich in der 1954 erarbeiteten Informationsschrift „Der Europäische Soldat deutscher Nationalität": „Haltung und Leistung der Mehrzahl der Offiziere, Unteroffiziere und Mannschaften, die in gutem Glauben ihre Pflicht getan, bleiben höchster Achtung wert, gleichgültig ob eine gewissenlose politische Führung sie mißbrauchte. Aber daß die Truppe in zunehmendem Maße mißbraucht werden konnte, zeigt, daß eine Reform der Grundlagen notwendig wurde, um den europäischen Soldaten von morgen mit der ihn tragenden und von ihm mitgetragenen demokratisch-freiheitlichen Lebensordnung seines Volkes bewußt zu verbinden und anstelle staatsunterwürfigen blinden Gehorsams den freiwilligen Gehorsam aus Einsicht zu setzen[62]."

Mit dem Problem der Wehrmachttradition und diesen Äußerungen dazu war eine besonders brennende Frage für das Selbstverständnis der neuen Streitkräfte gestellt, die der Wertung des 20. Juli 1944. Tatsächlich beschäftigte die Problematik des Widerstandes gegen Hitler die ehemaligen Soldaten stärker als die unzweifelhafte Herkunft der neuen Streitkräfte aus der Wehrmacht. Die Tat, mit der die Männer des 20. Juli 1944 aus heutiger Sicht den Deutschen etwas von ihrer Ehre zurückgegeben haben[63], wurde kontrovers bewertet. Obwohl die nationalsozialistische Obrigkeit den Soldaten durch Mißachtung von Recht und Moral ab 1934 vor den „Konflikt zwischen den Forderungen des Befehls und des Gewissens"[64] gestellt hatte, überwog der Gehorsam bei weitem die Verweigerung, und das Attentat auf Hitler galt zumindest im Verständnis der Zeit als ein im Wortsinn unglaublicher Vorgang[65]. Trotz juristisch-wissenschaftlicher und literarischer Erörterung des Widerstandsrechts seit der Antike und obwohl einem totalen Gehorsam und der Hinnahme verbrecherischer Befehle eine ältere Tradition entgegenstand, war die Erkenntnis unter den Soldaten nicht Allgemeingut, daß ein Unrechtsstaat „keinen legitimen Anspruch auf Gehorsam" mehr erheben konnte[66]. In dem Dilemma von Eid und Widerstand, stark bestimmt durch bis hin zu Hitler festen Treuebeziehungen zwischen „Oberstem Kriegsherrn" und Armee und von festen Berufsregeln, herrschte bei der überwiegenden Zahl der Soldaten die Auffassung vor, daß der geschworene Eid zu Gehorsam gegenüber jeder politischen Führung zwinge[67]. Und das ehemalige Offizierkorps war zeitweilig jedenfalls über die Beurteilung des Attentats auf Hitler sogar „in einer jede Kameradschaft zerstörenden Weise zerrissen"[68]. Die Kontroverse darüber, ob die Haltung der Frontkämpfer oder die der Widerstandskämpfer — angesichts der Vermischung beider ohnehin ein unzutreffendes Gegensatzpaar — höher zu bewerten sei[69], war eher dazu angetan, die Fronten zu verhärten. Auch führte es gewiß nicht weiter, das Problem einfach auszuklammern[70].

Die Auseinandersetzung zwischen Tradition und Norm auf der einen und dem „Ethos einer Ausnahmesituation" auf der anderen Seite[71] konnte auch durch das Bekenntnis des Bundespräsidenten zu den Motiven des Widerstands am zehnten Jahrestag des Attentats gegen Hitler noch nicht beendet werden. Heuss vermochte genausowenig wie der VdS mit seiner auf Ausgleich bedachten Formulierung aus dem Jahre 1951 öffentliche Gegenkundgebungen zu stoppen[72].

Man neigt dazu anzunehmen, die Dienststelle Blank sei dazu prädestiniert gewesen, neben ihren vielfältigen anderen Aufgaben auch zu diesem Thema eine klare Stellungnahme abzugeben. Hatten sich doch etwa die Generale Dr. Speidel und Heusinger in ihren Büchern „Invasion 1944" und „Befehl im Widerstreit" persönlich eindeutig geäußert[73]. Außer diesen beiden ehemaligen Generalen gehörten noch andere Mitarbeiter der Dienststelle an, die in den Widerstand gegen Hitler unmittelbar verwickelt waren[74]. Aber nicht nur die beiden Generale blieben zurückhaltend, auch Theodor Blank war hierzu verhältnismäßig schweigsam. Dabei lagen der Dienststelle Blank nicht wenige direkte oder indirekte Empfehlungen für eine Würdigung der Männer des Widerstands und des 20. Juli vor. Im Wehrpolitischen Arbeitskreis der CDU/CSU-Fraktion des Deutschen Bundestages etwa hatte — wie Blank bekannt war — Dr. Richard Jaeger schon im Januar 1952 betont, ein an der Verfolgung der Widerstandskämpfer des 20. Juli 1944 Beteiligter dürfe nicht Offizier werden. Im gleichen Jahr legte der Regierende Bürgermeister von Berlin, Ernst Reuter, übrigens auf Anregung des Generals der Panzertruppe a.D. Gerhard Graf v. Schwerin, in der Stauffenbergstraße den Grundstein für ein Denkmal für die Opfer des 20. Juli 1944[75]. Und von Berlin aus mahnte Dr. Walter Braun von der Stiftung „Hilfswerk 20. Juli 1944" bei der Gedenkfeier in der Stauffenbergstraße am 20. Juli 1955: „Möge der Geist eines Ludwig Beck, eines Claus Stauffenberg und ihrer Kameraden im neu entstehenden deutschen Heer Leitbild, Richtschnur und verpflichtendes Erbe werden[76]!"

Trotzdem, die Dienststelle Blank äußerte sich nicht offiziell. Darüber können vereinzelte Stellungnahmen — etwa von Blank und Graf Baudissin — nicht hinwegtäuschen. Theodor Blank vertrat in der Öffentlichkeit früh die Ansicht, Beteiligung oder Nichtbeteiligung am Widerstand und am „20. Juli 1944" sei für die Betreffenden eine Gewissensentscheidung gewesen, „die wir in jedem Falle zu respektieren haben"[77]. Graf Baudissin setzte sich 1955 in der „Wehrkunde" für eine Tradition ein, wie sie durch den profilierten Widersacher Hitlers, Generaloberst Ludwig Beck, gewiesen sei[78]. Im gleichen Jahr versicherte er in der renommierten amerikanischen Zeitschrift „Foreign Affairs", die innere Auseinandersetzung mit Problemen wie „Reichswehr im Staat von Weimar", „Drittes Reich", „20. Juli 1944" und „Nürnberg" werde dem Offizier die Frage nach dem eigenen Standort stellen. „Jedem Offizier werden historische Daten und Unterlagen zur Verfügung stehen, mit deren Hilfe er sein Urteil bilden kann[79]." Und in dem Entwurf für Interview-Fragen für die Einstellungsgespräche mit ehemaligen Offizieren fand sich früh die Frage: „Wie würden Sie den 20. Juli erklären[80]?"

Wie läßt sich diese Zurückhaltung der Dienststelle Blank nach außen erklären? Vielleicht bewirkte hier die Kritik aus bestimmten Kreisen ehemaliger Soldaten, in der Dienststelle Blank bevorzuge man die „Widerstandskämpfer", zunächst eine Scheu, diese bevorzugt zu würdigen. Es sollte wohl, auch im Sinne von Theodor Heuss' Rede am 20. Juli 1954, niemand herabgesetzt werden, der den Nationalsozialismus *nicht* bekämpft hatte. Auch trifft gewiß zu, daß die wissenschaftliche Durchdringung des Problems, daß Stellungnahmen aus Politik und

Wissenschaft abgewartet werden sollten. Nahe liegt vor allem die Überlegung, daß der Gehorsam nicht erschüttert werden sollte. Als nicht von der Hand zu weisen erscheint aber auch die Sorge, nicht diejenigen potentiellen Freiwilligen zu verprellen, die als Frontsoldaten sich verraten gefühlt und das Attentat abgelehnt hatten und sich noch nicht klargemacht hatten, wann der Eid nicht die höchste Maxime soldatischen Verhaltens ist. Hier bestand zweifellos eine Gefahr falscher Kompromisse[81]. Der junge Nachwuchs, das zeigte sich bald, sympathisierte ganz überwiegend mit den Männern des 20. Juli, nicht zuletzt weil ihre Tat das Selbstbewußtsein zu stärken geeignet war.

All der genannten Behutsamkeit der Dienststelle Blank standen aber doch schon eindeutig praktische Schritte gegenüber. So erhielt 1956 die ehemalige SS-Ordensburg Sonthofen den Namen „Generaloberst-Ludwig-Beck-Kaserne". Theodor Blank hatte den Verteidigungsausschuß des Deutschen Bundestages angerufen, ob es politisch-psychologisch schädlich sei, an diesem Ort die ersten Lehrgänge für die neuen Streitkräfte durchzuführen. Der Ausschuß wollte mit der Benennung gute soldatische Traditionen, Tugenden und Haltungen herausstellen, um den „Dämon Nazismus" auch in dieser Hinsicht zu bändigen. Außerdem erfolgten schon früh Überlegungen zur Frage des Gehorsams und der Eidesproblematik. Sie führten schließlich — anders als im Nationalsozialismus mit seiner Eidesbindung an die Person Hitlers — in der Bundeswehr zu Eides- und Gelöbnisformeln, die den Soldaten an Recht und Freiheit des deutschen Volkes und an die sittlichen Grundlagen der Verfassung binden.

Besonders wichtig war die Einsetzung des Personalgutachterausschusses für die Streitkräfte durch den Deutschen Bundestag im Sommer 1955 — in voller Übereinstimmung mit der Dienststelle Blank. Der Ausschuß verwirklichte den Vorschlag, den das „Institut zur Förderung öffentlicher Angelegenheiten" unter dem ehemaligen schleswig-holsteinischen Ministerpräsidenten Theodor Steltzer als Ergebnis einer Tagung führender Persönlichkeiten des öffentlichen Lebens eingebracht hatte, die Haltung zum 20. Juli 1944 zum Prüfstein für eine sorgfaltige Auswahl des Führerkorps aller Ebenen zu machen[82]. Bei seiner eigenen Gutachtertätigkeit wie in den für die Prüfgruppen der Annahmeorganisation der Bundeswehr entworfenen Richtlinien für die Prüfung der persönlichen Eignung von Offizieren legte der Ausschuß besonderen Wert auf eine klare Stellungnahme des Bewerbers zum Problem des 20. Juli 1944, ohne daß eine Bekenntnis, wohl aber Verständnis für diesen singulären Vorgang erwartet wurde.

In diesen Richtlinien heißt es: „Der Soldat ist in seinem Gewissen gebunden an unvergängliche sittliche Gebote. Im Bewußtsein überzeitlicher Verantwortung achtet er die Rechte des Nächsten und dessen religiöse und politische Überzeugung. Aus solcher Einstellung muß der künftige Soldat die Gewissensentscheidung der Männer des 20. Juli 1944 anerkennen. Dies wird er verbinden mit der Achtung vor ihnen und vor den vielen anderen Soldaten, die im Gefühl der Pflicht ihr Leben bis zum Ende eingesetzt haben[83]."

Daß die Prüfgruppen der Annahmeorganisation der Streitkräfte von Beginn ihrer Tätigkeit an im Sinne der Richtlinien des Personalgutachterausschusses nach dieser Formulierung verfuhren, war ein erstes Anzeichen für eine kommende offizielle Äußerung der Bundeswehrführung zur Bewertung von Motiven und Taten der Angehörigen der Widerstandsbewegung.

Während die Dienststelle Blank sich also noch Zurückhaltung auferlegte und für die Zukunft auf die Urteilsfähigkeit des Offizierkorps und auf die Bildungsarbeit in den Streitkräften vertraute, nahm das Verteidigungsministerium die Herausforderung auch nach Auffassung kritischer Beobachter „sofort" an und stellte Geist und Ethos der Männer und Frauen des 20. Juli als beispielhaft für die Soldaten der Bundeswehr hin[84].

In der Bewertung der möglichen Gründe für das offene Bekenntnis der Bundeswehr zu den Motiven und Taten der am Widerstand Beteiligten gehen die Meinungen indes auseinander. Hans Herzfeld betonte die „auch ethisch unvermeidliche Folgerung" aus der ganzen politischen Lage Deutschlands in der Nachkriegszeit. Brigadegeneral Dr. Schreiber räumt heute ein, daß der Versuch, Traditionsbildung aus dem Geist des 20. Juli zu vollziehen, mit einem gezielten Blick auf das Ausland unternommen worden sei. Schließlich urteilte Christian Müller, ein späterer Biograph Stauffenbergs, im Jahre 1966, die Bundeswehr habe sich in der richtigen Erkenntnis zu den Männern des Widerstandes bekannt, daß in der jüngeren Vergangenheit des deutschen Volkes der 20. Juli den einzigen „Lichtblick in der dunkelsten Zeit" darstelle[85].

Am Beginn der Auseinandersetzung mit dem Widerstand in der Bundeswehr stand der später publizierte, weit verbreitete und in der Öffentlichkeit sehr positiv aufgenommene Vortrag des Majors Dr. Trentzsch über den 20. Juli 1944 vor dem ersten Lehrgang für höhere Offiziere im Frühjahr 1956 in Sonthofen[86]. Mit dem Vortrag sollte gezielt der Anstoß zum Durchdenken des Problems, zur eigenen Gewissensentscheidung und zur Vergangenheitsbewältigung gegeben werden. In gründlicher Analyse des Totalitarismus erblickte Trentzsch die Chancen für eine richtige und gerechte Bewertung der Widerstandsfrage. Die Bedeutung des Vortrages lag aber auch in der Tatsache, daß er „als offizielle Stellungnahme des Ministeriums zu dem umstrittenen Thema gelten" sollte[87].

Die nächste markante Äußerung erfolgte im „Handbuch Innere Führung" im Jahre 1957[88]. Es baut auf in Sonthofen während des ersten Lehrgangs für höhere

Offiziere gehaltenen Referaten auf und trägt somit in seinem Kapitel „Widerstand" deutlich die Handschrift Trentzschs. Der Widerstand wurde hier aus generellen sittlich-religiösen Gründen gerechtfertigt. Hervorgehoben wurde die Verantwortung, jene anomalen Zustände nicht wiederkehren zu lassen und — mit dem Blick nach Osten — *jede* totalitäre Versuchung auszuschließen. Während Trentzsch 1956 jedem einzelnen die persönliche Stellungnahme überlassen wollte, enthielt des „Handbuch Innere Führung" die Aufforderung, „die Haltung des Widerstandes gegen das Unrecht mit in unsere Tradition" hineinzunehmen, verstärkt noch durch Zitierung der Richtlinien des Personalgutachter-Ausschusses.

Den Soldaten, die die Tat des 20. Juli weiterhin ablehnten, galten deutliche Worte: „Doch liefert uns der Eid nicht total den Menschen aus. Es ist nicht der Wille des Höchsten, daß der Vereidigte seine sittlichen Maßstäbe nunmehr vom Eidträger bezöge, daß seine Verantwortung nur noch eine begrenzte und mittelbare wäre, daß sein Gewissen von jetzt ab zu schweigen hätte und daß somit derjenige, der den Eid hält, seine Existenz als sittlich gegründete Person zutiefst gefährdete oder gar aufgäbe." Und an andere Stelle: „Wer unseren Diensteid und seinen Auftrag ernst nimmt, kann nur mit tiefem Dank und Bewunderung auf diese Männer [des 20. Juli] als seine Vorbilder blicken." Schließlich heißt es: „Die bis zuletzt Gehorchenden hatten bis heute hinreichend Gelegenheit, sich ein zutreffendes Bild vom Nationalsozialismus zu machen. Der Einsichtige wird anerkennen, daß die Beurteilung der sittlichen und politischen Lage durch die Widerständler zutreffend war [...]. Jeder sollte sich heute um Verständnis für den damaligen Standort des anderen bemühen."

Aus dem Jahre 1959 datiert der erste Tagesbefehl eines Generalinspekteurs zum 20. Juli. Heute ist diese Form der Würdigung bereits selbst eine Tradition. Damals nannte General Heusinger die „Tat des 20. Juli 1944 — eine Tat gegen das Unrecht und gegen die Unfreiheit —", einen „Lichtpunkt in der dunkelsten Zeit Deutschlands". Heusingers Aufruf enthält ein Bekenntnis zur Pflicht der Gewissenserforschung und Gewissensentscheidung auch für Soldaten. „Wir Soldaten der Bundeswehr stehen in Ehrfurcht vor dem Opfer dieser Männer, deren Gewissen durch ihr Wissen aufgerufen war. Sie sind die vornehmsten Zeugen gegen die Kollektivschuld des deutschen Volkes. Ihr Geist und ihre Haltung sind uns Vorbild[89]."

Diese klaren Sätze fanden manchen Beifall, vor allem in den Gewerkschaften und in der SPD, die den 20. Juli in späteren Jahren als Nationalfeiertag proklamiert sehen wollte.

Mit diesem Tagesbefehl, einem eindeutigen Bekenntnis, wurde versucht, die Tat des 20. Juli 1944 für die Truppe unmißverständlich einzuordnen. Die Ziele des Widerstandes sind als verpflichtendes Erbe hervorgehoben und die Widerstandskämpfer als Vorbilder herausgestellt worden.

Der Tagesbefehl wurde maßgeblich beeinflußt von einem ausführlichen Gutachten des „Beirats für Fragen der Inneren Führung", das General Heusinger zur Frage der Neubegründung von Traditionsverhältnissen erbeten hatte. Der Beirat empfahl am 5. März 1959: „Ein Prüfstein dafür, ob die Bundeswehr aus sich selber eine echte Tradition entwickeln kann, liegt in ihrer Fähigkeit, das Ereignis des 20. Juli 1944 geistig zu bewältigen und zu würdigen. Hier liegt die Möglichkeit des Gedächtnisses an große Soldaten, die den Aufruf ihres verletzten Gewissens höher stellten als den Gehorsam gegenüber einer unwürdigen Obrigkeit. Sie lehnten sich auf gegen das Begehren der Regierenden, die Opfer des Krieges, der schon den Tod von Millionen unschuldiger Männer, Frauen und Kinder verursacht hatte, weiter sinnlos zu vermehren. Der Widerstand richtete sich auch gegen die Untergrabung des kämpferischen Ethos. Die Männer des Widerstandes wurden zu Märtyrern für die menschliche Freiheit und damit zu Vorbildern[90]."

In späteren Jahren nahm der Beirat auch zu Entwürfen eines Traditionserlasses Stellung und regte Korrekturen an, die vornehmlich die nicht einfachen Passagen der Würdigung des Widerstandes gegen Hitler betrafen. Der Beirat fand mehrfach Anlaß, Abschwächungen seiner eigenen Vorschläge zu monieren[91].

Einen weiteren Schritt zur Verdeutlichung und Bejahung des Erbes aus dem Widerstand ging die Bundeswehrführung 1961 mit der Benennung von Kasernen nach Widerstandskämpfern; bemerkenswerterweise beschränkten sich diese Benennungen nicht auf Soldaten.

Seitdem haben Minister, hohe Beamte und Generale in Reden und Ansprachen über die Tat des 20. Juli 1944 nachgedacht, angefangen mit einer Ansprache des damaligen Brigadegenerals Cord v. Hobe auf einer Feierstunde in der Berliner Stauffenbergstraße im Jahre 1959[92] bis hin zu dem Grußwort von Bundesverteidigungsminister Dr. Wörner zu Beginn dieser Tagung[93].

Der zweite Generalinspekteur der Bundeswehr, General Friedrich Foertsch (1961), und der Oberbefehlshaber Europa-Mitte, General Graf Kielmansegg (1963), verdeutlichten in ihren Reden in erster Linie, daß das Verhalten der Männer des Widerstandes nicht Hochverrat, schon gar nicht Landesverrat war, sondern eine zu bejahende soldatische Tat, begründet auf eine Gewissensentscheidung. Zugleich warben sie um Verständnis für die große Masse der Millionen Frontsoldaten, denen sich die Frage der Ausübung des Widerstandes „gar nicht stellen konnte"[94]. General Graf Kielmansegg versicherte in seiner Ansprache, daß auch der Soldat der Bundeswehr sich gegen ein klar erkanntes Unrechtssystem erheben werde. Er grenzte die grundsätzliche Widerstandspflicht gegenüber einem verbrecherischen Befehl aber deutlich gegenüber der Gehorsamspflicht des Soldaten im Rechtsstaat ab. Als Verhaltensschema sei der 20. Juli nicht zu übernehmen. „Wohl aber können und sollen die Soldaten des 20. Juli Vorbilder des Soldaten von heute sein, denn sie handelten aus ihrem Gewissen, nach ihrem Wissen im Bewußtsein ihrer Verantwortung und setzten ihr Leben dafür ein. Welch bessere Vorbilder kann es geben?"

Aus der Erfahrung seiner Auslandsverwendungen konnte Generalleutnant Graf Baudissin ein Jahr später, 1964, belegen, wieviel die Männer und Frauen des Widerstandes zur Rettung und Wiederherstellung des deutschen Ansehens in der Welt beigetragen hatten. Für Graf Baudissin selbst bestand auch kein Zweifel daran, daß der Widerstand gegen Hitler sehr viel dabei geholfen habe, dem deutschen Soldaten das Zusammenleben im Bündnis zu ermöglichen[95].

In dem schließlich in der Amtszeit des Verteidigungsministers v. Hassel herausgegebenen Erlaß „Bundeswehr und Tradition" wurde — anknüpfend an Bestimmungen des Soldatengesetzes — für die Streitkräfte eine *verbindliche* Haltung zum „Widerstand" formuliert, unter Anerkennung des Rechts — wenn nicht sogar der Pflicht —, den militärischen Gehorsam in extremen Situationen zu verweigern und Widerstand zu leisten[96].

In Abschnitt I, Absatz 3 heißt es:

„Recht und Freiheit werden nicht nur durch Gewaltanwendung, sondern auch in der Gesellschaft und im persönlichen Bereich bedroht. Unerschrockenheit und Standhaftigkeit gegenüber dieser Gefährdung gehören daher [...] in die gültige Tradition der Bundeswehr [...]. Entscheidend ist die Bereitschaft zum Opfer für Freiheit und Recht."

Eine Bekräftigung erfolgte im Abschnitt II, Absätze 13 und 14: „Der Bruch des Eides durch den Dienstherrn rechtfertigt den Widerstand aus Verantwortung. Widerstand kann und darf jedoch nicht zum Prinzip werden." (Absatz 13).

„Zuletzt nur noch dem Gewissen verantwortlich, haben sich Soldaten im Widerstand gegen Unrecht und Verbrechen der nationalsozialistischen Gewaltherrschaft bis zur letzten Konsequenz bewährt.

Solche Gewissenstreue gilt es in der Bundeswehr zu bewahren." (Absatz 14).

Hiermit war anerkannt, daß der militärische Widerstand gegen Hitler und seine Diktatur für die Bewertung militärischer Tugenden ein zusätzliches Maß gesetzt hat, an dem soldatische Haltung, neben der Bewährung im Einsatz, gemessen werden kann[97]. Die recht frühe Würdigung des „Widerstandes" und die Art der Würdigung dürfen nicht den Blick für die Schwierigkeiten verstellen, die sich auf dem Weg zum Traditionserlaß und auch noch geraume Zeit danach aufgetürmt haben. Sie unterstreichen, daß es notwendig und heilsam war, der Bundeswehr ein mahnendes und verpflichtendes Vorbild zu setzen, das dem Gehorsam Grenzen weist[98].

Die Debatte über den 20. Juli 1944 im Kreise der Soldaten hat zu einer „Auseinandersetzung zwischen Tradition und Norm auf der einen und dem Ethos einer Ausnahmesituation" auf der anderen Seite geführt[99]. Die Zahl von nahezu dreißig Referentenentwürfen für den Traditionserlaß läßt den Schluß auf tiefgreifende Gegensätze zu[100]. In der Truppe kam es sogar vor, daß die Verlesung von Tagesbefehlen zum 20. Juli sabotiert wurde.

Es ist daher nicht ganz zu Unrecht vermutet worden, daß — solange ein Großteil der Offiziere und Unteroffiziere der Bundeswehr noch aus der Wehrmacht stammte — zunächst, so eine kritische Stimme, der Forderung der Toleranz gegen Andersdenkende[101] nachgegeben worden ist. Als ungerechtfertigt erscheint indes der in diesem Zusammenhang erhobene Vorwurf, mit dem Hinweis auf den Eid seien die Gewissen der hohen Militärs beruhigt worden[102].

Nach der Herausgabe des Traditionserlasses ist die Bundeswehr zudem in Wort und Schrift recht offensiv gegen die Schwierigkeiten mit der Interpretierung des 20. Juli und gegen mangelndes Verständnis zu Felde gezogen. Daß ein intensiver politisch-pädagogischer Unterricht bis in die siebziger Jahre hinein auch notwendig war, belegt m.E. der geleistete Aufwand, den zum Beispiel die Generale Graf Baudissin, de Maizière, Ilsemann und Ferber in ihren Reden und Schriften dem Problem „Widerstand und Gehorsam" sowie dem Verhältnis von 20. Juli und Nichtbeteiligung am Widerstand nach wie vor widmen zu müssen glaubten[103]. Neben „Bekenntnis und Würdigung" stand immer auch „Erläuterung" im Vordergrund. (In der besonders schwierigen Frage der Auslieferung militärischer Geheimnisse, vor allem geplanter Angriffstermine, in der Landesverratsfrage, wurde unter den ehemaligen Soldaten noch weniger Verständnis erwartet. Daher unterblieben Stellungnahmen hierzu gänzlich.)

Wegen der Komplexität des Widerstandes und der Notwendigkeit seiner Erläuterung ist in den sechziger Jahren — insbesondere von den Publizisten Winfried Martini und Hans-Georg v. Studnitz — vor der Gefahr gewarnt worden, die Würdigung könne ins Gegenteil umschlagen[104]. Wenn diese Gefahr überhaupt je bestanden hat, dann ist sie grundsätzlich überschätzt worden.

Freilich bedeuteten offenes Bekenntnis der politischen Führung und der militärischen Spitze der Bundeswehr sowie offizielle Aufnahme in das Traditionsgut auch nicht zugleich die Verwurzelung der Geschichte und der fortwirkenden Bedeutung des Widerstandes im Bewußtsein der Soldaten.

Aber zum einen förderten die jährlichen Ansprachen und ihre publizistische Auswertung, zahlreiche Publikationen der Bundeswehr zum Widerstand, die Benennung von Kasernen nach Widerstandskämpfern und nicht zuletzt die Erläuterungen zu Bedingtheit, Sinn und Zielen des Widerstandes im staatsbürgerlichen Unterricht der Bundeswehr gewiß einen allgemeinen Prozeß der Erkenntnis und eine Entwicklung des individuellen Bewußtseins. Zum anderen wurde zugleich zunehmend erkennbar und klarer gesagt, worin das Vermächtnis der Opposition gegen Hitler und der Vorbilder für den Soldaten der Bundeswehr liegt. Ich meine hier nicht allein den verbindlichen Widerstand gegen ein Unrechtssystem. Wichtiger erscheint mir der Hinweis auf ein Gerüstetsein vor Anfechtungen und Mißbrauch menschlicher und soldatischer Werte[105] sowie das Vermächtnis zur Schärfung des politischen Bewußtseins und Verantwortungsbewußtseins, ja die Zielsetzung des politisch bewußten Offiziers[106].

An dieser positiven Entwicklung haben auch einige engagierte und sachkundige Truppenkommandeure einen maßgeblichen Anteil. Gute Beispiele hierfür sind etwa die Bemerkungen, mit denen der damalige Generalmajor Graf Kielmansegg im August 1962 auf die Diskussion reagierte, die ein Vortrag Paul Graf Yorck v. Wartenburgs in der Sigmaringer (10.) Panzerdivision in Gang gesetzt hatte[107], und die Rede des Kommandierenden Generals des I. Korps, Generalleutnant Meyer-Detring, im Juli 1966 vor dem Korpsstab in Münster[108]. Als lehrreich und anregend darf auch die Praxis gelten, die Generalmajor Kurt Gerber zur Erinnerung an den 20. Juli 1944 als Hausherr der Stauffenberg-Kaserne in Sigmaringen übte. Er ließ junge Offiziere sprechen. Sie müßten sich diesem Problem noch stellen, das seine Generation unmittelbar erlebt und erlitten hatte.

Wenn sich auch kaum Aussagen über die Auseinandersetzung innerhalb der Truppe machen lassen, Meinungsumfragen unter Soldaten vermitteln ein ausgesprochenes positives Bild der Bewertung. Lehnten 1951 noch 60 Prozent der befragten ehemaligen Berufssoldaten den Widerstand gegen das NS-Regime ab, so beurteilten 1964 schon 52 Prozent der Bundeswehrsoldaten den Umsturzversuch des 20. Juli 1944 positiv; 18 Prozent waren gegenteiliger Auffassung[109]. Eine Ende der sechziger Jahre durchgeführte Umfrage unter Offizieranwärtern und jungen Offizieren einer Heeresoffizierschule ergab, daß die Lehrgangsteilnehmer die Widerstandskämpfer „ausgesprochen positiv" beurteilten. Diejenigen militärischen Führer im Dritten Reich, die trotz Einblicks in die tatsächlichen Verhältnisse nicht zum Widerstand fanden, wurden als negativ bewertet[110].

Eine Untersuchung unter Reservisten der Bundeswehr bestätigt den Eindruck einer Hinwendung zum Erbe des Widerstands. Für 45 Prozent der Befragten galt es als ein gutes Zeichen, wenn Soldaten oder Beamte im Kriege am Widerstand teilgenommen hatten; 23 Prozent der Befragten waren gegenteiliger Auffassung, 32 Prozent unentschieden. Dieses Ergebnis kann als Auswirkung des historisch-politischen Unterrichts in den Streitkräften gewertet werden, der zunehmend von jüngeren Offizieren erteilt wurde, die die kriegsgedienten, oft im Bedürfnis der Selbstrechtfertigung und der Ehrenrettung ihrer Generation befangenen und insoweit zum Teil emotional gegen den Widerstand votierenden älteren Offiziere mehr und mehr ersetzen[111].

Neuere sozialwissenschaftliche Erhebungen über Traditionsinhalte und Traditionsfiguren zeigen, daß der 20. Juli 1944 einen zentralen Platz in den Wertvorstellungen der Streitkräfte einnimmt. „Die starke Betonung des Widerstandes gegen Hitler [...] deutet darauf hin, daß man das 'Recht zum Widerstand' gegen Unrecht (Art. 20 GG) als einen essentiellen Traditionsinhalt betrachtet." Allerdings wird daneben von Wissenschaftlern eine vereinzelte unkritische „Glorifizierung" der Widerstandskämpfer angemerkt sowie ein gewisses Unbehagen darüber konstatiert, daß der Widerstand für den Soldaten stereotyp als „Ausnahme-" und „Extrem"-Situation bezeichnet werde[112]. Die gleiche Untersuchung widerlegt mögliche Vermutungen, das Bekenntnis zum 20. Juli fuße auf einer „verordneten" Tradition[113]. Es scheint ein Prozeß individueller Traditionsannahme vorzuliegen.

In der Forschung ist seit Mitte der sechziger Jahre ein stärkeres Bemühen um Objektivierung der Darstellung des Widerstandes, eine Verlagerung des wissenschaftlichen Interesses etwa hin zu den Zukunftsperspektiven und eine neue Blickrichtung hin auf das Gesamtspektrum des Widerstandes festzustellen. Die damit einhergehende „Entmythologisierung" der Widerstandskämpfer, der Männer und Frauen des 20. Juli 1944, kann nur begrüßt werden. Daneben zeigt sich aber auch eine Tendenz, den Widerstand nach den patriarchalisch-elitären und autoritären Elementen in seinem politischen und gesellschaftlichen Denken zu beurteilen[114]. Aus diesem Grunde gibt es heute Stimmen, die auf die Attentäter des 20. Juli 1944 als Traditionsträger verzichten wollen[115].

Angesichts der bemerkenswerten Tatsache, daß der Widerstand in den „Richtlinien zum Traditionsverständnis und zur Traditionspflege in der Bundeswehr" vom 20. September 1982 nicht genannt wurde und auch bei der Vorstellung der „Richtlinien" vor der Presse nicht erwähnt worden ist (was allerdings auch von den anwesenden Journalisten nicht bemerkt wurde), ist befürchtet worden, daß auch die Bundeswehrführung unter Minister Dr. Hans Apel einen Weg abseits der Überlieferung des 20. Juli 1944 gehen wollte. Dies hätte freilich sozialdemokratischer Tradition und Politik widersprochen und war so auch nicht beabsichtigt. Vielmehr sind die „Richtlinien" vom 20. September 1982 im Zusammenhang mit der damaligen Absicht Apels zu sehen, die ZDv 12/1 „Politische Bildung in der Bundeswehr" zu überarbeiten. Im Rahmen des Themas Tradition sollte der Widerstand gegen Hitler dort — in einer konkreten Materialsammlung — aufgearbeitet werden[116].

Lassen Sie mich auf die Frage der Tragfähigkeit des Widerstandes als festen Bestandteil unseres Wertebewußtseins zurückkommen. Eine Ablehnung des Widerstandes wegen seiner überwiegend vordemokratischen, für die heutige Zeit natürlich nicht akzeptablen Ordnungsvorstellungen übersähe den Übergangscharakter vieler der in Aussicht genommenen Maßnahmen und bedeutete eine Vernachlässigung der fortschreitenden Entwicklungstendenzen nach links bei vielen gesellschafts- und verfassungspolitischen Planern der Opposition gegen das Unrechtssystem. Zum anderen und grundsätzlich ist festzustellen, daß man das Demokratieverständnis von heute als *Maßstab* zur Aburteilung der Anschauungen einer um 40 Jahre zurückliegenden und nicht selbst erlebten Zeit nicht etablieren darf[117].

Auf der Grundlage eines solchen Verständnisses sehe ich keinen Grund, unter dem Gesichtspunkt einer Vermittlung politisch-moralischer Tradition in der Demokratie das humane Grundmotiv der Reinigung, das ethisch begründete Ringen gegen das Unmenschliche und das politische Motiv des Kampfes für Freiheit und Recht, Rechtsstaatlichkeit und Menschenwürde *nicht* zu würdigen. Mehr noch: ein Abrücken von dieser Überlieferung würde in der künftigen Traditionspflege einen Mangel bewirken und könnte in der Erziehung des Führungsnachwuchses das Aufkommen anderer, unerwünschter Tendenzen begünstigen.

Aber über die Zeit hinausweisend ist — kontrastierend zur allgemein geringen unmittelbaren Wirksamkeit — doch vor allem diese Leistung: „Der 20. Juli bezeichnet das Ende der deutschen Staatsmetaphysik, das Ende des Glaubens an den Staat als solchen". Wir sind damit zurückgeführt in eine Tradition des sich auf verpflichtende Prinzipien selbst festlegenden Staates. Das ist viel[118].

Anmerkungen

1 Richard Löwenthal, Widerstand im totalen Staat, in: Widerstand und Verweigerung in Deutschland 1933-1945, hrsg. von Richard Löwenthal und Patrik v. zur Mühlen, Berlin/Bonn 1982, S. 17; Hans Rothfels, Die deutsche Opposition gegen Hitler. Eine Würdigung, Neuausgabe Frankfurt a.M./Hamburg 1958 (= Fischer Bücherei, Bücher des Wissens 198), S. 168 f.; Karl Dietrich Bracher, Auf dem Weg zum 20. Juli 1944, in: Widerstand und Verweigerung, S. 144.
2 Bracher, Auf dem Weg zum 20. Juli 1944, S. 147.
3 Entsprechende Studien sind selten und behandeln meistens nur Teilaspekte. S. etwa

Ulrich Henke/Horst Schmidt, Die Aufarbeitung des Widerstandes von 1945 bis heute, in: Widerstand und Exil der deutschen Arbeiterbewegung 1933-1945. Grundlagen und Materialien. Mit Beiträgen von Manfred Geis u.a., Bonn 1982, S. 649-740; Claus Donate, Deutscher Widerstand gegen den Nationalsozialismus aus der Sicht der Bundeswehr. Ein Beitrag zum Problem der „Vergangenheitsbewältigung", Diss. phil. masch.-schr., Freiburg 1976; Otto-Ernst Schüddekopf, Der deutsche Widerstand gegen den Nationalsozialismus. Seine Darstellung in Lehrplänen und Schulbüchern der Fächer Geschichte und Politik in der Bundesrepublik. Im Auftrag der Forschungsgemeinschaft 20. Juli e.V., Frankfurt a.M./Berlin/München 1977 (= Geschichte lehren und lernen); Torsten-Dietrich Schramm, Der deutsche Widerstand gegen den Nationalsozialismus. Seine Bedeutung für die Bundesrepublik Deutschland in der Wirkung auf Institutionen und Schulbücher, Berlin 1980 (= Pädagogik und Soziologie, Bd 1); Peter Steinbach, Widerstand gegen den Nationalsozialismus. Geschichte und Deutung im Spannungsfeld der Traditionsbildung, in: Rudolf Lill/Heinrich Oberreuter, Machtverfall und Machtergreifung. Aufstieg und Herrschaft des Nationalsozialismus, München 1983 (= Bayerische Landeszentrale für politische Bildungsarbeit, D 21), S. 305-338.

4 Vgl. Regine Büchel, Der Deutsche Widerstand im Spiegel von Fachliteratur und Publizistik seit 1945, München 1975 (= Schriften der Bibliothek für Zeitgeschichte, Weltkriegsbücherei Stuttgart. Neue Folge der Bibliographien der Weltkriegsbücherei, H. 15), S. 2; Erich Kosthorst, Didaktische Probleme der Widerstandsforschung, in: Geschichte in Wissenschaft und Unterricht (GWU), 30 (1979), S. 552-565; Detlev Peukert, Zur Rolle des Arbeiterwiderstands im „Dritten Reich", in: Christoph Kleßmann, Falk Pingel (Hrsg.), Gegner des Nationalsozialismus. Wissenschaftler und Widerstandskämpfer auf der Suche nach historischer Wirklichkeit, Frankfurt/New York 1980, S. 73 f. Über den ausgesprochenen Tatbestand können auch die beeindruckenden Zahlen der Besucher in der Berliner Gedenkstätte Plötzensee (über 1 100 000 in den Jahren 1980-1982) nicht hinwegtäuschen. Informationszentrum Berlin. Gedenk- und Bildungsstätte, Besuchertabelle 1971-1982.

5 S. hierzu den Beitrag von Georg Meyer im vorliegenden Band. Insbesondere die knappe Information über Widerstand und 20. Juli 1944 in den ersten Jahren nach Kriegsende ist bemerkenswert. Wer etwa nach Darstellungen aus den Jahren 1946 und 1947 sucht, findet nur wenige, etwa die folgenden: Annedore Leber, Den toten immer lebendigen Freunden. Eine Erinnerung zum 20. Juli 1944, Berlin 1946; Axel Frhr. v. dem Bussche, Eid und Schuld, in: Göttinger Universitäts-Zeitung, 2 (1947), H. 7 (7. März 1947), S. 1-4; Sebastian Haffner, „Beinahe". Die Geschichte des 20. Juli 1944. Aus der Vierteljahrsschrift „Contact", London, in: Neue Auslese, 2 (1947), H. 8, S. 1-12. Und außerdem: Wen erreichten diese Schriften schon?

6 Steinbach, Widerstand, S. 305.

7 Klaus Hildebrand, Das Dritte Reich, München/Wien 1979 (= Grundriß der Geschichte, Bd 17), S. 105.

8 Friedrich Meinecke, Die deutsche Katastrophe. Betrachtungen und Erinnerungen, Wiesbaden [5]1955 (1. Aufl. 1946), S. 6.

9 Gerhard Ritter, Europa und die deutsche Frage. Betrachtungen über die geschichtliche Eigenart des deutschen Staatsdenkens, München 1948, S. 7.

10 Alfred Grosser, Deutschlandbilanz. Geschichte Deutschlands seit 1945, München 1970, S. 126, 453.

11 Ebd., S. 320, 323; Hans-Adolf Jacobsen, Wandel aus moralischer Einsicht. Von der Westintegration zur Aussöhnung mit den Völkern Osteuropas, in: Das Parlament, Nr. 4-5, 29.1./5.2.1983.

12 Karl Dietrich Bracher, Was heißt Widerstand? Gefahren einer falschen Frontstellung, in: Information für die Truppe 7/1982, S. 95.

13 Seit 1958 auch zu einer Politik der Wiederaufnahme der Strafverfolgung von NS-Verbrechen einschließlich der Verjährungsfrage.

14 Zur Rolle der Widerstandskämpfer s. Henke/Schmidt, Aufarbeitung, S. 650, 652.

15 Zit. bei Grosser, Deutschlandbilanz, S. 329 (im Zusammenhang mit den bevorstehenden deutsch-israelischen Wiedergutmachungsverhandlungen), bzw. in Frankfurter Rundschau, 3.10.1951 („Ehrenpflicht").

16 Rundfunkerklärung vom 6.8.1954, zit. in: Verhandlungen des Deutschen Bundestages, Stenographische Berichte, 2. Wahlperiode, 42. Sitzung, 16.9.1954, S. 1956. Für Adenauer sind zahlreiche weitere entsprechende Äußerungen belegbar.

17 Aus der Präambel des Bundesergänzungsgesetzes zur Entschädigung für Opfer der nationalsozialistischen Verfolgung, BGBl. I 1953, S. 1388.

18 So der Bundesminister für innerdeutsche Beziehungen Heinrich Windelen am 20. Juli 1983. Text der Rede in: Bulletin des Presse- und Informationsamtes der Bundesregierung, Nr. 79, S. 729-731, 21.7.1983.

19 Vgl. Theodor Heuss, Dank und Bekenntnis. Gedenkrede zum 20. Juli 1944, Tübingen o. J. (1954), S. 14. Veröffentlichungen wie die der „Gesellschaft für Freie Publizistik" (Verrat und Widerstand im Dritten Reich. Referate und Arbeitsergebnisse des zeitgeschichtlichen Kongresses der Gesellschaft für Freie Publizistik vom 26.-28. Mai 1978 in Kassel, Coburg 1978) haben keine große Verbreitung erfahren und wenig Wirkung erzielt.

20 Deutscher Bundestag, Sten.Ber., 2. WP, 42. und 43. Sitzung, 16. und 17.9.1954. — Otto John, Präsident des Bundesamtes für Verfassungsschutz, war unmittelbar nach der Gedenkfeier zum 10. Jahrestag des 20. Juli in Berlin unter mysteriösen Umständen nach Ost-Berlin übergewechselt. Der zur Widerstandsbewegung im weiteren Sinne gehörige John ließ erklären, er wolle mit seinem Schritt gegen das Überhandnehmen der „Nazis" in den Führungsgremien in der Bundesrepublik Deutschland demonstrieren. — Auch zehn Jahre später war Aufmerksamkeit noch geboten: Karl Christian Trentzsch, Der 20. Juli 1944 — ein Geschenk an die Zukunft, in: Sozialkundebrief für Jugend und Schule. Hessische Landeszentrale für politische Bildung, Reihe T/13. Juli 1964, S. 20.

21 S. Henke/Schmidt, Aufarbeitung, S. 664.

22 Ausführliche Wiedergabe bei Hans-Jürgen Lichtenberg, Sicherung der Freiheit. Die Haltung der CDU/CSU zum Soldatentum und ihre Sicherheits- und Wehrpolitik in den Jahren 1945-1952, Diss.phil. Köln 1979, S. 37 f.

23 S. Deutscher Bundestag, Sten.Ber., 1. WP, 72. Sitzung, 23.6.1950 — Zur Haltung von CDU und SPD s. u.a. Der deutsche Widerstand und die CDU. Dokumentation. Reden, Stellungnahmen, Erklärungen 1954-1978. Hrsg.: CDU-Bundesgeschäftsstelle, Bonn 1979; Zeitzeugen des Widerstands. Demokratische Sozialisten gegen Hitler. Über ein Symposium der Friedrich-Ebert-Stiftung berichtet Alexandra Schlingensiepen, Bonn 1983.

24 S. Informationszentrum Berlin. Gedenk- und Bildungsstätte, Reden und Ansprachen anläßlich der Feierstunden zum Gedenken an den 20. Juli 1944 im Ehrenhof Stauffenbergstraße und in der Gedenkstätte Plötzensee, maschinenschriftliche Manuskripte. Ansprache des Regierenden Bürgermeisters Ernst Reuter bei der Einweihung des Gedenksteins im Ehrenhof der Stauffenbergstraße, 20.7.1952.

25 Heuss, Dank und Bekenntnis. Weitere Äußerungen Heuss' sind für 1945 und 1952 bekannt. S. Die Neue Zeitung, 19.7.1952.

26 Steinbach, Widerstand, S. 305.

27 Schramm, Widerstand, S. 98-143. S. auch Schüddekopf, Widerstand.

28 Weitere Beispiele für die Rezeption des Widerstandes in der Belletristik sind: Werner Bergengruen, Dies Irae, 1945; Ernst Wiechert, Der Totenwald, 1945; Günther Weisenborn, Die Illegalen, 1946; Hans Fallada, Jeder stirbt für sich allein, 1948; Ernst Jünger, Heliopolis, 1949.

29 Regisseure bzw. Stauffenberg-Darsteller der drei Filme sind: Falk Harnack und Wolfgang Preiss, G. W. Pabst und Bernhard Wicki, Franz Peter Wirth und Joachim Hansen.

30 Der deutsche Widerstand. Gedenkstunde zum Jahrestag des 20. Juli 1944. Sonderdruck aus dem Bulletin des Presse- und Informationsamtes der Bundesregierung Nr. 115 und 116/1964, o.O., o.J. (Bonn 1964), S. 3 (Bundespräsident Dr.h.c. Heinrich Lübke); Informationszentrum Berlin. Ansprache MdA Winfried Tromp, 19.7.1968, S. 3; Informationszentrum Berlin, Rede Axel Frhr. v. dem Bussche, 20.7.1977, S. 5 f.; Detlev Peukert, Protest und Widerstand von Jugendlichen im Dritten Reich, in: Widerstand und Verweigerung, S. 200.

31 Joachim C. Fest, Die Unfähigkeit zu überleben, in: Karl Dietrich Bracher/Manfred Funke/Hans-Adolf Jacobsen (Hrsg.), Nationalsozialistische Diktatur 1933-1945. Eine Bilanz, Düsseldorf 1983 (= Schriftenreihe der Bundeszentrale für politische Bildung, Bd 192), S. 796.

32 Henke/Schmidt, Aufarbeitung, S. 658 ff.; Schramm, Widerstand, S. 75 ff.

33 S. etwa Walter Theimer, Des Teufels Generale, in: Gewerkschaftliche Monatshefte, 2 (1951), H. 10, S. 537-540.

34 Institut für Demoskopie, Allensbach, August 1951 (Nr. 15), zit. nach Donate, Widerstand, S. II 153. S. im übrigen den Beitrag von Meyer in diesem Band.

35 Zit. bei Theimer, Des Teufels Generale, S. 538.

36 „Der Riß, der durch den 20. Juli 1944 in unsere Reihen gebracht ist, muß überbrückt werden. Der eine von uns ist seinem Eide treu geblieben, der andere hat in weitergehender Kenntnis aller Vorgänge die Treue zu seinem Volk über die Eidespflicht gestellt. Keinem ist aus seiner Einstellung ein Vorwurf zu machen, wenn nicht Eigennutz, sondern ein edles Motiv sein Handeln bestimmt hat. Aus dieser Anerkennung des Motivs folgt, daß man Verständnis für die Handlungsweise des anderen aufbringen muß!" BA-MA, BW 2/1257, zit. in Brief des VdS-Vorsitzenden an die Kriegsheimkehrer, November 1955. Der VdS-Vorsitzende Admiral a.D. Gottfried Hansen erneuerte dieses Bekenntnis im November 1955. Ebd.

37 BA-MA, BW 9/3085, Hansen an Adenauer, 4.7.1951.

38 Krafft Frhr. Schenck zu Schweinsberg, Die Soldatenverbände in der Bundesrepublik, in: Studien zur politischen und gesellschaftlichen Situation der Bundeswehr. Erste Folge. Beiträge von Georg Picht, Hans Herzfeld, Krafft Frhr. Schenck zu Schweinsberg, Günter Howe, hrsg. von Georg Picht, Witten/Berlin 1965 (= Forschungen und Berichte der Evangelischen Studiengemeinschaft, Bd 21/I), S. 145.

39 Ebd., S. 143.

40 Rothfels, Opposition, S. 20 ff.; ders., Werden Historiker dem 20. Juli gerecht? Wider die pharisäische Kritik am deutschen Widerstand, in: Die Zeit, Nr. 29, 18.7.1969.

41 (Broschüre) Gedenkstätte Plötzensee, Berlin. Stätten der Verfolgung und des Widerstandes in Berlin 1933-1945. Hrsg.: Landeszentrale für politische Bildungsarbeit Berlin, Gedenk- und Bildungsstätte Stauffenbergstraße, 13. veränderte Aufl., Berlin 1972, S. 25.

42 S. Heuss, Dank und Bekenntnis, S. 15; Der deutsche Widerstand. Gedenkstunde 1964, S. 4 (Bundespräsident Heinrich Lübke); Freiheit und Recht, 15 (1969), H. 8/9, S. 5 (Außenminister Willy Brandt).

43 Darauf macht Büchel (Widerstand, S. 55) mit Recht aufmerksam.

44 Ebd., S. 17 f. (in der Analyse der Arbeiten von Rothfels, Boveri, Braubach, Baumont, Graml und Ritter).

45 Berliner Reden 21, Berlin 1969, S. 20 (Rede nach der Eidesleistung am 1. Juli 1969).

46 Zu den außenpolitischen Konzeptionen grundsätzlich Hermann Graml, Die außenpolitischen Vorstellungen des deutschen Widerstandes, in: Der deutsche Widerstand gegen Hitler. Vier historisch-kritische Studien von H. Graml, Hans Mommsen, Hans Joachim Reichardt und Ernst Wolf, hrsg. von Walter Schmitthenner und Hans Buchheim, Köln/Berlin 1966, S. 15-72. Für die Frage der außenpolitischen Alternative s. Klaus Hildebrand, Die ostpolitischen Vorstellungen im deutschen Widerstand, in: GWU, 29 (1978), S. 213-241. Die „modernen" Überzeugungen würdigt Rothfels, Opposition, S. 173 f.; ders., Historiker.

47 Freiheit und Recht, 15 (1969), H. 8/9. S. 5 (Willy Brandt).

48 Freiheit und Recht, 15 (1969), H. 8/9, S. 5 (Gustav Heinemann 19.7.1969).

49 Informationszentrum Berlin. Rede des Reg. Bürgermeisters von Berlin, Klaus Schütz, 19.7.1974.

50 Schramm, Widerstand, S. 139.

51 Rothfels, Opposition, S. 12.

52 Text: Bulletin, Nr. 79, S. 729-731, 21.7.1983.

53 In diesem Sinne Klaus Gotto/Hans Günther Hockerts/Konrad Repgen, Nationalsozialistische Herausforderung und kirchliche Antwort. Eine Bilanz, in: Bracher/Funke/Jacobsen (Hrsg.), Diktatur, S. 668. Ähnlich Löwenthal, Widerstand, S. 24.

54 S. die Ansprachen des ehem. Bürgermeisters von Berlin und Senators für Justiz Hermann Oxfort und des ehem. Reg. Bürgermeisters von Berlin Dietrich Stobbe am 20. Juli 1975 bzw. 20. Juli 1978, in: Informationszentrum Berlin, Landespressedienst Berlin, Nr. 136, vom 18.7.1975 und Nr. 138 vom 20.7.1978.

55 Karl Dietrich Bracher, Rückblick auf den 30. Januar. Rede auf der Veranstaltung „30. Januar 1933 — 30. Januar 1983. Erfahrung der Geschichte" im Berliner Reichstagsgebäude am 30. Januar 1983, maschinenschriftliches Manuskript, Presse- und Informationsamt des Landes Berlin, S. 20.

56 Büchel, Widerstand, S. 54.

57 Nachweis durch Hans Mommsen, Gesellschaftsbild und Verfassungspläne des deutschen Widerstandes, in: Der deutsche Widerstand gegen Hitler, S. 73-167.

58 Steinbach, Widerstand, S. 321.

59 Ebd., S. 321 ff. Die begriffliche Charakterisierung stammt von A. Kaufmann, Einleitung, in: ders. (Hrsg.), Widerstandsrecht, Darmstadt 1972, S. XII, zit. ebd., S. 322.

60 Steinbach, Widerstand, S. 329; vgl. S. 332. Ähnlich argumentiert Peukert, Arbeiterwiderstand, S. 85.

61 Bracher, Auf dem Weg zum 20. Juli 1944, S. 171; Süddeutsche Zeitung, Nr. 205, 7.9.1983, „Lohse bestreitet Widerstandsrecht" (dort das Zitat des Ratsvorsitzenden der EKD, Landesbischof Eduard Lohse).

62 BA-MA, BW 2/2846, Informationsschrift „Der Europäische Soldat deutscher Nationalität", S. 10.

63 In diesem Sinne der Generalinspekteur der Bundeswehr, General J. Brandt: Süddeutsche Zeitung 164, 21.7.1982.

64 So Generalmajor a.D. Erich Dethleffsen, mitgeteilt bei Georg Meyer, Zur Situation der deutschen militärischen Führungsschicht im Vorfeld des westdeutschen Verteidigungsbeitrages 1945-1950/51, in: Roland G. Foerster u.a., Von der Kapitulation bis

zum Pleven-Plan, München/Wien 1982 (= Anfänge westdeutscher Sicherheitspolitik 1945-1956, Bd 1), S. 662.

65 Gerhard Ritter, Der 20. Juli 1944: Die Wehrmacht und der politische Widerstand gegen Hitler, in: Schicksalsfragen der Gegenwart. Handbuch politisch-historischer Bildung, hrsg. vom Bundesministerium der Verteidigung. Innere Führung, Bd 1, Tübingen 1957, S. 349.

66 S. Anm. 7.

67 Tjarck G. Rössler, „Innere Führung" und „Staatsbürger in Uniform" - Ideologie oder Sozialtechnologie? In: Wie integriert ist die Bundeswehr? Zum Verhältnis von Militär und Gesellschaft in der Bundesrepublik, hrsg. von Ralf Zoll, München/Zürich 1979 (= Piper Sozialwissenschaft, Bd 41), S. 81.

68 BA-MA, N 271/8, Nachlaß Oberst d.R. a.D. Prof. Dr. Johann Wilhelm Mannhardt, Denkschrift „Die politische Entscheidung der alten Soldaten", 1951.

69 S. Schramm, Widerstand, S. 55 f.

70 Günther Blumentritt, Deutsches Soldatentum im europäischen Rahmen, Gießen 1952, etwa erwähnt den Widerstand nicht.

71 Hans Herzfeld, Die Bundeswehr und das Problem der Tradition, in: Studien zur politischen und gesellschaftlichen Situation der Bundeswehr I, S. 57.

72 S. die Beispiele bei Schenck zu Schweinsberg, Soldatenverbände, S. 144 f.

73 Hans Speidel, Invasion 1944. Ein Beitrag zu Rommels und des Reiches Schicksal, Tübingen/Stuttgart ⁴1952; Adolf Heusinger, Befehl im Widerstreit. Schicksalsstunden der deutschen Armee 1923-1945, Tübingen/Stuttgart 1950.

74 Vgl. Meyer, Führungsschicht, S. 589.

75 Informationszentrum Berlin. Ansprache Reuters am 20.7.1952 in der Stauffenbergstraße (früher Bendlerstraße).

76 Informationszentrum Berlin. Ansprache Brauns am 20.7.1955.

77 BA-MA, BW 1/1538, Interview MdB Th. Blank mit Hans Wendt, NWDR, 9.11.1952.

78 Wolf Graf v. Baudissin, Soldatische Tradition, in: Wehrkunde, 5 (1956), H. 9, S. 437.

79 Wolf Graf v. Baudissin, Soldat für den Frieden. Entwürfe für eine zeitgemäße Bundeswehr, hrsg. und eingel. von Peter v. Schubert, München 1969, S. 165. Die seit 1957 erschienenen und in der Bundeswehr weitverbreiteten „Schicksalsfragen der Gegenwart" (s. Anm. 65) sind wichtiger Teil dieser Unterlagen.

80 MGFA, Befragungsmaterialien Generalleutnant a.D. Anton-Detlev v. Plato, Studien-Bureau, Projekt 14, Februar 1955, Interview-Fragen für Offiziere. Entwurf, Dr. S. Krenn.

81 W. Hertz-Eichenrode, Die Bundeswehr und der 20. Juli, in: Mannheimer Morgen, 17.7.1959.

82 Deutsche Gesellschaft für Auswärtige Politik, Archiv, 215 F, Tagungsprotokoll vom 8./9.12.1951.

83 Deutscher Bundestag, 3. WP, Drucksache 109, Tätigkeitsbericht des Personalgutachterausschusses für die Streitkräfte, 16.12.1957, S. 11f., sowie ebd., Anlage 3 („Richtlinien für die Prüfung der persönlichen Eignung der Soldaten von Oberstleutnant — einschließlich — abwärts" vom 13.10.1955).

84 Wilfried v. Bredow, Das Problem der „gebrochenen Tradition" für die Streitkräfte der Bundesrepublik Deutschland. Maschinenschriftliches Manuskript im Besitz des Verfassers, S. 9. Heinz Karst, Stellungnahme zur Fernsehsendung „Standortbestimmung" - „Die Bundeswehr und der 20. Juli". Bericht von Wolfgang Korruhn am Dienstag, den 20. Juli 1982 um 21.00 Uhr in der ARD.

85 Herzfeld, Tradition, S. 77; Jürgen Schreiber, Bundeswehr und Tradition, in: Europäische Wehrkunde, 31 (1982), H. 2, S. 65 f.; Christian Müller, Die Bundeswehr und das Recht auf Ungehorsam, in: Neue Zürcher Zeitung, 4.10.1966 (das Zitat hat Müller dem Tagesbefehl General Heusingers vom 20. Juli 1959 entnommen. S. Anm. 89). Ähnlich Müller zehn Jahre zuvor Golo Mann: „Bessere Männer, als die Beck und Tresckow waren, hat Deutschland in Jahrhunderten nicht hervorgebracht; bessere haben nicht die Bastille gestürmt, nicht die amerikanische Unabhängigkeit erkämpft." Deutsche Zeitung und Wirtschaftszeitung Nr. 66, 18.8.1956, G. Mann, Macht und Ohnmacht der Generale.

86 Karl Christian Trentzsch, Der Soldat und der 20. Juli. Vortrag vor dem 1. Lehrgang für höhere Offiziere der Bundeswehr in Sonthofen, Darmstadt [3]1956.

87 BA-MA, BW 3/8119, XII H 1, Ergebnisbericht über die Unterabteilungsleiter-Besprechung am 2. Juli 1956, 3.7.1956.

88 Handbuch Innere Führung. Hilfen zur Klärung der Begriffe, hrsg. vom Bundesministerium der Verteidigung, FüB I 6, o.O. (Bonn) [2]1960 (= Schriftenreihe Innere Führung), S. 79-87.

89 Text in: Information für die Truppe, H. 7/1959 sowie in: 20. Juli 1944, bearbeitet von Hans Royce, neubearbeitet und ergänzt von Erich Zimmermann und Hans-Adolf Jacobsen, hrsg. von der Bundeszentrale für Heimatdienst, 4. Aufl., Bonn o.J. (1961), S. 18.

90 BA-MA, BW 2/3949, Beirat für Fragen der Inneren Führung der Bundeswehr. Gutachten zur Neubegründung von Traditionsverhältnissen, 5.3.1959.

91 BA-MA, BW 2/6, Niederschrift über die Sitzung des Beirats für Fragen der Inneren Führung am 18. und 19.6.1959 (Abschr.), Anlage: Schreiben Professor H. Bohnenkamp, Sprecher des Beirats, an den Bundesminister der Verteidigung vom 22.6.1959.

92 Text: Bulletin, 22. Juli 1959.

93 S. den Bericht „Reaktionäre Herrschaftselite oder Teil des 'anderen Deutschlands'?", in: Bundeswehr aktuell, 19 (1983), Nr. 126, 13.10.1983.

94 Information für die Truppe, H. 8/1961, S. 491-497 (General Foertsch); Dokumente und Kommentare, Beilage zur Information für die Truppe, H. 6/1964 (General Graf Kielmansegg; dort Zitat). Würdigungen beider Reden bei Wolfgang Borgmeyer, Stellung der Bundeswehr zum 20. Juli 1944 (Aus Stellungnahmen während der Aufbauzeit), in: Europäische Wehrkunde, 25 (1967), H. 7, S. 348 ff.

95 Text der Rede Graf Baudissins von 1964 in: Dokumente und Kommentare. Beilage zur Information für die Truppe, H. 7/1967, S. 3-9.

96 Der Bundesminister der Verteidigung, Fü B I 4 — Az 35-08-07, 1.7.1965, Bundeswehr und Tradition.

97 Schramm, Widerstand, S. 56.

98 Christian Müller, Die Bundeswehr und das Recht auf Ungehorsam, in: Neue Zürcher Zeitung, 4.10.1966.

99 Herzfeld, Tradition, S. 57. Ähnlich Ritter, Der 20. Juli 1944, S. 349 f.

100 Hans-Joachim Harder, Traditionspflege in der Bundeswehr, in: ders./Norbert Wiggershaus, Das Traditionsproblem in der Vorbereitungs-, Aufbau- und Konsolidierungsphase der Bundeswehr; erscheint demnächst (= Entwicklung deutscher militärischer Tradition, Bd 2).

101 Herzfeld, Tradition, S. 62, 77.

102 S. Büchel, Widerstand, S. 22.

103 Texte: Dokumente und Kommentare. Beilage zur Information für die Truppe, H. 7/1967, S. 3-9 (Baudissin; Rede von 1964); Freiheit und Recht, 15 (1969), H. 8/9, S. 6-8 (de Maizière); Carl-Gero von Ilsemann, Die Bundeswehr in der Demokratie.

Zeit der Inneren Führung, mit einer Einführung von J.A. Graf Kielmansegg, Sonderausgabe, Hamburg 1971 (= Truppe und Verwaltung, Bd 17), S. 73; Informationszentrum Berlin. Rede des Inspekteurs des Heeres, Generalleutnant Ernst Ferber, 1972, S. 7-11.

Zur Sache s. auch die sehr kritische Arbeit von Donate, Widerstand, passim.

104 Winfried Martini, Heldentum und Einfalt. Der 20. Juli und die Bundeswehr, in: Bayern-Kurier, 27.7.1968; Hans-Georg von Studnitz, Rettet die Bundeswehr! Stuttgart 1967, S. 54 ff.

105 In diesem Sinne Trentzsch, Der Soldat und der 20. Juli, S. 10 f., und der damalige Staatssekretär Karl-Günther v. Hase in der Ansprache 1969, in: Freiheit und Recht, 15 (1969), H. 8/9, S. 10.

106 Carl Gero von Ilsemann, Die Innere Führung in den Streitkräften, Regensburg 1981 (= Die Bundeswehr. Eine Gesamtdarstellung, hrsg. von Hubert Reinfried und Hubert F. Walitschek, Bd 5), S. 111. Das gleiche Anliegen verfolgt die Biographie von Christian Müller, Oberst i.G. Stauffenberg, Düsseldorf 1970.

107 MGFA, Befragungsmaterialien Generalleutnant Werner Lange, Bemerkungen betr. „Vortrag Graf Yorck von Wartenburg am 20. Juli 1962", Graf Kielmansegg, 30. August 1962. Der Bruder des Grafen, Peter Graf Yorck v. Wartenburg, war als Beteiligter am Umsturzversuch hingerichtet worden. Lange war 1962 Bataillons-Kommandeur im 10. Panzerdivision. Gewiß haben die damaligen Anstöße seinen politischpädagogischen Werdegang und sein heutiges Engagement zur Frage des 20. Juli 1944 mitbestimmt. S. den Leserbrief Langes in der Badischen Zeitung, Nr. 173, 31.1./1.8.1982, „Keine Hilfsschule der Nation".

108 BA-MA, Depositum Generalleutnant a.D. Wilhelm Meyer-Detring, N 480/4, Rede vom 19. Juli 1966.

109 Institut für Demoskopie, Allensbach, Studien August 1951 und 1964.

110 Heinz-Georg Macioszek, Das Problem der Tradition in der Bundeswehr. Eine empirische Untersuchung unter jungen Offizieren des Heeres, Hamburg 1969 (= Sonderhefte zur Schriftenreihe des Europa-Kollegs Hamburg, Bd 1), S. 17 ff., insbes. S. 21 f.

111 Zit. bei Peter Balke, Der politische Unterricht in der Bundeswehr. Auswertung einer Fallstudie, Diss.phil. msch.schr., Kiel 1969, S. 204.

112 Martin Esser, Das Traditionsverständnis des Offizierkorps. Eine empirische Untersuchung der gesellschaftlichen Integration der Streitkräfte. Mit seiner Einführung von Hans Ritscher (= R. v. Decker's Fachbücherei: Bundeswehr), Heidelberg/Hamburg 1982, S. 60 ff., Zitat S. 64.

Die Dissertation von Claus Donate (Widerstand) liefert eine Vielzahl von Details und Anregungen. Insgesamt entspricht Donates — auch auf die 60er Jahre konzentriertes — düsteres Gemälde eines permanenten Sündenfalls aber wohl nicht der heutigen Wirklichkeit.

113 Lediglich im Hinblick auf den *Erlaß* von 1965 spricht Bredow (Gebrochene Tradition, S. 8) kritisch von einer „verordneten" Tradition.

114 S. die Beispiele bei Rothfels, Historiker.

115 Esser, Traditionsverständnis, S. 11.

116 Schreiben Dr. Hans Apel an Verfasser, 17.8.1983.

117 Rothfels, Historiker. Ähnlich Hildebrand, Das Dritte Reich, S. 185; ders., Widerstand, S. 239, Anm. 83; Kosthorst, Widerstandsforschung, S. 662 f.; und Steinbach, Widerstand, S. 321, 332.

118 Wilhelm Hennis, Politik als praktische Wissenschaft. Aufsätze zur politischen Theorie und Regierungslehre, München 1968, S. 227.

Peter Sauerbruch

Schlußworte

Die eingehenden Diskussionen der vergangenen Tage haben in mir die qualvollen Denkvorgänge, die Aussprache mit dem eigenen Gewissen, in jenen Jahren wieder aufleben lassen.

Wie Graf Kielmansegg ausgeführt hat, waren wir unwissend in Rechtsgeschichte, ungeschult im Umgang mit Rechtsbegriffen und unerfahren in der Begegnung mit Diktatoren. Wir waren dazu ausgebildet und durch unseren Eid auf die Verfassung der Weimarer Republik bereit, den Rechtsstaat zu schützen. Wir wurden durch die Vereidigung auf den Diktator Hitler überrumpelt und dann vor die durch den Krieg erschwerte Aufgabe gestellt, den Diktator zu beseitigen. Die in diesem Seminar diskutierten Erfahrungen und das von Graf Kielmansegg erwähnte in unserer Verfassung verankerte Widerstandsrecht können einer nächsten Generation eine Entscheidungshilfe geben. Aber sie legen ihr zugleich eine hohe Verantwortung auf.

Die vornehmste Aufgabe der Bundeswehr bleibt m.E., sich darauf vorzubereiten und entschlossen zu bleiben, den in unserer Verfassung festgelegten Staat nach außen zu verteidigen.

Das Widerstandsrecht soll verhindern, daß es jemand unternimmt, die in der Verfassung festgelegte demokratische Grundordnung zu beseitigen. Dann kann, wenn andere Abhilfe nicht möglich ist — also im äußersten Fall —, der Augenblick zum Widerstand gekommen sein. Das Widerstandsrecht darf nie dazu mißbraucht werden, die demokratische Grundordnung unseres Staates aufzulösen

Manch einen mag die große Freiheit, die er in der Bundesrepublik genießt, dazu verleiten, Unmuts- und Protestgefühle zum Ausgangspunkt von für ihn völlig gefahrlosen Gedankenspielereien — und noch mehr — über die Notwendigkeit zum Widerstand zu machen. Es bedarf aber immer und zuallererst der eindeutigen und sauberen Klarstellung: Was ist Widerstand? Wozu muß er in letzter Konsequenz gebraucht, wozu darf er nicht mißbraucht werden? Unsere Generation kann nur davor warnen, mit einem solchen Recht leichtfertig umzugehen.

Eine unregierbare Demokratie — das lehrt die Geschichte, auch die der bitteren 30er Jahre — schlägt zwangsläufig in Diktatur um.

234

Als einer, der viel über die Vergangenheit nachgedacht hat, gebe ich den Jüngeren den Rat:

1. Erziehen Sie sich selbst zu diszipliniertem Denken.
Ich habe versucht, Ihnen in meinem Vortrag zu verdeutlichen, welche Zucht ein Stauffenberg seinem Denken angelegt hat.

2. Prüfen Sie Ihr Gewissen sorgfältig und bleiben Sie gegenüber der mit ihrer soldatischen Aufgabe verbundenen Verantwortung aufrichtig.

Abschließend zitiere ich Dietrich Bonhoeffer, einen Zeugen aus der betrachteten Zeit:

„Niemand erfährt das Geheimnis der Freiheit, es sei denn durch Zucht."

Personenregister

Autoren von historischen Werken sind nicht aufgenommen. Bei Offizieren ist der zuletzt erreichte Dienstgrad angegeben.

A.K. = Armeekorps; AO = Abwehroffizier; BDO = Bund deutscher Offiziere; char. = charakterisiert; Gen. Kdo. = Generalkommando; H.Gr. = Heeresgruppe; Komm.Gen. = Kommandierender General; MdA, MdB, MdL, MdR = Mitglied d. Abgeordnetenhauses, d. Bundestages, d. Landtages, d. Reichstages; Mil.Att. = Militärattaché; NKFD = Nationalkomitee Freies Deutschland; OB = Oberbefehlshaber; Ord.Offz. = Ordonnanzoffizier; Pz.K. = Panzerkorps; z.V. = zur Verfügung; Ia = Führungsabt.; Ib = Quartiermeisterabt.; Ic = Abt. für Feindaufklärung und Abwehr, geistige Betreuung; Id = Ausbildung.

Adam, Wilhelm (1877–1949), Gen.d.Inf., März–Nov. 1938 OB H.Gr. 2, 31.12. 1938 Abschied (char. Gen.Oberst z.V.) 63, 67, 78–80

Adenauer, Konrad (1876–1967), 1949–1963 Bundeskanzler 208 f., 215

Althusius (Althaus), Johannes (1557–1638), Jurist und Politiker 111

Altrichter, Friedrich (1890–1949), Gen.Lt., seit 1936 Lehrer an d. Kriegsschule Dresden, Militärschriftsteller 184

Angermair, Rupert (1899–1966), kath. Theologe 22

Anz, Otto, Major i.G. 186

Apel, Hans (geb. 1932), 1978–1982 Bundesminister d. Verteidigung 225 f.

Arndt, Ernst Moritz (1769–1860) 197

Backenköhler, Otto (1892–1967), Adm. 161

Graf v. Baudissin, Wolf (geb. 1907), Major i.G.; in d. Bundeswehr Gen.Lt. 217, 222 f., 232

Beck, Ludwig (1880–20.7.1944), Gen. Oberst z.V., 1933–1935 Chef d. Truppenamts, 1935–1938 Chef d. Generalstabs d. Heeres 23, 39–42, 45–63, 66, 70–73, 75–77, 83, 85 f., 88–94, 98, 100 f., 103, 112–116, 118 f., 123, 129 f., 132, 139, 142–145, 148, 150, 172, 177, 213 f., 217, 232

v. Below, Nicolaus (1906–1983) Oberst (Lw.), 1937–1945 Adj. d. Lw. bei Hitler 61

v. Beneckendorff und v. Hindenburg, Paul (1847–1934), preuß. Gen.Feldm., 1925–1934 Reichspräsident 29–33, 37–41, 68 f., 136, 138

Benn, Gottfried (1866–1956) 158

Graf v. Berg-Schönfeld, Carl-Ludwig (1907–1984), Leutnant d.Res., Ord. Offz. d. Nachrichtenführers d. H.Gr. Mitte 123

Bergengruen, Werner (1892–1961) 157, 229

Berger, Heinrich (bei Attentat tödl. verletzt 2.7.1944), Stenograph im Führerhauptquartier 179

Beza, Theodor (1519–1605), Genfer Reformator 111

Bittrich, Wilhelm (1894–1979), SS-Obergruppenführer und Gen.d.Waffen-SS 163 f., 181, 183

Blank, Theodor (1905–1972), 1955–1956 Bundesminister für Verteidigung 215–219, 231

Blaskowitz, Johannes (1883–1948), Gen. Oberst, 1939 OB 8. Armee, 1939/40 Oberbefehlshaber Ost 53, 82, 106

v. Blomberg, Werner (1878–1946), Gen. Feldm., 1933–1938 Reichswehr-, Reichskriegsminister 33 f., 36, 38–44, 46–50, 68 f., 71 f., 74, 82, 185

Blumentritt, Günther (1892–1967), Gen. d.Inf., 1942–1944 Chef d. Generalstabs OB West (H.Gr.D) 125, 159

v. Bock, Fedor (1880–1945), Gen.Feldm., 1939–1941 OB H.Gr. B, April–Dez. 1941 H.Gr. Mitte, Jan.–Juli 1942 H.Gr. Süd (13.7. Rücktritt) 70, 88 f., 98, 123 f.

Boehm, Hermann (1884–1972), Gen. Adm. z.V. 178

Frhr. v. Boeselager, Georg (1915–1944),

237

Frhr. v. Hammerstein-Equord, Kurt (1878–1943), Gen.Oberst, 1930–1934 Chef d. Heeresleitung 31, 68

Hansen, Gottfried (1881–1976), Adm. z.V.; seit 1951 Vorsitzender d. Verbandes deutscher Soldaten 178, 186, 211, 229

Graf v. Hardenberg, Carl-Hans (1891–1958), Gutsbesitzer, Major d.Res., Ord.Offz. bei Bock und Kluge 123

Hardy, Kálmán, Oberst, 1936–1939 ungar. Mil.Att. in Berlin 104

v. Hase, Karl-Günther (geb. 1917), 1968–1969 Staatssekretär (beamtet) im Bundesministerium d. Verteidigung 233

v. Hase, Paul (1885–8.8.1944), Gen.Lt., 1934–1938 Kdr. Inf.Rgt. 50, Standort-Kommandant von Berlin 63, 116

v. Hassel, Kai-Uwe (geb. 1913), 1963–1966 Bundesminister d. Verteidigung 222

v. Hassell, Ulrich (1881–8.9.1944), 1932–1938 Botschafter am Quirinal 78, 85, 89, 91–93, 98, 119, 213

Hauser, Hellmuth (geb. 1916), Major i.G. (Lw.); in d. Bundeswehr Gen.Lt. 162, 182

Hausser, Paul (1880–1972), SS-Oberstgruppenführer und Gen.Oberst d. Waffen-SS, OB 7. Armee 163, 183

Heinemann, Gustav (1899–1976), 1949/50 Bundesminister d. Innern, 1969–1974 Bundespräsident 212, 230

Heinrici, Gotthard (1886–1971), Gen. Oberst, 1945 OB H.Gr. Weichsel 71

Heinz, Friedrich Wilhelm (geb. 1899), Oberstlt. 64, 118

Graf v. Helldorff, Wolf-Heinrich (1896–15.8.1944), seit 1935 Polizeipräsident von Berlin 58–60, 63, 117

Henderson, Nevile (1882–1942), 1937–1939 brit. Botschafter in Berlin 86

Henlein, Konrad (1898–1945), 1938/39 Reichskommissar für Sudetendeutschland, dann Gauleiter des Sudetengaues und Reichsstatthalter 79

Herfurth, Otto (1893–29.9.1944), Gen.-Major; seit Juni 1944 Chef d. Generalstabes Stellv. Gen.Kdo. III. A.K. 116

Hermes, Andreas (1878–1964), 1920–1922 Reichsernährungs-, 1922/23 Reichsfinanzminister; CDU-Vorsitzender in Berlin und in der SBZ 209

Herwarth v. Bittenfeld, Hans-Heinrich (geb. 1904), Diplomat, Rittm. d.Res.; im diplomatischen Dienst d. Bundesrepublik 112, 117

Heusinger, Adolf (1897–1982), Gen.Lt., 1940–1944 Chef d. Operationsabt. im Generalstab d. Heeres; in d. Bundeswehr Gen., 1957–1961 Generalinspekteur 7, 28, 164 f., 216, 220 f.

Heuss, Theodor (1884–1963), 1949–1959 Bundespräsident 20, 26, 210, 212, 216 f.

Heydrich, Reinhard (1904–1942), Chef d. Sicherheitspolizei und des SD 38, 82, 93

Heye, Hellmuth (1895–1970), Vizeadm.; 1961–1964 Wehrbeauftragter d. Deutschen Bundestages 77

Himmler, Heinrich (1900–1945), Chef d. deutschen Polizei, Reichsführer d. SS, 1943 Reichsminister d. Innern, seit 20.7.1944 Befehlshaber d. Ersatzheeres 38, 42, 74, 82, 118 f., 121, 132, 144 f., 147–149, 163 f., 169–171, 173 f., 185

Hindenburg s. v. Beneckendorff und v. Hindenburg

Hitler, Adolf (1889–30.4.1945), 30.1.1933 Reichskanzler, 2. (19.) 8. 1934 Übernahme d. Befugnisse d. Reichspräsidenten (Oberbefehl), 21.5.1935 Oberster Befehlshaber d. Wehrmacht, 4.2.1938 Oberbefehlshaber d. Wehrmacht, 9.12. 1941 Oberbefehlshaber d. Heeres 9 f., 15, 18–20, 23, 25, 27–40, 42, 44–67, 70–103, 111, 113–115, 120–127, 129–132, 138–147, 149–151, 153 f., 157–159, 161–163, 165, 167, 169–172, 174 f., 177, 183, 185, 188–202, 209, 211, 216–218, 221 f., 224–226, 234

v. Hobe, Cord (geb. 1909), Oberstlt.; in d. Bundeswehr Gen.Lt. 221

Hoeffner, Hans (geb. 1901), Oberst i.G., 1944 Gen. d. Transportwesens West; in d. Bundeswehr Brig.Gen. 167 f.

Hoepner, Erich (1886–8.8.1944), Gen. Oberst, 1938 Kdr. 1. lei. Div., seit Okt. 1941 OB 4. Pz.Armee (8.1.1942 Ab-

Korten, Günther (1898–22.7.1944, bei Attentat tödl. verletzt), Gen.d.Fl., seit Aug. 1943 Chef d. Generalstabs d. Luftwaffe 153, 162, 182

v. Kortzfleisch, Joachim (1890–1945), Gen.d.Inf., 1943-Jan. 1945 Komm. Gen. Stellv. III. A.K. 116

Kranzfelder, Alfred (1907–10.8.1944), Korv.Kapt., Ic d. Operationsabt. d. Seekriegleitung 161, 173

Kriele, Martin (geb. 1931), Prof. für Allgemeine Staatslehre und Öffentliches Recht 16

v. Küchler, Georg (1881–1968), Gen.-Feldm., 1942–1944 OB H.Gr.Nord 106, 120, 163

Künneth, Walter (geb. 1901), ev. Theologe 23

Lahousen (Edler von Vivremont), Erwin (1897–1955), Gen.Major, Leiter Abt. II (Sabotage) im Amt Ausland/Abwehr 118, 124

Langbehn, Carl (1901–12.10.1944), Rechtsanwalt 119

Lange, Werner (geb. 1929), Gen.Major (Bw.) 186, 233

Lanz, Hubert (1896–1982), Gen.d.Geb.-Tr. 124

Leber, Julius (1891–5.1.1945), 1924–1933 MdR (SPD) 129, 214

Ritter v. Leeb, Wilhelm (1876–1956), Gen.Feldm., 1.3.1938 Abschied, 1939 OB H.Gr. C, 1941/42 H.Gr. Nord (16. 1.1942 Rücktritt) 78, 88–90

Graf v. Lehndorff, Heinrich (1909–4.9. 1944), Besitzer von Steinort, Oberlt. d.Res., Ord.Offz. bei Bock und Kluge 123

Leuschner, Wilhelm (1888–29.9.1944), 1924–1933 MdL (Hessen, SPD), hess. Innenminister 1928–1933, Gewerkschaftsführer 177

v. Lewinski gen. v. Manstein, Erich (1887–1973), Gen.Feldm., 1942–1944 OB H.Gr. Don (Süd) 35, 78, 115, 122, 163, 181

Ley, Robert (1890–1945), Reichsorganisationsleiter, Führer d. Deutschen Arbeitsfront 166, 183

Liebmann, Curt (1881–1960), Gen.d.Inf., 1931–1934 Befh. im Wehrkreis V, 1934–1939 Kdr. Kriegsakademie, 30.4.1939 Abschied 29 f., 34, 42, 68 f., 71, 75, 80

Liedig, Franz (1900–1967), Freg.Kapt. 97

Lindemann, Fritz (1894–22.9.1944), Gen. d.Art., 1942–1943 Kdr. 132. Inf.Div., seit Okt. 1943 Gen.d.Art. beim Chef d. Heeresrüstung u. Befehlshaber d. Ersatzheeres 167

Lindemann, Georg (Sohn des Vorigen), Lt. 167

Lindemann, Georg (1884–1963) Gen.-Oberst, 1942–1944 OB 18. Armee 158

List, Wilhelm (1880–1971), Gen.Feldm., Juli–Okt. 1941 OB Südost 151

Loerke, Oskar (1884–1941) 157

Löwenthal, Richard (geb. 1908), Prof. für Theorie und Geschichte d. Ausw. Politik 17, 157

Lohse, Eduard (geb. 1924), ev. Theologe, seit 1979 Ratsvorsitzender der Evangelischen Kirche Deutschlands 230

Lombard, Gustav (geb. 1894), SS-Brigadeführer und Gen.Major d. Waffen-SS 164, 183

Ludendorff, Erich (1865–1937), preuß. Gen.d.Inf., 1916–1918 Erster Generalquartiermeister 47, 72

Lübke, Heinrich (1894–1972), 1959–1969 Bundespräsident 229

Luther, Martin (1483–1546) 111

Lutze, Victor (1890–1943), Stabschef d. SA 69

de Maizière, Ulrich (geb. 1912), Oberstlt. i.G.; in d. Bundeswehr Gen., 1966–1972 Generalinspekteur 223, 232

v. Manstein s. v. Lewinski gen. v. Manstein

v. Manteuffel, Hasso (1897–1978), Gen. d.Pz.Tr.; 1953–1957 MdB (FDP, DP/FVP) 176 f.

Manuilskij, Dmitrij (1883–1959), Vertreter d. ZK d. KPdSU in d. Pol. Hauptverwaltung d. Roten Armee 192

Marcks, Erich (1891–1944), Gen.d.Art., 1932–Jan. 1933 Pressechef d. Reichsregierung, Aug. 1943–1944 Komm.-Gen. LXXXXIV. A.K. 68

Markgraf, Paul (geb. 1910), Hauptm., Kdr. Pz.Jäg.Abt. 40 (Stalingrad), NKFD; 1945–1949 Polizeipräsident von Gesamt- bzw. Ost-Berlin, Oberst d. Kasernierten Volkspolizei 191

Martini, Winfried, Publizist 223

v. der Marwitz, Johann Friedrich Adolf (1723–1781), preuß.Gen.Major 21

Matern, Hermann (1893–1971), KPD/ SED-Funktionär, 1934 emigriert, NKFD; seit 1949 Abgeordneter d. Volkskammer d. DDR 187

Meißner, Otto (1880–1953), seit 1923 Staatssekretär, seit 1935 Chef d. Präsidialkanzlei 38, 67

Melnikow, sowj. Gen. 192

Ritter Mertz v. Quirnheim, Albrecht (1905–20.7.1944), Oberst i.G., Chef d. Stabes d. Allgemeinen Heeresamts 132, 154

Meyer, Herbert, Major d.Res., Kdr. Inf. Ers.Btl. 9 118

Meyer, Karl, Pater Provinzial 20

Meyer, Walter, Obersturmführer, NKFD 191

Meyer-Detring, Wilhelm (geb. 1906), Oberst i.G.; in d. Bundeswehr Gen.Lt. 224

Mitzkus, Bruno, Oberstlt., 1. Generalstabsoffizier d. Stellv. Gen.Kdo. III. A.K. 116

Model, Walter (1891–1945), Gen.Feldm., seit Juni 1944 OB H.Gr. B, seit Aug. 1944 zugleich OB West 164, 181

Graf v. Moltke, Helmuth (1800–1891), preuß. Gen.Feldm. 22, 114

Graf v. Moltke, Helmuth James (1907– 23.1.1945), Rechtsanwalt, 1939–1944 Sachverständiger für Kriegs- und Völkerrecht im OKW 110–112, 117, 124, 127 f., 132, 177, 214

Momm, Harald (1900–1979), Oberst 186

Montgomery of Alamein, Bernard Law, 1. Viscount (1887–1976), brit. Feldmarschall 122

Müller, Josef (1898–1979), Rechtsanwalt, Hauptmann d. Res. im Amt Ausland/ Abwehr d. OKW; 1947–1952 Stellv. bayer. Ministerpräsident und Justizminister 90, 93–95, 112, 117, 119

Müller, Wolfgang, Oberst, Abteilungschef d. Infanterieabt. d. Allgemeinen Heeresamts 182, 186

Mussolini, Benito (1883–1945) 65

Napoleon I., Kaiser der Franzosen (1769– 1821) 143

Nebe, Arthur (1894–3.3.1945), SS-Gruppenführer, Chef d. Reichskriminalpolizeiamts 117

Frhr. v. Neurath, Konstantin (1873–1956), 1932–1938 Reichsaußenminister, 1939–1943 Reichsprotektor von Böhmen und Mähren 46 f., 82

v. Oertzen, Hans-Ulrich (1915–21.7.1944), Major i.G., seit Febr. 1943 Id H.Gr. Mitte 123, 181

Ogilvie-Forbes, George Arthur D. (1891– 1954), 1937–1939 brit. Geschäftsträger in Berlin 59

Olbricht, Friedrich (1888–20.7.1944), Gen.d.Inf., 1940–1944 Amtschef d. Allgemeinen Heeresamts 105, 116, 119 f., 121, 124, 126, 130 f., 142, 154

Osborne, Francis d'Arcy (1884–1964), 1936–1947 brit. Gesandter beim Vatikan 90, 93

Baron v. der Osten gen. Sacken, Rolf (1904–18.8.1944), Oberstlt., Leitstelle d. Nachrichten-Aufklärung (OKH) 117

Oster, Hans (1888–9.3.1945), Gen.Major, Chef d. Zentralabt. d. Abt. Abwehr im OKW 51–53, 58, 63, 83–85, 87–100, 102 f., 116 f., 119, 124, 165, 178, 186

Oster, Joachim (1914–1983, Sohn d. Vorigen), Major i.G., 1944 Ia XIV. Pz.K.; in d. Bundeswehr Gen.Major 159, 181

Ott, Eugen (1889–1977), Gen.Lt., 1932– 1934 Chef Wehrmachtsabt. im Reichswehrministerium, 1934–1938 Mil.Att. in Tokio, 1938–1942 Botschafter in Tokio 30, 34, 68 f.

Oxfort, Hermann (geb. 1928), 1963–1981 MdA Berlin 230

Pacelli, Eugenio (1876–1958), 1920–1929 Nuntius in Berlin, 1939–1958 Papst (Pius XII.) 93

v. Papen, Franz (1879–1969), 1932

Adjutant von Papen; seit 1952 Ausw. Amt 38 f.

Tromp, Winfried (geb. 1938), seit 1967 MdA (CDU) Berlin 229

Ulbricht, Walter (1893–1973), 1928–1930 MdR (KPD); 1960–1973 Staatsratsvorsitzender d. DDR 188, 190, 193

Ulex, Wilhelm (1880–1952), Gen.d.Art. 92, 106

v. Unruh, Walter (1877–1956), Gen.d.Inf., seit 1942 Sonderbeauftrager für die Überprüfung d. zweckmäßigen Kriegseinsatzes (23.7.1944 Abschied) 117

Viedt, Horst, Leutnant, NKFD 196

Vogel, Winfried (geb. 1937), Brig.Gen. (Bw.) 17

v. Voß, Hans-Alexander (1907–8.11.1944), Oberstlt. i.G., Id, seit Februar 1943 Ia/ op H.Gr. Mitte 123

Wagemann, Eberhard (geb. 1910), Gen. Major (Bw.) 135

Wagner, Eduard (1894–23.7.1944), Gen. d.Art., 1940–1944 Generalquartiermeister 88 f., 96, 116, 130, 153

v. Walther, Gebhardt (1902–1982), 1936–1941 Legationssekretär und Gesandtschaftsrat an d. Deutschen Botschaft Moskau; im Auswärtigen Dienst d. Bundesrepublik 97

Warlimont, Walter (1894–1977), Gen. d.Art., Stellv. Chef d. Wehrmachtführungsstabes 95, 97

Weichold, Eberhard (1891–1960), Vizeadm, 182

Frhr. v. Weichs an der Glon, Maximilian (1881–1954), Gen.Feldm., 1942/43 OB H.Gr. B, seit 1943 H.Gr. F und OB Südost 124, 151

Weinert, Erich (1890–1953), kommunist. Schriftsteller, Präsident NKFD 194, 197, 200 f.

Weinheimer, Wilhelm, Oberstkriegsgerichtsrat 160

Weinkauff, Hermann (1894–1981), 1950–1960 Präsident d. Bundesgerichtshofs 23

Weisenborn, Günther (1902–1969), Schriftsteller 229

Weiß, Walter (1890–1967), Gen.Oberst, 1943–1945 OB 2. Armee 173

Frhr. v. Weizäcker, Ernst (1882–1951), 1938–1943 Staatssekretär d. Ausw. Amts, 1943–1945 Botschafter am Vatikan 63, 65, 84, 86 f., 90, 95–97

Wenck, Walther (1900–1982), Gen.d.Pz.-Tr., 1944/45 Stellv. d. Chefs d. Generalstabs d. Heeres, Chef Führungsgruppe zur Führung d. „OKH-Kriegsschauplatzes" im Osten 173, 180

Weniger, Erich (1894–1961), Pädagoge 159

Frhr. v. Werthern, Thilo (geb. 1914), Major 172

Wiechert, Ernst (1887–1950) 157, 229

Wiedemann, Fritz (1891–1970), Hauptmann a.D., 1935–1939 persönl. Adjutant Hitlers, März 1939 Generalkonsul in San Franzisko 57

Wieder, Joachim (geb. 1912), Leutnant, Ord.Offz. im Gen.Kdo. VIII. A.K. (Stalingrad), BDO 197 f.

Wildermuth, Eberhard (1890–1952), Oberst d.Res.; 1949–1952 Bundesminister für Wohnungsbau 158

Windelen, Heinrich (geb. 1921), seit 1957 MdB (CDU), seit 1983 Bundesminister für innerdeutsche Beziehungen 213, 228

Winzer, Otto (1902–1975), KPD-Funktionär; 1956–1975 Außenminister d. DDR 195

v. Witzleben, Erwin (1881–8.8.1944), Gen. Feldm., 1935–1938 Befh. im Wehrkreis III, Herbst 1938 OB H Gr. 2, 1030 OB 1. Armee, Herbst 1940–März 1942 (Abschied) OB H.Gr. D, April 1941 zugleich OB West 58–60, 62–64, 79, 84 f., 89 f., 99, 106, 112, 118 f., 123, 167

Wörner, Manfred (geb. 1934), seit 1965 MdB (CDU), seit 1982 Bundesminister d. Verteidigung 7, 221

Wolf, Ernst (1902–1971), ev. Theologe 23

Graf York v. Wartenburg, Johann David Ludwig (1759–1830), preuß. Gen.-Feldm. 22, 197

Die Autoren

Dr. Alexander Fischer
Professor für Osteuropäische und Zeitgeschichte
Johann-Wolfgang-Goethe-Universität, Senckenberganlage 33,
D-6000 Frankfurt/Main 1

Dr. Othmar Hackl
Oberst i.G.
Amtschef des Militärgeschichtliches Forschungsamtes,
Grünwalderstraße 10-14
D-7800 Freiburg i.Br.

Professor Dr. Peter Hoffmann
Department of History, Mc Gill University
855 Sherbrooke Street West, Montreal, PQ, Canada H3A 2T7

Johann Adolf Graf v. Kielmansegg
General a.D.
Batzenbergstraße 7, D-7812 Bad Krozingen

Professor Dr. Helmut Krausnick
Meistersingerstraße 12, D-7000 Stuttgart 70

Dr. Georg Meyer
Wissenschaftlicher Oberrat
Militärgeschichtliches Forschungsamt, Grünwälderstraße 10-14,
D-7800 Freiburg i. Br.

Peter Sauerbruch
Oberstleutnant i.G. a.D.
Kastanienalle 14 C, D-2055 Wohltorf

Dr. Gerd R. Ueberschär
Wissenschaftlicher Oberrat
Militärgeschichtliches Forschungsamt, Grünwälderstraße 10-14,
D-7800 Freiburg i. Br.

Dr. Norbert Wiggershaus
Oberst
Militärgeschichtliches Forschungsamt, Grünwälderstr. 10-14,
D-7800 Freiburg i.Br.